作者介绍 ◆ Introduction

刘子熙

上海启能企业管理咨询有限公司　总裁
培训师职业化孵化平台"明师讲习所"　校长
2014—2016 年度"我是好讲师"大赛　导师团团长
《培训》杂志专家委员会成员

《首善——战略背后的战略》　著作者
《TTT 国际职业培训师标准教程》　版权所有人
《SCD 国际通用标准课程开发教程》　版权所有人
《PAF 专业讲评标准技术认证导师教程》　版权所有人
《TTT 企业内训师专业标准教程（挂图版）》　版权所有人
《壹图易训 · 企业实训教材（36 课题）》　版权所有人

《培训需求评估》　翻译者
《培训完美交付的艺术》　翻译者
澳大利亚 AshQuarre 公司视频课程《教练的挑战》和《服务热线》
版权引进者和翻译者
《ASTD 培训师资源手册 · 促动技巧》　合译者
《ASTD 培训师资源手册 · 创造力》　合译者
《ASTD 培训师资源手册 · 教练》　审校者

作者介绍

刘子熙（Andrew Lau）导师，毕业于北京大学法律系，曾于1986年至1991年任职国家行政部门，1991年赴新加坡工作，进入咨询与职业训练行业，之后在咨询服务的企业中受邀担任高级顾问，兼职副总裁等职。曾为几百家知名企业提供职业训练、管理咨询及辅导规划；年训练授课量多年近三百天，曾连续训练三十九天。公开课及内训参训学员达十余万人。接受刘老师辅导，直接拜师的弟子达一百多人，其亲传的教练和授权导师多达二百多位，目前大多成为活跃在中国职业训练领域的佼佼者！

刘老师是理论与经验兼备，了解多种企业风格，不可多得的企业管理咨询顾问和职业训练导师。他创造性地提出了企业“理智工程”的全面解决方案，独创“全程训练，一课四训”模式，研发“概念表述”“即时给予”“QSQA”“QAFC”等训练技术和技巧，并基于传统文化博大精深的哲理，独创了系列培训师职业化成长的心法和手法。刘老师的讲授精辟绝伦、入木三分、直指人心、价值独占，其深厚东方文化功底、现代企业经营理念以及高屋建瓴的思想观点，颇具大师风范。刘老师的核心金牌版权课程——《TTT国际职业培训师标准教程》是国内首屈一指的获得普遍赞誉及一致推崇的培训师职业化成长及迈向高进阶的必修课。

INTRODUCTION

园春·雪》，员工们听后热血沸腾，激情澎湃。子熙，乃我人生的导师也。

子熙作为萍乡人，工作之余，亦关心家乡的发展。积极参与萍乡品牌联盟、企业家协会的企业走访，关心民营企业家的成长与提升，甚至不遗余力组织大家学习并免费授课。昔日的学霸，今萍乡之骄傲也。

刘 智
江西大智建筑装饰工程有限公司董事长
江西省装协副会长
中国建筑装饰协会理事
荣获全国优秀企业家称号

2009 年

和子熙老师认识十几年了，那时候还没有做仁脉，子熙老师已经是 TTT 职业培训师课程的代表人物。我觉得未来的培训方向一定是基于行业或者岗位做专业服务，想找优秀的标杆交流，就认识了子熙老师，他是行业里最早专注培训师研究、走专业路线的老师。

2011 年，我听了他完整版的课程，按照今天的话说我们是友商，他丝毫没有担心友商是否偷学，说明老师的格局，无私的分享专业上的研究成果。

那时他在制作《壹图易训》课程套装，提出“培训革命，始于一图”，还投入大量人力物力和精力设计拍摄视频课程如 5S、mini course、训练歌曲（视频版）等，把企业培训系列课程标准化、通用化，变成标准模型和动作，培训技术的先进性和创新性对我很大的触动。子熙老师不断地创新，一直走在专业研究的最前沿。

任 戈
仁脉教育董事长

2010 年

2010 年公司向银行业客户交付培训项目时，请到刘子熙老师讲授 TTT 培训师训练的课程，当时合作很愉快，后面有多次交流与合作。刘老师讲授的课程追求实效，心法手法实在、操作性强，刘老师非常重视启发学员的感悟，“当下改善”“原地提升”；他提出的“不做另一个谁，成就唯一的我”“学习忘我，应用无他”等方法，以“职业‘装’”“三五成群”“登堂入室”等概念，以及一课四训、全程训练、讲评提升等新颖的训练技术和方法，印象深刻，客户的满意度反馈几乎超过其他所有 TTT 的老师，从此，起航和刘老师友谊的小船也开始扬帆起航。

公司还多次特地邀请刘老师及其团队来交流培训行业发展的现状及长期趋势，我们之间有很多默契和共同的判断；其后，刘老师举办明师讲习所等项目，我们也一直关注并积极支持。

如果方向大致正确，在某一个领域坚持努力十年，不成功几乎不可能；刘老师在 TTT 领域坚持耕耘将近三十年，是非常值得我钦佩的；期待未来能够有更多地深入合作。

蔡裕龙
上海起航云天科技股份有限公司董事长

2011 年

我从事金融工作 40 余年，担任金融高管 34 年，担任金融培训师 38 年，培训场次 1000 多场，培训员工 140 多万人，曾获得中国农业银行“优秀总行级内训师”（连续三届）、“十大杰出客户经理”、首届“知识型员工标兵”、全国首届金融图书“金羊奖”获奖作家、中国金融服务行业九鼎奖、湖北省有突出贡献中青年专家等荣誉，出版了 16 部金融专著。

我与刘子熙导师结缘于 2011 年 6 月在长春举办的农总行级内训师课程开发普及培训班，我全面掌握了 TTT 课程开发知识体系，包括一个核心：智慧传承；两个方面：立足讲授、面向效果，全程设计、内容重建；三个阶段：训前、训中、训后；四个流程：开场、铺垫、讲解、过渡；五个模型：导入、纲要、演绎、资源、收结；六个接受：让学员启动注意、激发兴趣、产生欲望、深刻印象、引导体验、关注感受；七个步骤：定、规、预、审、准、训、成；八个模板：教学计划、演示文稿、讲解稿本、随堂讲义、资源手册、学员讲义、练习手册、培训行为配置表；九字真言：设计好、控制住、演示足。这次结缘，让我在新的起点上做好课程开发工作，使农行培训工作进入培训管理的最新阶段——精细发展阶段。2012 年 12 月我在长春再次与刘子熙导师结缘，负责开发中国农业银行首批标准化课程，我担任《中国农业银行个人贵宾客户标准课程》项目组组长，这个教材被评为“中国农业银行精品课程”，也使农行的培训课程开发进入标准化阶段。

评选一本好书，应该具备四个特征：一是点化、入脑，让读者印象深刻，颇受启发；二是消化、入心，让读者乐意接受，真心认同；三是转化、入行，让读者转化行动，学后能用；四是升化、入效，让读者外化于形，内化于心，增知识，长本领。本书无疑就是这样一本好书，你将直接学习接受刘子熙导师持续 28 年 TTT 方面的理论与实战知识经验，借智、借力、借势；看刘子熙导师的书，走自己 TTT 的路；坐刘子熙导师的“车”，走自己 TTT 的路，成为无人替代、无法替代、无时替代的稀缺老师、“紧俏商品”。

巴伦一
资深职业培训师
全国 280 多家培训机构特聘金融实战专家

第二次见面，是 2020 年 6 月底，我们餐饮行业刚刚从新冠肺炎疫情中恢复过来，为了奖励管理层辛苦抗疫，特别邀请刘老师为我们公司管理层授课，培训演讲能力及沟通的艺术，刘老师提前两周做了大量调研工作，为我们量身定做了一套课程，课程轻松愉悦，感觉是在教幼儿走路、洗手一样，方式方法简单、通俗易懂，大家都进步很大，课程现场反应热烈，掌声笑声不断。

后来，我们公司年会又邀请老师出席，刘老师和我们团队的关系是亦师亦友，从老师身上学习到很多宝贵的特质。谦虚、儒雅、睿智、感性。希望能和老师能成为终身的好朋友，好兄弟。

陈鹏飞
尚一汤创始人

2019 年

作为一名品牌咨询顾问，讲课是我们必须掌握的核心技能。为此，我曾经寻找和参加专业讲师训练课程，但总觉得有些不够。2019 年 3 月 2 日，由高维学堂组织，我和高维十余位老师一起有幸参加了子熙老师的 TTT 培训课程。经过子熙老师 2 天训练，我颇有恍然大悟、窥见 TTT 庐山真面目之感。

子熙老师作为国内 TTT 培训的鼻祖，学员遍布各个培训机构、各个行业。今天他的新书出版，将为更多职业讲师、专业培训师、内部培训师带来新视野、新收获，帮助我们发展职业培训技能，更好地服务我们的客户、企业和伙伴们。

时隔三年，我回顾当年子熙老师所创造、传授的知识点，仍然颇多受益，比如"异声拢场"，用不同的声音迅速拢场、聚拢注意力，我们不仅在培训中使用，在广告领域也得到发展——在电梯里做广告，用"叮"的一声电梯开门声就能激发现场人注意力，提高广告触达率 500% 以上。

其他知识点如"一言以决"，提炼关键词、形成交付价值点，不仅是培训技术，更是咨询方法、思想创造方法，把复杂的内容浓缩为关键词、短语，不仅便于学员理解，还能形成老师的专业方法论体系，是培训师必须掌握和运用的知识。

除此之外，信息球、三五成群、收在结论、点化、串讲、N+2、夹片、盘活、搭结构、破系统、互动约定、导错归谬、答非所问、行为育成、学员定则等，都是我们平时培训中或能感知到但没总结出来或没有感知到但强烈需要的实用方法。这些方法经过子熙老师的总结、提炼、教授，给我们带来了巨大帮助。

三年过去了，结合子熙老师传授的 TTT 方法，我已演讲、培训超过一百场次，先后在北大光华、高维学堂、创业黑马、上海交大、长江商学院为学员们讲授品牌战略、定位公关等专业知识。在这个过程中，我感受到了专业培训师训练的重要性，也因此更热切期待并向大家推荐子熙老师的新书。

快刀何
快刀定位公关创始人
畅销书《定位公关》作者

2020 年

今天（2022 年 5 月 4 日）是"五四运动"103 周年，刘子熙老师的新书也将出版。陈独秀说过："青春如初春，如朝日，如百卉之萌动……"刘老师用 28 年的青春加执着，成为我们培训行业的一种精神，一个时代。

我与刘子熙老师的第一次见面是相约在一个小酒馆，刘老师酒量惊人，我喝得迷迷糊糊，再后来每年都与刘老师相约，记得 2020 年 5 月 1 日他还来到公司，与我相谈好几个小时。后来我们公司派了一些同学去刘老师在昆山的培训基地，进行了几天的封闭式培训，同学们回来大加赞赏，刘老师可以让几天时间系统性的深度训练成就一个职业讲师。

他是一个知识追求的爱好者、一个孜孜不倦的 TTT 前辈。从刘老师身上，我深深感觉到一辈子把一件事干透彻的愉悦。培训这份职业，你给它什么意义，它就有什么意义。

李　威
企业级学习平台"爱上学习"CEO

2021 年

这是一部有功力的"培训经书"，子熙老师以独具特色的"刘言扉语"直白浅显地揭示了深奥的培训要领；这是一部有匠心的培训指南，子熙老师用长期打磨的珍言珠语把讲师的道法术娓娓道来；这是一部有精神的培训哲思，子熙老师别开生面地从心理建设的层面探究了讲师的根本修炼。我做了多年的管理干部管理学和战略学培训工作，浏览了这本书的章节要点后，感觉"训的就是我"，期待子熙老师这部新书尽快面世！

季永平
金龙联合汽车工业（苏州）有限公司卡车事业部总经理

刘子熙 著

TTT
训的就是你
培训师职业成长手册

企业管理出版社
ENTERPRISE MANAGEMENT PUBLISHING HOUSE

图书在版编目（CIP）数据

TTT 训的就是你：培训师职业成长手册 / 刘子熙著
. -- 北京：企业管理出版社，2022.7

ISBN 978-7-5164-2641-8

Ⅰ . ① T… Ⅱ . ①刘… Ⅲ . ①企业管理—职工培训—手册 Ⅳ . ① F272.92-62

中国版本图书馆 CIP 数据核字（2022）第 106657 号

书　　名：TTT 训的就是你——培训师职业成长手册
书　　号：ISBN 978-7-5164-2641-8
作　　者：刘子熙
策　　划：朱新月
责任编辑：尤　颖　曹伟涛
出版发行：企业管理出版社
经　　销：新华书店
地　　址：北京市海淀区紫竹院南路 17 号　　邮　　编：100048
网　　址：http://www.emph.cn　　电子信箱：zbz159@vip.sina.com
电　　话：编辑部（010）68487630　　发行部（010）68701816
印　　刷：北京博海升彩色印刷有限公司
版　　次：2022 年 8 月第 1 版
印　　次：2022 年 8 月第 1 次印刷
开　　本：710mm × 1000mm　1/16
印　　张：28 印张
字　　数：365 千字
定　　价：98.00 元

谨以此书

献给

默默支持我的夫人关华、女儿刘天天

献给

一路同行的所有学员、TTT 的家人们

相伴成长的所有客户和机构的伙伴们

献给

致力于以“中国智造”创造未来的“智帅”明师们

自序
PREFACE

变在变先　功化同流

TTT，我一生的追求！28 年来我心之所属！TTT，是大家的，是培训师职业化成长的必修课，也是企业内训师成长训练的必修课。

把 TTT 的思想体系、话语系统、训战心得、技术技巧等结集成书，是我多年的愿望。关于 TTT，我的徒弟出书了，我的学员出书了；我们在公开课和企业内训的训练中使用的《TTT 国际职业培训师标准教程》实训手册，也是数易其稿，从第一版到第八版，累计印数好几万。在企业管理出版社朱新月老师及其团队的大力支持和推进下，《TTT 训的就是你——培训师职业成长手册》终于问世了。

本书出版之际，来不及感慨，思绪已然沉浸：人生 57 年似白驹过隙；职场 36 年诗酒趁年华；职业训练和管理咨询从业 31 年。我常说：卓越是方向，成就在路上！

有一些话语汩汩从心间流淌出来，"让心春去、让梦秋来"。

家住安源萍水头

安源是中国工人运动的摇篮、秋收起义的策源地和爆发地，是我生命的符号、永久的名片，是我成长的里程碑、人生的背景板。1979 年，我曾荣获江西省新长征突击手荣誉称号；也曾多次获得市级三好学生和优秀学生干部的荣誉称号。1982 年，我以全市文科第一名的成绩入读北京大学法律学系，江西省萍乡市安源中学是我骄傲的源泉。

2018 年，母校 82 年级的同学聚会，庆祝毕业 36 年，我专门撰写了一副对联："三合桥中安正念修远五湖四海，八方井学源初心求索十举九知"。总平巷、张家湾、三合桥、八方井等，美好记忆在我脑海久久萦绕；中安正念、学源初心，"安源中学"的能量和荣光在我胸中时时激荡。

今年高考前夕，作为 1982 届的毕业生，母校要我给学弟学妹们写一封信，我即以"中安正念、学源初心"为题，围绕选择、效率、分寸、方法等方面寄言并祝福，拳拳之心殷殷切切。

1986 年毕业，我到了中央国家机关工作；1991 年，我停薪留职后，在新加坡踏入管理咨询行业，自此从业已经 31 年，专注 TTT 课程推广也有 28 年。这么多年来，TTT 大系包括的职业标准、概念体系、课程组织以及训练模式、技术技法等都有了突飞猛进的发展，被很多学习型组织当作内训师培育的经典教材，也是众多职业培训师提升职业能力的必修课；一批经验丰富的优秀职业培训师加入 TTT 授权导师团的队伍；TTT 认证课程版本已经升级到 8.0 版，在业界率先推出了"全程训练、终身学习""一课四训"的学习模式；并且形成了包括《TTT 国际职业培训师标准教程》《SCD 国际通用标准课程开发教程》以及 PAF 专业讲评标准技术导师认证研修班、版权课程授权导师认证研修班、TTT 授权导师认证研修班在内的分级课程体系。

不让自己带累我

关于 TTT 课程的起源，众说纷纭，若追本溯源，国际劳工组织作为联合国的专门机构，自 1946 年成立以来就多次以建议书形式倡导提供职业培训等领域的技术援助。1958 年第 111 号公约《歧视（就业与职业）公约》及第 111 号同名建议书中就明确约定：公约和建议书所称的“就业”和“职业”均包括获得职业训练、获得就业和特定职业，以及就业的条款和条件。依据 1975 年第 142 号公约《开发人力资源中有关职业指导与职业培训的作用公约》和第 150 号同名建议书，国际劳工局为帮助独立的工人和雇主组织的发展、向这些组织提供培训和咨询服务，研发并开始推出了 TTT（Training the Trainer to Train）课程。

TTT 课程的兴起，也是顺应全球组织学习大潮的。甘吉洛西（E.Cangelosi）、迪尔（W.Dill）于 1965 年在《管理科学季刊》发表了《组织学习：对理论的观察》一文，把组织学习当作“理论”来研究。阿吉利斯（C.Argyris）、熊恩（D.Schon）两人于 1978 年著《组织学习：行动理论之观点》，认为：“组织学习是为了促进长期效能和生存发展。”学习型组织最初的构想源于美国麻省理工学院的佛瑞斯特教授，彼得·圣吉 1990 年完成其代表作《第五项修炼》，提出企业应建立学习型组织。要真正建立学习型组织，企业内部必须有一支专业的内部培训师队伍，培训师的成长离不开 TTT。

“千淘万漉虽辛苦，吹尽黄沙始到金。”我在甫一开始进入咨询和培训行业，学习的专业课程之一就是 TTT。当年直觉告诉我，帮助企业建立长效的组织学习机制至关重要，事在人为，培训师的培育是重中之重。回国后，顺时应势，为诸多企业提供了组织发展规划、市场拓展策划、人力资源管理、薪酬设计、干部队伍建设、一线管理能效改善和提升等项目服务，咨询和培训并重，TTT 课程更是需求旺盛、常讲常新；其间还包括给一些企业家提供专属顾问服务、为诸多知名品牌组织提供专业服务等。南宋范成大有诗云:“事功才止此，物理故难量。”工作中，我悟到:“学习乃发现问题的过程，成长即问题解决的结果。”渐渐地，事功虽繁，影响日盛。

忙碌中多有思索，正如苏轼言“口不能言心自省”，午夜梦回，反躬自问：究竟如何定位自己？如何规划未来的职业生涯？自 1994 年开始，TTT 课程逐渐成为我提供给标杆组织和先进企业的主要服务项目。到 1999 年，我决定只讲 TTT 课程，“有所不为，方能有所为”。

时刻准备在状态

1982 年进入北大校园，兴奋、蹉跎、彷徨、拼搏，光是把江西腔的普通话矫正过来，单单练习绕口令就达数十个、废寝忘食四十多天，不久就通过竞赛选拔加入了北大演讲团（全国第一个大学生演讲团），参赛的演讲题目是:《让我们做好掌舵的准备》。

时刻准备着，少先队的誓言，言犹在耳。“社会犹如一条船，每个人都要有掌舵的准备”，挪威戏剧家易卜生曾如是说，诚哉斯言！

31 年来，我受家庭影响，从小即受中国传统文化熏陶，对儒、释、道等多有涉猎，切实践行师法自然、钩沉历史、与圣贤先哲对话、向自己学习、对标找差、从善如流；也深切感悟到“跨学科融通”及东西方文化精髓的融汇至关重要，常常“B 格思考”“终极发问”，以现代人的独特视角，尝试诠释人与自然、存在与发展、人品与人性的关系；同时以“探究本源”“反思常识”“重新定义”等实效技术，阐述首善、乐从、对接、区分等训练理念，也曾创造性提出企业组织智慧“理智工程”的全面解决方案，致力于培训师职业化成长、组织学习和智慧整理，专注于赋能组织由成功、成长到成熟、成就，促进组织的永续经营。

31 年来，我不断扬弃、不断突破、不断创新，2011 年 10 月，对《TTT 国际职业培训师标准教程》进行了版权登记（登记号为：2011-L-048916）；TTT 课程中独创的“概念表述法”“专业讲评”及 P.G. 技术、语感结论、首时沉默、学员定则、示范要诀、收益沉淀、板书技巧、讲评反馈、寸斫、暴涨一寸、即时给予、顺嘴溜、脱口秀、导入收结、承上启下、一起飞、异声拢场、音乐互动、现场直播等实效手法，被广为传播和借鉴运用。我提出的一系列观点，如“复制创绩效、传承不走样”“学习忘我、应用无他”“准备比资历更重要，资历是长期的准备，充分准备也是一种资历”“过程复杂结果简单，过程简单结果复杂”“路子比步子重要”“没有不会、只有没教”“无论对错、但讲有无”“同中讲不同、不同巧述同”等，作为标志性话语，也被口口相传、思响无声。

31 年来，我在讲、述、评、论、问、答等培训师的基本“攻”上，孜孜以求，砥砺提升。每逢训练，我必求讲授精辟绝伦、入木三分，训练深入浅出、喜闻乐见，真性情、平常话、身边事，正说反论诙谐讲，变讲为问，充分把握各类培训方式，尽力做到角度独特、讲解实用性强、技巧易于应用、收益印象深刻，调动参训人员的培训激情和专注力、感悟及参与，令其得心应手、深受裨益、豁然开朗、轻松成长！

31 年来，刘子熙 =TTT，在国内培训界勉强算是独树一帜，也为广大有志从事职业培训的培训师们所爱戴，并获企业界如潮好评；曾被业界同行赞为“总是被模仿、自己老超越”！

31 年来，我先后著有《首善》《从 20 万到 100 万：优秀讲师的质变和突破》；译有《培训完美交付的艺术》《培训需求评估》、ASTD 的《创造力》《促动技术》、澳大利亚的培训电影系列作品《教练的挑战》《服务热线》等；还拥有《TTT 国际职业培训师标准教程》《壹图易训》（36 套课题）《SCD 通用标准课程开发教程》《PAF 专业讲评标准技术认证教程》《卓越老板正成就》《理智工程：组织智慧发展系统》《一“名”惊人：公共表达成熟之道》《好领导就是好老师》等九个课程的版权。

31 年来，我培育有授权导师、事业弟子 200 多人，还有徒弟或教练数十人，他们目前都活跃在中国职业训练和管理咨询领域，为组织发展和个人成长支持赋能。

用心助你超越您

早在 20 世纪，英国学者雷格·瑞文斯（Reg Revans）就提出了“L>C”的理论，认为只有当组织成员自身学习改变的速度快于组织内外部环境变化的速度，组织才能生存发展、应对挑战。

“培训是最新的领导方式”，我一直认为，人力资源是企业所有业务的源头，要以组织发展为方向、绩效改进为目标、业务赋能为途径、素质提升为手段。中国商界的快速变化要求企业组织必须时刻保持活力，职业培训师和企业内部培训师面临日益重要的职业使命。

TTT 的强大助力，使得培训师的专业化、职业化之路不再只是充满未知数的梦想，而是以清晰的路径图，在组织学习的内容体系建设和方法体系建设层面，系统地呈现出来了。

首先，TTT 助力组织学习内容体系建设，聚焦于“为何学”和“学什么”的问题，基于组织期待来组织训练和学习，要服从战略、聚焦任务、促进绩效。

服从战略：一要减少工作中的内耗，让部门岗位统合综效；二要避免知识体系的冲突，让课程相互衔接印证；三要降低成果应用的门槛，让课后实践触类旁通。

聚焦任务：一要解决培训大而全的问题，提升学习目标的针对性；二要解决经验萃取不足的问题，提升学习内容的时效性；三要解决成果转化难的问题，提升学习资源的实用性。

促进绩效：一要围绕关键业绩指标，基于问题组织学习；二要务实整理反面经验，警示错漏规避风险；三要注重工具化成果输出，速查指引给力实操。

TTT 助力组织学习的内容体系，要立足组织期待和员工需求，把握“够格、进步、成事、纠偏”这几个关键。

“够格”，就是遵循能力本位的思路，基于岗位任职资格和能力素质模型的要求，安排训练。

“进步”，就是遵循职业规划的思路，基于专业线或管理线发展路径，支持员工更进一步，稳步提升。

“成事”，就是遵循任务导向的思路，基于非典型工作、非常规任务要求，解决新问题、迎接新挑战。

“纠偏”，就是遵循绩效改进的思路，基于理想目标与现实表现的差距，解决“期待更好、避免更糟和恢复原状”等具体绩效问题。

通过 TTT 的职业化成长训练，培训师不仅充分站在业务伙伴的立场整合学习内容、支持人才发展，还可以着力塑造岗位精英和中基层管理者的促动引导能力，让学习打破教室的边界，运用常态化学习和混合式学习，缩短组织学习的显效周期。正如我常讲的：“有时点破一句话，胜过低头忙一年。”

其次，TTT 助力组织学习的方法体系建设，运用学习设计和课堂呈现的技术，聚焦于“怎么教”和“如何学”的问题。

学习设计的出发点，是实现预先设定的学习目标。这就要用输出“倒逼”输入，即要“以终为始，用以致学”。广义的学习设计包括学习项目的设计和课程内容开发设计，本书涉及更多的是课堂教学活动方案的设计。

学习设计是“面向效果的设计”，课堂呈现则是“基于设计的效果”。

我在本书中特别强调多层次、多维度的课堂呈现设计，既包括对教学形式和方法的总体性介绍，又包含理性表达、感性演绎、资源创新、活动组织、促动引导、讲评反馈、视觉优化等多个细分项，期待帮助培训者真正做到“形神兼备、收放自如、情理并茂、知行合一”。

TTT 助力组织的人员队伍体系建设，本书有详尽的陈述。

TTT，训的就是你！ TTT，全情投入助力你！

独占价值开生面

“携使命出发，依责任行事”，无论是企业内训师还是职业培训师，在提供专业服务时，一定要近距离地去感受三件事。

第一，企业创始人是怎么思考问题的？

第二，在典型的东方文化组织里，靠什么来推动组织效率？

第三，在系统和体系都不太健全的情况下，企业如何应对快速变化的市场环境？

“智慧响亮、话语影响”，通过 TTT 的职业化成长训练，培训师不仅从心法理念层面树立正念、引导正向，侧重于从岗位、部门、条线乃至组织层面，建立一整套逻辑自洽的结构化知识体系，还要注重养成以问题为线索的思维习惯，掌握行之有效的问题挖掘与价值重塑的实用方法，更要将路线正确与结果有效统一起来，帮助企业从中获取独树一帜的内容重建和智慧整理的方法论，包括但不限于话语系统、理论模型、工具表单等。正如本书中所讲的：“学习是发现问题的过程，成长是问题解决的结果。”

“讲好课”，是培训师职业化成长必须闯过的一关，若微观能力基础不牢，何谈宏观视野和整合重建？培训师在教学活动方案的设计上，要做好单元配置和进程规划这两件事。

讲好“每一节”课：单元配置，这里的一节就是一个微观单位、一个价值单元，就是一个 P.G.（Presentation Group，呈现群组），这是教学设计的基本单位。TTT 倡导“每一 P.G. 一目标”。单元配置，就是这个目标实现的具体途径，包括导入设计、单元纲要结构设计、演绎方法设计、教学资源运用方案设计以及单元收结设计。早在 20 多年前，我就为 TTT 课程设计了第一个重要的、基础的理论模型——“单元价值呈现模型”，包括“龙首、猪肚、虎背、豹腰、凤尾”。TTT 知识体系中还有大量的设计理念和形式技巧，可以运用于单元配置方案设计。

串好“每一堂”课：进程规划，每一堂课都是一个个价值单元的集合，一堂课的进程规划就是安排单元的排列和串联的整合设计。本书附录专门提出了“标杆课程”应当具备的几个关键特征，其中一个就是“N+2 嵌套进程”，也就是用一串基于时间线排列的首尾设计、铺垫和过渡安排，反映出课程的多层次内容架构，价值点点入心、内容环环相扣、进程层层推进、收益告一段落，训练和学习必然是“渠成水到”的收获之旅。

谨记：“顺理成章何须你，独占价值开生面！”

相伴成长一起飞

2021 年 5 月底，在北京小汤山，我与企业管理出版社的朱新月老师欢聚畅叙，有了出版 TTT 专著的动力，也想对自己 31 年从业经验有一个沉淀、对 TTT 课程 28 年的晶钻微雕有一个小结、对认可我们的客户和机构伙伴有一个交代，于是先后有十几位授权导师和认证导师参与本书原始稿及实践应用案例的整理，整理的文字超百万，原始稿初删到 573809 字。12 月中旬，修订稿计六章共 309876 字。2022 年 3 月初，又改出了全修稿，4 月 17 日形成定稿交付出版社。

TTT，训的就是你！ TTT，想说爱你不容易啊！

前前后后参与书籍整理的有：TTT 授权传承导师陈晓剑、赵海河；授权导师宋德亮、褚莉莉、陈征、谢俊峰、李秋娥、汪思伟、薛双利、丁飞、郑一鸣、张然、PAF 专业讲评授权认证导师袁春雪等，他们大多为国内知名的财税、组织学习、法律、企业管理、市场营销等方面的专家；参与思维脑图前期设计制作的还有 Office 专家刘平利和许覃、IT 专家王光煜、进出口物流专家奚莉等伙伴；晓剑和陈征还将他们各自整理的二三十万字的《TTT 国际职业培训师标准教程》授课文字记录稿拿出来作为参考；莉莉设计制作了全书六章的思维导图；德亮还提议本书以“师道”为名。伙伴们，你们辛苦了！

我内心的感激之情，难以言表。我的心中似点燃了一团火！

本书的问世，凝结了我和我众多徒弟、授权导师的心血、智慧，以及无数学员、企业和机构伙伴们的感悟心得和支持关爱。

本书不仅是培训师个人职业成长的指南，还是企业规划培训师队伍建设、培养内训师的经典教材。

本书共计六章、21 节、61 个大项、208 个价值点，书中附有六幅思维导图，每章一幅，以便读者对核心价值一目了然；书中穿插有附图 16 幅、培训规范 10 个、评估规范 9 个、自训规范 11 个，为企业培养内训师、为培训师职业化成长提供训战实操、自我成长、评估反馈等方面的实效工具。

书中还提供了培训师职业能力图谱，为我们描绘了循序渐进的职业技能提升路径，展图即明，这是一个“先刻意，后随意”的过程，是从“学未知教已知”，到“做所知教你做”，再到“精所做创所教”的明师修炼路径。这个职业化成长过程，需要一个职业平台、一位事业导师、一套思想理论体系的支撑。

本书的一个“亮眼”之处，还在于得到了 215 位业界同行，包括培训名师、客户朋友和机构伙伴的寄语，既是真挚的祝福，又是 TTT 训战 28 年来的见证，读者不妨将之视为实践案例。这些缀玉连珠的文字将以随书小册子的形式呈现出来，同时，按照年份顺序从中每年挑选了一位的寄语辑于书中以飨读者。

不让古人，是谓有志

“本色做人，角色做事”，无论是企业内部的讲师，还是为企业提供专业服务的职业培训师，其角色的蜕变都是自身匠心创新、职业迭代的修炼。

“培训是一把手工程”，很多企业的经营者、管理层都关注组织学习，踊跃担当导师、教练的角色，其实训练者亟待训练！我们不仅要做好专业顾问，还要扮演业务伙伴，更要充当变革先锋。

“培训学习能力是企业的原始生存能力！”我期待本书能为初心不改的培训人提供顾问的宝典、赋能的利器、变革的推手，提供“从上马到策马”的助力。

如果您也是致力于组织学习发展、着眼于企业内训师队伍建设、重视职业化成长的伙伴，我愿为您提供一个打开“TTT 盲盒”的独特视角。

“献身”TTT 经年，业界给我不少尊敬与谬赞，其中有一个说法是“当代中国职业训练和培训师培养领域的先行者”。这个“先行者”的头衔，我虽受之有愧但并不打算推辞，因为这不仅反映了我在这个领域“早干了几十年”的基本事实，更因为我把“先行者”的称号看作一份责任、一份担当，一份让我甘之如饴、乐此不疲的使命。“携使命出发，依责任行事！”

古云：“不让古人，是谓有志；不让今人，是谓无量。”TTT 告诉我们要创新做法、刷新说法；如果我有幸蹚出了一条路，我更期待在这条路上，有更多同行者“并驾齐驱”。

以下是我对本书读者、业界同行、广大企业朋友和机构伙伴想讲的话。

训的就是你，快来！“以势统道，以道御法，以法使术，以术用器，以器显效！”

训的就是你，快来！“到此已穷千里目，须知才上一层楼！”

训的就是你，快来！“不做另一个谁，成就唯一的我！”

训的就是你，快来！“同行先行者，齐驱并前驱！”

训的就是你，快来！“变在变之先，转身就解放！”

曲阜孔庙“大成门”上有一副清雍正帝亲撰的对联：“先觉先知为万古伦常立极，至诚至圣与两间功化同流。”圣人为培养教化天地万物竖起一座丰碑、亮起一盏明灯，照出了一条“传道、授业、解惑”的路，这条路虽有荆棘坎坷，但“师者”必须走下去！

所有的培训师与所有肩负使命的伙伴，我们正在闯出一条组织发展、职业成长的“师道”。

这条路上有你、有我，让我们砥砺奋进、相伴前行，传承智慧、功化同流！

刘子熙自勉于知实堂

2022 年 6 月 17 日星期五

TTT
训的就是你

培训师职业成长手册

职业培训师誓言

“莫道是空门，要进来须脚踏实地；谨防有岔道，走错了便坠入深渊！”

职业选择意味着一份责任。职业培训师要志存高远又实事求是，养成职业素养，注重成长修为，坚持自我学习，牢记《职业培训师誓言》，首善每一天、每一次、每一环、每一点，砥砺精进，与先行者同行，并前驱者齐驱！

我们要时时诵读《职业培训师誓言》，借助宣告的力量提醒自己：携使命出发，依责任行事；不忘心中承诺，推进有效训练，在职业化上由初入行业的成功、进而品牌的成长、达至思想的成熟、赢得事业的成就，走上明师之路，与学员、企业和专业机构共同努力，相伴成长一起飞！

我选择我的职业，我热爱我的事业；
尊师重道，服务企业，信义为本。

我践行：正为先，顺为主；
恪守职业道德，不妄自尊大，也不妄自菲薄；
不冲突、不评判、不打擂台、不讲废话。

我秉承：本色做人，角色做事；
塑造职业形象，不怪异、不轻佻、不拘泥；
呈现职业风范，知行合一，收放自如。

我警醒：道可顿悟，事须渐修；
以活动追寻结果，凭体验启导感悟；
老师是站着的学员，学员是坐着的老师。

我反思：说时似悟，对境生迷；
以心法导手法，以手法证心法；
心法用作手法，手法化变心法。

我坚持：有限时间，有效训练；
追求实效，立足讲授，满足组织期待；
关注学员，面向效果，对接学员需求。

我信奉：卓越是方向，成就在路上！

致职业训练的事业伙伴

感谢因《TTT 训的就是你》给我们带来的缘分，欢迎您迈进职业训练的学习、成长、精进之路，从此开启职业化成就的光辉岁月！

闻道有先后，我本人从事 TTT 的训练和研究工作已经有 30 个年头了，算是国内培训师职业训练领域的“探路者”和“工程师”。而此刻，我要代表全国 9 万多名 TTT 受训学员、超过万名认证职业培训师、200 多名授权导师欢迎您的加入，祝贺您从今天开始，成为 TTT 大家庭的一员！

30 年来，TTT 课程的职业标准、概念体系、课程组织以及训练模式都有了突飞猛进的发展，被很多学习型组织当作内训师培育的经典教材，也是众多职业培训师提升职业能力的必修课。

30 年来，一批经验丰富的优秀职业培训师加入 TTT 授权导师团的队伍。

30 年来，TTT 课程版本已经升级到 8.1 版，在业界率先推出了“全程训练、终身学习”的学习模式，并且形成了包括“TTT 标准版职业培训师认证班”“通用标准课程开发教程认证班”“版权课程授权导师认证研修班”“TTT 授权导师认证研修班”在内的分级课程体系。

所有这些，使得培训师的专业化成长、职业化发展之路不再只是充满未知数的梦想，而是以清晰路径系统地呈现在您的面前。

只要付出一份行动的承诺，梦想就会成为现实！

予自己精进的有限时间、拓事业发展的无限空间。

此时此刻，当您打开《TTT 训的就是你》，职业化训练就已经开始了！

这是 TTT“全程训练”模式的创新，本书提供了配套的培训规范、评估规范和自训规范。相信，您一定会认真阅读，按照标准用心训练、切实提升，成就职业化。

师者，所以传道授业解惑也！在中国，“老师”的称号往往被赋予崇高的使命和责任，培训师也不例外。有了 TTT 的指引，您的专业化成长、职业化发展一定会有明确的方向。

当您决定踏上职业培训的旅程，意味着从现在起，您将需要更多的警醒、自律和坚持。

“莫道是空门，要进来须脚踏实地；谨防有岔道，走错了便坠入深渊！”

关于 TTT 职业化的学习要领，有四句话在 TTT 家人当中广为传颂：“投入多少，收获多少；参与多深，领悟多深；未曾经历，不成经验；敞开心扉，方有心得！”

道可顿悟，事须渐修。

我愿以此与您共勉，期待您澄心静虑、修行凝神，在 TTT 这座博大精深的智慧宝库中有所斩获，满载而归！

携使命出发，依责任行事！

愿所有职业训练的伙伴和 TTT 家人们，同行先行者、齐驱并前驱，相伴成长一起飞！

国际职业训练协会（IPTA） 中国分会会长
TTT 国际职业培训师标准教程 中文版权所有人
STD 国际通用标准课程开发教程 版权所有人
PAF 专业讲评标准教程认证导师 版权所有人
启能师院和明师讲习所 院长

致 学 员

亲爱的 TTT 家人:

欢迎您学习 TTT 认证课程，从此踏上专业化成长、职业化成就的探索之旅!

闻道有先后，我本人从事 TTT 的教学和研究工作已经有 30 个年头了，算是国内培训师职业训练领域的“探路者”。而此刻，我要代表全国 9 万多名 TTT 受训学员、超过万名认证资格职业培训师、200 多名授权导师欢迎您的加入，祝贺您从今天开始，成为 TTT 大家庭的一员!

30 年来，TTT 认证课程的职业标准、概念体系、课程组织以及训练模式都有了突飞猛进的发展，被很多学习型组织当作内训师培育的经典教材，也是众多职业培训师提升职业能力的必修课。

30 年来，一批经验丰富的优秀职业培训师加入 TTT 授权导师团的队伍。

30 年来，课程版本已经升级到 8.1 版，在业界率先推出了“全程训练、终身学习”的学习模式，并且形成了包括“TTT 标准版国际职业资格认证班”“国际通用标准课程开发教程认证班”“版权课程授权导师认证研修班”“TTT 授权导师认证研修班”在内的分级课程体系。

所有这些，使得培训师的专业化成长、职业化发展之路不再只是充满未知数的梦想，而是以清晰路径系统地呈现在您的面前。

只要付出一份行动的承诺，梦想就会成为现实!

予自己精进的有限时间、拓事业发展的无限空间。

此时此刻，当您打开这份 TTT 认证课程的学员讲义，训练就已经开始了！

这是囊括“预训、正训、自训和复训”各环节的“全程训练”模式的创新课程。我相信您一定会认真参与训练，认真阅读相关的资料，按照标准完成训练。

师者，所以传道授业解惑也！在中国，“老师”的称号往往被赋予崇高的使命和责任，培训师也不例外。有了 TTT 的指引，您的专业化成长、职业化发展道路一定会有明确的方向。同时我要提醒您，当您决定踏上职业培训生涯的旅程，也意味着从现在起，您将需要更多的警醒、自律和坚持。

“莫道是空门，要进来须脚踏实地；谨防有岔道，走错了便坠入深渊！”

关于 TTT 职业化的学习要领，有四句话在 TTT 家人当中广为传颂：“投入多少，收获多少；参与多深，领悟多深；未曾经历，不成经验；敞开心扉，方有心得！”

我愿以此与您共勉，期待您澄心静虑走进课堂，在 TTT 这座博大精深的智慧宝库中有所斩获，满载而归！

道可顿悟，事须渐修。

愿我们所有 TTT 家人教学相长，相伴成长！

国际职业训练协会（IPTA） 中国分会会长
TTT 国际职业培训师标准教程 中文版权所有人
STD 国际通用标准课程开发教程 版权所有人
PAF 专业讲评标准教程认证导师 版权所有人
启能师院和明师讲习所 院长

目录

CONTENTS

刘言扉语： 发展图谱自砥砺，我在说话正赋能
概念表述辞穷理，话语呈现言通觉
捷思漫讲论表述，赏心悦目应问答
能量转化入佳境，情理并茂化人心

刘言扉语： 一步到位塑品牌，智慧响亮高境界
原地提升刻奇效，创新刷新显格调
跳脱常规全满意，出神入化怀敬畏
人课匹配势统道，以终为始成传说

第六章 成就明师 不做另一个谁 成就唯一的我

刘言扉语： 理智工程高效益，成就明师特定位
不假思索育习惯，做足本分显风范
潜移默化我认真，砥节砺行真认我
训练修炼常观照，成长成熟大魅力

第一章 | 德位匹配

莫道是空门，要进来须脚踏实地
谨防有岔道，走错了便坠入深渊

刘言扉语

知己明训第一步，德位匹配成明师

树立元知新定位，厘清目标大作为

阶段侧重编导演，核心关键悟化应

职业誓言践于行，价值理念入内心

第一节　树立元认知

有人即为师，开口就上课

云南鹤庆龙华山寺赵绍伯撰联：“莫道是空门，要进来须脚踏实地；谨防有岔道，走错了便坠入深渊。”言简意赅，犹当头棒喝、点拨众生。云房禅院、山门牌楼的楹联分三类，即揭示联、劝诫联、启迪联，均警示人生、启迪智慧。欲在职业训练上有所作为的培训师，从中是否有一些启发？！

“树立元认知，去除伪命题。”在培训师专业化成长、职业化发展的过程中存在伪命题，如神化自己、编造简历、过度包装、炫耀背景、“凡尔赛”自夸、各种造势、各种现场布置等；还有俗化、丑化、娱乐化，自贬、自嘲，给人说相声、讲笑话、开故事会的感觉；甚至触碰培训的禁忌或底线，宣讲不雅的内容……错误以为这样可收到轰动效果、吸引眼球。

培训师要把握一个关键词——“职份”。培训师的职责是训己、育人，使命、责任是协助学员成长、助推企业发展。培训时，培训师不要过于自卑自谦，也反对过于自傲狂妄，既不妄自尊大，又不妄自菲薄。不要有区别心，要一视同仁，只要进入教室的，就是学员。

“本色做人，角色做事。”培训师要真正做到职业化，即按照国际通行的职业标准，包括职业风范、职业训练的心法、手法等方面的各项要则，严格要求自己。带着这种非常强烈的理念，以及对本色、角色的清晰认知，培训师一定可以走出误区、走出迷惑、走出混沌。

“有人即为师，开口就上课。”有人的地方，就有培训师；只要进入教室，就开始培训。这样的培训，才是真正对大家有帮助的培训；这样的培训，就一定可以拥有巨大的现实效果和长期效益。

不忘初心，方得始终。不论职业培训师还是企业内部培训师，培养职业素养、提升职业能力、塑造职业魅力是为了更好地践行使命。培训师要从战略层面把握培训方向、学习路径和行动准则。

培训方向：“有限时间，有效训练”应当成为所有职业培训师的必然追求。对于企业组织来说，为什么要培训？培训是不是越多越好？如何把握培训的“度”？培训目标如何界定和描述？确定目标的来源和依据是什么？目标实现的程度、衡量的标准又是什么呢？培训是不是有效，要看它是否实现了培训发起者的意图，是否实现了预定的培训目标。培训效果是衡量培训师商业价值的终极标准。

学习路径：“不让自己带累我，用心助你超越您。”“培训”指的是含义较宽泛的组织学习类型，培训是组织学习的子集。在培训活动中具备三个要素，即“课堂训练核心”，包括讲师、学员和课堂，也就是培训的主导者、主体对象和主场环境。培训目标和任务场景的多样性，决定了培训路径的多样性。

行动准则：“不做另一个谁，成就唯一的我”，以心法导手法，以手法证心法。培训技术的使用策略是由培训的心法理念决定的。基于“有效训练”这个根本目标的原则、理念和指导思想，在培训实践中，我们发现影响培训效能实现的关键在于处理好几组重要的关系：理论与实践、固定与灵活、内容与形式。

（一）TTT 再认知

TTT 课程，有人说它是万课之门、万课之宗、万课之基，也就是说所有课程都是以 TTT 为源头，以 TTT 的素质能力修炼、课程开发技术、训练讲授技术、课堂掌控技术、职业反馈讲评技术为基础。只要提倡全员学习、计划建立学习型组织，只要培训师在行动，TTT 就无处不在。

TTT 是培训师、企业和专业机构最熟悉的陌生内容。

如何理解 TTT 的字面意义呢？如何理解并讲解 TTT ？如何从字面上去把握 TTT 呢？

TTT 的英文全称是 Training the Trainer to Train，Training 是培训本身，Trainer 是培训者也是受训者，Train 则是培训行动，包括培训过程、培训形式、培训行为、培训技术等。这里蕴含着思维逻辑、操作流程和技术工具的层面。

思维层面：有设计思维、呈现思维、反馈思维，以及如何达成并促进效果深入的思维。

流程层面：有设计流程、呈现流程、反馈流程，以及如何达成并促进效果深入的流程。

技术层面：有设计技术、呈现技术、反馈技术，以及如何达成并促进效果深入的技术。

TTT 翻译过来就是：训练训练者去训练。

1. TTT 的 ABCDA

TTT 有五大模块，即课程设计、训练讲授、课堂掌控、培训师的职业发展、评估反馈，用 ABCDA 这五个英文字母来形容。

A：“课程设计 Attention”，指关注点。就是培训师在课程设计的时候一定要注意、关注组织的期待和学员的需求，不要闭门造车，要善于想象，要充分而又精准地假定。想象有哪些应用场景、想象如何跟学员交流，就好比是在当面对话，甚至要看到学员眼角、眉梢、嘴边的微动作、微表情，想象并感觉学员的心理活动，感受微小的表情、微小的动作背后蕴藏的需求；同时，充分精准地假定：已知、未知、状态、反应、行动、回答。所以课程设计时，一定要把握“Attention”，要关注、想象和假定学员会怎么聆听、怎么理解、怎么接受、怎么应用所说的东西。

B：“训练讲授 Behavior”，指行为行动。包括培训师在训练讲授中应该怎么做、要引导学员跟随培训师怎么做。这里要强调的是：在训练讲授中，培训师引导学员操作、练习、演练、模拟等，其效果只能是体验，所以注重“Behavior”，强调学员回去以后，还要有相当一段时间的持续行动和持续的行为改善。

C：“课堂掌控 Control”，指控制。课堂掌控分为自控、他控和场控。课堂掌控不是单纯搞搞活动，培训师要一分为二、一分为三地看待。自控就是老师要控制自己，他控就是要去引导和掌控学员，场控就是要控制整场状态、调节现场的气氛。所以，请注意“Control”强调全方位、多感度、多元化的掌控。

D：“职业发展 Development”，指发展蓝图和成长路径，强调每个培训师自己的职业发展规划，包括训练效果“顺、好、精、活”的深化，培训师由专业化到职业化，个人品牌由成功、成长到成熟、成就的跃升。

A：“评估反馈 Assessment”，指职业化成长的客观反馈，运用“四讲评估体系”，“讲到 Key、评到点、做到位”是对内容的深度挖掘、对讲授的优化精进、对培训师个人成长的砥砺修炼。

2. 5T 和“踢三脚”

“Training the Trainer to Train”，客观讲是五个 T：一大 T，一小 t，一大 T，一小 t，一大 T。

一大 T：要有一个成为大 T 的目标。

一小 t：每次训练要郑重其事，要内在、外在统一，形神兼备。

一大 T：以大师为标准，T 出真正的职业范！

一小 t：课后，一定要向自己“开刀”，把自己当初学者、当作小 t，寻找每堂课的不足甚至是缺陷，精心打磨、审视、砥砺自己。

一大 T：成为一个真正的、大气的、大写的、大格局的、登峰造极的、名副其实的、实至名归的大师——“大 T”。

“开始”的英文“Start”，包含着“明星”的英文“Star”和一个大写的“T”，职业训练的明星从 TTT 开始！

TTT 也可以用同音字来诠释。TTT 是什么？不就是“踢三脚”嘛！“踢、踢、踢”，踢什么？

第一脚踢实一点，踢行动、行为、技术和技巧，学习 TTT 要学实在的操作技术，实现行动的改善、行为的提升。

第二脚要踢观念、意识，认知要改变，要树立元认知，去除伪命题，要正本清源。

第三脚要踢思想和精神，要从胸怀境界、灵魂深处对培训师这个行业、对培训交流和管理沟通有敬畏感。

后附短文《迈进 TTT，走向职业化》以飨读者。培训师不断地踢自己、踢现场、踢效果，踢行动、踢认知、踢思想，最后踢出一片新天地。

迈进 TTT，走向职业化
《TTT 国际职业培训师标准教程》简介

★★★★★

渊源：《TTT 国际职业培训师标准教程》（The Lius'Standard TTT Tutorial Of International Professional Trainer）是一套基于职业培训师国际职业标准开发的职业训练课程体系，是培训师专业化和职业化的必修课，是在国内职业训练和组织学习领域得到广泛认可和有着深远影响的领导品牌课程。

缘起：1993 年，创始版权人刘子熙导师将一套培训师国际职业规范引入国内，与中国企业学习发展实践有机结合，创造性地研发了《TTT 国际职业培训师标准教程》（以下简称“TTT 教程”）中文版认证体系。

引领：TTT 教程开创了国内培训师职业训练的先河，带动了培训和课程开发技术的研发、传播和行业发展，让“有效训练”的心法理念和技术方法深入人心，极大地促进了中国企业界组织智慧传承和知识管理的水平，为民族经济的跨越式进步做出了不可或缺的重要贡献。

标杆：TTT 教程所拥有的全息系统、话语重塑、多维结构、嵌套进程（N+2）、即时给予、概念表述等标杆课程的特征，以及首创的概念说法、理论模型、金句口诀、流程工具等，成为培训咨询行业引用、借鉴乃至复制的典范，一直被模仿，却从未离开创新引领的潮头。

助飞：TTT 教程从 2009 年 5.0 系列版本开始到现如今的 8.1 系列版本，刘子熙导师及授权导师（弟子）团队将“课前预训、课中正训、课后自训、不断复训”的“一课四训、全程学习”模型运用于 TTT 课程体系本身，并创造性地通过“四讲评估”机制，深度干预参训培训师训后成果转化和职业成熟，将“相伴成长一起飞”落到实处。

传播：经过 20 余年的传承与发展，TTT 教程已成为业界创新领异、独树一帜的领导品牌课程。至今，企业内训及公开课的面授学员达到十余万人次，认证职业培训师超万人，课程间接受益者不计其数。

迭代：TTT 教程诞生以来的 25 年中，课程标准体系一直在不断地自我革新，截至 2018 年已经历 8 次版本升级，中、小规模的更新、完善和调整更是从未停步。

传承：经由 TTT 教程的授权传承体系，近 200 位优秀的 TTT 授权导师活跃在国内培训师职业训练的讲台上，成为行业佼佼者。他们背景资历不同，讲台风格各异，但传承不走样、创新不停步，成为 TTT 体系继承、发展和发扬光大的贡献者。

助力：基于 TTT 认证资格审查机制和研究成果整合机制，以创始版权人刘子熙导师为首的 TTT 授权导师团及诸多职业培训师，协同中国培训事业同行的有志之士，必将在保持一流内容和授课品质的基础上，助力中国企业不断改进绩效，打造一流的学习型组织。

（二）TTT 促训练

TTT 关注并促进有效训练，有效训练助推企业成长。有效训练要把握课堂训练的三大核心要素，即老师、学员、课堂，它们也是训练中的活性要素。

除此之外，培训师还要把握培训的三个关键关系：理论与实践、固定与灵活、内容与形式。

1．训练核心

老师、学员、课堂，这课堂训练的三大核心要素在训练展开以后会产生相应的活性变化。课堂的效果、气氛会转变；老师在整个过程中会不断调整自己，并引导学员以适应训练的推进；学员也会随着老师的调整引导，慢慢投入进来。

老师、学员、课堂三者哪一个为主？毫无疑问，很多朋友第一反应会说学员为主，尤其是现代教育职业训练，会引导大家产生这样的答案。培训师要想真正把握课堂训练，就要以问题为线索、以反应为依据、以概念来表述、以已知求未知，把这些活性要素运用好，真真正正地激发出来，三者都要为主。

（1）训练主体：学员有悟。

学员为主，学员有很多需求，会带着问题来，训练一定要针对学员问题和关注的培训需求，让他感觉到“我是主体”“我是核心”。训练内容的设计、训练进程的推进、训练引导的步骤等，都要时时刻刻围绕着学员的问题和需求，即“以问题为线索”。

学员在训练中要有“悟”，职业培训师要使学员突破“说时似悟、对境生迷”，而不仅仅限于传统意义上的“传道、授业、解惑”，重点在于凭体验启导感悟、改变行为、转化观念，使学员在素质技能各个方面获得提升。

悟性是什么？怎样才能拥有悟性呢？这里有一个关于“领悟”的故事，可能会给大家一些启发。

有一个樵夫上山砍柴，砍柴时发现身边来了个小动物，他从来都没有见过。樵夫就问：“你叫什么名字？”小动物回答：“我叫领悟。”

樵夫心中盘算：这小动物聪明、伶俐、可爱，奇货可居啊，我要是把它抓回家……正盘算着，没想到小动物开口了：“啧啧啧啧，你这个人不地道，咱俩一见面，你就想把我抓回去。”

樵夫心里一惊：我是不是哪里露出破绽了？我还没说话啊，只是心里想了一下，怎么就被它看透了呢？不行，我得掩饰一下，趁它不注意，一下子抓住不就好了吗？正在盘算的时候，小动物又开口了：“哎呀呀呀，你这个人啊，说你不地道，你还真不地道，你还想趁我不注意来抓我。”

樵夫心中大惊，心想：算了吧，咱们桥归桥、路归路，本来上山也没想抓什么小动物，继续砍柴吧。于是，樵夫收起所有心思，继续砍柴。小动物就在旁边继续看着，“无巧不成书”，一不留神，樵夫手上的斧头脱手而出，正好压在小动物的身上，领悟得到了。

悟性是什么？悟性是出之于有心、得之于无意的东西。怎样才能拥有悟性呢？“有心求，无意得。”

学员作为训练主体，要被关注、启发和引导，要随时引导、随机应变、随行启发、随处点化；养成察觉、注重细节的习惯；以问求思、循证以结。让学员经常分析、多多探讨、不断思考，并用心体验、适当行动，开悟、顿悟，并在醒悟、觉悟中收获，豁然开朗，真真正正有收获。

（2）训练主导：老师善化。

老师为主，要成为主导者就要有意识地去设计、引导，有意识地去规划进程，有意识地把自己的表达设计得更精准、更洗练、更简约。

老师作为教化者，训练中要真正成为主导者，要练就“化功”。

① 自己“化”没。培训师和学员、教与学水乳交融，匹配对接到位；不要神化，更不能庸俗化。

② 场面“化”开。善于接纳，淡化矛盾、化解抵触，妙用感化、切实深化、体悟造化。

③ 培训“化”合。变化、演化和进化要形神兼备，关键之时直指人心、强化认知。

④ 行动“化”解。要以有向导无向、以有备导无备、以有序导无序；知行合一、优化行动、锐化效果；《孟子·尽心上》把良好的熏陶和教育喻为“春风化雨”，儒家提倡政以体化、教以效化、民以风化。老师自古以来被赋予教化职责，懂化万物就可化学员、化腐朽为神奇，这就是“训练化学”。

（3）训练主场：课堂响应。

课堂作为训练主场，要体现出一个“应”字，使课堂有响应。

培训师要对应组织期待和学员需求，讲课程应有、可以应用的，还要照应学员、回应各种反应，提示更深层次的应有之义，以让学员在训后面对工作生活能够应付裕如。培训师在应答学员时，要关注学员反应，讲应该讲的内容，做应该做的事情，要及时回应学员，对应每个学员的实际需要实施训练，做到一呼百应，使学员能够在课后灵活应用。

培训师要真正关注学员反应和课堂效果，要有强烈的“场”意识，懂得“场”控制、营造“场”效应。

① 达成场控。实施训练时，要具备“场”意识、找到“场”感觉、促进“场”效应，就要把握三个要素：心态、感觉、气氛。培训师有开心的心态，

课堂有开眼的感觉，学员进入开窍的气氛。培训师以开心的心态传道，在开眼感觉的课堂中授业，学员在开窍的气氛中得到解惑。

② 乐于分享。培训师若以开心心态传道，则课堂有开眼认知；课堂若以开眼的感觉授业，则学员有开窍行为；学员在开窍的气氛中解惑，培训师必有开心感悟。这就是分享，真正有价值、有成效、影响深远、意义重大的分享。

③ 内外记忆。培训师要想激发“场”这个活性要素，要有内记忆和外记忆。内记忆就是培训师记住自己讲过什么，外记忆就是培训师要记住学员的表现，尤其是学员重要或共同的反应更要记住。

这就像打麻将，麻将高手能够记住所有的牌。他不仅记住自己的牌，还记住上家、下家、对家都打过什么牌，所以他可以瞬间决定这副牌到底怎么组合才能有赢面。训练亦如此，有内记忆、外记忆，培训师才可以规划调整出效果非常好的课堂配置。

④ 内外感觉。培训师还要有内感觉、外感觉。内感觉就是讲的过程中自己可能会形成怎样的感觉；外感觉就是感受到此时此刻学员会产生什么感受，学员的撇嘴、动眼睛、动眉毛、动笔记录等。

⑤ 形成场效。如果培训师的心中、眼中始终都装着学员，始终都有一种“场”意识，懂得去做“场”控制，同时形成良好的“场”效应，就能让课堂真正成为主场，像磁场正、负极之间的关系用一个字形容，叫“应”。

⑥ 激活课堂。有响应、有照应，讲该讲的、知应会的，“场”就能够真正地回应，学员会应答、培训师好应对，课堂就成为培训师培训内容应用的最佳场所。课堂作为主场这个要素，就被激活了。

总结一下，课堂训练核心有三大活性要素：学员、老师和课堂。这三大要素都为主，学员为主体，老师为主导，课堂为主场，学员要有“悟”，老师要善“化”，课堂要有“应”。

2. 关键关系

（1）理论与实践。

首先，要厘清的核心概念是：心法与手法。心法是世界观，是理论系统、理念体系；手法是方法论，是步骤流程、动作诀窍。心法是间接指导实践，手法是直接指导实践。

理论从实践中来，还要到实践中去，指导应用。只有心法、缺乏手法，则理论太多、实践太少，课程显得很抽象；反之，只讲事件，没有总结共性规律，没有形成例子，更遑论心法，这样的培训显得很局限，简单听听尚可，但要想举一反三、触类旁通就很难。培训师要走出抽象与局限的误区，做到“心中有数，手上有术”。

心法是虚的，手法是实的。课程要虚实结合，心法用作手法，手法化变心法，同时要明晰：此处为心法，彼处为手法；此处为手法，彼处为心法。例如“火候”这个概念，心法手法兼容。对于厨师而言，把握火候是手法，是实在的应用；对于大大小小的管理者而言，把握火候则是心法，是虚的扩展，正所谓“治大国如烹小鲜”。

其次，还要懂得关联：指引与印证。心法指引手法，手法印证心法。既要有手法又要有心法，既要知道为什么，又要知道怎么做，要做到执两用中。

培训师要想讲好课程，一定要有哲学思考，要上升到世界观、方法论，上升到理念、定位，上升到境界层面。唐太宗《帝范》卷四曰：“取法于上，仅得为中；取法于中，故为其下。”宋末元初时期的诗词评论家严羽在其《沧浪诗话》中也强调：“学其上，仅得其中；学其中，斯为下矣。”

培训师只有确立高尚的人生目标、实在的事业方向，助人为乐，分享知行悟，才能成为学员和组织者心目中有趣、有料、有理、有序、有价值的人。

（2）固定与灵活。

这里要把握的核心概念是：明线与暗线。明线是必讲，暗线是备讲；明线是固定的、计划内的，暗线是灵活的、计划外的；明线是针对问题的设计，是刻意的，而暗线则是依据反应设计的，是灵活的；明线必讲，暗线则不一定讲，看课堂学员反应；明线统领暗线，暗线补充明线。

如果只有明线没有暗线，或明线太多、暗线太少，那么课程会显得刻板，千篇一律。虽然课程有设计、有安排、有价值，但是没有关注学员现场表现，就会出现有些学员的需求没有得到老师的响应，学员清楚的地方老师反复讲，学员想了解的地方老师却蜻蜓点水。若讲授没有变化，还是按原计划、原节奏讲授，学员感到食之无味弃之可惜，这是鸡肋式培训。

反之，如果明线太少、暗线太多，那么课程会显得分散，没结构。尽管现场会表现出明确的响应，问什么答什么，想学什么教什么，依据反应及时给予，但因为结构是割裂的，没有整合，就算记住了也不容易想起来。

怎么解决这个问题？借用“定活两便”来说明。“定活两便”是一种事先不约定存款期限，一次性存入、一次性取出的储蓄存款方式，在设计课程时可以参照。这就要求培训师要“做厚讲薄”“定活两便”。备的比讲的多，这就是“做厚讲薄”。同时，备的和讲的两部分依据现场学员反应灵活以对，这就是“定活两便”。宁可备而不用，不可用而无备；想固定就固定，想灵活就灵活。

例如授课中，有学员突然提出一个后面要讲的内容或问题，那么现在讲还是不讲？可以遵循“定活两便”的原则，做到即时给予，提升学习效果和学员满意度。

“定活两便”也是一份平常心，正所谓“来者不拒，去者不追，随遇而安，自然而然”。

（3）内容与形式。

此处要把握的核心概念是：主线与辅线。主线为内容，辅线为形式；理性升华即内容，感性演绎即形式；内容重于形式，形式多于内容。

内容重，要把内容讲清楚，让学员听明白、记得住、做得到。

形式多，要用不同的形式来呈现，避免枯燥与空洞。

打个比方，煮米饭的时候是水多还是米多？水多变成煮粥，水少米太硬，饭煮不熟。如果是老太太吃，牙口不好，吃起来费劲，水就要更多。

授课也是一样，学员的层次和接受水平不一样，如果讲的都是内容，都是干货，但学员难以吸收、掌握不了，效果也是会大打折扣的。

在有限的时间内，到底给多少内容？这里推荐大家把内容在课程的时间占比控制在 30%~40% 范围之内。

3. 知己明训

“知己明训，训己育人”，这里有一个哲学思考：TTT 作为万课之宗、万课之门，几乎所有课程的基础应该都有 TTT，培训者如何能更好地去培训？

了解训练：在《TTT 国际职业培训师标准教程》中，培训师要从培训目标、关键关系，以及应该运用哪些职业能力，包括各种标准技能和专业素养入手，真正地深入了解培训。

明了自己：培训师应该如何定位、如何成长、如何训练和修炼？

训己育人：在知己明训的基础上，先训己，再育人。常言道：“培训者最需要培训！”

“低头思法，开心悟道”，培训者一定要把自己培养到位，真正让自己产生变化，才会是优秀的学习者，成为好的培训师。

“学习是发现问题的过程，而成长是问题解决的结果。”每一次培训就是把培训师成长的心法、心得、经验、感悟分享给学员，一起成长、一起进步。

“知行合一，原地提升”，知己明训，明白自己、明白训练，进而培训自己，再去育人，培训师要做到形神兼备，让培训真真正正达到教学相长。

在培训的整个推进过程中，真正把自己提高和改善的培训师在引导学员的时候一定可以“展其悟，悟中行，行后化深知”。

展其悟：恰当示范，适时点化，懂得把握时机去展示、去示范，进一步去点化。

悟中行：学员经过引导有了感悟，就会行动，思想是行动的灵魂，想通了肯定就容易做得到。

行后化深知：训练中让学员参与进来，强化学员行动，再帮助他，使其站在第三方的角度来观察自己的所知、所行，这就可以达到“行后化深知”的绝佳效果。

培训师要真真正正地“知己明训”，做一个好的学习者、引导者，引领他人达到更高的境界，让培训成为有效训练。

后附的《TTT 国际职业培训师标准教程》授权传承体系简介及《TTT 国 际职业培训师标准教程》授权认证导师体系成长路径图（见图 1-1），供所有职业训练的品牌导师参考，“复制创绩效，传承不走样”“卓越是方向，成就在路上”。

《TTT 国际职业培训师标准教程》

授权传承体系简介

★★★★★

师从 TTT 创始版权人刘子熙或其授权的传承导师之 TTT 授权弟子，根据学习阶段、专业评估结果和授权范围的不同，分别被授予“TTT 授权教习”“TTT 授权导师”“TTT 授权认证导师”“TTT 授权传承导师”的资格，进入 TTT 授权传承体系。

各种资格的含义及授权权益分别如下。

TTT 授权教习：签订拜师协议，完成 TTT 授权导师的学习（教学机制依拜师对象而定），即成为“TTT 授权教习”。

权益：可公开为一般的企业 TTT 培训项目或 TTT 公开课程的学员提供免费或有偿的现场辅导服务，也可主持或主讲公益性 TTT 沙龙、讲座等学习活动。该称谓标明授权弟子正在学习研修过程中，不设置证书。

TTT 授权导师：TTT 授权教习在完成示范课程学习后六个月内，接受其授业师父线上或线下辅导，跟课研习时间累计不少于 60 课时，能准确领会、运用和传达 TTT 课程的知识体系和话语系统；本人主讲的免费 TTT 课程和学习活动累计不少于 30 课时，通过授业师父的专业考核，向“TTT 授权导师认证资格审查委员会”提交专业资格审查申请文件，经审查达标，并向创始版权人刘子熙报备，获颁“TTT 授权导师”证书，即成为“TTT 授权导师”。

权益：可主讲除《TTT 国际职业培训师标准教程》认证班以外的

所有 TTT 相关课程，或提供讲评、辅导等服务，获得与“TTT 授权教习”相同的权益。

TTT 授权认证导师： TTT 授权弟子获颁“TTT 授权导师”证书满一年，累计 TTT 授课天数超过 57 天，未出现违约违规行为，向“TTT 授权导师认证资格审查委员会”提交专业资格审查申请文件，通过“TTT 授权导师认证资格考核”，并向创始版权人刘子熙报备，获颁“TTT 授权认证导师”证书，即成为“TTT 授权认证导师”。

权益：可组织或主讲 TTT 标准版认证班课程，该课程参训学员可获得由创始版权人刘子熙签发的职业培训师资格证书。授权认证导师获得与“TTT 授权教习”“TTT 授权导师”相同的权益。

TTT 授权传承导师： TTT 授权认证导师努力推进《TTT 国际职业培训师标准教程》的传播与传承，社会影响及行业贡献卓著，经创始版权人刘子熙批准，可获颁“TTT 授权传承导师”证书以及成为“TTT 授权传承导师”。

权益：可获得创始版权人刘子熙导师授予的招收授权导师（弟子）的权利；可对《TTT 国际职业培训师标准教程》授权内容进行再授权传承；获得与“TTT 授权教习”“TTT 授权导师”“TTT 授权认证导师”相同的权益。

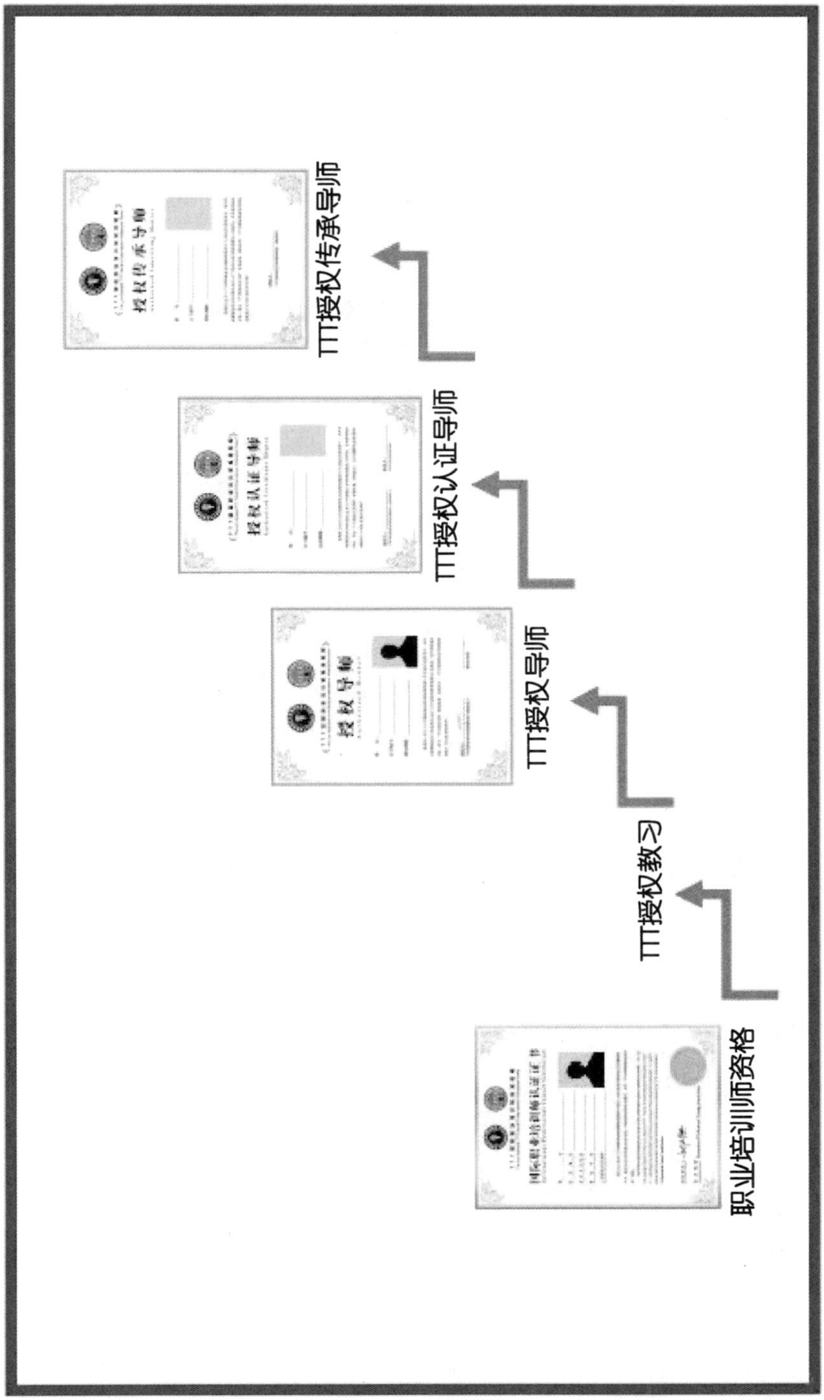

图 1-1 《TTT 国际职业培训师标准教程》授权认证导师体系成长路径图

第二节 职业新定位

会道者，一线藕丝牵大象
盲修者，千斤铁锤砸苍蝇

职业化的过程存在几个需要认真反思的问题：培训师靠什么赚钱？赚什么钱？怎样更值钱？这些问题无法回避、必须面对，而且一定要去寻求正解！

（一）塑造纯利基

要塑造职业利益基础，培训师就要思考终极命题，懂得等待，赢得尊重，通过顺、好、精、活各阶段的砥砺，明白:“回头购买才是真正的满意！”“再签约、续约就是最大的认可！”

1. 靠什么赚钱

“到底靠什么赚钱？”这是培训师要面对的终极命题。人们一般可能反馈的答案是：好的课程靠课程赚钱，好的服务靠人赚钱，强悍的专业靠老师赚钱，还有靠课程品牌、靠价值时间赚钱等。

每个领域都有无法回避、必须要回答的终极命题。培训师要切记“树立元认知，去除伪命题”！

对于培训师，“到底靠什么赚钱”是根本性的问题，再追问一步，思考一下培训师靠什么展示专业？靠什么赢得时间？靠什么提供服务？

“培训师其实是靠尊重赚钱。”因为有尊重，专业就有了权威；因为有尊重，时间就更显价值；因为有尊重，服务会获得意想不到的满意和包容。

“企业因为尊重你，而愿意付出一定的代价。”大家必须要想清楚“尊重的是什么”，大家更要清楚“以什么去赢得尊重”。

2. 赚的什么钱

培训师的年收入如何从 20 万元到 50 万元，再到 100 万元、150 万元、200 万元、300 万元、500 万元乃至更多呢？毋庸回避，因为这意味着商业价值得到了市场和客户逐步的认可。

“赚的什么钱？”这是不得不再次直面的终极命题。

“赚的是时间的钱！”我来回答。

时间永远是有限的，时间也绝对是公平的！培训师不可能没日没夜地上课，不可能一年中全部的时间都去做培训：要有路途中的时间，要有休息的时间，要有课程准备、调整、优化的时间，要有自我充电的时间，当然，也要有与家人相聚和享受生活的时间。

一年内能够上到 150 天课程的老师，就算行业内的劳模了。在我年轻时，培训市场刚刚起步，老师不多，我也有点名声，曾经有过一年上 300 多天课程的记录。每天的课酬标准乘以上课的时间，就是年收入，培训师赚的是时间的钱。

既要把握和累加时间的“数量”，又要提升和进化时间的“质量”。

如果不考虑非课酬收入和其他收入，收入和上课的时间成正比，和单位时间创造的价值成正比。

成长阶段的培训师要尽可能地触达客户，争取并获得授课的机会，时间的数量是职业成长的基础；成熟阶段的培训师要突破瓶颈，只有打磨砥砺、精益求精、不断提升时间的“质量”，才是职业增值的根本。

3. 怎样更值钱

在时间有限的前提下，怎样获得更多的尊重？如何让课酬升值呢？

“耐得住寂寞，扛得住诱惑。”

培训师要把握好“等待”这个关键词和“顺、好、精、活”四个阶段。

（1）等待。

所有的事情都有客观规律。有朋友刚刚进入职业培训行业就开始着急：第一，着急上课；第二，着急计算课酬。

我从业三十年，有近 500 个徒弟（事业弟子和授权导师、认证导师）拜我为师、跟我学习。有弟子问我：“跟随您直接学习在国内已经有很多年影响的版权课程 TTT 的授权导师班，多长时间可以达到一天课酬一万元，进而达到一年收入 100 万元上下甚至更多？”

我跟这些弟子和有拜师想法的培训师说：“要有一定的时间，起码两年左右！这是事业成功的必由之路，是成长的烦恼！”我当然会全身心来帮助弟子，但弟子们也必须要有一定的时间来修炼、准备，须一步步成长。

接受版权课程授权的老师从开始默默无闻、没有太大名声，到大家都知道你的课程定位、知道你是谁的弟子，然后课程邀请增多，再到课程有美誉度、效果有保障、形成口碑；学员、企业培训主管部门责任者、培训机构经营者和业务员等接触、了解到有相当程度的认知，再到有高度认可……这个过程是需要时间的。

定位了一个课程，就需要把课程打磨好（即使是授权课程），咀嚼雕琢，甚至经受折磨，有时候还要自己折腾自己，从而把效果设计好，然后反复多次调整优化，最后打造成业界知名的品牌课程，才能成为具有商业价值的职业培训师。打造优课和成为明师无法一蹴而就，正所谓“好事多磨”。

等待是一种品质，等待成就卓越。

（2）顺、好、精、活。

懂得等待，也要有所行动。培训师的成长与课程影响力的塑造须历经“顺、好、精、活”四个阶段。

第一阶段：顺，有内容。培训师一般用半年左右的时间来打磨课程，“顺”也就是内容勉强过关、讲授能够顺下来。若内容不过关，课程中培训师尚有生涩感，学员和培训组织者也觉得略欠流畅，这就意味着连第一关都没有通过。

特别提醒：有相当一部分朋友，课程讲得特别流畅、内容非常娴熟，但不太关注学员，易陷入填鸭式、自说自话、强势引导，客户还是会把你归到讲“顺”这一阶段。

商业价值的提升，流利是“根苗”。

第二阶段：好，有效果。有时候问听课的学员“课程效果怎么样”，他们也许会说，“讲得真的特别好，特别喜欢”。记住，这些反馈可能是客气话，是经不起推敲的。没有再签约，说你好可能会是假的。

效果是商业价值提升的根本。

课程满意度尚可、再签约或续约达到一定量就可以涨价了吗？若原来认可的企业或培训机构发现课程里面的素材资源、思想观点、话语系统等没有改进、升级，山还是那个山、水还是那个水、课还是那个课、素材还是那个素材，甚至有些说法一字不改、一成不变，在他们眼里，没有变化就已经落伍了。没有人会因为一点点小小的变化多付钱的！

“回头购买”才是真正的满意！再签约、续约就是最大的认可！

第三阶段：精，有系统。要在“顺”和“好”的基础上优化课程、精进效果，努力使课程系统和同类课程不一样，形成独占价值和核心竞争力。

系统要具有灵活性，“定活两便”，满足不同层级立体多维的培训期待和需求。

内容要具备针对性，价值要具有独占性，谨记“增益不扫盲，求全必责备”。企业和机构在选择培训师时，不是在购买一个普及型的课程、一个一般化的培训师，买的是“增益”而不是“扫盲”。

如果课程求全，系统貌似完整，但缺乏针对性和独占性，客户是不买账的。这个对课程内容的精进、迭代、升级和对效果的优化、锐化、深化的过程，需要花费一年甚至更长的时间，需要全力以赴、全情投入、全心全意去做。没有这份投入和付出，怎么可能提高课酬、提升商业价值呢?

系统的精进与优化，要全力以赴、全情投入、全心全意。

第四阶段：活，有思想。必须拥有一套强大的思想体系，尽量追求并做到课题领域中几乎所有的问题、所有的困惑在这里都能找到答案、彰显独到见解。

系统思考，进而形成完美的系统思想！不是胡说、不是即兴的，不是所谓的神来之笔。培训师不仅要有思想，还要一言而决、一句话表述清楚。

有思想，就拥有强大的抗诱惑力、抗折磨力、抗质询力和抗压力。

培训师靠的是尊重，赚的是时间的钱，还追求获得对方足够的认可和信赖。

有思想，赢得尊崇，对客户而言“是你就好”！

温馨提示：与企业洽谈时，有的企业拿出来的是企业能给出的最高课酬，这就是尊崇！即使这个课酬比培训师的市场报价低一点点，也可以接受。这样的企业可能很少花钱做外训，这不是主要客户，但这样的客户一定要珍惜。

“顺、好、精、活”这四个阶段是培训师成长发展的基本过程。如果能够循序渐进地一步步走下去，事业会越来越好。

（二）提升真价值

职业化就是价值提升的过程。如何获得商业价值？如何真正提升商业价值？有所坚守，方能有所成就。

1. 价值的获得

商业价值是以货币为单位来标示和测量的经济价值，职业培训师要下足功夫，在职业化上不断精进、砥砺前行。关于商业价值的获得，我有一个口诀：极认可、高效益、好口碑、大影响。

（1）极认可。不是普通的认可，而是极认可！

若有企业抑制不住到处传播、情不自禁地在一定范围里面传扬课程效果及其对培训师的敬仰之情，这就说明真正获得对方极大的认可。此时此刻，培训师及课程就成为社交礼物、虚拟货币，这份情感弥足珍贵、值得一辈子珍惜！

（2）高效益。课堂效果及后续效益都极高，包括现场效果好、课后应用结果喜人，训后一段时间赋能企业、助力发展的成果令人赞叹！也就是好效果、棒结果、佳成果。

如何让课程达到超预期效果、产生极高效益呢？要想让课程真的能解决现实中的很多问题、真的能帮助学员或组织、真的能予人以启迪，就要把课程设计得特别实在、特别有针对性，训练的准备也要充分而又精准。

（3）好口碑。接触过的企业客户和接受训练的学员赞不绝口，合作的渠道（培训机构）赞誉有加，赢得他人的主动传播，就是好口碑。

好口碑基于课程的好效果，好效果源自巧设计和足准备。

（4）大影响。影响大小与课题大小没有关系，不是说企业高层受训的课程，如领导力的课程，影响就大；也不是讲课时学员人数多的课程，如团队建设，影响就大。反之，也不是讲基层人员受训的课程，影响就小。这里需要“去除伪命题”。

课程怎样才能有大影响呢？可以从“有话语、促反应、抓感觉、刻印象”四个角度去着手。

① 要有话语。这里指的不是术语，术语是大家都在讲的、相对理论化、众所周知的概念和观点。比如服务、品质、成本、精益、风范、形象、供应链、管理、沟通等。

拿 TTT 举例：同类课程用授课风范、讲师职业形象等术语时，讲职业“装”，要注意着装；同行都讲一定要注意形体动作、眼神等，则提出要中正，《周易》里的“中正”侧重的是适得其所、恰如其分，强调中正平和、不偏不倚、泰然自若。

诸如此类的众多概念和口诀等，形成 TTT 版权课程独特的话语系统，大家一听到这些话语，就知道这是源自刘派 TTT 课程，课程版权因而有强烈的标志性和不可侵犯性，维权也更容易。

请注意，如果一个课程做到全国独一无二的时候，一定程度上就占据了价格的高位，其关键就在于企业选同类课程和老师时，觉得花最高的价钱是值得的。

② 要促反应。一定要注意在训练现场关注学员、促动反应。谁能促动学员的现场反应，谁的影响力就大。每一次辅导讲师朋友或改善讲评时，我都反复说：只有眼中、心中有学员，才能得到良好的反应，达到满意、深化效果。

现场反应好，口碑才有可能好；现场反应不好，话进不到学员的心里去，学员没有被触动、促动，怎么会有好的口碑呢？

③ 要抓感觉。巧用“通觉表达”技巧，牢牢抓住学员在训练中、听课

时的感觉，甚至能够透过微表情、微动作抓住学员稍纵即逝的感觉，运用经验、调动阅历与学员对接，让学员感觉良好、触动心灵，甚至举一反三、触类旁通。这样，就可以影响学员，就有影响力。

④ **要刻印象**。培训师是善于“叫停”的人，当察觉到学员出现不解、困顿、迷惑，或者排斥、抵触等微情绪时，就要“叫停”，要停下来调整内容和状态，把学员的情绪感觉安抚好、对接住，让他可以跟得上。有时候，有学员出去一小会儿又回来，培训师要说：“没关系，我们刚刚讲到……”同时，概括复述一下刚刚讲到的要点。如果遇到有迟到的学员或临时进来听一听的朋友，培训师都要停下来，先关照一下他们，说：“我们刚刚讲到……讲了……”在训练中，讲到一定量的时候就要停一下，穿插回顾、反馈、复述、串讲、小结、总结等技术方法，让内容言简意赅，使人印象深刻。“简单关键重复讲，直白好记易传播。”

当培训师停止说话，学员开始思考。

现在来总结一下：培训师靠尊重赚钱，赚的是时间的钱，如果能够做到顺、好、精、活，把内容搞清楚、把效果弄明白，同时能够不断地修炼砥砺，最后达到有内容、有效果、有系统，进而有思想，所有问题都有答案，一言而决，还能够烂熟于胸，这个课程是“我”的，不是别人的；不必太流利，不可不流畅，这种流畅也不是背出来的，而是真的胸有成竹、智珠在握，像泉水一样汩汩地流出来。这样就可以获得尊崇，彰显商业价值。

2. 价值的提升

如何提升商业价值呢？如何由几万元、十几万元到五六十万元、一百万元甚至更多呢？这个问题很重要。

试想，刚刚进入职业训练行业时，课酬便宜点好吗？培训师要从长计议，要明白课程低价销售，课量可能也会萎缩，甚至越来越少。

首先，课酬便宜不见得能够让课量增高，因为做比较、PK的同一价位的老师更多了。

其次，一旦课酬便宜了，再想提上去就有很大难度了。一开始价位若超低，一段时间之后又期望提升甚至翻番，市场是不太容易接受的。

那么，是不是课酬一上来就要定高点？这样可行吗？

要想真正解决以上问题，走出迷惑，绽放光芒，就要明了商业价值提升的渠道在哪里，发展趋势又会怎样。

培训课程的课酬密切关联着课程及老师的市场和商业价值，需要把握和掌控好以下三个渠道，保证商业价值彰显不同。

第一，企业选。课酬定位，是企业选择师资里面的低价位、中价位还是高价位？

第二，机构聘。机构选聘师资，培训师是低价位、中价位、高价位师资中的哪一类？

第三，领域排。任何领域里都会有排名，不要去追求所谓的第一，培训师要在乎的是在课题领域中自己的排名和排序是属于高价位的、中价位的或是低价位的。

课酬价位可以分为低、中、高三档，每档又分为低、中、高三阶，实现两阶间的晋升较容易，跨档较难。如果一开始定位是低档高阶，晋升到中档低阶尚可，但不太有机会，甚至可以说很少有老师能实现三个价位阶梯的大跨越。

企业选老师时，低价位的老师接触和授课的企业越多，价位就定得越“死”，再给一个新的企业做报价时是做不到随心所欲的，因为企业的培训负责人之间是互通有无的。

换一个角度，培训师还可以思考一下企业的内部流程。比如前些年，企业以中档中阶的价位邀请过自己，现在又有培训需求了，课程报价时中档高阶还可以商量，若一下子报高档低阶甚至高档中阶，决策者会觉得匪夷所思。

所以，课酬涨幅不大是有可能的，涨幅太大是“要命”的。

如果一开始的课酬定位不精准，培训师就会在发展上徘徊，在收益上纠结。

（三）乘势大作为

从宏观层面看，目前培训市场有两个趋势：第一个趋势是两极分化，第二个趋势是精准卡位。培训师一定要懂得掌控趋势、把握趋势，准确定位、精准卡位，人课匹配，顺势而为，成长得更快、更顺、更好。

1. 两极分化

企业选、机构聘、领域排都存在两极分化。低价位的老师，恨不得低了再低；但是高价位的老师呢？高价位老师根本上是内容品质高、训练效果绝，属于“耐得住寂寞，扛得住诱惑”的老师。

下面故事中的概念对正确理解商业价值提升有一定启发。

有一个人困惑于如何提升自我价值，于是去请教高手。高手话不多，拿出一块石头对他说：“你拿过去，找一个市场去卖。有个规则，标价100块，而且许问许答但不许卖，别人怎么问都行，你怎么答都行，最后出多少钱就是不卖。”此人到市场去了，开始没人搭理，慢慢就有好奇者和询问者议论、交流，最后有人下定决心要买。不卖！100块不卖，200块、300块，最后涨到1000块了，就是不卖，直到最后收市了。这个人在返途中心里有触动了，有感觉了。

他回去找到高手问：“我下一步怎么做？”“很简单啊，下一步找一个黄金市场。还是这个规则，开价1000块，同样是许问许答不许卖。”高手回答道。

结果黄金市场那边，虽然有人出价到 1 万块了，但是就是不卖。这个事情引起了轰动，满城都传这块石头如何如何，开始有了“石头的传说”。这个人在返途中略有感悟了。

他再去找高手，问道：“下一步该怎么办？”高手回答道：“很简单，再去珠宝市场，不开价，看别人到底给多少钱。”结果可想而知，这块普通的石头最后价值连城，但还是不卖！

“惜售”是价值提升的关键所在。人们并不会因为低价就降低对课程品质的要求。当然，更不会因为低价就疯狂抢购课程。无论收多少钱，人们都是要求最好的品质。

与其随意调价，不如认真做好品质、合理定位课酬。

2. 精准卡位

我们要卡位！要精准卡位。某省、某城，在同一个课题领域的老师 PK 起来，到底卡位在哪里？排名多少呢？起码能排到同区域的本课题前十就可以了。企业或机构必选才是能否入围的关键。

比方说企业或机构要选某课程的老师，会选谁呢？培训经理的心里话是：“我就这点经费预算，怎样做到同样品质，课酬实惠点？或者同样课酬，品质高一点呢？”按这个思路会有哪些老师能够入选呢？

免费分享好吗？公益分享可以做，但不能盲目。分享半天、一天是有付出的。若是定位没能准确传递、效果没能得到普遍认同，就会事与愿违、适得其反了。做公益有没有钱不重要，只要有收获、有资源，能收获客户、认可、影响就行。而且，分享和公益课更需要充分而精心的准备，若是做一次砸一次，几次以后就没有客户基础了。培训师的职业生命是经不起折腾的，一定要珍惜。

有时候不要钱，但可能更“要命”啊！

怎样做到准确定位和精准卡位？有以下两个词需要知道。

（1）不可替代。很少人敢拍胸脯说：“我的课程在本课题领域内不可替代！”

培训师不要只跟别人比，只跟自己说：“我要独一无二！”如果能这样定位，企业今天不请明天请，明天不请后天请，今年不请明年请。即使这个企业不请，总有企业会请。

（2）可持续发展。要职业化，就要有发展的眼光和胸怀。培训管理者或 HR 等共同的特点是无论走到哪里、跳槽多少次，都很容易继续做培训、继续做 HR，这就叫“一旦拥有，别无所求”。所以，每一次公益分享都要很认真地对待、全心投入，培育忠实粉丝，今天来的可能是没有决策权的人，总有一天接触过的、听过分享的人有决策权了，那么今天的极度认可就会变成明日的商业价值。

极度认可 = 商业价值，这就是获得和提升商业价值的长远考虑。

好老师不需要业务员。

客户愿意为认可买单，愿意为高价值付出高代价！甚至有可能实现价格逆转。惜售！不可替代！可持续发展！

3. 人课匹配

培训师要做到“人课匹配”。“精准定位小品类，知行合一有感觉，渠道终端双推送，授权认证抢市场。”

第一，精准定位小品类。千万不要走大品类定位，避免不必要的比较。没有格局、胸怀是不能成就大事的。

第二，知行合一有感觉。版权将成为撒手锏，企业和机构在请老师、选课程时会越来越注重版权。版权课程一定要知行合一，既要有理论，又要有工具，还要有方法。

第三，渠道终端双推送。跟渠道合作也就是跟机构合作，要尊重机构的劳动，不能突破底线、不尊重培训机构付出、不守规矩，这是从业道德。培训师一门心思地专注做好服务、认真做好口碑、切实彰显效果即可。

第四，授权认证抢市场。在课程系统化并获得版权后，一定要推广自己品牌课程的授权导师班、认证班。很多国外的版权课程在中国赚得到钱吗？答案是肯定的。国外的培训专家花大力气研究版权，不太在意某次课程是否挣钱，要的就是大规模推广授权导师班、认证班，这才是版权本身的价值。

培训师要想创造更多利润，请谨记以下四点。

（1）价值超标转介绍。课程价值对企业或者机构而言不仅仅是达标，更是超标准的，这样就会有转介绍，就会有后续的返单和续约。

（2）由衷助人嘉德行。好的德行会形成良好口碑和广泛影响。只要由衷地帮别人（包括企业内部的培训负责人，也包括培训机构的业务员），他若是真心认可，就义务地帮助他在职业上获得成长吧。不拿捏、不造作、不装腔作势、问心无愧，自己的世界也就一下子开阔了！

（3）同行认可荐口碑。千万要善待、善用并高度重视同行认可。培训师在公共场合，包括一些平台的活动中一定要谨言慎行。老师相互之间的推荐比业务员的推荐来得实在，同行认可重在口碑。在同一个行业、同一个领域，大家都互相推荐，岂不是互利互赢！

（4）话语影响长久远。一定要注意塑造自己的话语影响力，一定要提炼属于自己的口诀、口号、概念、观点、思想！如果这些话语如同戳子一样盖在课程内容里，那么培训行为和培训效果上，话语影响不可磨灭。

有了口碑，有了效果，有了极大的认可，有了影响，培训师就能够实现从职业化走向商业化。

后附的《TTT 国际职业培训师标准教程》认证标准简介，为培训师的职业化成长作参考。做足本分，总有一天这一切就会变现为商业价值。一旦形成品牌、拥有口碑，就会有企业排队来邀请。

《TTT 国际职业培训师标准教程》
认证标准简介

★★★★★

《TTT 国际职业培训师标准教程》的认证证书由版权人刘子熙签发，国际职业训练协会（IPTA）作为认证鉴证方进行鉴证背书。认证标准如下。

一、内容体系标准

采用最新版本 TTT 认证课程标准版或精修版内容，配合课程讲授及全程训练。

二、认证课时标准

正训课时不少于 24 小时，认证学员出勤课时比例不低于总课时的 90%，且须提交缺勤课时的补课学习笔记。

三、主训导师标准

由授权有效期内的“TTT 授权认证导师”担任主训。

四、认证评估标准

认证学员课后一个月内提交认证作业，包括一段五分钟到八分钟的完整微课授课视频，视频须反映认证学员的职态刻意，视频内容从表达、讲台风范到教学设计要体现 TTT 认证课程宣导的标准；一篇基于 TTT 课程内容主题的原创文章，原创文章须反映出待认证学员对课程内容的正确理解和精准把握。

认证作业提交可申请延期，最晚不超过课程结束后一年，否则须由原主办方协调安排再复训后，方可重新申请认证。

五、认证流程标准

所有认证课程在举办前须提前一个月向版权人刘子熙申请报备。

课程主办方须负责搜集认证学员的个人资料（包括手写注册登记表、身份证及学历证明文件扫描件、本人电子档证件照片），并负责分发（派送）认证证书。

获得认证证书的学员可以在全国范围内不限时、免学费参加由版权人刘子熙授权的认证导师主讲的所有认证课程。

第三节　明师第一步

有限时间，有效训练

（一）明确职业角色

培训师一定要会扮演三种角色：编剧——课程设计者；导演——活动组织者；演员——内容表达者。就好像三个人一台戏，一场训练中培训师既要做“导演”，又要做“编剧”，还要做“演员”。

1．编、导、演并重

（1）要像“编剧”。从内容规划、效果设计、讲授演绎、训练推进和是否真正有感觉来考量：训前，要进行课程的设计；训中，要根据现场随时进行课程内容的调整和课程效果的设计。在《SCD 国际通用标准课程开发教程》里，特别把课程开发比喻成加括弧的艺术，要设计效果。

（2）要像“演员”。既能呈现设计内容，又能够现场发挥，以反应为依据，及时调整。

照剧本演。如果随便乱演，那就等于没有剧本、没有开发设计；培训师要按照事先设计的课程内容有步骤地来进行推进、引导。

现场发挥。若演员只会背台词，基本上难以达到卓越。在培训现场，培训师能根据学员在现场的反应及时调整讲授，其经历、阅历、经验、智慧所产生的巨大作用和神奇功效不能忽略。

（3）要像“导演”。把各种资源调动起来，真正形成很好的场地效果和场景化效果。导演要做分镜头剧本，要考虑每一个场景的灯光、音响、道具、人员等诸多要素和谐地运作，更要考虑角色之间的搭配。把培训师比喻成导演，是因为在整个现场要精心设计、充分考虑、运用场效应，适度地营造场地效果；运用音乐做开场、做主题引导，在学员做演练交流的时候也可以放一点背景音乐等；要设计一些活动与互动环节，也可以运用道具、工具、模型等。

培训师在引导学员理解编、导、演这三重角色时会采用辩论赛的形式：编剧、导演、演员哪一个角色更重要？若分三个组，正好三个角色。四个组呢？第四组的辩题是“三者同样重要”。五个组呢？再加辩题“三者都不重要”。如果六个组，那就两组编、两组导、两组演。大家讨论此起彼伏，唇枪舌剑，辩论同时还可以讲评学员的基本功，如吐字归音、思维逻辑、表达等。这样的辩论，实操效果非常好！

2. 阶段角色侧重

在不同的训练阶段立体地观察培训师的三重角色，其重要性是不一样的。

（1）训前，一般以编剧为主。若没有一个好的教材、好的教案、好的讲义，训练达不到好的效果。

进一步探究就会发现好的讲义和好的教案不是一回事。训练不光要有讲义，还要有配置单，配置单是做事情的清单：训练一开始做什么事情，哪里讲一个故事，什么时候放一段音乐，什么时候放一个视频片段，何时安排辩论等。事先都备好清单，这个流程是导演要做的事情、编剧只是辅助；训前相对较长的时间内肯定是编剧重要，但是临近训前导演更重要，导演要思考现场会有什么情况，应该如何配置和规划。我们有个专用工具表格来做学员反应及课堂效果的预测，让培训师假定和预测反应及效果，在第四章会介绍。

（2）训中，演的分量更重要。在训练实施过程当中以演员角色为主。如果不会演、不会讲，或者讲得不够有声有色、述得不能有详有略、讲评反馈捕风捉影、结论不能有点有面，加上提问、应答不能体现专业性等，不仅会破坏大家的注意力，还会影响训练效果。

训中，虽然表达很重要，但是要随时调整设计，调整训练效果，这就是“导”；或者要灵活地加减内容、调配素材资源，再优化、调整，随时补充些内容，这就是“编”。讲、述、评、论、问、答这几种能力缺一不可。培训师就是要一边做演员，一边做导演，还要通过观察来编排。比如，课上大家有点沉闷了，此时要安排一个活动、讲一个案例、导入一个故事或引导一个大家比较关心的话题等；要有技巧，要会编排，要控制场面，要懂得互相沟通。所以，编、导在训练当中也很重要。

（3）训后，编剧角色又凸显。任何课程在讲完或训后都有学员反映和自我的感觉，培训师要据此再进一步优化课程内容和深化训练效果；一定要不断去反思，哪里要再改进一下、提高一点。此时，编就显得重要了。

训后，在优化内容的同时，课程配置是否需要调整，讲述要不要练一练？所以，演和导在训后也很重要。就像作曲家作曲时会试唱一下，培训师要会“自编、自导、自演”。

培训师到底是哪个角色呢？理想的培训师既能编又能导，更会演。当然这也要有一个发展的过程。大多数培训师起初只是“演”的角色，随着自我的进步，于是有了“编”，之后在培训行为配置、现场掌控上逐步到位，“导”也做得很好。所以说，编、导、演三位一体，缺一不可。

（二）把握核心理念

很多培训师在训练中遇到问题，不知道怎么办，不知道应该依据什么去解决、去处理；遇到学员提出一些问题，不知道应该秉持什么态度；遇到突发状况，不知道有什么行为准则等。

“职业训练的核心理念”有六个：“首善、区分、感召、乐从、对接、分享”，从意识层面、态度层面、行为准则层面让大家做到心中有数。

总结一句话就是：做好首善，妙用区分，真诚感召，懂得乐从，善于对接，共同分享。

人们经常讲“自主意识乃关键技巧”，没有技巧时，只要有意识就可以化解困惑、跳出窘境，豁然开朗。

围绕六大理念，我们设计了六个动作和六句话，以便形成课堂中的表述习惯（见图 1-2），帮助大家理解和应用。

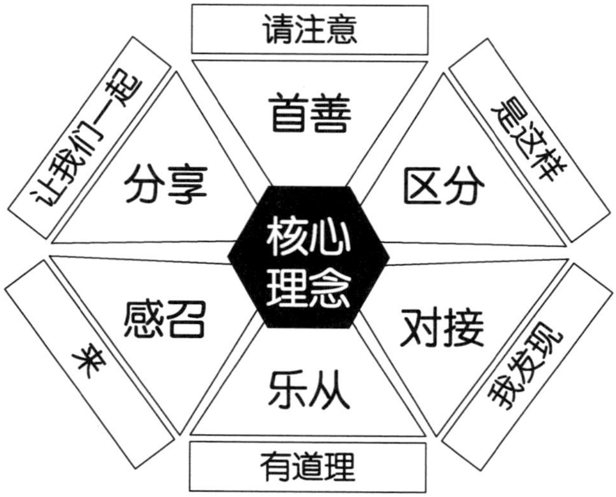

图 1–2 职业训练的六大核心理念及表述习惯

1. 首善

首善，由来已久，且经久不衰。

首善放到培训中就是“一开始就要做好，发现问题马上改善”。首善包括准备和改善两方面，设计好、预备够、演练熟、控制住、演示足，出现问题则及时调整、改善。

首善在训练中应用极其广泛，这是培训师重要的自主意识，凡事要问自己：我首善了吗？

首善强调准备比资历更重要。资历是一种长期的准备，良好而又充分的准备也是一种资历。

首善要建立“请注意”的课堂表述习惯；训练中一切都要规划好、准备好，做好启动注意、预先框定、角色定位、建立关系、声声高训练前各项准备，运用训前核对清单做好需求分析、把握训练环境选择条件、做好场地布置。

在训练中首善包括以下几个方面。

① 结构化设计：架构关系树、进程时间线、单元价值点。

② 准备和改善：设计好、预备够、演练熟、控制住、演示足。

③ 启动注意：建立“请注意”的课堂表述习惯。

④ 预先框定：事先打招呼，利用各种机会把规矩立起来。

⑤ 建立关系：人际关系基石定律——“我是谁，你是谁”。

⑥ 角色定位：老师是站着的学员，学员是坐着的老师。

⑦ 声声高：主要用在问候。调节气氛，启动注意，重建关注。比如问候时，要事先约定回应的方式——“好，很好，非常好”，或者“昨天好，今天很好，明天会更好”。

首善要建立“请注意”的课堂表达习惯。“请注意”带有提醒的意味，也带有预防、防范的寓意，而这些恰恰都是首善必然的内涵。在培训推进和管理沟通时经常说“请注意”，就是有意无意地在运用“首善”这个核心理念。

“今天你首善了吗？让我们一起做一个首善家吧。”

刘备三顾茅庐的故事就经典地展示了什么是首善。诸葛亮要出山了，他是如何做好首善的呢?

下面来捋捋思路、剖析一下“三顾”的整个过程和诸葛亮是如何做好首善的。

第一顾，侧面了解。刘备带着结拜兄弟来，诸葛亮不在，他们只好在隆中转转，于是就听见山野村夫唱歌，歌词是诸葛亮写的。第一顾，让刘备侧面了解诸葛亮的影响力。

第二顾，化解阻力。刘、关、张冒着大雪再去请，诸葛亮还是不在。张飞本来就不愿意来，催着要回去，甚至扬言一把火烧了诸葛亮家。关羽也说:“大哥，这个人不行，徒有虚名，不敢露面。”刘备急了:“我们被人追着到处跑，必须请高人。”第二顾，提前化解班子团队的内部阻力。

第三顾，测试耐性。诸葛亮虽然在，但正好午休呢，刘备足足等了两个时辰。第三顾，考察是否真的有耐性。诸葛亮睡醒后侃侃而谈“三分天下”，造就了著名的“隆中对”。

现实中，很多到了新单位的职业经理人，被领导催着出成绩，自己也急于表现，此时，关键在于要有耐心，用足够的时间从容布局、搭配各种资源，最后才能一飞冲天、一鸣惊人。

这就是首善的设计，这就是隐藏在“三顾”中的大学问、妙真谛，可以说是战略背后的战略、视野前面的视野!

2. 区分

区分，是一种哲学思考，是一种逻辑手法，区分就是一分为二、一分为三，划开迷雾、拨云见日，也包括合二为一、有分有总。

区分，要懂得在概念上下功夫：辨问题、明目标；辨对象、明需求；辨角度、明观点。

区分，在课程设计时明确训练需求，包括组织期待和学员需要，课程开发包含内容设计、讲义设计和教材规范化等。培训师既要关心学员对课程内容的吸收，又要把握学员接触、接受时的心态和接收课程的心理。

区分，在训练讲授中要明辨正误、去伪存真、隐恶扬善；见微知著、举一反三。陷入混沌、迷惑、误区不自知，陷入困顿不自拔，不知何去何从时，就“区分”。

区分，建立“是这样”的课堂表述习惯。我们设计了一个动作、一句表述，叫作“是这样”：“这件事情实际上是这样的”，或者“这件事情不是你说的那样”。

区分，要针对学员接收心理，先破后立、循循善诱、答疑解惑。

学员接触及接受培训师、课程和所讲的内容时，其心理反应有以下六个方面。

① 你是谁?

② 为什么要听你讲?

③ 你讲的是什么?

④ 它对我有什么好处?

⑤ 你能证明吗？它是真的吗?

⑥ 我为什么要按你说的去行动？我为什么要按着你说的马上去行动?

区分清楚六个方面中哪些是对人的、哪些是对课程的、哪些是对内容的。

区分，学员接收时的心理反应用“A、I、D、M、A、S”六个字母对应如下六个英文单词。

A：Attention，启动注意。

I：Interest，激发兴趣。

D：Desire，唤醒欲望。

M：Memory，深刻印象。

A：Action，引导体验。

S：Satisfactory，关注感受。

学员接收训练的内容和参加训练的效果都要从接触心态、接收心理来区分，训练中很多行动是不可能做到位的，学员只是体验，回去以后还要加上各种标准、时间长度、频次等不断地练习、强化。所以，区分在工作中、生活中是时时刻刻要做的。

善用区分，精准地区分，课程效果肯定是深入的。

3. 感召

感召，是一种状态，是培训师期待的状态。要想感召别人，自己要调动状态、要投入，再让学员投入进来。现场设计场景化时，要有感召的意识。

我们设计了一个动作，徐徐地挥一下手；也设计了一个字，叫作“来”。

讲的过程中，拍一下学员的肩部：“来”。

提问的时候说：“来，还有吗？”或“来，试一试”。

“来，让我们一起首善”。

“来，让我们区分一下”。

“来，请注意”。

“来，是这样”。

“来，想一想”。

“来，琢磨琢磨”。

“来”，感召别人，不仅仅是让别人来，更重要的是“我先来，我来！”只有感动自己，才能感动别人；只有感召自己，才能感召他人！感召不是大家想象中轰轰烈烈的东西，它是培训师带着意识并运用一定的操作，让现场形成深入的互动。

"来",也是一种态度,培训师要明了"养辩于讷,藏锋于钝""无用即无用"。

"来",要去感悟"上善若水、至柔克刚"。

"来",要去警醒"说似一物即不中""训练与修炼",更要注重实效、引导体验。

"来",记住"未曾经历,不成经验""投入多少,收获多少""参与多深,领悟多深"。

"来",要懂得"持两用中,关注回馈""只有敞开心扉,方有心得"。

"来",把它定义成一个培训课程中万能的字。如果排一排训练中最常用的字词,"来"字应该用得很多。

老师问"好不好?要不要?"容易落俗套,直接感召吧:"来!"

4. 乐从

在训练中,强调以问题为线索,要经常提出问题。

试问:在设计问题、提出问题的时候,内心是期待学员答得出还是答不出呢?一般是希望答不出。如果答得出,那么这个问题好像没有价值,这样的问题互动越多,对课程的负面影响可能越大,学员越会觉得课程层次不高,似乎没什么值得咀嚼、值得琢磨的地方。

再问:提问后若有人会勉强答或直接答上来,是期望他答对还是答错呢?期望他答错就对了。只有他答错,才可能反过来问"为什么呢?怎么会这样呢?怎么办呢?"这时候,再告诉他需要注意什么,或者说其实是怎么样的,来,跟我来!这样就达到了引导的效果。

"导错归谬",就是尽量在训练过程中引导学员,哪怕走错了也不要紧,然后通过讲解演绎使之幡然醒悟。所以不怕他有反应,甚至不怕他反着来,哪怕他错了,不要紧,正好予以引导。倒是应该警惕对方无反应,或者抗拒反应。

遇到学员答错了,有的老师很容易开口说:"你怎么错了?怎么能这么想呢？”这样的态度、表现、反应是不对的。这时候，一定要在态度层面上端正一下，建议运用“乐从”。

乐从，就是快乐地跟从。之所以要这样，并不是说看不出或不指出他错在哪里，关键是当下不产生冲突，而是先乐从、跟随他一下。因为跟随了他，他也愿意快乐地跟从你。

乐从，不是盲从，对方没有方向，而培训师有方向；对方没有准备，而培训师有准备；对方可能没想那么多，只是发表一些即兴的想法，培训师则是有程序、有顺序地设计了流程。培训师是以有方向去规范没有方向、以有准备去引导没有准备、以有顺序去指引没有顺序。

乐从，我们也设计了一句话和一个动作，伸出大拇指：“有道理。”面对学员，可能站在培训师的角度立足这个道理来评判，他也许是错的，但是他既然说出来，就自有他的道理，站在他的角度，他可能是正确的。所以，人们经常讲“错误是另一个标准下的正确”“垃圾是放错地方的资源”。

有时换一个角度，观点或者说法就有它成立的道理。怎样深入理解“乐从”呢？

佛教有个故事，可以给人们启发。

从前有座山，山上有个庙，庙里有一老一小两和尚。因为庙小，师徒两人相依为命，种田耕地。有一年，芒种后要准备播种，结果小徒弟跑过去跟师父说：“哎呀，师父啊，芒种都过了，咱俩还没有播种呢。”师父掐指一算，说：“那现在就去吧。”这叫“随时”。

他们拿上笸箩、装上谷种，往山下地里走时，一阵风吹过来，把有些谷种都吹跑了，这小徒弟有点不高兴：“你看，本来就晚两天，种子又吹跑这么多。”师父则说：“不要紧啊，被吹跑的本质上可能就是空的、瘪的、不好的。”这叫“随性”。

他们把谷种播到地里，过段时间看，有的苗长出来，有的苗没长，这时候师父又说："徒弟啊，看开一点吧，长出来的就和咱们有缘，没长出来就没有缘分嘛。"这叫"随缘"。

苗的长势喜人。有一天，下起了瓢泼大雨，第二天他们一看，地里面是一片狼藉啊，有的苗被冲走了。小徒弟看到这景象都有些想哭了，师父又安慰："徒弟呀，无妨。没在咱们地里，冲到别的地方长起来也是一样的嘛。"这叫"随处"。

等到丰收季节，麦浪滚滚，有的麦穗颗粒饱满，有的稀疏。小徒弟跟师父一说，师父就说："徒弟啊，有收成就好。"这叫"随喜"。

乐从，就是"随时、随性、随缘、随处、随喜"，一切皆有道理。

培训师要懂得乐从，建立"有道理"的课堂表述习惯；以有备应对无备、以有向引导无向、以有序规范无序。

培训师要谨记：没有不好，只有不同，没有捣乱的学员，只是表现方式不同；无论对错，但讲有无，缺点是优点的不适当表现；千万不要把"学员问题"看作"问题学员"；不同不等于不好，乐从不等于盲从；自己放下去，他人转过来。

5. 对接

对接，是重要的行动。对接，设计一个动作，像拨窗帘，用一个词来形容就是"我发现"。

对接，是真正的"我发现"，既要发现自己，又要发现对方，要发现对方的心理、行动，要去观察，以发现去对接，有针对性地去对接，到位地去对接，这样的对接才是有效果的。

假若老师是"茶壶"，学员是"茶杯"。很多时候，交流的内容就好像倒茶，但是容易倒到外面去，所以提出“对接”这个概念。

有人说“空杯心态”指的是学习者要虚怀若谷，但是站在讲述者、引导者、老师、管理者的角度，反思一下“空杯”这个概念：这个世界上有空杯吗？茶杯倒了几十年茶，就算洗得再干净，它其实也带着茶分子。当年有很多不吃辣的上海知青到江西，进到餐馆就说：“大师傅啊，求求你啦，我不吃辣的。”大师傅于是把炒菜锅洗好几遍，炒出的菜还是辣的。为什么呢？因为锅的分子结构中浸入辣分子了。

所以，空杯在世界上是没有的。即使是新出窑的杯子，也会带着泥土气。

对接，做到“我发现”，客观上应该怎么做呢？

比如，一个人发现别人杯子里装满了可乐，他想倒入咖啡，就像培训师的内容很有价值、很重要、很昂贵一样，如果问：“给你杯子里倒咖啡，要不要？”那个人会要吗？不一定会要，有些人就钟爱可乐，接受咖啡就意味着要把可乐倒掉，甚至冲击他的生活习惯。这里会存在一个习惯改变和一个倒杯子的动作。所以，在询问之前，先要去发现：他有倒空杯子的准备吗？有空杯的想法吗？有倒杯子的动作吗？若他既没有想法又没有倒杯的动作，给他任何东西，他都是不要甚至是抗拒的。

此时此刻，怎么对接呢？可以先“乐从”，让对接更精准、更到位，可以这么说：“你在喝什么呢？哦，可乐，这样吧，我给你来一个咖啡，是可乐颜色、可乐味道的，有咖啡精华在里面的，但不带咖啡味道的，你要不要？”对方有可能会点头，可能就会想要尝试一下了。

对接，要想实现真正的对接、良好的对接，还用倒茶来举例，再深入探讨一下。老师是“茶壶”，学员是“茶杯”，请问：壶嘴大还是杯口大呢？壶嘴得小点、杯口得大点；如果壶嘴大过杯口，那杯子可能就被冲跑啦。联系过去的培训，一些用语言把学员伤害的课程，不就是壶嘴太大了吗？所以，培训师要少说、多引导。同时，倒茶的时候还要注意把握度。俗话说“七茶八饭”，茶倒七分，不能倒太多。这也意味着在训练中要适可而止、见好就收，只有做到把握分寸、拿捏到位，对接效果才好。

对接，培训师要做到“说者说出听者想听，听者听到说者在说”“你想我讲，我说你要”。

对接，培训师建立“我发现”的课堂表述习惯；不盲目追求所谓“空杯”，认同学员的经验；善用桥接和串联——组织好自己的逻辑，用学员容易接受的语言连接起来，实现“通觉”表达。

对接包括以下两个维度。

对接层次：换位思考；尊重差异；投其所好。

对接思路：框概念；找共性；拉近距离，调整角度。

希望培训师在每堂课中都能实现良好的对接，把课程内容和学员的需求真正对接起来。

6. 分享

分享，蕴含着自古以来倡导的教学相长的精神，培训师一定要放在心中。

分享，不是单纯自己讲，是在整个培训过程中引导大家相互沟通、共同交流；从内心“一起分享”，一起来感悟、参与、演练、行动、思考和琢磨。

分享，我们设计了一个动作，双臂打开或单臂伸出，手心向上，“让我们一起。”

TTT 有句经典的口号：“学习体验 TTT，相伴成长一起飞。”

我们倡导六大核心理念：首善，请注意；区分，是这样；感召，来；乐从，有道理；对接，我发现；分享，让我们一起。以上这些训练的核心理念帮助培训师树立正确的意识，端正态度，同时规范训练中的行为，把训练核心理念放在心中，做到“心中有数”，在训练中再进一步做到“手上有术”。

（三）厘清培训目标

企业培训的目标不单纯是让学员成长！培训作为企业战略的重要组成部分，其出发点是为了让企业发展，员工成长是基于企业发展的大背景的，也就是说员工的成长要适度。

员工成长是有针对性要求的，过度的培训和没有针对性需求的培训都是无效培训。

我们经常提醒企业的学习规划者和培训组织者“培训很贵，不培训更贵，无效训练最贵”。

1. 目标来源

一谈到培训目标，很多培训师伙伴都会快速想到广义的培训需求，一部分伙伴甚至认为培训需求就是培训对象的需求，这是伪命题。

培训师在培训前做调研的时候，发一个学员培训需求调查表给企业去填写，然后收集整理，进而针对收集到的需求开发课程并授课，这个过程似乎天经地义、无可厚非。事实上是怎样的呢？可能学生对课程评价很高，但组织方对培训结果不是很满意。为什么会出现如此割裂的现象呢？

这是因为培训目标没有厘清。

培训目标的来源，不仅包含学员的，还有组织的，当二者出现冲突时，要以组织的目标为主。

企业的需求分为两类：一类是组织期待，另一类是学员需求。需求评估要对培训需求进行细分，要充分考虑组织期待以及学员需求这两个方面。组织期待是基于战略、年度计划和项目规划的。企业战略是长期的，组织学习做得好的企业会有一个五年乃至十年的培训战略和培训规划。培训要适应组织的发展，培训的使命是消除企业心头之患、解除企业现存困扰，通过促进员工成长适应企业的发展。

过去人们笼统地说，培训就是要满足培训需求，如果不认真区分组织期待和学员需求，其认知是错误的，其效果是错位的。

企业有战略规划、年度工作计划及项目安排，所以就会有培训战略、年度培训计划和学习项目设计；企业的某些项目运作有基于项目的人力资源匹配，在匹配的时候会发现有些人员的素质能力不足、认知不够、方法不当、技术欠缺、工具应用存在不足等，所以组织会产生基于当下状况的应急式培训需求。

（1）组织期待。

组织的培训需求叫"组织期待"，是组织基于企业发展、组织发展和基于组织的年度计划以及项目规划，对员工的素质能力产生的期待，是企业整体发展过程中，企业对参与其中的员工提出的成长要求，包括在年度中需要增进哪些素质能力，或某个项目对参与的员工有哪些特别的要求（包括理念、认知、技能等），必须通过培训弥补。长期系列培训就是基于大的战略规划和企业发展设计的；年度培训计划以及学习项目同样是基于年度工作计划和项目安排来设计的。

组织期待来源于哪里呢？组织期待是基于企业愿景、组织发展战略、年度工作计划、员工任职资格和项目安排的要求。组织期待来源于组织对员工的任职资格有哪些基本要求。组织架构里各个岗位要定职、定岗、定员、定责：首先定职，确定需要哪些职能；再确定岗位，以确保各项功能的有序运行；之后，匹配合适的员工并明确其责权利。在确定岗位的适配员工时，存在一个人岗匹配的问题。要达到人岗匹配，组织对员工的素质能力是有明确要求的，如果员工有欠缺，就需要进行培训，以满足组织的期待和适应企业的发展。

（2）学员需求。

要全面把握员工的学习需求，员工会有一个为适应组织期待的学习需求，同时也会有一个自我成长的学习需求。学员需求可能侧重自我成长，而组织期待更多关注组织发展。

企业培训关不关注员工成长呢？客观来说，企业培训关注在企业发展前提下的员工成长，现在有些企业内部的培训容易过渡或泛化，欠缺组织期待的角度，丧失企业发展的高度。

过度培训要杜绝，所谓过犹不及；培训不达标、不到位，也要警惕。培训既不能过度，又不能没有针对性。过度培训或是泛化培训都是不利的，都是不对的，都是组织培训目标不清晰所致。

2. 目标类型

根据培训内容的不同，培训目标分为“PPP”三种类型。

（1）问题类（Problem）目标。

解决工作实际问题，包括但不限于学员的观念问题，观念是影响能力和工作效能的重要因素，企业领导对此要有足够的认识。

基于问题类目标的培训，包括针对企业中存在的各种问题而设计的培训，结合各经营要素、各功能模块、各层级、各发展阶段需要，以解决问题为出发点而设计的培训。

（2）认知类（Perception）目标。

弥补学员认知缺口，通过培训使其具备完成本职工作所必需的基本认知能力，包括洞察力、理解力、知觉力、感受力等。

基于认知类目标的培训，包括了解企业的发展战略、经营方针、经营状况、规章制度、市场及竞争等的培训，以及宏观把握经济理论、经营管理、生产技术、科学领导艺术、政策法令等的培训。

（3）表现类（Performance）目标。

在缩短学员表现差距上，企业对员工是有期待、有要求的，培训就是要对标找差，弥补员工成长与企业发展之间的差距。通过培训，让员工在筹划能力和决策技能、灵活应变能力和解决问题技能、人际交往能力和沟通技能、改革创新能力和创造技能、处理各种人事物的能力以及适应环境等方面的技能能够符合企业发展的需要。

基于表现类目标的培训，包括与能力提升、行为改变、技能、技巧、操作、工作方法相关的培训。

3. 目标实现

实现培训目标，使培训拥有实在的效果，培训师必须充分认知培训效果存在衰减，还要厘清究竟要达成什么样的效果。我们经常形象地将培训效果概括为“讲清楚、听明白、记得住、做得到”。

讲清楚：要求培训师课程开发到位，设计要情理并茂，内容和形式要搭配好，课前准备充分而精准；要讲得清清楚楚、结构清晰、条理分明、论证翔实、妙趣横生。

听明白：学员听得绘声绘色、喜闻乐见、明明白白，容易吸收；通过培训，让学员收获明确、提升明显、成长看得见。

记得住：要求学员能够听得懂培训内容，并能把握精髓，重点和要点记得牢靠，训后印象深刻，能够经常回味；着眼于对培训内容是否有机械记忆，有时候可以考虑在训后现场调查一下学员记得住多少。

做得到：要求训练能够立足行为改变，让学员产生显性变化；学员愿意尝试应用培训内容，进而推进工作的改变和绩效的提升。在现场培训师要设计好模拟演练环节，学员的收获不是停留在表面上，而是能够走得顺、做得顺；当然，培训师一定要清楚，在训练中安排的所有演练，对于学员而言都只是体验，千万不要认为现场他做到了，以后就一定做得到。行为的改变如果不明确标准，训后没有一定频次的巩固，不可能真正改变。就像练腹肌，须持续巩固、坚持练习，一周几次、每次几组、一组几个，而且间隔不能超过多长时间等，如果浅尝辄止，或三天打鱼两天晒网，肯定是不行的。

影响培训效果的重要因素涉及内容把握、设计，培训师准备、讲授，学员吸收等方面，存在七个环节的效果衰减。我们制作了“目标实现：培训效果七分图”，如图 1-3 所示，是从（1）到（4）的顺序设计，还是从（7）到（4）的规划推进，这是普通教育和职业教育（培训）的不同。

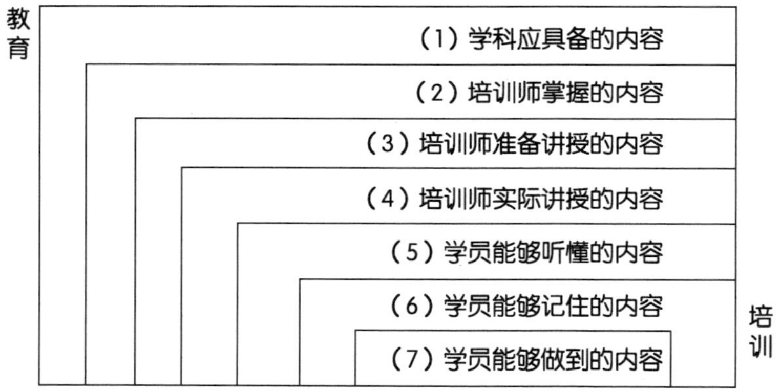

图 1-3 目标实现：培训效果七分图

（1）学科应具备的内容。每一个学科都有系统，需要全面、长时间的学习。要真正把一个学科学好，还要精研。每个学科的内容都是浩如烟海。

（2）培训师掌握的内容。培训师掌握的内容也许只是学科内容的一部分，可能是沧海一粟。企业需要的是解决问题的老师，只要掌握的内容能解决企业实际问题，哪怕仅仅是一字之师、一招之师、一技之师，你都可以成为一个好老师。

（3）培训师准备讲授的内容。内容准备要做厚讲薄、定活两便，宁可备而不用，不可用而不备。老师想要给学员一碗水，自己至少要有一瓢水；要想给一桶水，至少要有一池水；要想给学员以启迪和指引，自己就要充分而又精准地准备。

（4）**培训师实际讲授的内容。**根据时间长度和学员层次，配备针对性的内容及素材。一定要清楚该讲多少、怎么讲、用什么讲。有时候讲得少，学员反而学得多，正如俗话说："宁失一村，不落一户。"

（5）**学员能够听懂的内容。**学员层次和接收水平不可能完全一样，当然不可能全部听懂、100%吸收，培训师需要关注学员反应，及时调整训练方法，深入浅出，运用专业技术，同时鼓励学员不懂就问，即时给予并促成原地提升。

（6）**学员能够记住的内容。**人学习的特点之一就是常遗忘，培训师需要在训练中常小结、多总结、懂串讲、会复述，不断地重复和回顾，结合学员言行来深度反馈，温故知新，加深学员记忆。

（7）**学员能够做到的内容。**知道不一定做得到，要鼓励学员多练习、多应用，达到熟练掌握的目的。我们在训练中经常提示学员："可以暂时做不到，不能不知道，今天先知道（记下来），明天做得到或者一步一步去做到。"

这个培训效果七分图揭示了教育和培训在立足点和角度上的不同，同时也提示培训师要革新理念，调整训练的关注点和侧重点。教育可能按部就班，因为关注的是夯实基础，学以致用；而培训可能依需而行，因为关注解决问题，用以致学。

由此可见，培训效果从（1）到（7）存在层层递减。若要追求培训实效，想立竿见影，好的培训效果就要做到"讲清楚、听明白、记得住、做得到"。

4. 结构对期待，讲法应需求

培训实践中，培训师如何兼顾组织期待和学员需求呢？应记住一句话:“结构对期待，讲法应需求。”

培训流程包括培训教材的设计、讲义的编写和训练的实施，也包括资源的整合和效果的设定。有的老师觉得自己很努力，但是效果总是事与愿违，难以达成理想。有时候，企业评价和学员反馈截然相反，效果的优劣判若云泥，让人始料不及、出乎意料。

为什么会这样？这里有一个非常重要的关键词：定向。

人们经常讲:“需求是设计的方向，效果是训练的方向，主题是资源的方向，反应是呈现的方向。”

（1）需求是设计的方向。这里的“需求”是个泛概念，包含两个侧面：组织整体需求叫“组织期待”，学员个体需求叫“学员需求”。这就是培训师编教材、配讲义的方向。

“路子比步子重要”，要想让课程得到认可、让效果达到预期，一开始方向就要明确，就要对路子，在设计课程内容时应“结构对期待，讲法应需求”。

具体而言，就是教材讲义的 PPT 和课程的内容纲要应着重把组织期待作为依据。换言之，谁掏钱，谁决定这堂课的结构，“结构对期待”。在训练中，无论主办方何时检查，培训师讲的结构都是他要的，每一个模块都是他要求的，方向没有问题。

（2）反应是呈现的方向。为了切实达成训练效果，训练中培训师能否关注、调动和把控学员反应凸显重要。在现场讲授时，培训师要充分考虑、精准对接学员需求，把握学员的反应：多讲一点还是少讲一点？讲深一点还是讲浅一点？以反应为依据，讲法应需求。大多数学员觉得没什么大用或者暂时用不到的，培训师讲授时就可一带而过。

（3）主题是资源的方向。讲法不仅仅是呈现，也包括资源的整合，包括视、音频等各类素材，要注意“扣题、切题、击中要害”，避免“离题、跑题、文不对题”。

（4）**效果是训练的方向。**培训师需要琢磨如何成为有效训练，达成预期效果，让期待的效果能够更深入。课程中，培训师要能够根据现场的反应和对学员需求的把握及时调整讲法，第一次可能做得不那么到位，但是多做几次以后就会越来越深入、越来越到位，设计的效果就会越来越好、越来越扣题、越来越贴近培训的目标。

培训师规划和调整演绎、表达、讲授及训练推进，让学员喜闻乐见，这就是效果深化。

结构对期待，讲法应需求，这里面涉及主题方向、效果方向、反应方向。如果培训师事先认真准备、事中及时调整，同时关注反应、推进效果，那么培训就一定会是卓有成效的、实实在在的。

（四）评估培训效果

培训效果对于一个组织或一个企业而言，就是知识的吸收与运用，也叫“组织的记忆”“组织智慧的整理”“理智工程”。有人提出组织学习“三阶段模型”，包括“知识的获得”“知识的共享”“知识的利用”，形成“获得、共享、利用”的三角形，也可以算作一个组织评估培训效果的模型。

首先，知识的获得。培训师往往在课程开发时借鉴书本、参考理论；可以通过“经验萃取”“知识萃取”，通过对成熟经验、先进做法、榜样行为、最佳实践等进行萃取、提炼，形成组织的知识，这也是组织智慧的整理。

其次，知识的共享。组织在智慧整理的基础上共享。共享不仅是做培训，还包括组织内的各种分享交流形态，比方说 App、内部刊物、公众号、班前会、班后会、季度经营分析等，形成动态交流、信息交流。

最后，知识的利用。知识的利用不能是一个点、一个人的利用，一定要考虑到整个组织、每一个人；思考如何让知识成为企业或部门的经验和流程改善的基础，进而推广为整个组织、整个企业共享的知识，真正地推进绩效的改善、经营的提升和组织的发展。

1. 评估原则

只有真正地理解并讲透培训效果的评估，培训才能得到更好的提升，效果才能得到更好的深入。

唐纳德·柯克帕特里克在 1975 年提出“四级评估理论”，对培训效果的评估做了界定：第一层是“反应层”，指学员喜欢；第二层是“学习层”，指学员通过培训，吸收和接收到哪些东西；第三层是“行动层”，指学完以后，学员会怎么用；第四层是“效果层”，指通过培训，对整个公司的业绩乃至对经营产生了哪些推进，有没有真正的变化。

我们在多年培训实践中总结出两个原则：一个是“精准区分”，另一个是“多维剖析”。“四级评估理论”里就有精准区分和多维剖析的内涵。

精准区分，是把一件事情一分为二、一分为三，或者是合二为一、合三为一。要想精准评估培训效果，就会存在对训后的区分，训后是不是一个固化的时间概念？区分一下，就会发现存在一个训后、训后后、训后后后的时间划分，以及对训后效果、训后后结果和训后后后成果的评估。

① 训后，是指培训课程结束，或者具体指课程结束的那个时间点。此时，培训师发一个评估表或其他的可行方式，这就是训后的效果评估。

② 训后后，是指一段时间后，培训师可能要实施 360 度评估，请参训者的领导、同事、客户评估学员培训之后的行为有没有改变、绩效有没有改善，这就是训后后的结果评定。

③ 训后后后，是指半年或者一年，在一个相对长的时间内，从组织经营的角度来分析评价这次培训，对学员所在部门的业绩提升和对整个企业经营的改善发挥了哪些作用。当然，训后后后的成果评价，应该是综合的评价。

多维剖析，训后的评估、评定、评价不能只针对一次培训或一个阶段，要多次、多维，要全方位、多元化，要关注全程，汇合知识精准触达、工作场景关联、达标训练巩固、跟进转化绩效，培训要做到“一课四训”。

① 预训。训前让学员预习、阅读，把课程相关的基础理论、背景知识、记忆内容、问题线索做准备性学习，尤其是企业内部训练，完全可以把有些规则、文件、政策规定、概念术语等一目了然、不用多讲的资料提前发给学员做预训。

预训要不要评估？要考核不要考试。千万不要在预训结束之后，上课前留十五分钟，用填空题、是非题的形式考试，只需用选择题考核一下即可。预训效果的考核评估，只是考核对预训有没有印象。

② 正训。训中，切实引导，让学员感悟、体验。

在课间，可以通过观察、交流和学员的反馈来进行评估，以做到心中有数。当然这种评估不一定落到书面上，但是一定要做，这个动作不能少。

③ 自训。课后，一定要安排自训，讲的道理一定要转化为习惯。道理只有内化为习惯，习惯显现为行动，训练才算做到位了，培训的效果才能真正地达成预期，培训才能真正促进个人的提升和组织的发展；围绕课程的训练目标制订课后复习巩固、实践养成的阶段性计划，强调行动标准和训练频率，自训时要对标找差。

训后可以做360度评估，这是对训练后续结果的评估，可以增加自评和他评环节，要着重考查其有没有行为改变以及有没有持续地做自我训练。

④ 复训。训后一段时间要安排训后跟进、辅导。过一段时间可以组织座谈、写作训后收获、线上答疑解惑或者是演讲比赛等；有效整合组织内同一课程的实施阶段和参训批次，让学员带着实践中运用所学后的感悟和困惑再次回到课堂（或线上社群）交流心得、答疑解惑，以终为始，不断提升。

多维评估不是孤立的、片面的、一次性的，应包括：点的评估，就是一个课程；一个学习项目的评估，一个项目可能会包含较多的课程；依据时间段落的评估，即一个季度的培训，或半年、一年的培训评估，大多会是年度培训效果的评估。

把握好精准区分和多维剖析，培训效果的评估就会有一个很好的基础。

2. 评估实施

培训师角度培训效果的评估在于自我评估，要运用一些技术、细节、方法和形式调动自己的感觉；充分调动自我的感觉后再去察觉、感知学员是否收到。讲清楚才能听明白，这里有培训方法的应用，有培训形式的综合，既要评估培训师的功力，又要评估培训师在整个过程中用到了哪些方法和哪些形式。客观来讲，对于培训师而言，一个训练或一次课程效果好不好，不能等到下课的时候拿个评估表来看多少分，而是在课堂上就要做到心中有数、胸有成竹。

比方说，培训师在讲授时关注一个人，去察觉和感觉他有没有点头，有没有记录，尤其说到重点时。在各个学习环节、在接收的时候有没有问题？重点、难点明白了吗？

一般来说，学员接收有一个缓慢的过程，要因人而异、因地制宜，关键在于把握学员“一开始希望听到什么，紧接着能接收什么，再往后会怎么样”，把握这样一个流程，培训出效果就会是必然的。

学员角度培训效果的评估，我们总结了三点：“开心”“开眼”“开窍”。

（1）**“开心”**，让学员觉得有意思，主要通过促进互动的设计安排。

（2）**“开眼”**，让学员觉得有道理，主要通过导入各种新颖的资源和独特的演绎。

（3）**“开窍”**，让学员觉得有价值、有作用，主要通过独到的思想、角度和意想不到的引导。

这三点是一个合理的顺序，是颇费思量的。是站在价值角度，课程开始就讲重要的、有用的内容？还是站在学员角度，先调整气氛、调动投入？通过课程培训的效果会发现，学员比较容易循着“开心、开眼、开窍”的顺序来打开自己、接纳吸收，比较容易从“这个有意思”“没见过”“好像我回去可以用”等角度来跟随引导，把握和理解，进而更好地感悟、收获、改善和提高。

学员角度的课程效果评估可以形象地、感性地用以下两句通俗话语来形容。

（1）**“来着了”**。好的培训课程，学员会感性地说“来着了”，甚至可能会说“早该来了”“来晚了”。

（2）**“又来了”**。不好的培训课程，学员感觉不好，觉得老生常谈或陈词滥调，可能就会说“又来了”。

培训师要想真正做好培训效果的评估，要从大的原则上妥善地、认真地理解“柯氏四级评估”及组织学习的三阶段模型，运用一些比较成熟的评估理论，同时要精准区分和多维剖析，在评估单次课程时要从培训师和学员双向的角度切实理解和把握培训效果的评估，这样才能真正让培训的效果更深入，真正通过培训来促进组织的发展，提升每一个人。

后附的《评估规范：培训师参训需求自查表》将帮助大家明晰自我职业化成长的目标，运用自我省察，对参加《TTT 国际职业培训师标准教程》或类似训练课程的动机及需求进行认真的自我反省及全面检点，梳理自我提升与职业化发展亟需改善和提升的方方面面，以便不断完善和提升自己。

评估规范：培训师参训需求自查表

请您根据实际情况配合我们完成此项调查，这对您将是非常有意义的。感谢您的配合！请在与您观点相符的项目内打钩。

	非常同意	同意	不好说	不同意	非常不同意
做一名职业培训师是我的追求					
培训对于帮助我做好工作非常重要					
培训是我跟上时代发展的良好工具					
总体上说，我接受的培训不够					
不应该根据职位不同享受不同的培训待遇					

1. 您是否参加过提升培训技巧的课程？若有，请列举出来。

2. 您是否参加过培训课程？请列举。

3. 您以往参加培训的原因是：
   自己主动提出（　　） 领导指派（　　） 公司提出（　　）
4. 您在企业内部近期准备讲授的培训主题。

5. 您预计或已经在培训中遇到的困难（列出 3 项）。

6. 通过《TTT 国际职业培训师标准教程》训练，您最希望改进、提升的方面。

7. 您预计在未来的一年中将会特别需要提高工作的哪些方面？

8. 为了弥补您存在的不足，您未来还希望进行哪些培训？

填表人：　　　　主讲课程：　　　　　　　　填表时间：
说明：此表可用于培训师自查，也可用于管理方或组织方对培训师参训需求的调查

第二章 | 形神兼备

到此已穷千里目
须知才上一层楼

刘言扉语

功化同源能量场，形神兼备职业“装”
意识态度平常心，拿捏掌控基本“攻”
语境心境真感召，以点带面来搞定
魅力表达朗诵腔，形象影响建主场

第一节　修炼基本“攻”

形呈说前，象印话后

“到此已穷千里目，谁知才上一层楼”，出自袁枚《随园诗话》所载之鄂公《题甘露寺》。

有传此为明朝大诗人唐伯虎和祝枝山之戏作，唐祝二人同游鹳雀楼，年过花甲的祝枝山刚爬上二层，就气喘吁吁不想爬了。唐伯虎游兴正浓，也想鼓励好友，就高声朗诵台柱上唐代大诗人王之涣的《登鹳雀楼》名句：“欲穷千里目，更上一层楼！”

祝枝山闻言，改成“到此已穷千里目，何必更上一层楼？”

唐伯虎对于祝枝山不好好活动还找借口搪塞，甚为不满，再改成：“到此已穷千里目，谁知才上一层楼！”

职业培训师应该常怀敬畏，无论是成长奋进中还是声名显赫时，“到此已穷千里目，须知才上一层楼！”言犹在耳，忠岂忘心！

培训师是训练的主导者，是决定和影响培训效果的第一责任人。学员对培训师的第一印象并非来自专业水平和授课功底，而是来自形象风范、举止谈吐，以及在场效应中发挥的作用，所谓“德高为师，身正为范’。

培训师上台伊始就要具备场意识、找到场感觉、达成场控制，具体来说，就是要适应融入场、应对掌控场、引领带动场。

适应融入场：做好情绪管理和形象管理，具备胜任讲台的基本功，善于营造基本的课堂环境和学习氛围；塑造上下场的仪式感，应对过度紧张的情绪，去除可能的怯场表现，处理和化解心理压力，恰当地登场、亮相、呈现、退场；呈现仪容仪表，有分寸地修饰自己的发型、妆容、服饰；尽显仪态架势感；在身型、手势、步法、眼神等方面做到举手投足职业范；让声音为课程添彩，练气修声，善用情绪语言、语音（语意）效应吸引学员；布置场地、营造氛围。

应对掌控场：处理好意外状况和非常态学员，形成训练张力，做到心中有期待、判断有依据、处置有手段。为了实现有效的主场掌控，培训师可以做哪些事前准备，防患于未然呢？意外状况发生时，怎样妥善应对呢？讲错或忘词该怎么办？遇到场面濒临失控该如何处理？遭遇高手型学员或非常态学员带来的挑战，又该怎样化解呢？

引领带动场：通过深入的巧问和妙答促动、引导学员，有效控场，深度调动，实现既定的培训目标。提问是最重要的促动技术，要理解提问的作用，区分不同的问法，针对不同的训练意图提问，对于学员提出的问题要明确该回答是否仅仅是回应，利用个人、学习搭档和冠能小组创造不同的团队训练氛围，处理好训练节奏和训练体验的关系。

我的地盘，我做主！

（一）立场亮相

立场是培训师在训练现场的气度、风范和做派，亮相是培训师要呈现的师范和精神面貌。

培训师的言行举止能否得体、优雅、收放自如呢？又如何彰显独占价值、智慧响亮呢？

1. 准备比资历更重要

很多培训师，包括职业培训师及企业内训师，因为年龄不大、资历不深、阅历不厚、层级不高、从业年限不长，所以总觉得有点心虚，是一种没有准备好的心态。

那么，应该如何准备好呢？准备有两个方面的概念。

（1）预先的概念，叫“预备”，预先打算、预先规划、预先检查。比方说，本书附有培训师的自查表、自检表，能力自训、能力自评、技能自评，以及课前准备的检查表、综合检查表，课程效果及学员反应的预测表等，培训师要对标找差，打提前量，备课就是预先准备。

（2）备用的概念，叫“储备”，也就是按照作业标准准备得更精准、到位，包括需求的调查、分析、确定，把握组织期待和学员需求。

培训师要在训前把这些都准备好，调整好自己的心态，了解身上的使命和责任，把所拥有的、独占的、具有价值的、能够帮到别人的一切分享给学员。

刚刚踏上职业培训道路的朋友，可能在心态上是忐忑的、意识上是胆怯的，总觉得自己储备不够，资历不够、年限不够、阅历不够等，总是用一种苛刻的标准来要求自己，总是觉得自己不可能做好。

一个刚刚出道的厨师可不可以给餐馆的老板、名厨甚至米其林大厨做道菜呢？完全可以。只要他没吃过，就可以让他大快朵颐。

“没有不好，只有不同”，在意识心态上，明确“我知道我知道的”。培训师上台分享，关键要明了自己所拥有的独特的所在。

没有对不对、好不好，只有准备、预备到不到位。“准备比资历更重要，资历也是一种长期的准备。”如果一个人很有资历，意味着他要经过反复的交流、分享、表达。培训师的资历就是从时间、对象、地点上长期积累，不也是一种准备吗？

对课程的准备，我们建议培训师多多益善。比方说，准备了一个故事，万一学员听过这个故事呢？可以再准备一个。再比方说，对问题的准备，有时候表层问题可能准备了，还有没有深层问题和更根本的问题？如果能准备到精细、精确的地步，那么才算真正准备好了。

2. 训练与修炼

培训要训练与修炼并重，既要关注行为的改变又要注重思想的提升，既有看得见的变化又有看不见的感悟。“光说不练假把式，光练不说傻把式，又练又说真把式。”

这里有个关键词，是“认知”。一件事情要哲学地认知、辩证地看待。

“训练”的“训”，“言”字旁就是讲授、指导、辅导；“训练”的“练”字，“纟”字旁的来源是制丝行业，是布匹反复地漂、染、织等，就是行为、演示、操作。“训练”两个字就是注重反复推进、形成变化的过程。

“修炼”的“修”，“人”字旁是人的反省、调整、修正；“修炼”的“炼”字，“火”字旁的来源是熔炉，就是打磨、砥砺。

“练”提醒人们要注重点滴、注重细节、一丝不苟；“炼”告诉人们要形成剧变，要炼心、炼智、炼行、炼思想、炼灵魂。

如果用学科来形容，训练有点像物理，修炼有点像化学。培训师要正确认知“训练”和“修炼”这两个概念和这两种行为的关系，既要关注外在，又要关注内在；内在若更深入，效果会更好；把训练、修炼综合到一起，形成逻辑和辩证的统一关系。

以训练推进修炼，以修炼深化训练。训练在课堂，修炼在随时；训练于行，修炼于心；训练在手，修炼在思。

3. 正为先，顺为主

“正为先，顺为主”是心态的表述。培训师在做内容表达和训练引导时要以正为先，一旦出现各种异常状态，就要以顺为主。有些培训师容易有一些错误的认知，比方说开始做培训，自己有点紧张，就很容易“以轻视来轻松，以放纵来放松”，容易做负面导入、说过谦的话。

职业培训师要端正心态，不要神化自己。培训的全过程不仅是指导、教育，还是分享。有一些培训师不惜哗众取宠、虚张声势、夸大其词、以势压人，动不动就是“你必须”“绝对”怎么怎么样，受众一听似乎有道理，回到实际工作中却发现不是那么一回事情。这样的情形对学员不利、对培训不利，对培训师自身更是不利，对培训行业来说无异于洪水猛兽，危害不浅。

正为先，要正面演绎、正面讲授、正面引导、正面揭示、正面点化，不哗众取宠、不闪烁其词、不渲染负面情绪。培训一开始就要灌输正能量，要形成正面形象。开场好比启蒙，《道德经》有言：“静胜躁，寒胜热。清静为天下正。”古人所谓“童蒙养正”，是指孩子刚刚接触到大千世界时家长要帮助孩子奠定正直品质的基础，不能传递负面能量。借鉴“童蒙养正”，培训也要以正为先。

顺为主，遇到各种情况一定要流畅讲述，促成内容的有效交流。培训师不能确保表达中一点错都没有，比方说口误、语误、忘词，偶尔不小心讲错，或有时说过头话等。

有些培训师遇到各种始料不及或异常的状态，就会不自觉地说“对不起，我讲错了”“对不起，我忘记了”或“对不起，我刚才讲过头了”“不好意思”……诸如此类的话说得太多会失去权威，可以运用比较专业的手法，如“沉默、停顿、重复”，再加上“补一补、改一改、转一转”来化解。

我们倡导正大光明。

拥有以正为先的心态和以顺为主的意识，就可以化解各种疑难、各种“社死”，应对各种突发状况。

4. 歪招笑，正拢人

崔琦等在《相声“三字经”》一书中提到相声界前辈“万人迷”李德锡老先生在舞台上一言不发，他那有哏的脸就能让观众笑，这也是行内人所说的“身上有活”。老先生曾语重心长地指出：“正的警人，歪的招笑。”

“歪招笑，正拢人”指的是过度调侃、搞笑，与主题无关或者关联不大的内容或活动，也许会产生一点点“笑果”，但与培训目标是背道而驰的，无益于强化训练收益，甚至会适得其反。培训师要警醒，要引以为戒。

歪，或许勉强招笑；正，方能真正拢人。

职业化是有尺度、有界限的，培训师要遵循独立、客观、公正、专业和第三方立场的原则，要把握到位、运用之妙、存乎一心。

独立、客观、公正的原则，让培训师在训练中保持应有的职业谨慎，不得以预先设定的价值作为依据。

专业的原则，是指培训师要应用专业或专门知识，按照客户的需要和要求在某一领域内为客户提供高标准的专业服务。

第三方立场的原则，是指培训师在训练中要从老师和学员、教与学的角色关系中跳脱出来，避开利益、情感的纠缠，避免先入为主，决不戴着有色眼镜来实施训练。

培训师在训练全程都要传播正能量，以助推企业发展和员工成长为己任，设计符合训练目标的内容，规划有益成长和发展的形式，运用能够启迪和引导学员思索感悟的方法，秉承职业道德和职业操守，以专业技术、职业精神实施训练，携使命出发，依责任行事！

（二）功化同源

清雍正帝题孔庙联语："先觉先知为万古伦常立极，至诚至圣与两间功化同流。"意思是：先知先觉的孔子，为千秋万代的伦理道德树立了标准法则；道德高尚的孔子，有培养教化天地间万物的功德。

从中可以得到什么启迪呢？

1. 万物皆着我之色彩

"万物皆着我之色彩"，出自王国维的《人间词话》。

培训师和学员都带着非常鲜明的个性色彩。学员很容易"以常识作见识，拿见闻当见解"，很容易先入为主，在接受新知的时候用过去固有的常识和经验进行评判。

培训师的"化"功在于内容设计和训练全程设计时，要懂得"万物皆着我之色彩"。企业经常会把精英分子、先进者选拔为内训师，还会请职业导师来培养。

"司空见惯我不惯，人云亦云无价值。"培训师一定要独具慧眼、价值独占；要把琢磨、判断和一切之我见、我思、我悟、我得通过一定的形式展现、表达出来，这样才能真正地让大家感受到厚重，感受到独特的个性色彩、培训风格和思想内涵。

这里有一个关键词，就是"呈现"。培训一定要有境界，培训师要有境界，内容也要呈现不同的境界；不仅仅是准备，更重要的是呈现。培训师展示思想的独到，加上手法的独特，培训才能真正地引人入胜，达至认知和领悟的不同境界。

若能"万物皆着我之色彩"，培训肯定是独一无二的。

王国维有一段话谈到境界，说凡是做大事业、大学问者，有这么三层境界。

第一层，“昨夜西风凋碧树，独上层楼，望尽天涯路。”“昨夜西风凋碧树”是对客观的认知；“独上层楼”是提升自己；“望尽天涯路”是主观角度的境界。

第二层，“衣带渐宽终不悔，为伊消得人憔悴。”“衣带渐宽终不悔”是自己不断地思索、感悟并砥砺，这里的核心是“为伊”，是培训的初心、客观目标和对象；心中要装着培训对象，思考他之所思，想象他之想象，是客观的境界。

第三层，“众里寻他千百度，蓦然回首，那人却在灯火阑珊处。”经过第一层主观境界的观照，到第二层客观境界的提升，“众里寻他”既客观又主观，既要认知客体，又要反观自我；要多次反复“寻他”，不断地砥砺；“蓦然回首”有顿悟、突变、豁然开朗；“那人”就是认知的真相、哲学的真谛、思想的真意涵；“那人却在灯火阑珊处”可能不那么热闹，但是收获是平静、深厚的，这是忘我的境界。

培训一定要通过砥砺、修炼，从主观境界出发，达至客观境界，提升忘我境界。这三重境界和“万物皆着我之色彩”是衔接的，要“有我”，要有个性化。

相信所有的朋友，都会由“有我”到“主观”，由“主观”到“客观”，然后由“客观”到“忘我”。

2. 没有不会，只有没教

好的训练，一定要把学员教会了，让学员听得懂、记得住、做得到，更重要的是做到后还有感悟。

“不会”有很多层次，这里有一个“推进”的概念。培训师要在内容层次和过程设计上不断地深入、再深入。

浅层次的不会，是听不明白，培训师要耐心，不能急躁；深层次的不会或者记不住，就要设计更多演绎，或反复巩固。

行为层面的不会，要设计示范、演练，然后再反馈，告诉学员哪里可以更好地提高、哪里有改善空间，也可以用自己的经验和他人的案例来激发学员更深层次的领悟。

“没有不会”意味着要关注学员的表现，把握学员的反应，及时调整训练节奏和训练安排，配置训练形式和训练方法，包括何处引用什么资源，讲解的过程是详一点还是略一点，是深一点还是浅一点等。

推进是非常重要的。要让学员真的会，就一定要教到位。三字经曰：“子不教，父之过；教不严，师之惰。”培训师要有使命和责任。

“没有不会，只有没教”是每个培训师必须秉持的理念和必须强化的认知。

“过程复杂，结果简单；过程简单，结果复杂。”培训师在整个训练的推进过程中，要做到细节到位、手法精准、设计圆满无遗漏，对学员需求的把握、问题的解剖、细节的挖掘、节奏的把握等做到位。如果教了，学员还不会，也许是训练过程太简单。培训师要好好思考、认真调整，想想是不是要增加什么、调配什么、设计什么、导入什么等。面对认知基础、表现侧面及接受程度不同的各类学员，以及学员各种各样的反应，甚至千奇百怪的状态，培训师都要向内去反省自己、剖析自己、锤炼自己、砥砺自己，检讨做到位了没有。过程复杂一点，结果自然就简单了。

“通过回馈，发展技能。”会不会，在学员；怎么教，在老师。当然也不排除过程复杂了，设计也到位了，学员还是不会。如果是个别现象，培训师可以在课后或训后加强跟进，或是提醒对方回去以后不断地强化训练；如果是普遍现象，那就要反思课题是不是跟需求对接不到位？

培训师带着这样一份使命和责任，认真设计和全面规划推进过程，及时调整训练节奏，把整个训练做得很精致，培训就一定可以深入、深入、再深入，让效果达到最佳。

3. 时间促进效果

时间可以促进或影响效果，很多老师容易忽略“时间安排”这个要素。

有的老师为了多给学员一点东西，往往容易拖堂；反之，也有老师因为准备不太充分，或者说过于紧张，忽略了现场效果的深入，往往发现内容讲完了，还留有大量的时间。这样的有余和不足都会直接影响效果，根源在于时间安排没有做好。

这里注意一个重要的概念，叫作“**节奏**”，时间促进效果包括以下四点。

第一，时间的有序安排会促进效果。

第二，不同时间段的节奏起伏会影响效果。

第三，某个时间段应该干什么，要避免什么，有收有放、有张有弛的安排也会影响效果。

第四，内容和形式在时间中占的比例对效果也是有影响的。

培训师要形成良好的讲授节奏和培训节奏，且要吻合学员的吸收节奏和改变节奏。

“**内容为王，形式为后。**”“形式”是一个广义的概念，包括训练形式、训练方法及各种训练资源等。

内容和形式在同一个时间段落里应各占多少时间比重呢？内容多一点，这样课程不空洞？抑或形式多一点，这样课程不枯燥？

生活中有一个经典的案例：做饭时，到底是水多一点，还是米多一点呢？毫无疑问，水肯定要比米多一点点，因为水少了就会夹生。如果加上考虑给谁吃，水可能还要多一些，比如给老人或病患吃，只能是稀饭或薄粥了。现实中有一部分培训就是因为内容太多、形式占比太少，导致效果“夹生”。

形式的时间占比到底应该是多少呢？这要因人因课而异，因事因地制宜。不太容易接收的内容，形式可以多一点，占的时间多一点；吸收能力强的接收者，或内容相对较好吸收，形式可以少一点点，占的时间就稍微少一点。

总之，内容比形式的时间占比要少，比较常用、比较理想的内容、形式时间占比是 4 ∶ 6 或 3 ∶ 7 之间，即内容占比控制在 30% 到 40%。

培训要考虑诸多要素，从内容设计、现场呈现及效果推进等维度，既要关注学员的表现、情绪的起伏、重点的推进，还要关注课堂效果。在不同时间点上，培训师要思考训练和学习的氛围是什么样的，要思考时间的规划和时间如何促进效果，要事先充分准备，良好地、妥帖地、合理地安排好训练时间，做好时间线的进程规划。

时间能创造价值，时间能促进和影响效果。

（三）定形定神

培训师其实最需要被培训，要做好自我管理，管理好自己才可以掌控全场、调动学员；要对课堂上的紧张、压力、怯场等现象进行区分，避免迷惑、走出困顿，树立元认知、去除伪命题。同时，还要做好形象管理，塑造架势感，做到声入人心。

1. 自我管理

（1）分散压力。

压力是自我的感觉，是从自我角度产生的，有以下四种。

① 来自学员：如学员提出的问题超纲了，学员间的问题答不出来等。

② 来自环境：不是培训场地的硬件设施不好，而是学习的氛围不对劲，出现学员不配合等。

③ 来自内容：自己储备不足、准备不够，对课程内容不熟悉，进而产生焦灼和压力。

④ 来自自我：自我包袱太重，担心自己会搞砸、讲不好，会遇到抗拒等。

压力也是可以从这四个方面进行转移的。

① 转移给学员。“回抛问题”，将问题抛给学员，引发思考，给自己思考的空间，并通过学员的回答加以整理、归纳、再总结。

② 转移给内容。“做好配置”，设计好、预备够，上场前认真想一下，或把内容巩固熟一点；列一个提纲或配置一个简易行动表格；还可以写个小卡片、拿在手上，写几个关键字词即可。

③ 转移给环境。“转换主体”，调动学员参与，在适当的时候让学员的手、脑、心、眼等五官六感全部动起来，要有互动、交流和探讨。

④ 转移给自己。“做足演练”，压力怎么转移给自己呢？对于新的课题、新的培训任务，尤其是第一次施训，培训师不仅要写好讲稿，还要读通、背熟，说自然、讲轻重、演生动，再基于演练过程中的感觉发现问题、调整讲稿，多来几遍，自然就成竹在胸。这个过程叫作“预演未来”，课前预演未来，反复练习，演练熟了，成功的信心也就逐步增加了。

要缓解压力，就要“外谨内松”——外在严谨，内在轻松，把自己的感觉调试好了，就没有压力了。

怎么调适自我呢？以下七句话可以帮助培训师自我调适（见图 2-1）。

① 我很高兴我在这里：不是被逼迫来的，在心理上是豁亮的。

② 我很高兴你在这里：无论是谁，来到教室就是学员。

③ 我了解你：要进行需求分析、学员分析。

④ 我关心你：始终注视学员，包括对接需求、察觉症结、发现诉求、明白学员想要什么和学员解决什么问题等。

⑤ 我在听你说话：培训全程更多是聆听。

⑥ 我知道我知道的：客观对自己，不狂妄、不自大，实实在在。

⑦ 我相信，我们在一起会非常快乐：和学员一起，共创良好的学习环境，一起展开难忘的收获之旅，相伴成长“一起飞”。

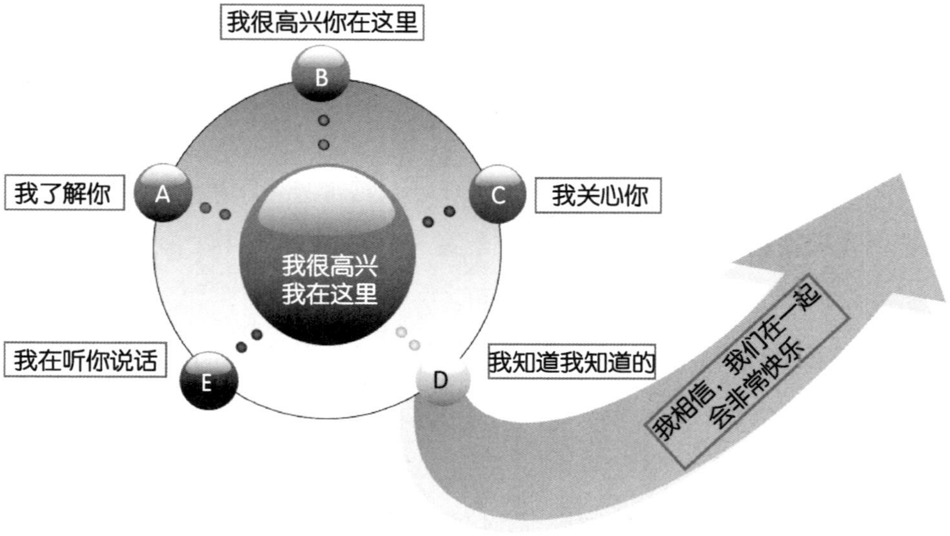

图 2-1 调适自我的魔法口诀

只要经常朗诵这七句话，打开自己、开放自己，调适自我，就能接纳一切。

总之，内容设计好、自我演练熟、对象提问题、环境换主体，压力自然变动力。

（2）接纳紧张。

紧张会体现在一些小动作、微表情上，很多人以为舔下嘴不要紧，殊不知“台上一寸，台下三尺”。众目睽睽之下，要尽量避免小动作。

紧张是好事还是坏事呢？猝不及防、出人意料的安排可能会让人表现出很多紧张的症状，如心跳加速、肾上腺素倍增，甚至面红耳赤、口干舌燥等，这些紧张的症状需要收敛。

“紧张人人有，勿让人看出。”

关于紧张，有以下几点值得参考。

① 紧张是本能反应。从心理状态、行为反应和理性认知等角度来分析，适度紧张可以让人们进入一种比较好的竞技状态。

② **紧张是高度重视。**古语云“近乡情更怯”正是这种心态的写照。游子历经多年别离，一朝归乡，到家门口准备叩门时，内心一阵慌张，有一些失控表现。为何？太在乎、太重视了。

③ **紧张是不确定性。**游子为什么不敢叩门呢？家里可能有着诸多的不确定；“关心则乱”是面对不确定的一种心理反应。

④ **紧张是他人感觉。**有时紧张是他人给予的反馈。

（3）化解怯场。

怯场是行动上的迟滞，“怯”字明确提示人们：心“去”了，自信心和平常心“去”了。

自信、自尊和平常心都是难得的。培训师要有充分自信，要孜孜以求、锐意进取、建立形象、追求效果、树立权威、彰显品牌。

自信、自尊是有着重大关联的，这两个概念好像连通器，一头高、一头低。充分的自信，是把自尊先放下。“销售之神”乔·吉拉德讲课时，为了效果他甚至会跪在地上，适度自尊，适度自信，不妄自尊大，也不妄自菲薄。

培训师要有平常心，这样才能拥有一份职场定力，足以应对一切。

平常心，自然育成在平时、日常，正所谓“平常非平常，的确费思量”，也有说“平常心是道”，不要急功近利，《论语·子路》有云：“无欲速，无见小利。欲速则不达，见小利则大事不成。”

（4）常怀敬畏。

自我管理决定自我成长，关键在于对职业、对客户、对学员要常怀敬畏；要有刻意性，不狂妄、不浮躁、不冲动；内在自然涌现出自信力、张力和气度胸怀。有了随意度，就可以挥洒自如；展示出来，就是郑重其事、光明正大。

有些人容易**“以轻视来轻松”，**比方说看不起学员、漠视学员等。

还有人容易“以放纵来放松”，比方说很紧张、压力很大时，就故作轻松，手乱晃、脚乱动，各种小动作，赘语、杂语、乱语、口头禅全出来了。

俗话说：“人无压力轻飘飘”。适度的紧张、压力、严谨也是一种自我砥砺，是有助于成长的。每临现场，应郑重其事、外谨而内松、收住自己。

“镇压”，遇到紧张、压力、怯场等，培训师要“镇自己，压场面”。

自我管理是一个系统工程，培训师要培育自我管理的意识，了解和化解紧张、压力和怯场；要持续不断地修炼、精进；每每交流、沟通、培训时，有意识地调一调、试一试、做一做，慢慢地、逐渐地放开自己、放松自己、放下自己，就没有紧张和压力了，如果再加上行动，怯场就更不存在了。

自我管理，不仅是在基本的情绪管理与行为管理上做足本分、到位行动，更要加强发展前进与提升改变的管理，包括职业生涯的管理和对目标预期的管理。

2. 形象管理

形象管理将帮助培训师真正走向职业化。培训师的师范很重要，要为人师表。结合职业风范标准，形象管理包括：仪容、仪态、仪表、仪式。

（1）仪容。

仪容讲究两个字：分寸。包括发型、妆容、首饰、手表等具体的环节和细节，如：嘴唇有时适度加点润唇膏；做做洁面，用点润肤霜；眼睛一定要睁大一点等，决不能灰头土脸，要精神抖擞、容光焕发。

妆容恰到好处，分寸就到位了，和学员、和课堂现场就匹配了。

仪容忌讳：远看像圣诞树，近看像杂货铺。

男士要领：剃须修面，保持清洁，头发前不遮眉、后不及领、侧不掩耳。

女士要领：时尚得体，美观大方，符合身份；白纱清淡雅，妆成有却无。

培训师可以带点首饰，但若首饰过于华丽、色泽过于耀眼可能就不合适了。

仪容的背后，是自重重人的态度。仪容整洁端庄是对自己的尊重，也是对学员的尊重。

仪容虽然没有统一的标准，但是只要有分寸、适合现场、与学员没有违和感、遵守常规、不穿奇装异服、扬长避短，就是合适的。

（2）仪态。

仪态讲究“认真”。一定要郑重其事，“认真态度乃最佳风范”。

讲台风范有身法、手法、步法，不能有小动作，尽量要以姿助势，而不能以形害意。一只手扶着讲台抖脚。靠着讲台或者到处乱走等行为都不够端庄、大气。

培训师的举手投足要尽量大气，动作要少、幅度要大。手的动作尽量在头部的附近，感觉会更好，因为大家的关注点在脸部的四周。

注意：不要快速靠近学员，不要给学员压力感。

仪态，还包括对情绪的掌控。苏东坡传记中有一个小故事可能会带来一些启发。

话说，有段时间，苏东坡与佛印禅师隔江而居，他经常坐船渡江去拜访佛印，一起谈禅论道。一日，苏东坡有所觉悟，于是作诗一首：“稽首天中天，毫光照大千；八风吹不动，端坐紫金莲。”

诗中提到了佛家的八风，分别是利、衰、毁、誉、称、讥、苦、乐。只要做到八风不动，就能心态光明，自由自在。

苏东坡“八风吹不动，端坐紫金莲”是想表达自己的境界高。诗完成后，他自我陶醉了半天，派遣书童乘船过江，将诗送给佛印欣赏。佛印拿到诗稿阅读后遂即拿起笔来，在纸的背面写了两个字——“放屁”，就让书童带了回去。

苏东坡接到回函，本以为会得到一番称赞，却发现是这样的评价，于是怒气冲冲地坐船过江，要找佛印理论，当面质问他为何如此出言不逊。佛印见到他，呵呵一笑，反问他："咦，你不是说'八风吹不动'吗？怎么我写个'屁'字，就让你过江来了？"

苏东坡听后惭愧不已，发现自己的境界没有那么高。

这段故事就叫"八风吹不动，一屁过江来"。修炼不容易，先要练"静气"。情绪管理不是认知问题，是习惯的训练问题。情绪控制不住，其他都是无用功。

如何养成习惯呢？无外乎一个"liàn"字。"练习"的"练"，注重细节，丝丝入扣；"修炼"的"炼"，炼心、炼体，从量变到质变；链接的"链"，内容链接形式、训练链接效果、老师链接学员，融为一体，相辅相成。

仪态管理和塑造风范的过程就是一个习惯养成的过程。"平时育习惯，训处显风范。"

（3）仪表。

仪表讲究"感觉"。

仪表三原则，即：时间、地点、对象，仪表要因时、因地、因人而异。

仪表的关键是职业"装"，尊重自己、尊重他人，"装"出职业化。

"作一把"，培训师上场之前"作一把"，对仪表从上到下、里里外外严格自检，"作"到自己满意。

女士着装禁忌：裙鞋袜不搭，网眼配职裙，上下三节腿，皮裙裤混搭。

男士着装禁忌：上下短打装、凉鞋套彩袜，衬衣外过臀，肥大配亮片。

男士西装要求：两色一图、深浅交错、极简配饰、浑然天成。

（4）仪式。

仪式讲究"端庄"，重在上场、下场的端庄感，"上场不紧张，下场不仓皇。"

上场不紧张。

不能说紧张就不上场，"紧张人人有，别让人看出"，不要有小动作，如舔嘴、手乱晃、眼乱看，小动作会让人觉得培训师手足无措、六神无主。

这里有一个非常重要的概念：“亮相”。“亮相”要给人呈现光彩夺目的一面，要抓住每一个“亮相”的场合。

上场之前要自己先“作一把”，调整心情和情绪，如深呼吸等；整理仪容，检查仪表；不能萎靡不振，也不能慌张、紧张、有压力。

始终要有场意识、要有亮相的感觉；要昂扬向上，光彩夺目；要空台登场、静场起音，不要在现场比较嘈杂时开声说话；要从容不迫，更要启动注意，唤起听众的注意力。

上场如何交接麦克风也很重要（见图 2-2）。

递交口诀	动作要领	接收口诀	动作要领
一抓	左手握麦克风底端，右手抓顶端	一接	左手接住麦克风底端，右手接中段
二转	双手同时向内反转	二托	双手托住麦克风，注意右手在上，左手在斜下方
三递	双手递出，麦克风底端朝前	三致意	先向主持人点头致谢，再正面朝听众点头致意，然后用手朝退场的主持人再次致意

图 2-2　交接麦克风的口诀和动作要领

“递”的架势感，口诀是“一抓、二转、三递”。一般主持人或者培训师把麦克风递给受邀者或者嘉宾时，可以先用右手抓住麦克风的顶端，把它调转方向，避免麦克风直指对方，同时用左手握麦克风底端，然后再递出去。递的时候，头稍微高一点，恭谨有礼更有度。当然，一般都是先握手，所以不管交接之前麦克风在哪个手上，握手后都是在左手。

递的时候要郑重一点，就像递交权柄，郑重地给别人。

“接”的架势感，口诀是：“一接、二托、三致意”。受邀者或嘉宾先用左手接住麦克风底端，再用右手接麦克风中段，然后双手托住麦克风，向大家致意。“三致意”指的是：一是先向主持人致谢，微点头即可；二是向听众及全场致意，微点头或者微鞠躬致意；三是用手挥向已经退场的主持人致意。

接也要郑重，从主持人手中郑重地接过麦克风，这是接过了一份责任和荣耀。

下场不仓皇。

不要草率地收结，不要将结未结，不要学员还没有意识到讲完就开始收东西。

要给人留下回味无穷的感觉。下场不能太仓促、太草率，无论是一次短时间演讲，还是一堂长时间的课程，都要有仪式感。下场之时，要给人一种“即使下了课我也在这里，和大家一起交流”的感觉。

下场要诀：专注全场、享受掌声、再次致意。

要让人回味：培训结束后回味无穷。

要专注全场：课程结束时可以说：“感谢所有朋友的全情投入，谢谢！”挥手向一边的朋友打个招呼并致谢，再挥手向另一边的朋友打个招呼并致谢。鞠躬致意时，心里默念：“相信我们在一起非常快乐，让我们保持联系。”“再见，从你们身上也学到了很多的东西。”

要享受掌声：通过掌声的热烈程度判断是否真诚，了解讲得好不好。此时此刻，也是对自己工作做一个评价。享受掌声的同时，对掌声要有一个评估。

下场要注意以下几点。

① 要环视。面面俱到，不要落下任何一个角落。

② 要掌控。有礼有节，胸怀全局。不必过于谦虚，一定要给学员鼓掌

的机会。大家互相尊重，学员给老师鼓掌，这也是情理之中。

③ 要兼顾。最后留一点宽裕的时间稍微和学员做一些交流是有好处的。有人过来探讨问题，培训师要注意兼顾，要观察反应、把握节奏。

④ 有意识。有些老师很受学生欢迎，与学员合影时要有自主意识，要有仪式感、历史感。建议培训师稍微侧侧身，要体现帮助、辅助，让学员正面而立。

⑤ 端庄感。拍集体照时，培训师会站在中间，若个子没那么高，可以等大家排好了队，老师往前挪一下、向前站出来一点点，这样画面看起来会比较好；如果培训师坐着，建议双手扣搭在两腿的内侧，这样会有一种端庄的感觉。

⑥ 要从容。不要着急走，东西可以提前收拾好，万一有时候遗落了数据转接头、数据线等，会对以后的培训不利。如果赶飞机则需要解释，要很谦和、非常坦诚地告诉大家。

培训师上场不要紧张，不要给自己制造压力；下场的时候也不要着急，要带着亮相的意识，形成良好的场表现、场控制和场效应。

仪式感是自始至终贯穿着的，上场、下场、讲课、照相，前前后后，直至下课、散场都要注意。

培训师要有强烈的仪式感，要真正拥有一份强烈的自重重人的态度，培训师的职业形象管理包括仪容、仪态、仪表、仪式都要真正做到位、真正达标、真正注重细节，这样才能够真正达成职业化。

3. 架势感

架势感基于职业形象和职业风范，是更高层面的感觉，具体体现在登场时的端庄、立场时的闪亮、开腔时的整肃，静若处子、动若脱兔，翩若惊鸿、宛若蛟龙。

架势感体现在拿麦克风的姿势及感觉上。“麦克风”是老师非常重要的工具，怎么拿更有架势感呢？口诀是“三指到底”：拇指、食指、小拇指三指拿麦克风的底端，掌心空，握得灵活些；另外两个手指就可以夹白板笔、卡片或夹片，无名指卡住夹片，中指立起来，这样的拿法既好看又方便，比较稳定，讲话姿态稳健。

培训师要避免麦克风正对着嘴，应往旁边斜一点，不影响收音效果，正面或者侧面拿是一致的。

为什么要拿底端呢？如果拿到上端或者中段，手会不自然地形成一个夹角，这样使得麦克风离嘴较远，拿到底端省力气。“工欲善其事，必先利其器。”

我们设计了一个规则口诀：“一折”，折成死角；“二移”，肘关节向后移到身体的后侧；“三翻”，手腕翻一下，注意掌心向外；“四展”，肘关节再向体侧外展开一点点；“虎口贴裤缝”，另一只手的虎口贴着裤缝，掌心是向后的。

架势感还要体现在动态方面，包括老师在场上的言行举止和整体风范。职业风范的各项标准都是架势感的基础，要郑重其事、要职业“装”、要“立场”坚定，形成稳定的架势，淡定从容、举止有度等，只要经常练习，就可以形成自己的气场。

4. 职业“装”

职业化对于培训师而言是非常重要的。职业的风范一开始是“装”出来的，所谓职业“装”，蕴含着两层意思：第一，装束标准化，着装既要刻意，又要随意，要和现场融为一体，和内容融为一体，也和学员融为一体，更要和自己融为一体。第二，行为刻意“装”，有刻意所为的含义，包括体态如何、手势怎样、怎么走、眼睛看哪里、怎么说、怎么听，当然还包括培训师应该具备哪些意识等。

要想让风范真正达成职业化标准，做到职业“装”，培训师内心还要常怀敬畏感，“自主意识乃关键技巧，认真态度为最佳风范”。只要态度端庄、认真、郑重其事，风范就会很好。风范标准有一些细节的要求，需要培训师不断地练习。

职业“装”，也就是职业风范的六法：身法、手法、步法、眼法、听法、心法。记住“风范六法”，加以练习，养成习惯，必能有所改观。

（1）身法：聚精会神。

“精”是指身体状态；“气”就是声音，如果声音呈现不好，会显得说话有气无力；“神”就是眼睛，古语云“闭目养神”。

身法重在要透出精力充沛的感觉，口诀是“上挺下压，左右相夹；正面朝人，昂扬向上”。

上挺下压：要有挺拔的感觉，不要佝偻着、不要含胸，同时脚不要动来动去，要立场坚定。

左右相夹：注意头部动作，不要左顾右盼，全身不要有收束感。

正面朝人：不要侧身斜眼看人，要注重正面交流的感觉。

昂扬向上：点头不哈腰，特别强调这样一种挺拔、器宇轩昂的感觉，体现一份端庄、一份稳健。

以上这些都是身法的基本要诀。

对于身法来说，不管是上台、下台或是在讲授的过程中，培训师都要坚持一个原则，那就是“定”，即定形、定神、定人、定场，“一门心思来搞定。”

例如，上台前有掌声，培训师走到相应的位置之后立好、站稳，待掌声结束后再说话，这就是一种“定”。如果是边走边说，气息会不稳，略显急躁；在发言的时候也要站直，不能左摇右晃，让人感觉像喝醉了一样。即便内心紧张，也要显出稳的身姿。站得稳就要“上挺下压，左右相夹”。当然了，虽不要求跟站军姿一样，但起码也要有模有样、身形挺拔。

发言结束或下课的时候，切忌匆忙离场。培训师追求的是“上台不紧张，下台不仓皇”，要享受过程与掌声，给听众留下的，不仅仅是光彩照人的正面，还有回味无穷的背面。

（2）手法：大开大合。

手法重在要有架势感，口诀是：大开大合，动静得宜；要以姿助势、勿以形害意。

动静得宜：举手投足大大方方。有很多老师在训练中容易做小动作，不妨把动作做大一些，肘关节超过胸围线、腕关节超过耳朵，或者定住身形，动静得宜来控场。

以姿助势：要以姿助势，讲述中用手势形成一种助力，加深印象。

不要以形害意：讲着话，手出来又回去，甚至可能有不期待的害意和反面的意思，自毁形象。

避免小动作：多做大姿势、大动作。以肩为中轴就是大动作，要大开大合，避免手在低身位。这样有利于调动学员，尤其是后场的学员。

勿指指点点：这样是很不礼貌的，培训师要用“请”的手势，手指并拢、手心向上，这个姿势相对更礼貌一些。

手眼配合：为避免手法呆板，我们总结了五个动作：找、谁、你、可、好。找，举手；谁，放眼；你，沉肘；可，用眼询问；好，出手邀请。这样用手和眼配合，形成抓场提问的效果。若现场反应略冷清，就可以追问：“哪位朋友试一试？”如果实在没有人回应，则自己回答或跳过，做到收放自如。

贴词不贴句：不要讲话时乱做动作，动作应该和句中的某个词关联。

出手不收手：讲话的时候，动作要凝重，要有架势感，不要马上收回来，一定要克制住乱动。

（3）步法：规行矩步。

相对于身法的“定”，步法更注重的是“行”。步法的口诀是：立场坚定，移动有向，三步一停，步步为营。

立场坚定：课堂上的移动是有规矩的。站要平立等肩宽，一般脚的外侧和肩的内侧同宽，如果培训师身材高大魁梧，脚的外侧和肩的外侧同宽。

移动有向：尽量不要动，不能随意、漫无目的地走；移动的时候要有目标和方向；要注意脚跟和脚尖的配合，步子移动少一点点。

三步一停：走三步就尽量不再往前走了，因为同一个方向连续走三步，尤其是快速走动，容易给人以压迫感。

步步为营：每讲一点，走动一步；不要一直走，要走两到三步，就停下来说一段，然后再走。

妙用移步贴近的压力感：比如有学员在窃窃私语，培训师向其移动，引起他的注意，其实就是在告诉他“你在说什么？我注意到你了哟！”当培训师靠近的时候，会有一种无形的压力释放，当学员意识到了，自然就会把注意力集中到培训师这里。当然，也要尽量保持距离、保持适度的空间感。

“职场无性别。”从培训师这个职业来看，不必区别男女，所以一视同仁。

真正好的老师，是把心中所悟、心中所感分享给学员，给别人以帮助、给别人以关注。培训师能够肩负使命、带着责任去实施训练，无论性别，都是好老师。

（4）眼法：出神入化。

眼法重在对学员的关注，同时接收反馈，总的纲领是“左右夹中间，后面压前面，枪挑一条线”。虽然只是在看一个人，但给人的感觉是在与一条线上的乃至一大片人都有眼神的交流。

交流感。培训师与学员即便没对话，也要有眼神交流，一个眼神或一个神情可以让人感受到关注。眼法的运用是交流的基本功之一，让交流更具针对性，激发反应、获取学员的反馈。

代入感。要注意是凝视而不是“扫”视，如果是横扫，跟机枪扫射一样，效果差很多，停留的时间变短，学员就没有感觉。

眼法三诀：触、罩、贴。“触”，睁一下眼睛，接触别人的视线，“触一眼”；眼睛“触”完了马上就收回来，就是“罩”，观察学员整个脸细微的表情，“罩一脸”；然后将眼光放过去，观察微表情和微动作，“贴全身”。

触一眼、罩一脸、贴全身，促动他、观察他、关注他。

触一眼，与一个学员交流，可以看眼神，观察是交互还是在回避。

罩一脸，看表情，看是否有期待、有意愿。

贴全身，看肢体语言，看是否有举手发言的举动等。

通过这三步，培训师就能找到愿意配合的积极分子，从而达成互动效果。针对一个人的单独交流，不能一直盯着对方，不礼貌也不雅观，不能让人有压力，用“触、罩、贴”的方法就能很好地避免这种情况。

触一人、罩一片、贴全场。对于课堂整体来说，培训师要有场意识，可以运用眼法进行场控。对于全场而言，先触到一个人，再把整个组也笼罩起来，然后用眼睛的余光去收全场。培训师要反复地、认真地体会和练习，相信最后一定可以达到收放自如。

对单独学员的“触、罩、贴”，是“触一眼、罩一脸、贴全身”；对于全场，则是“触一人、罩一片、贴全场”，真正形成良好的掌控、做到收放自如。用眼神与人交流互动，这也是很好的场控技巧。

（5）听法：道听途说。

听法，在培训中用得不多，但是并不等于不重要，听法的口诀是：贴近听远、观此听彼，边走边听，道听途说。

培训师观察某个小组的讨论，可以靠近他们，耳朵要听着，但眼睛要观察其他的组，贴近听远、观彼听此。

讲授中，要一边讲一边听。

学员提问时，培训师要先与提问者有一个眼神接触，耳朵听他说，眼睛观察全场，分析判断问题是否是全场关心的，再决定要不要在当下回答、现场解决。

通过听，可以发现积极分子，甄选需要重点交流的学员；通过听，可以感受学员的情绪变化和对内容的理解程度，从而及时调整讲授方法。

听，体现场控意识；听，获取学员现场反应；听，体现对学员的高度重视。

（6）心法：装腔作势。

心法特别强调“读万卷书不如行万里路，行万里路不如阅人无数，阅人无数不如明师指路，明师指路不如面壁开悟”。

“读万卷书，不如行万里路”：身、手、步、看、听、说的风范标准，不是今天听到了，明天就能做得到。佛教有言：“道可顿悟，事须渐修。”喊破嗓子，不如撸起袖子。讲第一个一百句时，在第八十句想起来要注意技巧或者方法，那后面的二十句就开始改变，也许只做到十句，说明有百分之十的进步了；第二个一百句，又做到百分之三十到四十，前面两百句加起来就有五十句改变了，进步四分之一了；第三个一百句可能做到八十句，八十句加前面的五十句共计一百三十句，将近百分之五十的提高；到第四个一百句，做到了九十句，九十句加一百三十句，二百二十句了，改善超过百分之五十了。前进就是这么一步一步，随着正确率、达标率越来越高，会做得越来越到位。

“行万里路，不如阅人无数”：真正的好老师，要给学员好的感觉，要多互动，互动中不断让自己得到改变，改变外在装束、外在形式，越来越有敬畏感、郑重感、使命感、责任感，越来越职业化。

“阅人无数，不如明师指路”：再找好老师点拨一下，有时点破一句话，胜过低头忙一年。

“明师指路，不如面壁开悟”：从各方面综合管理和塑造自己，提升职业素养、职业能力，把自己投入进来，不断地自我砥砺。在没有养成习惯前，先刻意为之。职业“装”，不单单是着装，更包含职业范、职业感，有意识地去调整，先要看上去很职业，然后边行动边感悟，形成整体感，内外交融、形神兼备，培育师范，塑造风格，切实走向职业化。刻意练习产生的过程，就是职业蜕变的过程。

具体的风范标准“身、手、步、看、听”统称为广义的手法。培训中的心法和手法，不仅 TTT 体系有，其他课程也会有。为什么心法要放到最后来统领呢？“以心法导手法，以手法证心法；心法用作手法，手法化变心法。”

“以心法导手法，以手法证心法”：树立元认知、郑重其事、建立敬畏感、培养控场意识。

“心法用作手法，手法化变心法”：如“烹饪”与“烹调”这两个词，用在餐饮业就是手法，常说的“治大国如烹小鲜”，这里的“烹”就是心法了；再如，在厨师看来，火候就是手法，运用到工作、交流、沟通中，一定要注意火候，这里的“火候”就是心法。

“真传一句话，假传万卷书”：传给别人的东西一定要真切，不扯不绕，不虚伪。

培训师要真正做到“身法聚精会神、手法大开大合、步法规行矩步、说法断断续续、眼法出神入化、听法道听途说、心法装腔作势”，这样才能真正拥有职业风范，创造属于自己的辉煌。

（四）声入人心

善用声音，让声音具有力量，影响和激发情感。日常的信息传递有近 38％是通过声音包含语气语调传达的，要使声音传递有力度、热情和责任。

切忌尖锐、刺耳、过快、过高、过低、口音过重、沙哑混浊、模糊不清等。表达难以听清，会直接降低听众的信任度。

好声音令人信服，好声音强化印象，好声音喜闻乐见，声入人心。

“自建心境达语境，再传语境造心境。”

声入人心，要训练表达基础：气息运用、发声控制、情感传递、断断续续、妙用情绪。

1. 气息运用

大多成年人的气息运用是没有养成好习惯的，表达和讲授容易以日常和家里人、和朋友聊天的方式进行，时间一长，就会嗓子发干、上气不接下气。初涉培训时，我讲课后也是饿得慌，要吃六碗米饭，自古有言：“日出千言，不损自伤。”

培训师一定要把气息运用这个表达基础夯实，通过专业训练使气息运用良好，甚至达成专业水准。

我推荐一种方法，叫作“弱气息”，用叹气的方法讲话，注重“轻、慢、断、定”。

轻：发声要非常轻，用叹气的方法，用弱气息，不用声带发音。要避免叹气不出声，需要不断练习，慢慢地弱气里带点声音，最后气和声融为一体。有气有声，气声相融，这才是弱气息的真谛。

慢：节奏要慢，每一口气说三个字，最多五个字，控制住发声，从容表达。讲一句话一定要适度停顿，刻意停的时间可以长一点，慢慢养成习惯后，节奏就会变好。

断：运用停顿，原则是“宁断不乱，断在想断，断于当断”。如句子间标点处、重要概念的后面、提问之后等，都要运用停顿。

定：语气要沉稳、稳定，不要呼吸不均、显得心浮气躁、心烦意乱。

2. 发声控制

要练习发声控制，可以运用“呜 30”的练习：深呼吸，吐气的时候发“呜”声，最好在 30 秒以上，每天练习 2 ~ 3 次，持之以恒，效果就会体现出来。

发声，是声音及靠声音表现出来的态势，如气息、气量、气势、气魄、气派。可以借鉴声乐技巧，腹胸腔、口鼻颅腔共鸣，气流通过声带并使之振动就产生了声音。

清晰发音，首要条件就是给肺部提供充足的空气。增加空气吸入量，然后在吐气的同时发声，让嗓音充满力量，从而产生共鸣。如果嗓音战战兢兢，或者由于局促不安而颤抖，自己感觉得到，他人也听得出来；话语充满力量才会让人感到惬意。

气声相融，先要从低音起步，不要一开口就是高音，或者不自觉地运用持续高音。

发声控制要注意节奏，每三四个字就要换一口气，每一口气或一个音节由低音起步，表达就很从容，别人听起来也更舒服。

语言是有诱惑力的，语言表达的变化能够影响心态的变化。

3. 情感传递

语言情感的传递并不一定要处处关注情感，而是要让声音有感觉，包含表达和发声的拿捏，以及气息、语气、语调、节奏的拿捏，如果把这些拿捏到位，别人听起来情感充沛，表达就很有情感。训练表达时，要避免语言平庸。

紧张和怯场影响情感传递，即便是老手也会有紧张的时候，不妨通过两个“liàn”字来调整：第一个“liàn”是“练习”的“练”，注重细节，丝丝入扣。第二个“liàn”是“修炼”的“炼”，炼心、炼体，从量变到质变。

训练情感传递可以运用“预演未来：备、诵、背、说、讲、演”18遍法。

备：演讲或表达前，先写一遍文稿，即写出逐字稿。

诵：写完大声朗读一遍，找出不通顺的地方。

背：背一遍，语句要通顺，因为多数时不能拿着稿子读。

说：背熟后，脱稿说一遍，不拘泥于原词原句，自然一点，摆脱背诵感。

讲：找到交流节奏感，可以小范围找人讲一遍，让对方指出自己的不足。

演：模拟仿真场景，完整地、绘声绘色地演一遍。

6步为1轮，反复3轮，做足18遍；也可以多几轮，做到熟能生巧，就能很好地在演讲前化解紧张感。

4. 断断续续

断断续续，对培训师而言十分重要，一定要对汉字有基本的了解。汉字按照声、形、象、数、理的顺序推进，演变有甲骨文、金文、小篆、隶书、楷书、草书、行书等，从最开始的零散字符逐渐累积到后面人为规范形成的文字体系。汉字有六书——指事、会意、象形、假借、转注、形声，包含造字和用字，它不仅带意思、有内涵，同时还带情绪、带感觉。

断断续续，常见的应用技法包括：话语逆转，重要要重，三五成群，多用排比，带朗诵腔。

（1）话语逆转。语气、语调和语义之间要略微有点逆转的感觉，有一个良好的搭配：抑话要扬说，扬话要抑说；大话要小说，小话要大说；急的话要缓说，缓的话急说；轻的话要重说，重的话轻说，例如“这件事情很重要，千万不要轻视”这句话，“重要”的话音要轻，“轻视”的话音要重。

（2）重要要重（重要和重复）。“重要要重（zhòng），重要要重（chóng）。”凡是重要的，一定要加重音，且一定要重复。

（3）**三五成群。**一口气大概说三到五个字。为什么是三五个字呢？中国古乐的基本音阶是宫、商、角、徵、羽五个；汉语拼音的声调是平仄四声。综上，一口气最多讲五个字是可行的，即三五成群，也叫“五音不全说”。如果每一口气里面有一个重音，就会有节奏感。

（4）**多用排比。**要多用排比句，可以渲染情感抒发。语音语调有变化，显得有节奏、有气势、有感觉。

例句：“在我的生活中……”

连续两句：“在我的生活中，书是生命，书是上帝。”

连续三句：“在我的生活中，书是生命，书是上帝，书是朋友。”

再如：“爱是人生的一首歌……”

连续两句：“爱是人生的一首歌，责怪是低音，呵护是高音。”

连续三句：“爱是人生的一首歌，责怪是低音，呵护是高音，牵挂是主旋律。”

（5）**带朗诵腔：**要体现语言的丰富性和层次感。在讲自己的感悟，引用名人名言、古今中外的哲学思想，或引用别人的话语、领导的讲话、政策文件的表述等，以及引述诗、词、对联、俗语、俚语、歇后语、惯用语等时，用朗诵腔可以让大家感受得到，形成一种独特的表述风格。

朗诵腔练习的方法有以下几种。

① **跟唱随诵：**找一首特别熟悉的、歌词能够背诵的歌曲，抒情歌曲为主，一段时间内就一首歌反复跟唱随诵，慢慢地，对节奏的把握就会到位。

② **配乐说话：**将平时说话配上音乐，坚持一段时间，巩固声韵，做到以气驭声、气声相合。

③ **配乐诗朗诵：**找一首诗词，一段时间内选择合适的音频配乐朗诵，尽量做到声情并茂、有节奏感，练习由自己的带入感转化为听众的代入感，塑造画面感、现场感、生活感、对话感。每天练习，约 15 分钟，朗诵腔的

感觉就能练出来，练得越多效果越好。

5. 妙用情绪

妙用语言情绪，正确厘清并巧妙运用吐归、含咬、断连、抑扬、轻重、缓急等技巧，达成气声相融、声入人心。

（1）吐归：字正腔圆。

字正腔圆，每一个字的读音都要准确无误，吐声母、归韵母，说话不带口音，让听者听得懂、听得明白。

大家可以试试朗读以下文字。

明（míng）月（yuè）几（jǐ）时（shí）有（yǒu）？把（bǎ）酒（jiǔ）问（wèn）青（qīng）天（tiān）。

两（liǎng）个（gè）黄（huáng）鹂（lí）鸣（míng）翠（cuì）柳（liǔ），一（yì）行（háng）白（bái）鹭（lù）上（shàng）青（qīng）天（tiān）。

（2）含咬：拿捏有度。

拿捏有度，要突出重音和爆破音，使声音有层次感，口诀是：干脆、悠长、果断、强调。

例如，在朗诵《沁园春·雪》开头两句“北国风光，千里冰封，万里雪飘”时，要有悠长、强调的韵味。

再如，朗诵《出塞二首·其一》中的著名诗句“但使龙城飞将在，不教胡马度阴山”时，要让人感觉干脆和果断，彰显诗人起用良将、早日平息战事、使人民过上安定生活的愿望。

（3）断连：语意贯通。

何时断，何时连呢？要保证不能改变原意，正所谓“语断，意相连”，语意贯通。

一个教书先生到某员外家里去教私塾，签合约时提道：“没鸡鸭也可以没鱼肉也可以青菜豆腐不可少。”员外一看：“这个老师不错，鸡鸭鱼肉都不吃，光吃青菜豆腐。”后来就真的每天只给他吃青菜豆腐。

吃了两天，老师拿着合约质问：“怎么搞的？一点鱼肉都没有？”员外诧异地说：“您不是鸡鸭鱼肉都不吃吗？合约上写着呢！”老师说：“谁说的？应该是‘没鸡，鸭也可以；没鱼，肉也可以；青菜豆腐不可少’。”这就是句读问题，断的位置不一样，含义大相径庭。

培训师在提问或者回答问题的时候，务必做到“断在当断之处”，只有这样才能让提问引发思考，让表达突出关键。

（4）抑扬：起承转合。

音调要有高低起伏、急促缓慢的变化，以增加话语的分量。“抑思考、语速缓，扬强调、语速快。”

如开会时，领导为了鼓励下属，常说：“各位，这次的项目对于我们来说是一个机会，我们如何面对挑战呢？”语气音调略带点“抑”，随着问题的出现，变得缓和，促使大家安静思考，提出方案。

一般鼓励他人、鼓舞士气时，音调是“扬”的、高的，充满兴奋和激昂，有振奋人心的感觉。如《亮剑》中李云龙在打仗前会对将士说：“狭路相逢，勇者胜！”

（5）轻重：虚实相衬。

“重音提示做加强，板着说；轻音提点述关怀，微笑讲。”例如“你真是我的好朋友”这句话，轻声轻语说，是那么温柔。如果调整句子中的重音，感觉就完全不一样了！

第一个字为重音：“（你）真是我的好朋友”，意即不是别人。

第二个字为重音：“你（真是）我的好朋友”，意即不假，千真万确。

第三个字为重音："你真是（我的）好朋友"，意即不是别人的。

第四个字为重音："你真是我的（好）朋友"，强调好的程度，绝对不差。

第五个字为重音："你真是我的好（朋友）"，意即不是好同学、好邻居、好同事，而是好朋友。

从上面例子可以明显感受到重音不同，感觉不同；若再配合音调的改变，意思就又不同了。

（6）缓急：紧打慢敲。

缓急，重点突出的是语速的快慢，口诀是六个字：缓想象，急强调。

缓想象：给人画面感，比如朗诵"枯藤老树昏鸦，小桥流水人家"，语气舒缓，让人产生充分的想象。缓，更多用在交流、探讨、提示。

急强调：增加现场感、紧迫感，突出所讲内容的紧急性，比如工期将近，员工还在慢悠悠地做事，这个时候领导就会说："都什么时候了，还不抓紧工作！"语气急促，很严肃，有种压迫感。急，多用于要求、警示、警醒。

培训师拥有这样一份夯实的、具体而微的表达基础，用不同的形式去演绎，表达就会丰富多彩、绘声绘色。

后附的《自训规范：职业风范标准及手法口诀》将帮助大家清晰行为标准，对标找差，强化训练，早日育成职业风范。

自训规范：职业风范标准及手法口诀

职业风范标准

★★★★★

职业培训师的风范，不是简单的形体表现以及着装，更重要的是多感度、多形式地激发和启迪学习者。职业培训师要有训练交流的愿望，要有深广的专业知识与行业背景，还要有与培训相关的基础学科知识，如组织行为学等；具备一定的表达能力及相关的培训技巧；有耐心、幽默感，擅于倾听、乐意分享、不歧视学员，灵活把握学习进度等；有培训的热情，知道培训能解决和不能解决的问题。而以上观念和认知，培训师又要充分展示在言谈举止中，这样的风范就是职业化的。

心法：真传一句话，假传万卷书；读万卷书不如行万里路，行万里路不如阅人无数，阅人无数不如明师指路，明师指路不如面壁开悟。以心法导手法，以手法证心法；心法用作手法，手法化变心法。

身法：上挺下压，左右相夹；正面朝人，昂扬向上；正面光彩夺目，背影回味无穷。

手法：大开大合，动静得宜；要做大姿势，避免小动作；要以姿助势，忌以形害意；涵盖三句，分次完成。

步法：平立等肩宽，移动有向，三步一停，步步为营；与学员保持合理步距，忌快速靠近学员。

眼法：触诀，放（睁）眼，前行，一对一，关注；罩诀，收（眯）眼，后退，一对多，拢聚，尽收眼底；贴决，环视，探询，由表及里，调动潜意识，兼顾全场。触一眼、罩一脸、贴全身；触一人、罩一片、贴全场。平视、直视，不逼视、不虚视、不斜视。

说法：语境造心境，弱气息、吐字归音；抑扬顿挫、轻重缓急；记录速度；不要滔滔不绝，追求实实在在；当培训师停止说话，学员开始思考。

听法：讲述之时，耳听八方；贴近听远、观此听彼、听言察行。

手法训练口诀

说第一句，出第二手，看第三眼，走第四步，展第五手；

说第一句，指第二手，看第三眼，走第四步，明第五手；

说第一句，区第二手，看第三眼，走第四步，分第五手；

说第一句，交第二手，看第三眼，走第四步，流第五手。

注意：涵盖三句，分次完成。

培训师职业风范及手法自训自检表

自检主题	掌握程度	话语印象	心得感悟	疑虑困惑	行动计划

说明：自检主题：记录每次自训安排的记忆类内容点、操作类动作点、思考类省悟点；

掌握程度：记录自训后对自训主题的把握程度，由一般到最佳分为 1 ~ 5 五个等级；

话语印象：记录自训后对自训主题的记忆、理解、认知的程度，列举具体概念或观点；

心得感悟：记录自训后对自训主题的心得感悟；

疑虑困惑：记录自训后不明白的内容，不明之处须及时与导师沟通；

行动计划：记录自训后的提升与改善之处，并列出后续行动计划。

第二节 主场塑影响

化影有行，思响无声

表达在训练中是必不可少的，要用大量时间来做。培训师要用讲授、表达的技术和方法，彰显出对话题的驾轻就熟，以及希望传递的话语影响。

培训师要有强烈的主场意识，不能置身事外；燃起激情，建立属于自己的主场；要“建立关系”，建立愉悦的相互关系，教学相长、相伴成长；懂得通过“两问六点”、运用共性话题建立共识，促进深入的效果。营造学习的能量场，有所不为方能有所为。

（一）意识立主场

培训师要有“主场意识”，我的地盘我做主、我的地盘我投入、我的地盘我感动、我的地盘我警醒、我的地盘我收获、我的地盘我成长！

学员的无动于衷，在于老师的置身事外。培训师不能永远把自己看作一个外人，要走出格格不入，避免客场作战，要彰显主场优势，点燃激情。

1. 建立关系

建立教学相长的关系，建立学习的、成长的、发展的伙伴关系。

在培训的过程中，时刻激情高涨、热情饱满，把灵敏度、感知度全方位打开，去感知每一步，感知训练的效果、感知内容、感知学员每一步变化等。施训的同时，培训师也在吸收、改进、变化、成长、发展。

自古以来对教学相长就有记载，《礼记·学记》曰："学然后知不足，教然后知困。知不足，然后能自反也；知困，然后能自强也。""学"通过"知不足"，反省、反转，让自己朝着卓越的方向变化。"教"则要打开激情、打开灵敏度，像雷达一样，通过"教"然后"知困"，进而"自强"。

客观地讲，点燃自己的激情，建立一种教学相长的伙伴关系，对每个培训师都是很重要的。建立关系，不仅仅是建立简单的伙伴关系，而是建立一种愉悦的、快乐的、开心的伙伴关系。

培训师懂得把自己放进培训里面，就会全程在意，对所有的知识点、收获点、价值点都会在意、探究，并真正吸收。

2. 达成共识

通过活动、讲解、互动的设计，统一认知、统一理解、统一行动，达成共识，主场就很容易建立，效果就容易到位。

建立共识的方法叫作"两问六点"。

两问：为什么学员要学这个课？能解决学员什么问题？简化来说，就是"为什么""能解决"。

六点：重点、难点、歧义点、亮点、雷点、价值点。

建立共识，就是培训一开始就抓重点，让学员清楚地意识到所引导的是重点，或上来就抓难点，让学员觉得就是他需要的；歧义点，就是抓学员不同的认知，引导参与的积极性；亮点，就是新颖点；雷点，就是冲突点；价值点，就是对学员有用或收益大的点。

共性话题，也可以达成共识，如角色定位、角色认知、团队建设、企业文化、思维突破，还有问题解决、人际改善、沟通、协作和合作等。

（二）燃情造氛围

点燃激情要有分寸。

如何做到分寸刚好呢？如何真正地通过点燃激情，去建立属于自己的主场？

主场的意义、作用和价值不能小觑。培训师一定要努力把所有的课堂和训练现场都变成属于自己的主场。

1. 启动注意

启动注意有“上场三抓”：开心的活动、开眼的现象资讯和开窍的问题。

第一要抓感觉：拢住现场，要有“拢”的意识，反复练习，练的时间长了，感觉就出来了；也可以通过一些活动让学员有开心的“感觉”。

第二要抓气氛：激发兴趣，也可以通过一些现象信息，让大家有开眼的“感触”。

第三要抓心态：调整心态，通过问题的设计让学员有开窍的“感悟”，针对内心活动设计相应的话术或者活动。

启动注意还有“掌控三宝”：沉默、停顿和重复。培训师可以环视并微笑，以感觉、感触、感悟制造静场，就可以说话了，常用的话术是：“请注意！”

比如，短促有力、音量略有提高地说：“请注意啊，请注意！”也可以重音加停顿：“请～注意！请～注意！”当学员听到老师重复说“请注意”的时候，注意力就会相应地集中过来。

要想“启动注意”，问候就要问出感觉，问三次、四次，多问几次，几次下来，感觉就出来了，气氛就被热情点燃了。

小场和大场略有区别，小场以“贴”为主，大场以“正”为主，或者以“罩”为主。

另外，有助教跟没助教的上场也不同：有助教的，助教可以给培训师做渲染，越渲染培训师越要表现得低调，形成反差。

开场要声声高，心潮逐浪高，整个心理节奏是起伏跌宕的，培训师要设计好、控制住、收得住、放得开。在训练中，培训师要拿捏好这些分寸细节。

2. 异声拢场

通过声音高低起伏、抑扬顿挫的变化，尤其是运用不同于语音的异声，如鼓掌声、拍案声、铃声、乐声等来吸引学员的注意力。

异声拢场，具体怎么引导呢？

学员表现不错，如积极提问、热情作答、投入演练，抑或提出独特的问题，展示意想不到的思维或角度时，培训师可以说：“给自己一个热烈的掌声！”“给 TA 一个热烈的掌声！”

除此之外，培训师也可以设计其他课堂回应方式，如拍桌子、击掌（或握拳），并回应：“Yes！”

课间可以导入进场音乐，事先约定音乐声起大家就进场；还可以将铃铛、铁哨、冥想音乐、颂钵等应用到训练中。

异声拢场可以随时调整学员的注意力，促动互动，达成更佳的训练效果。

3. 预先框定

虽然开场前的纪律约定和问好、互动回应方式等效果很好，但是实践证明，很多学员在培训时貌似不积极！其实是根本不知道怎样才算积极。很多人跃跃欲试，想表达、想互动，但总是差强人意。

为了满足部分学员的这种表现欲，培训师要运用“预先框定”。

预先框定：培训师预先对学员提出要求，做出约定，以此来保证训练进程、互动促动、行为表现符合设计要求。

以开场问好为例，特别是在公开课场合最容易出现回答不统一的情况。

培训师可以通过回应话术的预先框定，引导大家，再次问好时，大家的回应就整齐了。

目前，一些培训会提前把学员的手机收上来放置一处（叫“停机坪”或养“机”场），或提醒学员手机调至静音或震动，这都是预先框定。

4. 学员定则

学员定则：因课前组织不到位、培训师缺乏资历、层级和专业水平的明显差距或者师生关系过于“融洽”，导致学员对培训活动缺乏基本的敬畏等，培训师可以设计提问，引导学员自主做出行为公约。

“学员定则”，让学员来决定。培训师可以说“大家说怎么办”或“我们就少数服从多数，好不好”等话术，把责任转移到学员身上，再通过提问和承诺确认强化约定，让规则更好地贯彻执行。

初级的学员定则，需要老师通过“好不好、要不要”这样的封闭式提问提供选项，比如：“今天我们时间紧、任务重，为了按时下课我们中场只休息 10 分钟好不好？”

高级的学员定则，可以用“怎么办”这样的开放式提问，让学员自己确定约定事项，比如：“如果上课时间到了但小组成员没到齐怎么办？”

不论是封闭式的，还是开放式的，培训师要引导学员做出一个符合期待的决定，并用承诺确认的方式让这个决定成为行为公约。

培训师遇到学员提出的问题不好或不便回答时，可以询问全场："大家说，这个问题要回答吗？"

提问环节，若有一个学员回答了，培训师可邀他再邀请另一位学员回答，以激活现场。

培训师在演练时请人上场或活动游戏请人参与时，若学员表现不积极，也可以用学员定则，请一个学员来举荐或由他来点名、邀请。

（三）构建能量场

心理能量场，简称"心场能"，它存在于每个人的身边，调节氛围，和谐心能量，护卫健康，调和表里。每个人都有各自独特的心能场，在狭小的空间范围内，心场能释放并产生的心能量会影响彼此的心理。心场能犹如电源，只要插上电源，就有能量场出现。

培训中的能量场包括物理空间和心理空间。物理空间是指教室或培训现场，心理空间指感觉、情绪、氛围，它们统称为"场效应"。

不同人群、生活环境和人际关系网有不同的场能，培训师可以通过场地布置、环境优化构建能量场，同时谨守训练禁忌，传递正能量。

1. 场地布置

场地布置要掌控目标、方向、距离和位置。氛围营造要关注温度、音响、文宣、展示等环节。

场地布置和氛围营造是相辅相成的。

场地布置聚焦要素，即：师、板、幕，主要聚焦在师、板这两大要素，兼顾投影幕布。培训师最重要，白板是课程价值内容的活性呈现工具，其次重要。培训师要注意中心聚焦，方便交流和掌控。

场地布置，从倾听者的角度出发，一般方形场地比较理想，更容易投入交流。

场地布置的口诀是：喜宽不喜长、宜凉不要冷、分层可调控。

喜宽不喜长：场地尽量摆成扇面形，课桌岛状环形布置，排列桌椅时要有对讲台的合围感。小组桌椅摆放如图 2-3 所示。

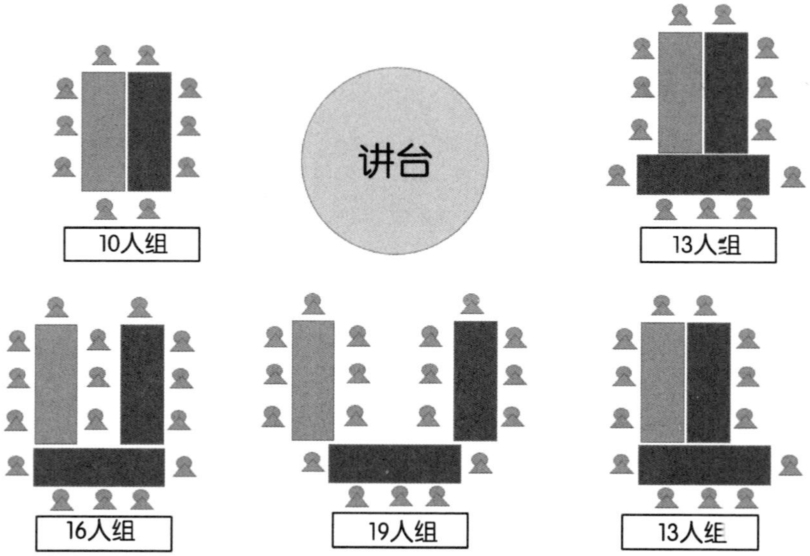

图 2-3 小组桌椅摆放示意图

宜凉不要冷：温度适宜，不宜过冷或过热。空调温度设置在 22 摄氏度左右，冬天为 26 摄氏度。

分层可调控：有些类型的培训对灯光要求比较高，要求分层、分区调控，明暗可调。

音响的音质要提前进行调试，避免高低音、电流声、杂音等。

2. 环境优化

现场的环境会对学员的学习状态产生直接或间接的影响，可以帮助培训师提升训练的张力，实现主场掌控。常见环境优化的手段包括以下两种。

硬手段：指场地的布置、现场的宣传物料、教辅工具和材料以及灯光音乐等看得见、听得到、摸得着的显性方式。

在训练场地中未使用的相应空间，培训师可以将易拉宝、展架等放置其中，包括横幅（包括项目名称横幅、标语横幅或条幅）、易拉宝或其他形式的展架（包括师资介绍、项目介绍和课程内容推介）、海报或招贴（包括标语、课程价值点宣传）、桌牌（包括小组桌牌和学员名牌）、团队竞赛积分榜、寄语墙（包括学习感悟分享和场内外伙伴对学员的鼓励），以及与培训主题相关的价值性内容挂图、模型图、流程图等，既可让环境更美观，又具有宣传效果，一举两得。

软手段：指纪律整肃、仪式感、团队竞赛、成果展示等隐性方式，包括禁语或噤声等纪律约定，入场仪式、欢迎仪式、开课仪式、问候和回应方式的约定，学员发言或展示的鼓励性约定以及团队竞赛机制的设置等。

环境的规划应当和课程属性与培训目标一致，应当适应企业文化和团队作风的实际，应当符合组织方和学员主体的审美偏好，应当反映积极正向的价值导向。

环境是为学习活动服务的，要把握分寸，不可喧宾夺主。

3. 训练禁忌

训练禁忌分为四大类，即：关系禁忌、行为禁忌、态度禁忌、话题禁忌，基本覆盖培训中常见的问题。

（1）关系禁忌。

要做到“三尊重”，即尊重事实、尊重学员、尊重课堂。

尊重事实：要尊重课程内容科学、理性的一面，不能没有道理地盲目顺从，要以事实为根据。

尊重学员：要相互尊重，教学相长，相互学习，实现共同成长。

尊重课堂：一切以不影响课堂为前提。即使碰到竞争对手过来捣乱，也先要顺、先要贴，实在不行，再礼貌地请他出去。

（2）行为禁忌。

要做到"三不做"，即不指指点点、不动作过多、不快速逼近学员。

不指指点点：不用手指别人，这样不礼貌，展示数字或数数的时候，化指为掌，掌心朝向自己，还要克服手乱动的习惯。

不动作过多：小动作要少，要避免手乱动、抖腿或跷腿，不要这里抓一下、那里动一下，不要有太多口头语，减少"这个、那个、就是"等，脸部表情不宜多。

不快速逼近学员：不要突然靠近某个方向的学员，学员会有压迫感。最好走两步停一下，再走两步停一下，有一个缓冲。

（3）态度禁忌。

要做到四个"不"字：不冲突、不评判、不"打擂台"、不讲废话。

不冲突：要终止对立状况，避免普通人的一般性反应，避免条件反射、直抒胸臆，因为易起冲突。

不评判：不评价任何好或不好的东西，不要评判同行；避免用好不好、棒不棒等话语，表述要相对公平、公允。很多时候，培训师只要关注自己是否做好、是否到位即可。

不"打擂台"：学员跟学员之间有时会打擂台，培训师要及时制止。"很好，你们两个很好，先坐下，一会儿咱们再讨论。"培训师更不要和学员"打擂台"，易破坏关系。

不讲废话：多余的话不能讲，与训练无关的话更不能讲，还包括推诿、埋怨、找借口、负面导入的话等，如：上班迟到了，推卸是闹钟坏了；单子没了，说是客户爽约了。

（4）话题禁忌。

要做到“四不讲”：不讲敏感话题，不讲政治话题，不讲宗教话题，不讲色情话题。训练要侧重经济，讲管理、讲经营、讲市场等，以专业为根本。

后附的《培训规范：课前准备检查表》将帮助大家分类准备，对表检查，避免遗漏，尽量让课程准备做到万全。

培训规范：课前准备检查表

课程名称：　　　　　　　　　培训师：　　　　　检查时间：

类别	检查项目	结果	类别	检查项目	结果
A	培训通知		B	挂图	
	参训者名单			麦克风	
	课前调查			电视机	
	教学计划书			投影仪 / 屏幕	
	教材制作			幻灯机	
	教具准备			名牌 / 桌签	
	培训评估表			海报	
	行动计划书			横幅	
C	茶歇			易拉宝	
	便利贴		D	场地布置	
	圆珠笔			住宿名单	
	笔记本			餐饮	
	投影笔			休闲娱乐安排	
	白板笔			交通	
	订书机		E	培训师接送	
	奖品 / 礼品			培训师费用	
	胶带		F		
	赠书				
	摄像机 / 相机				
	纸杯				
	竞赛排行榜				
	分享园地				

第三节　拿捏巧控场

与其事后解释，不如事先引导

（一）拿捏引导

“拿捏引导”与“启动注意”是对立统一的，“启动注意”是正面打开，“拿捏引导”是反面促动。

拿捏的目的是从另一个角度促动、点燃、启发对方的心思，打开心智模式，让对方产生疑问：为什么呀？怎么办呢？这样逆向操作使引导更有效果、更容易到位。

1. 拿捏：张弛有度

“拿捏”是我们经常提倡的、非常重要的、具有独占价值的概念。

拿捏，不强调平顺，而是有一点点逆反、出人意料。如果用语句来陈述，拿捏就是：“你以为，我偏不；你以为这样，我偏不这样；你说是，我说否；你说 Yes，我说 No”。

例如，问一个小伙“你成家了没有？”这小伙可能回答说“没有”（他心里可能以为你要给他介绍对象）。这时候如果你说“我给你介绍我表妹吧”，这个说法已在对方意料之中，对方可能反而会抗拒。

如果反过来、拿捏地说“小伙啊，千万不要成家！”他可能就会问“为什么呢？”

当对方反问你为什么呢？怎么办呢？拿捏就成功了，就可以进一步引导认知和行动。

拿捏，不仅仅是对学员，也包括对自己、对内容、对现场效果。

拿捏，拿得住才能捏得好，拿得好才能捏得住。能够拿得住自己，才能捏得住别人；要想拿得住别人，先要捏得住自己。

拿捏，有个关键词是“用心”。我们倡导培训师要用心，又强调“用眼、用心眼”。培训师要“知人者智，自知者明”，要自知，更要懂学员，要从意识和层面上设计并熟练运用拿捏。

拿捏，会带来一种活性的效果。培训中活动、游戏没做完怎么办？有人会说一定要做完，但要做完，时间可能就不够了，甚至还会有拖沓、累赘的感觉。在这里，就要拿捏了。“以活动追寻结果，凭体验启导感悟。”无论是安排案例研讨、体验、模拟、演练或各种游戏、活动等，培训师要以活动去追寻一个结果，那是无可厚非的，但是若时间不够，没做完也不要紧，只要能够让学员有领悟、有感觉、有感触、有收获，足矣！培训师要凭体验启导感悟，用心去把握，这个过程也是拿捏，不是放任活动无休无止，不是一定要依照设计用够时间，不能死板，避免僵化！

拿捏有度，不放纵且有分寸，用心、用眼、用心眼，人人都能成为拿捏高手！

2. 促动：以点带面

提问是很好的促动。

提问是“以点带面”的促动，有时候虽然是对一个点、一个人、一个组，但是要照顾到大多数，要能引导全场、触发思考。

比如问一个问题，好像是对一个学员提问，可以调整继续提问，可能答案会不断变化，多问几次，问到第五次、第六次时，学员会由下意识反应到略有所思、有所停顿后再回答。这个时候，追问的效果刚刚好。

这种把问题抛给所有人的做法就有整场调动的效果，这样做不仅让个人深思，又能很好地将其他学员也带入思考中。

3. 转折：自圆其说

培训师意识到口误或者表达不准确、不周到时，会遇到学员的质疑和挑战。此时可以运用转折来自圆其说，让说法前后一致，不会自相矛盾。

“转折”是指将原有的表述推翻，做出明确的转折，有以下三种情况。

（1）以设计来转折： 用于口误或别的原因引起的错误表达，该表达错得离谱，已经没有“补”的余地了。在这种情况下，原有的错误表述会以设计效果的面目出现，让学员以为老师是故意讲错的，以便更好地引导或彰显错误认识，给学员留下深刻印象。这种转折往往需要通过向学员提问来实现。

（2）以揭示来转折： 自己意识到错误表述但全场还没有察觉时可以问：“等一下，大家有没有问题？大家有没有发现哪里不对？大家同不同意？”如果学员大多表示没意见，那么再自圆其说。这里的揭示、“自圆其说”是和设计提问、暴露问题配合使用的一种引导反思的技术。

（3）以回应来转折： 如果有学员指出错漏之处，明示不对，培训师可以积极回应“给他一个热烈的掌声”，然后再自圆其说。对于由学员发现并指出的错误表述，则可以运用学员定则，问：“大家同不同意这位学员所说的？”

或者，酌情直接说“来，给这位学员热烈的掌声”，再自圆其说。

4. 回应：缓兵之计

回应，是缓兵之计，总的理念是：虚心接受，拾遗补阙。我们经常说：“可以不回答，不能不回应。”

回应，对学员的尊重和关注也是很好的异议处理和异常应对方式，是极佳的场控技巧。

例如，老师正在讲销售技巧，突然有学员发问：“老师，问个问题，汽车制造的流程都有哪些啊？”这个问题明显不在讲授的内容之内，和主题不相干，跟当下正在讲的内容基本毫无关系，这个时候应该怎么做呢？

错误的应对是直接批评、指责学员无理取闹，但这样做无疑是在给自己“埋雷”，这个学员很可能变为非常态或隐患。

正确的应对是见招拆招，缓兵之计。应对有以下三种情况。

（1）坦率：若培训师不会、不了解，可以直接告知。与其不懂装懂，不够专业，不如坦诚以待。毕竟培训师不是百科全书，不可能什么都知道，坦诚告知反而会得到学员的理解。

（2）交代：培训师对学员的问题知道一些但不透彻、详尽，可引导课下交流。培训师要给自己充分的时间来找资料、做整理、做准备，以便随后正确、精准回答。

（3）转化：知道答案，而且很了解、有把握，但是要想办法把学员的问题和当前所讲的课程进行对接，可以先让学员小组讨论一下，再做总结归纳，结合自己的观点和课程内容进行转化，从而让学员有所收获。

例如，可以说：“各位伙伴，刚刚大家讨论得很激烈，对于汽车制造，从大的流程来看，无非是四个步骤：冲压、焊接、涂装、总装。这四大流程缺一不可，更不能前后颠倒，否则出来的就是废品。说到流程，汽车制造有一套完整的流程，我们销售有没有完整的流程呢？肯定是有的，接下来，我们继续学习销售技巧中完整销售流程的制定。”不仅回应了学员所关心的问题，还让课程回到既定轨道。

激活经验，妥善回应，缓兵之计，正确应对。

（二）非常应对

培训师该如何处理应对种种非正常状态或异常状态？如何体现专业呢？这是大家成长中必须要经历、面对和解决的。

1. 怀平常心

训练中，老师和学员都有两种状态：一种叫正常态，也就是实施训练和接纳学习的状态；另一种叫非常态，即不是施训和学习的状态，也称“变化态”，这种状态是可以转化的。

在心理学上，根据人的心理状态能否适应社交环境把人分为常态和变态。所谓“变态”是指偏离了平常状态、“变化了的”状态，非常态是相对常态而言的。从动态的角度看，人的心理健康状态是一个不断变化的过程，具体到情绪和情感的稳定性、宽容度等。

每一个人都可能有常态和非常态，讲师如此，学员也是如此。

培训师自身出现的非常态，具体来讲，如讲错话、忘记词，出现各种意想不到的情况等，无论遇到什么异常状态，思想意识上不能把它当作异常，不能惊慌失措。培训师要用一种客观平和的口吻和说法去形容遇到的种种非常状态，遇到了，不惊慌、顺下来，千万不要动不动就说“对不起、我错了、我忘了、我不知道怎么回答”等，这样是极其不专业的。

在培训的全过程，培训师要秉持平常心。何谓平常心呢？有一首佛教偈语如是说:“来者不待,去者不追,随遇而安,自然而然,是谓平常心。”

职业培训师的平常心,在培训的全程表现为围绕工作中、行为上实际存在的表现差距,运用区分、对接、指导、矫正、点化、感悟等心法和手法,引导、观照、点破、点化、揭示、揭露,提醒察觉、激发感悟,以问题为线索、以已知求未知、以概念来表述、以反应为依据来展开训练。

职业培训师的平常心,还表现在关注学员,适度补充有用资讯,以自己的感悟、感受、感觉、感触等,以及来源于实践又高于实践的心得来交流,令学员真正收获,令培训切实有效。

2. 非常化解

学员出现非常态,培训师千万不要“贴标签”,不要把“学员问题”看作“问题学员”。我们倡导:“没有不好,只有不同。”没有不好的学员,只有不同的状态,只有表现方式另类的学员。在训练中,没有存心捣乱、有意抬杠、恶意挑衅的学员。培训师要一直关注学员,以反应为依据,不断调整内容和形式,变化讲述和引导,学员伴随训练的推进会逐渐进入学习状态,渐入佳境。

要化解学员的非常态表现、消除所带来的不利影响,培训师一定要接纳非常态,不对学员的非常态表现做道德或情感批判,这是对成熟培训师的基本要求。

学员的非常态是可以转化的,先要判断是否存在刻意针对,如果有就是刻意非常态,如果没有就是无意非常态。

无意非常态有两个基本特征:一是学员关注的焦点“对事不对人”;二是学员对培训师保持足够的尊重。这种非常态表现很有可能是由学员的求知欲和个人兴趣引起的,对教学活动影响有限,培训师只须在乐从的基础上,给足其面子,加以适当引导。最常用的套路就是先肯定赞美,再约定课后深入交流,这样就可以把训练进程重新拉回正轨。

刻意非常态存在一定程度的“敌意”，处理起来就没有这么简单了。

首先，要有“预警”，探知“敌意”。冰冻三尺非一日之寒，撇开课外人际关系的影响不谈，在课堂上“敌意”的累积，大多有一个不断加码的过程。培训师如果足够敏锐，运用外感觉，就可以在“敌意”刚刚萌生的阶段感知到，早发现早处理，将其化解于无形。

其次，要有“干扰”，消解“敌意”。当培训师感知到潜在的“敌意”，可以有意识地用眼神、手势、表情和话语向可能的非常态学员传达真诚和善意，俗话说“伸手不打笑脸人”，多一个朋友，就少了一个所谓的“麻烦制造者”。

再次，要有“拦截”，应对“敌意”。当非常态学员已经明确表达出对立、产生“敌意”时，培训师不必回避，要坦然应对。对于“欲加之罪”式的抬杠，可以明确否认对方贴给自己的观点或标签，说明“我不是你的敌人”；对于不同角度的观点，要表现乐从、悦纳，比如“有道理，这是从……的角度”“没错，在……情况下确实如此”，然后将话题引导到既定教学计划、训练进程上来，也可以友好而不容置疑地约定课后交流。

最后，要有“反击”，制约“敌意”。反击不是辩论，更不是争吵、“打擂台”，而是建立“统一阵线”，运用学员定则争取现场多数学员的支持，限制非常态学员的言行。这招可以用在“拦截”后学员仍然不依不饶的情形。遇到这种情况，培训师先转向全场学员：“各位，根据计划我们这节课要和大家一起学习 A 内容，现在 × 学员依然比较关注 B 内容，要不我们先按计划讲授 A，等有时间我们再专门和 × 学员交流 B，好吗？”这样既给足面子，又“绵里藏针”。接着跟那位学员说：“× 同学，你看这样好不好，我们先讲大家都感兴趣的内容，等课后有时间，我们再深入交流你感兴趣的内容？”这句话的重音一定要突出“大家都”，这样就可以借力群众的力量，一般不会再遇到纠缠了。因为一般人不会也不可能在一个相对正式的场合和大多数人对立。

培训师必须掌控课程的进程。非常态只是课堂的插曲，能够化干戈为玉帛当然是一桩美事，就算心里的疙瘩还没有解开，也不必过度纠结。谁都无法让人人都满意，要接纳存在的不满意。

3. 控场警示

有效控场，需要注意以下几点。

（1）**“不绝对、不极端”**，避免给自己造成可能的错漏。交流表达中，对一件事情一旦表述太具象，或是讲得很极端、很绝对，就很容易出现问题。

培训师要“所有唯一全都最，极端绝对要避讳”。不要说“最”“唯一”；不要说让人一听就往极端想的话。换句话说，不要自己成为自己的障碍，不要让自己的话语留下可能错漏的空间，不要自己给自己挖坑。有人经常喜欢说绝对的话，说非常具体的数字：“讲到这里有四个字……”结果，他说出不止四个字。这就是给自己挖坑。

（2）**“掌控三宝补改转”**，当自己真的讲错话而没人看出来时，千万不要自曝其丑，而是运用“掌控三宝”——沉默、停顿、重复，加补述、改叙、转意来化解。

① 补述。举个例子：“各位朋友，我们这个月的业绩指标是一亿两千万元”，讲完自己心里咯噔一下，发现讲错了，应该是一亿五千万元，还差了三千万元呢。这时候若承认讲错了，是于事无补的，甚至会丧失专业性和权威度，更重要的是对效果毫无益处。无论是领导还是培训师，承认记忆出错了，是不是意味着不称职、准备不到位？所以，要懂得专业的处理，善用“掌控三宝”：沉默、停顿、重复。可以这样说：“好，各位，我们这个月的业绩指标是一亿两千万元（沉默、停顿一下），一亿两千万元（重复一下）？一亿两千万元（再重复，然后运用补述），在讨论的时候，有人曾经对此提

出质疑，有不同的看法，认为它太低（补两句，效果出现不同）。董事会决定，今年的业绩指标是一亿五千万元。”这里运用的是补述。

② 改叙。改一下说法，可以这样改：“同志们，我们今年的业绩指标是一亿两千万元（沉默、停顿），一亿两千万元（重复一下）？那是不可能的。”先沉默、停顿、重复，有一个缓冲，再来改叙就容易了。

③ 转意。怎么做呢？可以这样说：“同志们，我们今年的业绩指标是一亿两千万元（发现错了，自己知道，别人不知道。这时候先沉默、停顿，再重复一次，然后转变语气、语调），是一亿两千万元吗？啊（转成疑问语气）？！”这是即使自己讲错了，别人也看不出的专业处理。

4. 高手应对

“高手”为什么难以应对呢？那是因为有人把“高手”当成了“对手”，甚至当成“敌手”。所以，高手应对的根本解决之道就是要消除“打擂台”的心理。

培训师若足够专业、充分准备，无疑是课堂上的高手。如果课堂上出现了其他的高手，那应该是可敬的“学霸”，可以用作“课托”。

需要“应对”的高手，一般是以下几种情况。

（1）欲分享。学员对内容有深入理解，想主动分享学习或实践感悟，对相关内容有深入解读或延伸说明。培训师可鼓励和赞赏并邀请其分享，让他成为课程效果深化的助力，但要掌控时间，见好就收。

（2）表异议。学员对内容所见不同，提出有价值的独到见解，不同于纠错和抬杠。培训师不必自圆其说及非常应对，应看作训练契机，引导展开思考、组织讨论、总结引导，这类高手同样是效果深化的帮手。

（3）示特长。感性演绎中的辅线资源如过渡话题、类比论证、事例、故事等正好涉及某些学员特别擅长的领域，激发其充当高手的欲望。此时，培训师赞赏肯定即可，不必节外生枝，避免喧宾夺主。

（4）**戳错漏。**若内容细节和形式资源出现错漏和不足，学员中的高手可能就会对此质疑和纠正。培训师除了自圆其说策略，还应坦率真诚地向高手学习，并表达赞赏和感谢。

高手应对，用一句话可概括为：“敬他、用他、约束他（主要是时间控制）。”“三人行，必有我师焉。”老师是站着的学员，学员是坐着的老师。教学相长，遭遇“高手”，就“拜师”！既然期待学员展现空杯心态，以学习为荣，培训师就更不能以学习为耻。

遭遇高手，就是展示胸襟、示范为学习者的时刻！

（三）现场掌控

究竟如何巧妙运用“掌控三宝”呢？如何处理错漏、忘词？如何整肃现场，促进现场良好的训练效果呢？秘诀就在于运用重复的力量，重建关注，善用场效应。

1. 掌控三宝

培训师要想流畅、通顺、不打磕绊儿，不因各种非常态状况影响训练的效果，要妙用“掌控三宝”。

（1）**沉默。**很简单，就是突然间长时间不说话，造成声音的真空期。清代张廷玉的座右铭“万言万当，不如一默”就是此意。当现场突然安静，学员就会把目光投向培训师，注意力被吸引。

（2）**停顿。**适当的停顿能引发思考，给学员思考的空间，正所谓“当培训师停止说话，学员开始思考”“一切都是流利惹的祸”。培训师不要跟机枪扫射一样，停不下来，要有规律地进行“点射”。

“有问必停，遇重即顿。”即有问题或有重点的时候停一停，让学员消化、吸收。

（3）重复。可以用来强调、突出，也可以吸引注意力，形成掌控。重复重点、重复要点、重复关键、重复学员没有听到或没有听懂的，帮助学员加深记忆。

运用重复，先要说“请注意”，凸显重要，再重复，效果一定好。

“重要的事情讲三遍”的前提是对方的注意力被吸引过来，如果注意力不在这里，说十遍都不一定有效果。

2. 错漏处理

错漏，指的是训练中出现的错讲或少讲，包括“真错”和“假错”。

（1）错讲，真错。可能是原则性错误，包括课程的主线内容、概念定义、分类、原理解读、观点描述、行为技巧或操作步骤等，也可能是辅线话题中的引用失准、数据失真、情节失实等。

真错应当尽量避免，内容正确是底线，不可逾越。培训师必须敬畏讲台，做足本分，切忌夸夸其谈、不懂装懂。因为自身的错误理解、错误记忆或口误出现真错，只要及时觉察，不管有没有人指出来都必须马上处理；事后发现，也必须采取必要手段进行纠错。

（2）讲错，假错。可能是现场呈现不符合预先设计的教学方案，比如讲解顺序有误、素材该用而未用、内容有部分没有讲到等。

假错无须特别处理，更不必因此乱了方寸，只须灵活调整，把该讲的讲到，把该做的做到，实现预设培训目标就可以了。

“自圆其说”是错漏处理、纠错的一种手段。如果错误影响已经出现、没有办法自圆其说了，或者强行自圆其说会差强人意，那就不要“圆”了，有时候“方正”一点也蛮可爱的。

培训师能坦然面对失误并真诚弥补，也是表现人格魅力、赢得学员尊重的机会。

如果为了维护形象、保住面子，不论是否造成学员的现场歧义和争议，都文过饰非、掩耳盗铃，从长远看，恰是对职业道德和个人品牌的伤害。

（3）少讲，辨析。如果造成“漏”，要看是否破坏内容的完整性和认识的完备性，要看是否走向谬误。如果是，就当作“真错”处理；如果不是，可当作“假错”应对。

3. 模糊处理

培训师对主体内容和一般形式一般都会烂熟于胸，不应该忘记；即使没达到烂熟于胸，起码还有 PPT 可以提供线索，还可以翻阅讲义。讲到某个点，假如有一点记忆模糊，引导大家翻到讲义第几页也是可行的。

容易忘记的一般会是引用的内容、资源素材、事例或现象等，谨记不执着、不拘泥。

有时候，并不是全部忘记。可能引用一段话，但忘记了出处或作者；借用一句诗词或对联，记得其中一部分；引用素材时，某个细节忘记了等。

模糊处理，没有“忘记”。“模糊处理”是很专业的技术，是目标和结果导向，不深究、不细化，突出整体感、把握轻重缓急。

比如忘记书名，就可以说“有一本书，不管它叫什么书名，里面有句话非常经典”，强调话语的经典；忘记作者，可以说“作者是美国或英国的一个作家、思想家”，忽略姓名重身份。

模糊处理，当然也可以运用“掌控三宝”，额外加上“重启、换人、跳过”。

（1）重启。以梳理思维，好比电脑死机后重启就可以激活系统，如讲到某句诗词：“有一首诗，它的第一句是‘横看成岭侧成峰’。”有时候一激动、一高兴，后面是什么给忘了。怎么办呢？沉默、停顿、重复，运用专业技术“重启”一下，没准儿就想起来了、就搞定了。可以说：“诗的第一句是‘横看成岭侧成峰’（沉默、停顿，也可以重复一下），我们先回顾一下刚才讲的……”

（2）换人。重启之后，还是没有想起来，怎么办呢？可以“换人”，可以说：“哪位朋友知道？”

（3）跳过。如果还是没有人回应，可以模糊处理——“跳过”。可以说：“这首诗的意思是……”

专业的技术、专业的话术和专业的手法让培训师遇到错漏现象时不会变成事故、不会影响权威度。

培训师遇到各种异常状态时，不要把它看作异常，而要看作“非常态”，是可以转变的状态；同时运用“掌控三宝”，也可以“模糊处理”。遇到有自己讲错而别人不知道的情况，可以运用“掌控三宝”加“补、改、转”；遇到学员提醒讲错，就马上给他一个“积极回应”；遇到学员讲错就“乐从”；遇到忘记，就用“掌控三宝”，再加上“重启、换人、跳过”。

4. 现场整肃

如果出现“混乱”或“沉寂”等现场氛围，那么培训师必须及时进行现场整肃，重建关注，重建场效应。

混乱，常见表现是私下讨论、窃窃私语、随意走动甚至嬉戏，混乱的影响一定是消极的，但引起混乱的原因有可能是积极的。

若是由于学员的热情被充分点燃导致过度兴奋、产生注意力分散，即积极原因引发的混乱，只须异声拢场，或调节课堂学习活动的形式和节奏即可。

若是由于学员消极懈怠、不感兴趣、产生抵触、忙于“场外事务”等原因引起的，就是绝对消极的混乱。异声拢场这样的“物理手段”可能失效，培训师需要运用综合手法，通过树立权威的专业形象，重建亲和、可信赖的师生关系，借助组织手段或预先框定、学员定则等技术强调课堂纪律，揭示课程价值和学习必要性、紧迫性，多个办法混合使用大多可以明显改善。

沉寂，往往表现为气氛沉闷、无精打采、昏昏欲睡、配合不力、反应迟滞、响应平平等。有时，由于组织文化、团队作风和群体性格的影响，虽然学员表面比较木讷含蓄，气氛似乎沉闷，但注意力其实高度集中于课程内容，这不是真的沉寂，从学员的体态和目光就可以很容易地区分开来。

沉寂虽没有混乱那么明显的失控感，但同样会对培训效果产生恶劣影响。

沉寂基本都是消极的，可能受师生关系、讲师权威度、课堂纪律约定、学习动机调整等因素影响，也可能是教学活动的安排不合理导致的，如过高的学习难度、过大的信息密度、过快的语速、过长的学习时间、单一的教学形式等带来的问题。为此，培训师应当调整方式和节奏，时时调节氛围，常常调动参与。

整肃现场包括清除混乱、打破沉寂，培训师一定要把握分寸，不必求全，否则过犹不及。

整肃，不追求绝对效果好，不力求包含所有人。

当大多数学员都表现专注而只有个别人心不在焉时，培训师可以尝试用异声拢场“震醒”，如果震不醒就用现场活动“动醒”他，如果动不醒可以用手势眼神暗示周边的其他学员去“提醒”他。假如这些手段全都用过了，依然不能搞定，那就随他去吧。遇到有学员睡觉亦采用震、动、提“三醒”处理。

过度追求完美是执行的陷阱，过度关注个别人的表现是对整体效果的伤害。

后附的《评估规范：培训师能力自评表》将帮助大家按照课程推进的顺序，逐项评估自己的相关能力，扬长避短，综合发展。

评估规范：培训师能力自评表

自评的各大项目应照下列标准评分：
0= 须在大范围内提高技能；1= 须在某范围内提高技能；
2= 操作合格熟练；3= 技能操作优良或出色。

课程活动	有效的导师行为	评分			
A. 吸引学员注意	对学生表示欢迎	0	1	2	3
	形成友好而讲求实际的气氛	0	1	2	3
	表现出对讲授主题的热情	0	1	2	3
B. 介绍主题	清楚说明课程目的	0	1	2	3
	描述课程结构	0	1	2	3
	分发概要 / 告诉学员对他们的期望	0	1	2	3
	说明主题的意义	0	1	2	3
	把课程主题同上一课联系起来	0	1	2	3
	把课程主题同学员既有知识和经验系统结合起来	0	1	2	3
C. 解释主题	使用合理的、有组织的方法	0	1	2	3
	阐明主要术语	0	1	2	3
	解释清楚而简要	0	1	2	3
	涵盖主要特点	0	1	2	3
	说明整体与局部的关系	0	1	2	3
	着重强调要点	0	1	2	3
D. 善于使用教与学的辅助设备资料	使用各种媒介来产生不同的激励因素	0	1	2	3
	选用适合此目的的媒介	0	1	2	3
	课程一开始就检测设备	0	1	2	3
	有效地使用设备	0	1	2	3
	保证全体学员看得到教辅设备所示内容	0	1	2	3
	在适当时候分发资料	0	1	2	3
E. 抓住学员兴趣	显出持续的热情	0	1	2	3
	提供有趣例子相关的主题说明	0	1	2	3
F. 有效的提问及回答问题	清楚简要的提问	0	1	2	3
	引导另外的反应	0	1	2	3
	让学员有时间回答问题	0	1	2	3
	细心聆听和观察学员反应	0	1	2	3
	使用试探法引导学员做出更多反应	0	1	2	3
	说明 / 寻求学员的反应	0	1	2	3
	在适当时候重复 / 归纳学员的反应	0	1	2	3
G. 结束授课	对学员的回应提供建设性的意见	0	1	2	3
	复述并归纳要点	0	1	2	3

主讲课程名称：　　　　　　　　　　　课程时长：　　主训导师：
说明：此表可用于培训师自评，也可用于管理方或组织方对培训师能力的测评

第三章 | 我在说话

不让自己带累我
用心助你超越您

刘言扉语

发展图谱自砥砺，我在说话正赋能

概念表述辞穷理，话语呈现言通觉

捷思漫讲论表述，赏心悦目应问答

能量转化入佳境，情理并茂化人心

第一节　砥砺自赋能

发问引学习，释疑即成长

陈寔是我国古代著名廉吏，东汉时期以任职太丘长而闻名于世。陈寔碑立于颍川，碑中称颂主人“文为世范，行为士则”。“文”是指写文章、穷经史、治时弊的本领，“范”是典范、范式，“行”是指为人的举止、品行，“则”是准则。上下句互文见义，就是说陈寔在写文章和做人方面都是士人们效仿的楷模。清人梁章钜集汉碑联：“学为儒宗，行为士表；冠乎群彦，简乎圣心。”

职业培训师是否应做到“文为世范，行为士表”呢？！

培训师的职业能力图谱为职业化提出了标准，列出了不同阶段需要的主要能力。专门从事职业训练的培训师，企业内部负责职业训练工作的内训师，以职业训练手段来引导职工成长的各级管理者等，需要掌握的能力侧重点是不同的。能力图谱的意义在于提供一个分级评定的参考标准，这套标准不仅适用于培训机构聘用职业培训师来执行相应的培训项目，还适用于企业组建内部培训师队伍或者选择外部职业培训师。

课堂呈现能力是培训师职业能力图谱中重要的一块“拼图”，是培训师八类标准技能之首。这一技能所需的六种专业素养中，“表达力”又是重中之重。作为职业培训新人，培训师的“编、导、演”三重角色也许难以一蹴而就，与“设计开发课程、组织教学活动”的编、导角色不同，“内容表达”这个演的角色可以排在首位。不具备表达力就失去了登上讲台的基本资格。

表达呈现是教学设计活动的基础，设计必须面向效果，把握各种表达呈现技巧的运用感觉和效果体验。合格的厨师未必一定会设计菜谱，但设计菜谱的人必须熟知各种烹饪技术。

表达呈现是培训师的基础能力、重要技能、规定动作和必备条件，这一能力包括理性表达、感性演绎和演示呈现三个方面。

（1）理性表达。把课程的主线内容、干货“讲清楚”，让学员“有印象”，需要解决如下问题：影响学员印象的关键因素是什么？怎样讲才能简洁有力、要点突出、逻辑顺畅、层次分明呢？怎样讲才能独树一帜、彰显独特价值、产生深远的话语影响呢？要促进学员形成清晰的现场印象、深刻的课后印象和全面的系统印象，理性表达的诀窍是什么？这些诀窍技术该怎么用？

（2）感性演绎。把课程中的内容借助感性形式、技巧和资源“演生动”，让学员“有反应”，需要解决如下问题：学员听不懂专业内容怎么办？学员对主题内容不感兴趣怎么办？讲解过程中学员没感觉怎么办？讲解后学员对观点结论存疑或不相信怎么办？如何运用“真性情、平常话、身边事”的技巧实现生动演绎？如何讲好一个故事（事例、示例、案例等）并让它有力地为课程主题服务？如何独辟蹊径、剑走偏锋，运用创新设计让感性演绎充满新鲜感和吸引力？

（3）演示呈现。合理利用板书、演示文稿（PPT）、书面材料等，让课程要点“看得见”，并且有效助力授课“顺进程”，需要解决如下问题：演示文稿和板书的功能定位分别是什么？二者的作用有什么异同？设计演示文稿的陷阱如何避免？影响演示页面是否醒目的关键设计原则是什么？如何在演示页面和板书上体现内容的逻辑关系？如何利用页眉信息和页面的切换效果帮助学员建立对整个课程架构关系的认识？如何设计课堂运用到的各种书面材料？

表达呈现蕴含情和理，既要有感性又要有理性，既强调理性话题感性演绎，摹情摹景，营造通觉体验，又强调感性话题理性升华，运用语感结论、口号金句等使学员印象深刻，形成话语影响。

掌握不同阶段的职业能力是优秀职业培训师迈出的第一步，之后不仅要培育职业道德、职业风范、职业行为、职业习惯、职业形象等，还要懂得处理培训全过程的各种关系。

（一）能力模型解析

职业培训师要在专业和市场上获得相对优势，除了要正确定位和精准卡位，以及拥有商业价值和核心竞争力之外，还要具有相对完备的能力结构，它包含技能、知识、能力和其他必需的特质。

职业培训师的行为和普通的培训师、一般的企业内训师不一样，某些能力并不是每个从事培训工作的人员都必须具备的。职业能力是培训师在训练中完成一项目标或者任务所体现出来的综合素质。

职业能力包括以下几类。

① 一般能力，即进行各种活动中必须具备的基本能力。

② 特殊能力，是指顺利完成某种专门活动所必备的能力。

③ 再造能力，是指在活动中顺利地掌握前人所积累的知识、技能，并按现成的模式进行活动的能力。

④ 创造能力，是指在活动中创造出独特的、新颖的、有社会价值的产品的能力，它具有独特性、变通性、流畅性的特点。再造能力和创造能力是互相联系的，再造能力是创造能力的基础。

⑤ 认知能力，是指个体接受信息、加工信息和运用信息的能力，它表现在人对客观世界的认识活动之中。

⑥ 元认知能力，是指个体对自己的认识过程进行的认知和控制能力，它表现为人对内心正在发生的认知活动的认识、体验和监控。认知能力的活动对象是认知信息。

《职业培训师能力图谱》由《职业培训师能力模型》和《职业培训师训练效果深化模型》《职业培训师呈现促动模型》《职业培训师能力养成模型》《品牌课程训练讲授模型》组成（见图 3-1）。职业培训师的能力模型围绕培训师“讲、述、评、论、问、答”各项职业能力，提出细化指标，为培训师的能力提升和职业化发展描画了一条清晰的成长路径。培训师要想在职业化上进一步发展，就要把握并认真育成《职业培训师能力模型》所提示的各项能力。

1. 初级能力

职业培训师的初级能力包括：初阶能力（含行业知识）、晋阶能力和高阶能力。

初阶能力，包括行业知识、表达呈现能力和问题解答能力三个部分。

（1）行业知识。职业培训师本着“术业有专攻”的精神，一般都会将自己的核心专长锁定在特定的行业，对其服务的行业有深入的了解，拥有行业方面的基本知识。培训师观察事物和考虑问题都能立足所服务的行业，并且胸怀全国、放眼全球，有宏观视野；同时，根据所服务企业的具体实际情况，通过问卷调查、访谈、需求分析等方式充分了解服务对象，在有限时间内推进有效训练，具备相应的职业经验背景和专业感悟。

（2）表达呈现能力。这是职业培训师的基本功，追求“讲清楚、听明白、记得住、做得到”。

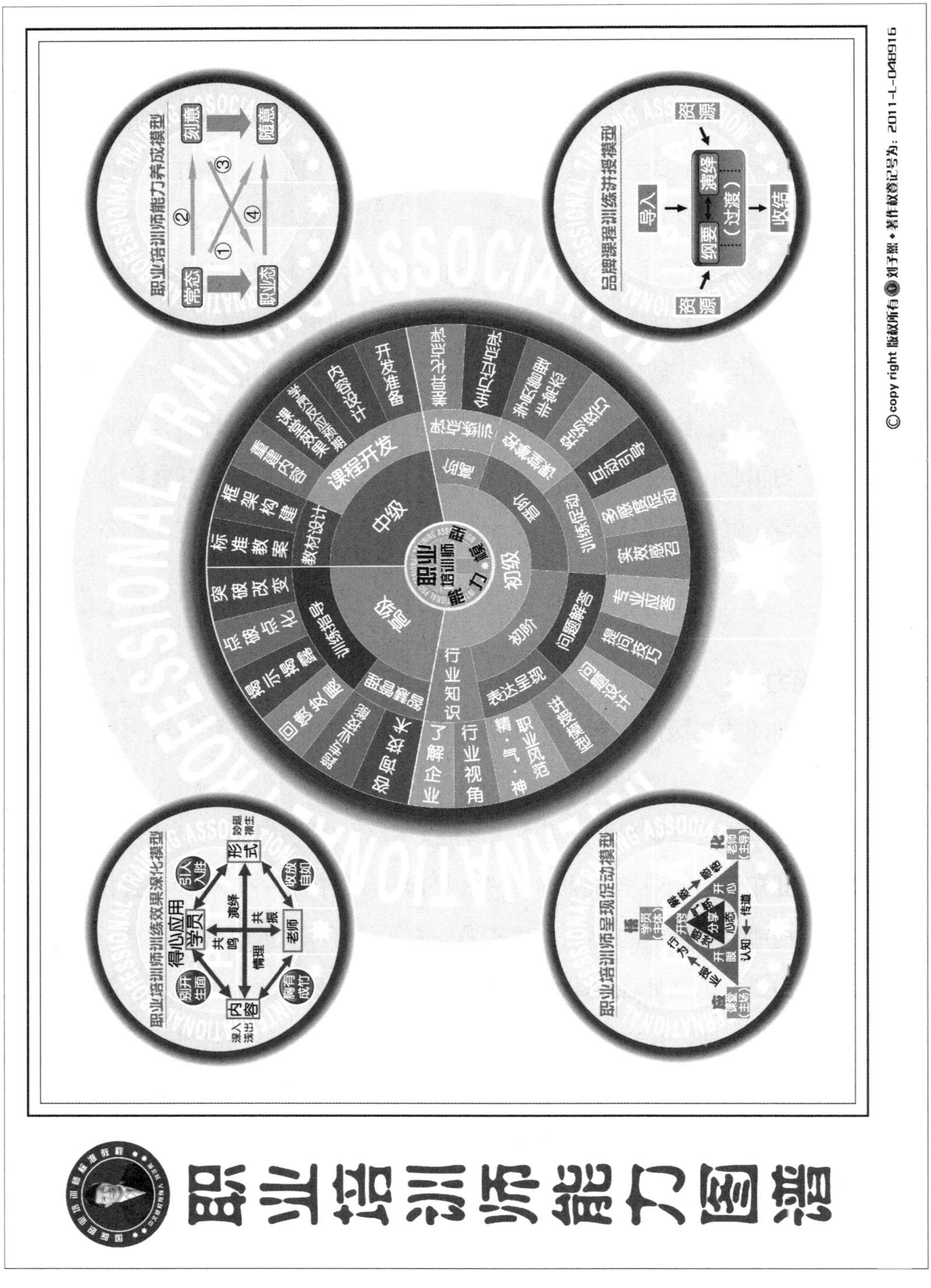

图 3-1 《职业培训师能力图谱》

在风范塑造方面，通过身法、手法、步法、眼法、听法、说法的锤炼，真正物化心法，变心法为手法、悟手法为心法，做到内敛精华、外显风度和自成典范。

在呈现技巧方面，运用各种培训技术和训练方法，全方位呈现和多感度促动，同时善用各种训练素材和资源如谜语、诗词、图片、表格等；做好自我管理和课堂管理，上场不紧张、下场不仓皇；谨守职业规则和训练禁忌，不冲突、不评判、不“打擂台”、不讲废话。

（3）问题解答能力。职业培训师要清楚“讲得好不如问得巧，问得巧不如答得妙”，学习是发现问题的过程，成长是问题解决的结果；实效训练的关键在于能够做到“以问求思、循证以结”，帮助学员解决实际问题，答疑解惑，所以问题解答对学员的影响甚至超过了课程的演绎。

问题解答能力包括以下三个方面。

① 问题设计。配合课程纲要，善用各种技术和创新说法设计主题性问题和关键性问题、观念性问题和操作性问题、启发性问题和提示性问题、区分性问题和界定性问题等，懂得“于无问处发问”、终极发问、追问、假问、反串提问及引导式提问、修饰性提问等技巧，促进训练，深化效果，直击灵魂、直指人心。

② 以问题为线索。清晰明了“明知故问”，在训练一开始便安排导入性的提问，鼓励学员在训练中或小组研讨后提出问题；布置训练后的思考题或实验题，预埋一些较难掌握的问题让学员答疑，准备几个容易引发争论的知识让学员辩论，在每个训练小节后指定学员发问，在训练结束前可反串学员进行提问等；要区别有的问题需要学员回答，有的问题只是为丰富课堂表述而设计。

③ 专业应答。清晰明了“答非所问”，懂得要抑制给予学员答案的冲动；不是课堂上所有的问题都需要回答，但是所有问题都需要回应，要以自己有

无准备以及问题与主题有无关联来判断；同时，灵活运用“缓兵之计”来应对某些复杂状况，深化引导效果。

晋阶能力，包括训练促动能力和课堂掌控能力两方面。

（1）训练促动能力。以训练效果为导向，借助大量的学习活动、理性思考工具、评估工具、视听觉辅助工具，通过训练资源、训练设施、确保学习转移的方法以及优质沟通等推动和促进。同时，明了“以活动追寻结果，凭体验启导感悟”的掌控心法，主要包括以下三个方面。

① 实效感召。能够内观外照、提醒察觉，从内心打动学员，启导感悟和反省，进而引发学员思辨，产生行为改善，达成最终训练目标；谨记“能够感动自己，方能感动学员”、投入带来感召。

② 多感度促动。用声音调动学员的听觉，运用示范和行为点评促进学员行动，运用语感结论启动思辨、点化思想，让学员获得全方位的收获。

③ 互动引导。掌握带动、鼓动、发动、推动、调动、轰动、感动、震动等技巧，吸引学员参与，营造互动气氛；真正营造学员为主体的归属感，让学员拥有“我的地盘我做主”的感觉。

（2）课堂掌控能力。掌握开场、控场、拢场、压场、暖场、热场、静场、收场等技巧，真正发挥培训师的主导作用，主要包括以下两点。

① 非常态学员管理。清晰“非常态学员”的定义，了解在学习状态之外还有观察、评判、挑战等状态的学员，正确把握学员心态，管理和调整现场情势，转化学员状态。

② 控场技巧。运用沉默、停顿、重复的“掌控三宝”，把握眼勾、手抓、话打、声拉等技巧，抓心态、抓感觉、抓气氛，异声拢场、学员定则、首时沉默，通过提问引发思考、通过讲评激发兴奋点、通过身边事和学习活动调动注意力，激发学员全情投入、全心参与。

高阶能力，是指训练讲评能力。

训练讲评能力。职业训练已突破单纯讲授的训练模式，向双向互动发展。对职业培训师而言，讲评已成为重要的训练能力，是彰显专业度的重要环节。专业讲评能力是区分一般和卓越培训师的分界点，主要包括以下两方面。

① **差异化讲评。**对不同人员、不同主题的讲评，涵盖讲授中的游戏、故事、模拟、讨论、演练、活动、素材、测试等不同训练形式的讲评，也包括行为的讲评、演示（含 PPT）的讲评、风范的讲评、效果的讲评等。

② **讲评技巧。**寻方向、定角度、抓现象、找感觉，丝丝入扣；切忌“捕风捉影”，要“随形附影”；运用要素替换方式，提醒察觉，激发感悟，得心应手、潜移默化；深入浅出、妙趣横生。

2. 中级能力

职业培训师的中级能力包括：课程开发能力和教材设计能力。这里要厘清一个概念，所说的“课程开发”是指课程的系统性开发，要按照培训教材出品标准形成系列文件，含讲师讲解教案、学员讲义（含附录）、随堂讲义、素材资源库、考试题库、培训行为配置表等要件。现实中，有些人会把课程开发与内容设计混为一谈。

（1）**课程开发能力。**掌握训练课程系统性开发技巧，掌握课程开发的通用模型和基本技术，了解学员及其关注的问题，以学员现有知识为基础解决实际问题、缩短表现差距、弥补需求缺口，同时为学员提供交流和互动。课程开发能力主要包括以下三点。

① **开发准备。**客观区分组织期待和学员需求，懂得何时应用何种培训调查、分析工具和方法，考量学员对象及其预期学习程度，灵活运用学科、组织、学员三大取向，制订项目计划、进行课程分析、确定课程目标、设计课程内容、设计测试、制作课程文件、试讲和验收、评价和修订，同时准备训练资源工具。

② 内容设计。对内容大纲和知识点概要、行为指南进行框定，设计测试、考核、学习效果评价、现场效果促动等，配置感性引导（如活动、故事、问题、演示、游戏、研讨等）。

③ 效果预期。运用“一课四训”，设计预训、正训、自训、复训各环节，设计好内容讲授重点的效果深化、培训现场效果的掌控对策，包括学员配合度、内容互动性、演练是否到位、研讨参与度、活动现场效果等设计，以及训练后学员吸收、领悟、应用、答疑解惑等跟进。

（2）教材设计能力。做到人员广泛针对，无论年龄大小、职级高低、经验多寡都能针对性引导；内容灵活开合，主辅明暗合理配置，内容可开可合、可加可减，灵活机动；时间高度弹性，一小时、半天、一天、两天等时间长度任意切换。真正使课程开发做到“立足讲授、面向效果”，定活两便，收放自如。教材设计能力主要包括以下三点。

① 内容设计。设计课程框架、决定课程时长，运用课程结构树，配置资源，关注开头导入、理性纲要、感性演绎、资源运用、结尾收场等模块的设计，找到问题点、抓住关键点、发掘价值点、设计切入点、把握兴奋点。

② 框架构建。设计和配置内容主线、辅线、明线、暗线以及时间线、内容线、行动线、演示线、效果线；懂得平衡故事线、活动线、音乐线等的搭配，做好点、线、面的配置。

③ 标准教案。基本模块主要包括培训师讲解稿本、学员应用讲义（含附录）、课堂演示稿本（PPT 系列）、课堂随堂讲义、培训资源提要（夹片）、培训行为配置表、问题流程清单、学员反应及课堂效果预测、学员 / 课堂 / 老师三维评估表、考核题库，以及预训阅读、自训练习、复训跟进安排等资料的编制。

3. 高级能力

职业培训师的高级能力包括训练指导能力和智慧管理能力，涉及辅导沟通、突破改变、回馈发展以及咨询技术、项目运作、组织智慧管理（理智工程运作）以及跨专业技能等。组织智慧整理和组织知识管理现已越来越受到企业的高度重视，从教材资源库、案例库、组织经验萃取，到全面推动组织的理智工程，正在一步步向纵深推进。“选重发展，留存智慧”“知行一理，智慧百年”，这些重要理念已经成为众多企业的普遍共识。

（1）训练指导能力。职业培训师不仅自己要会实施训练，还要能够指导他人开展训练，做培训师的导师，当然也包括讲自己拥有版权的课程并做授权认证推广。训练指导能力主要包括以下三点。

① 辅导沟通。辅导培训师或职业训练从业人员开展训练，辅导授权认证导师、事业弟子提升职业素质和能力，沟通中能够运用提问深化了解，通过聆听厘清需求，在观察后制定指导方略，彰显训练风格。

② 突破改变。引导思维的突破，引导学员行为实现创新、突破，尤其是鼓励创造性尝试，“宁试错，不等死”，注重现场状况以及学员反应，尽收眼底，做到“心中有数，手上有术”，张弛有度。

③ 回馈发展。通过回馈发展技能，设计好、控制住、演示足，达成指导训练以及转化培训的效果，长期跟进，真正帮助被指导者实现职业发展的目标。

（2）智慧管理能力。包括咨询技术和项目运作的能力，以及从事职业训练及管理咨询所需要的专业知识和技能。智慧管理能力主要包括以下两点。

① 咨询技术和项目运作能力。职业训练专案的接洽、立案、实施、跟进、评估和结案等技术；咨询和训练项目的运作能力，以及涵盖训练前、中、后所有环节所需要的专业技术。

② 跨专业技能。承接职业训练或管理咨询所需要的跨专业技能，如访谈、调查、演示、讲评、发表、答辩、示范、说明、提示等技巧。

职业培训师在提升发展职业能力时，应在上述能力中着重锤炼训练讲评、专业反馈、改善提升的专业能力，重点掌握差异化讲评、回馈发展指导、问题设计、多感度促动等技巧，全方位提升职业化水平。

后附的《评估规范：培训师职业能力评估表》《自训规范：培训师职业发展计划》将有助于大家自我检视职业化发展的进程。

评估规范：培训师职业能力评估表

姓名：　　　　主讲课程：

A. 确定 3 项能力，你认为它们是你目前的关键优势或关键发展需求

B. 列出你的优势和发展需求的重要性次序

C. 提供显示你的关键优势和发展需求的及工作相关的具体例子

能　　力	关键优势	关键发展需求	在职岗位工作中的具体例子
跨专业技能			
咨询技术			
了解企业			
行业视角			
差异化点评			
点评技巧			
精气神风范			
呈现技巧			
问题设计			
导入技巧			
专业应答			
实效感召			
多感度促动			
互动引导			
非常态学员管理			
控场技巧			
开发准备			
内容设计			
效果预期			
设计技巧			
框架构建			
标准教案			
辅导沟通			
突破改变			
回馈发展			

自训规范：培训师职业发展计划

姓名： 日 期：
单位： 职位： 工作地点：

1. 是否想成为职业培训师 □是 □否 限制：
2. 培训师职业发展擅长领域选择

A. 企业战略	B. 领导艺术	C. 职业发展	D. 管理发展
E. 项目管理	F. 物流采购	G. 金融财务	H. 企业文化
I. 生产管理	J. 人力资源	K. 客户服务	L. 沙盘模拟
M. 市场营销	N. 拓展训练	O. 其他培训	

3. 培训师职业发展领域的工作经验 □是 □否
直接经验： 间接经验： 职业感悟：

4. 培训师职业发展能力条件

A. 专业知识	□是	□否	B. 行业知识	□是	□否
C. 训练点评	□是	□否	D. 表达呈现	□是	□否
E. 问题解答	□是	□否	F. 训练促动	□是	□否
G. 课堂掌控	□是	□否	H. 课程开发	□是	□否
I. 教材设计	□是	□否	J. 训练指导	□是	□否

5. 培训师职业发展的期望：	目前已经准备好	1—2 年	3—5 年
企业内训师的发展期望	□	□	□
专业培训师（兼职）的发展期望	□	□	□
职业培训师的发展期望	□	□	□

（二）标准技能

培训师的“标准技能”共有八类，包括表达呈现、训练促动、讲评反馈、答疑解惑、辅导指导、开发设计。培训师要想走职业化道路，必须具备这六类技能。

1. 表达呈现

表达呈现能力是一个基本能力。从外在来看，包括“精、气、神”方方面面；从内在来看，包括讲故事、运用各种素材；从现场来看，包括活动、做游戏、做测试、引导案例研讨等，还包括示范并带领学员模拟演练等。这些都属于表达呈现能力。

培训师的表达呈现能力是立足于综合的宏观面，揭示培训师在表达呈现方面有哪些角度、哪些方面、哪些维度及需要怎么去做。如果大家在这些表现方式和具体操作上能够做好，就基本具备了课堂表达呈现能力。当然，从初步具备到基本具备、到达标、到做得非常好有一个过程，每一类标准技能都要循序渐进，一步一步追求卓越。

2. 训练促动

训练促动能力，就是要善于调动学员，熟练掌控现场，包括让学员参与进来的各种方法、各种形式，还有些话术如“来、各位、想一想、试一试、还有吗、有没有发现、让我们一起”等，这些话术都意味着训练促动。训练促动通过话语、动作去引导、吸引、促动学员真正地参与起来，让整个课堂“活”起来。

3. 讲评反馈

讲评反馈能力，讲评就是把学员的表现呈现出来，然后告诉学员哪里不错、哪里需要调整。反馈就是在训练中针对学员某一个言语、某一个行动，结合课程内容，告诉他已经掌握了哪些课堂内容、哪里做对了、哪里还有提升空间。

讲评反馈一定要实实在在、抓住细节、言之有物，这一点非常重要。如果能够抓住某个点或某个细节提醒、察觉学员是怎么做的，然后给他建议，再告诉他应该如何去改善。相信，学员听到培训师的讲评、反馈后，就知道应该如何去操作了。

讲评反馈是注重细节且非常务实的。

4. 答疑解惑

答疑解惑，即解释疑难问题的能力。如何去解答问题是很重要的。培训师要懂得设计问题、预埋问题，询问大家还有什么问题没有解决；实现带问题、假设问题的相互交流，这就是培训师答疑解惑的能力。答疑，消除困惑情绪，回答疑问，带有澄清的意味；解惑，解释似懂非懂的迷惑，带有解释和讲解的意味。答疑解惑，就是回答和解释学员搞不太清的事情。

只有问题解决了，学员才能真正收获。

5. 辅导指导

辅导指导能力，是指培训师提升了，具有带徒弟的能力了，意味着对自己的内容非常熟悉，同时也可以帮助学员更好地成长。

辅导和指导的区别如下。

辅导说得多，辅导是帮助和指导。培训师遇到理论性比较强的学员要多辅导，辅导带有引导，让学员更好地在引导下自己动脑子。辅导是一个长期的过程，更多的是手把手做的感觉；是以一种或多种方式进行知识或经验的教育，帮助其能正确理解或应用所传授的知识或经验。

指导做得多。培训师遇到操作性比较强的学员可能要多指导，要告诉学员细节、注意事项、容易出问题的点、诀窍、关键所在等。指导是指示、教导、指点引导。指导主要是思想、方向上的引领，不进行较为细微的工作。

6. 开发设计

课程开发能力和教材设计能力：很多人以为课程开发和教材设计是一回事，其实不一样。课程开发多是对内容的挖掘、逻辑的梳理，以及各种训练形式、训练方法的搭配。换句话说，课程开发能力就是对训练效果的设计能力，能够预测内容、环节在课堂上会产生什么样的效果。充分假定、精准假定是课程设计的一个关键。

教材设计能力，客观讲应该是懂得做教案、做“教学计划”、做老师的讲解稿本。当然，还包括出试题库、整合资源库，以及梳理培训行为的配置表，配置好几点几分干什么事、讲什么内容、要用什么素材、最后达到什么样的效果。如果把这些模块组合到一起，包括教具的设计、设计挂图、设计模型图等，这些能力融汇到一起就是教材的设计能力。

课程开发能力和教材设计能力，加上训练促动、讲评反馈、辅导指导等，这些能力实际上是培训师在课堂现场的掌控能力。

（三）能量转化

职业训练的核心内涵是什么呢？作为职业培训师，不仅要培育职业道德、职业风范、职业行为、职业习惯、职业形象等，更要懂得处理培训全过程的各种关系。职业培训师只有妥善处理好这些关系，才能真正把握培训的核心内涵，这样不仅在大的方面真正具备职业化特征，还在具体的诸多细节展示职业风采。

总结职业培训全过程，开心、开眼、开窍是培训职业化的一个典型而又形象的描述。职业训练核心要素图（见图 3-2）概括了职业训练中各种核心要素的相互关系。

1. 关键：心态、感觉、气氛

培训的全过程要把握心态、感觉和气氛这三个关键要素。

（1）开放的心态。课堂训练实施中，培训师要开放心胸，乐从一切；要充分关注学员在训练中的感觉，要促动现场正面气氛。现场感觉好和训练有效取决于老师的心态，取决于老师和学员之间的气氛。“老师是站着的学员，学员是坐着的老师”，正确定位老师和学员关系，教学相长，相伴成长。

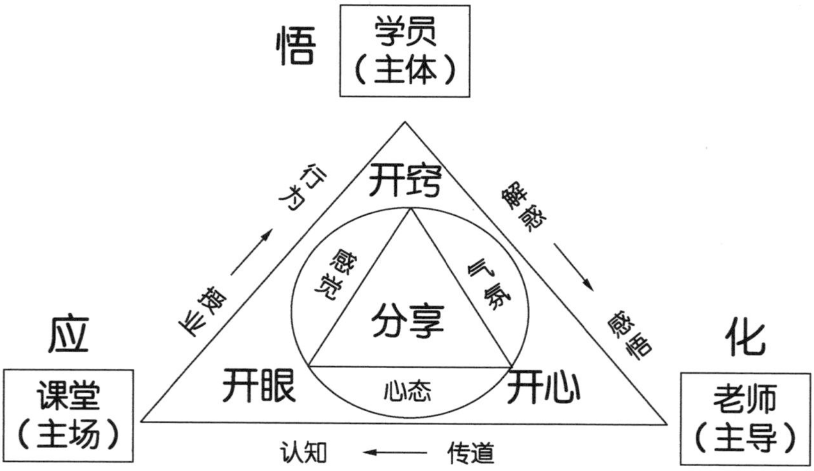

图 3-2　职业训练核心要素图

（2）**良好的感觉。**要想学员在课堂上感觉好，培训师就一定要帮助学员打开眼界，不仅是在新知识、新资讯上，更重要的是揭示事实真相，拨云见日，直指人心，让学员茅塞顿开，心被打开，视野更开阔。

（3）**融洽的气氛。**学员通过和老师之间的互动，在课堂上有感悟，产生针对性收获，豁然开朗。“会道者，一线藕丝牵大象；盲修者，千斤铁锤砸苍蝇”，职业培训师要懂得“有时点破一句话，胜过低头忙一年”。

心态、感觉和气氛要全面把握，培训师与其多讲几句，不如让学员多想几遍、多看几眼、多听几耳、多说几嘴、多悟几回、多做几手、多走几步；同时，要明白：讲得好不如问得巧，问得巧不如答得妙。

综合运用以上要素，可达成实效训练，实现训练预期目标。

2. 行动：传道、授业、解惑

职业培训师要厘清和把握传道、授业、解惑这三重行动的真谛及其重要性的层次。

培训的目的是解决实际问题、缩短表现差距、弥补需求缺口。“传道”可以让学员产生认知，在一定程度上弥补学员在知识、资讯方面的缺口；“授业”可以让学员懂得行动，在一定程度上缩短学员在行为表现上的差距；“解惑”可以让学员产生感悟，并把学到的东西真正运用到工作实践中，以解决实际的问题。“学习是发现问题的过程，而成长是问题解决的结果。”

在传道、授业、解惑三者之间，解惑至关重要。职业培训师若能够把握好这三者的行动真谛和重要性层次，有以下三重益处。

（1）设计有方向：有利于培训内容的规划设计。在编写教案和设计课程时，会将关注点从单纯给学员更多的知识和资讯，转移到如何转变学员的行为表现和如何真正切实地帮助学员解决实际存在的问题上面来。

（2）讲授多手段：有利于培训的实施和演绎。在训练中，职业培训师将结合学员的个体差异及共性问题，有针对性地选择实效训练形式和训练方法，在调节气氛的同时注重调适学员的心态、发掘学员的感觉，深入地解决问题，让训练达成实效。

（3）效果便转化：有利于训练效果的延伸和巩固。训练后，学员将课堂中学到的技能和资讯落实到工作中，行为改变了，当前实际问题的解决让训练显效，而产生的感悟令学员工作具有创造性，则是职业训练具备的长期效果。

后附的《评估规范：培训师表达技能自评表》将帮助大家从自我状态、思路组织、表达准备和有效呈现等方面进行自我检视，达成自我完善。

评估规范：培训师表达技能自评表

(1) 我在整个表达过程中同听众保持眼神接触； (2) 我的身体姿态很自然，没有因为紧张而做作； (3) 我能运用基本的手势来强调我的要点； (4) 我能运用停顿、重复和总结来强调我的观点； (5) 我每次表达前都会确定具体的目标； (6) 我会对听众的需求、忧虑、态度和立场进行分析； (7) 在组织表达思路时，我会先写下几个主要的概念或论点； (8) 我会特意准备一个颇具吸引力的开场白； (9) 我表达的结尾会呼应开头，且必要时能要求听众采取行动； (10) 我制作的 PPT 简明扼要，有助于达到表达目标； (11) 我的论点和论据之间有内在的逻辑联系，有助于支持我的主张； (12) 我会把紧张和焦虑转换为热情和动力； (13) 我会清楚地叙述我的观点能带给听众的好处与利益； (14) 我会热切、强烈地讲述我的观点； (15) 我会事先演练，避免过分依赖讲稿，以集中注意听众的反应； (16) 我的表达稿只写关键话语（概念或观点），以免照本宣科； (17) 我会预测听众可能会提出的问题，并且准备相应的回答或回应； (18) 我的声音清楚，语速适中，富有感染力； (19) 我会有意识地运用语音、声调和语速来表示强调； (20) 表达前我会检查场地及相应的设施； (21) 准备表达时，我会预估将会遭到的反对意见； (22) 整个表达过程我会充满自信； (23) 表达前我会检查我的衣着打扮是否得体。 自我评价： 每一项依符合程度分为 1 ～ 5 五个等级； 105—115 你具有优秀表达者的素质 ； 98—104 你略高于平均水平，有些地方尚需要提高； 98 以下 你需要严格地训练你的表达技能； 选择得分最低的 6 项，作为表达技能学习提高的重点。

说明：此表可用于培训师自评，也可用于管理方或组织方对培训师能力的测评

第二节　概念表述精

以问题为线索，以概念来表述

（一）概念表述

很多人的表达都有如赘语、杂语、口头禅多等问题，严重影响授课效果、严重影响课程的品牌形象、挤占训练的有效时间。要想打造优课，表达必须优化，概念表述言简意赅，实现突破。

1. 表达突破

概念表述，是培训师职业技能中关键的、核心的心法和技法，对课程开发、训练讲授、演讲呈现、简报述职、演示优化，都是意义非凡的。

概念表述，要在意识上扎根，关键要有意而为、刻意练习，真正育成习惯，深切感受其无限魅力。

概念表述，应用极其广泛，益处难以穷尽：可以举轻若重、微言大义，也能举重若轻、举一反三。

概念表述，追求言简意赅、一言以决；避免东拉西扯、词不达意，概念表述妙用无穷！

相声行有句话：“话不到，人不笑；话若多，也砸锅。”侯宝林先生总结：“宁可不够，不可过头；恰到好处，留有余地”，使人回味。

概念表述，在于区分书面思维和口语思维、句式表达还是概念表述。

书面思维引导的句式表达，是烦冗的长句子、修饰限定在前、解释说明先行的模式，不干脆、不简约、不精练，主题不突出、意蕴不明示，不易理解、难以琢磨。

口语思维强调概念表达。概念表述是口语表达的基本特征，是简练的、围绕关键词展开的。概念表述不担心讲错、不担心不完整、不担心不系统、不担心不全面、不担心讲得短，也不必担心意思表达不透彻或者引起歧义。

概念表述，直白洗练、直截了当，还可不断延伸概念、补充说明、完善语意，甚至可以意思转换、峰回路转。运用概念表述，课堂表达可以做到脱口而出、概念先行、三五成群、短词短句短段落。讲稿、课件、板书、PPT 设计等，都遵循这个原则，必然可以“备词不用稿”，尤其是即席发表、脱口秀。

培训师需要破除书面思维的字斟句酌，实现口语思维脱口而出；变句式表达为概念、数据、观点、结论先行的简练表达。若感觉讲得不全面、不系统、不准确，可以补改转，把握概念、角度、观点和说法的关系，运用概念表述提炼口语概念或话语概念，形成话语系统。

要把概念表述这项神技学到手、做到位，可以从以下几方面着手。

（1）**调整思维。**设计课程、训练讲授时赘语、杂语、口头禅和乱语等较多，恰恰是书面思维，是在字斟句酌；从表达形式看，这是句式表达。

书面思维加句式表达，表述时加很多前缀、前提、修饰、说明、限定、状态描述等，把句子成分都说得非常完整，表述冗长，进入僵化、固化的思维，陷入固定句式套路的陷阱，绕来绕去，结果反而把中心意思、核心概念、主要内容给掩盖了。因为字斟句酌，加之过程中害怕失控，怕不易理解，怕说不清楚，于是加很多“的、地、得”“着、了、过”“我们、你们、他们”“这个、那个、这里、那里”等没有实质意义的表述，反而是词不达意、啰唆累赘。这一定程度上束缚了表达，削减了语言活力，效果一定会受到损害。用这种思维和表达方式进行设计、讲授、简报、演讲等，思维速度跟不上，表达时就会赘语多，就会出现口头禅。

口语思维加概念表述，则要干脆利落，言为心声，我们倡导把关键的点、重要的内容放到前面。古汉语其实就是关键内容前置的，有句话叫“廉颇老矣，尚能饭否”，先说能吃饭，后说否。现代汉语的表述，可能会是：“廉颇老了，不知道还能不能吃饭？”是先说不知道能不能，后说吃饭。再比如“我们今天晚上七点，在学校门前碰头”，若运用英语的语法规则，会先说“我们碰头”，接着再说“七点”，然后再说“今天晚上”，最后说“学校门前”，也是把关键内容放在前面。同时，要实现表达的突破，就要尽量去掉没有意义的表述，有时候一个字、一个概念就能搞定。

（2）脱口而出。生活中脱口而出的口语，不是句式表达，而是概念表述，特点是概念加脱口而出。在讲授时，培训师要口语表达、脱口而出，不要句式表述、不要长句子、不要斟酌字句。

句式表达，是将完整的句子成分，把一句话讲得很完整，所以要字斟句酌：“回想我们交往的过程，相识相遇已经十几年了，在您身上我看到了很多优点。您不仅（这个）工作上业务能力很强，而且热心关心同事。不仅（这个）自己的绩效遥遥领先，还在工作中（这个）手把手给了我们很多（的这个）支持。你这个人为人（呃）态度特别的诚恳，不做作，（这个）不虚伪，有啥说啥，（嗯）有话直说，不会给人（这个）虚面子，特别关心我的（这个）真成长。能够交到你这样的（嗯，这个）诤友，真是三生有幸，我太喜欢和你在一起了，我爱你。”因为要把语言组织得妥妥当当、完完整整，所以多赘语。

若是口语表达，则是脱口而出："何老师，哎呀，我爱死你了！"要做到讲话时侃侃而谈，就要先脱口而出，后面再补概念。

（3）抓住关键。口语表达，会直截了当道出关键概念。举一个说英文的例子。有朋友到国外旅游，想到咖啡馆去喝杯咖啡，可能有人会说"Please give me a cup of coffee"。从语法上看，没有丁点儿问题，但真这么说了，老外可能会听不懂，要好好反应一会儿，因为这样的表述不像人家日常的表述。本国或当地人表达时会口语化、会省略、会直接说"Coffee please"。

口语表达，抓住关键词。如果还想再来一杯呢，则用固定的词组"one more"即可。关键词包括成语、固定词组、单词（*如名词、动词、数量词、否定词*）等。

如果培训师的课程啰里啰唆的，会给人不利索的印象，要直截了当、言简意赅，实现表达突破。

口语表达，重大的功效，是对嗓子的呵护，培训师几乎时刻在表达、分分钟在讲话，嗓子都冒烟了。同时，也是保护学员，学员的每一分钟、每一秒钟、每一点点时间都在被累赘消耗，既累又不经济。

"当培训师停止说话，学员开始思考。"理性表达的概念表述，更简约，实现表达突破，训练必然可以更具效果。

2. 言简意赅

培训师职业化标准要求真正的表达，应该是言简意赅、直指人心，去除没有特定意义的赘语，思维方式由书面走向口语、表达方式由句式表达走向概念表述。

郑板桥诗云："删繁就简三秋树，领异标新二月花。"口语在日常生活中是简约的、是直截了当的，只说概念。真正的表达重点在"省略"，送一个关键概念："省省吧。"

省略方式包括：第一种叫“当面省略”，第二种叫“承前省略”，第三种叫“共性共识省略”。

第一，当面省略。表达者和听众就在现场，就不用多絮叨；有时候“我们、你们、他们”就没必要了，桃李不言，下自成蹊；在特定的场合情境中，表达的主语大家自然理解是“我们”；面向特定对象表达，则肯定是对“你们”说；如果谈一个客观事实，谈到与你我没有直接关系的第三方，那肯定是关涉“他们”。“我们”“你们”“他们”这些指代称谓，面对面时是可以省略的，没有必要赘述。

第二，承前省略。在前面的表述中说过的，后面就不用再说了，没必要重复。

第三，共性共识省略。就是大家都知道的、不言而喻、尽人皆知的，或者一些行业的规则、熟知的通识、不约而同及约定俗成的共识，可以省略，达成默契、确认过眼神、你知我知、尽在不言中。不用非得讲出来，多言无益。

还可以运用肢体语言、视听觉媒介、语气语调、声音情绪等，简化文字语言的表述。在人际交往中，沟通效果的评定有一个“55387”定律：一旦内容确定了，表达的文字内容只起到7%的作用；而表达时的肢体语言含动作、体态、表情等，要起55%的作用；声音的语气、语调、重音和音色等表达的情绪语言，要起到38%的作用。培训师可以借鉴。

3. C.A.S.S. 模型

概念表述，必须要真正把握四个要素，即概念（Concept）、角度（Angle）、说法（Statement）、观点（Stand Point），也叫C.A.S.S.模型（见图3-3）。培训师要懂得区分：概念＝角度，概念背后就是角度；说法＝观点，你的观点，在他人看来不过就是针对某个问题、从某个角度陈述的说法之一。

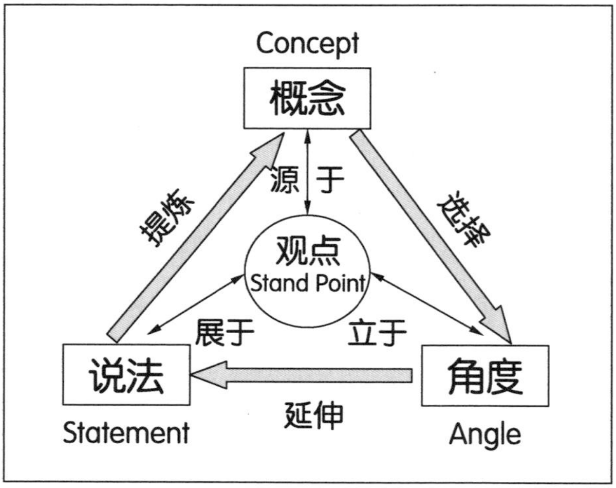

图 3-3 C.A.S.S. 模型图

为说明 C.A.S.S. 模型里的概念、角度这两个要素及区分的应用，列举两个故事。

故事一：吴道子与皇帝，谁的画第一

吴道子是唐代著名的画家，被尊称"画圣"，皇帝也喜欢画画，画得也不错。有一天，皇帝突然问他："咱俩人，谁画得好？谁的画全国第一？"吴道子聪明，不能也不敢得罪皇帝，答道："启禀皇上，您是皇帝里第一，我是臣子里第一。"

故事二：丰水七里二，枯水五里三

湖广总督张之洞和湖北巡抚谭继洵（谭嗣同的父亲），两个人同朝为官，都驻地在武汉，经常喜欢召集下属一起吃个饭、喝喝酒，搞个嘉年华。有一年四五月份，大家相聚于黄鹤楼，张之洞突然心里一动，问："众位同僚，长江水面宽几许？地方志里记载的好像是七里二。"谭巡抚则说："我记得《江夏县志》里写的是五里三。"两人较上劲了，谁对谁错呢？于是就把江夏县令叫过来，父母官总得有点数吧。

江夏县令过来了，听到总督说七里二、巡抚说五里三，自己夹在中间，不好受。于是灵机一动他便答道："两位大人，据下官了解，丰水七里二，枯水五里三。"大意即雨季涨水的时候就七里二，旱季退潮的时候就五里三。

两难之时，妙用区分，皇帝还是臣子、雨季还是旱季，概念背后是角度，找准角度，问题迎刃而解。

为更好地理解 C.A.S.S. 模型之概念的奇妙，特举例分析如下。

例一：中国著名的诡辩论题"白马非马论"，出自《公孙龙子·白马论》。公孙龙是怎样来论证的？

首先，从概念分析的角度来论证。"马"的概念是指事物的形体；"白"的概念是指事物的颜色。而"形体"和"颜色"是两种不同的东西，"指称形体的概念"与"指称颜色的概念"当然是两种不同的概念。"白马"既指形体又指颜色，而"马"仅仅指"形体"。所以，得出结论："白马"不是"马"。

其次，从概念运用的角度来论证。如果要找匹"马"骑骑，那么"黄马""黑马"都是要找的马；如果要找匹"白马"骑，那么"黄马""黑马"都不是要找的马。如果"白马"是"马"的话，无论是要找匹"马"骑还是要找匹"白马"骑，那就应该"黄马""黑马"都可以，但事实上并非如此。这就充分证明了"白马"不是"马"。

例二："先有鸡，还是先有蛋？"这个问题常常激起古今中外的哲学家们去探索并讨论生命和宇宙的起源。鸡是具象概念，具体的；蛋是抽象概念，广义的，包括鸡蛋、鸭蛋、鹅蛋、鹌鹑蛋等各种蛋。把蛋与鸡放一起提出问题，实则是混淆因果、模糊概念。

进化论表示物种在通过一定时间的突变以及自然选择后最终可以得到进化。这使得人们相信在历史上的某一刻，某一种像鸡但是不是鸡的物种，由于基因突变，产出了第一颗“鸡蛋”。因为，鸡和鸡蛋都是由鸟和不是鸡蛋的鸟蛋演化而来的。

表达角度，先有鸡还是先有蛋，这是个因果困境，想要表达的是“到底是先有（鸡）蛋,还是先有鸡”（鸡生蛋,蛋生鸡,到底谁先出现在这个世界上,是鸡还是蛋）的问题。

在训练中，要回答鸡先还是蛋先，培训师会直接先对某个学员提问:“这个蛋是不是鸡蛋？”这就是概念的厘清，答案是显而易见的，这个蛋必须是鸡蛋。如果不是鸡蛋,跟鸡有啥关系？既然问题中的蛋是鸡蛋,当然就是“先有鸡，后有鸡蛋”。

例三:“母亲和妻子掉河里，先救谁？”这里要正确进行概念的区分。这个问题为什么会令人陷入两难？为什么会令人焦灼？因为遇到先救母亲还是妻子这样的问题，人们会不自觉地把自己身边的人替代进去，问题在不知不觉中变异了，先救母亲变成了先救我的老妈，先救妻子变成了先救我的老婆。

道德层面，古人云：百善孝为先。据此的施救顺序，应当先救老妈（母亲）。

法律层面，在法律上，妻子比母亲更“亲”，法律保护更优先。当一方变为限制民事行为能力人或者完全无民事行为能力人时，第一顺位监护人是配偶一方，据此的施救顺序，应当先救老婆（妻子）。

国外也有类似问题:“母亲、妻子、孩子，同时掉河里，先救谁？”其实，问题中没有任何具体的指代，若把广义的母亲、妻子、孩子转换成某个人的老妈、老婆和孩子，是在偷换概念。

所以,“母亲和妻子掉河里,先救谁？”或“母亲、妻子、孩子,同时掉河里,先救谁？”答案是：先救妻子，因为妻子既是母亲，同时也可以是孩子。救了妻子，母亲、妻子、孩子三者都得救了。

六世达赖喇嘛仓央嘉措的名句“世间安得双全法，不负如来不负卿”，三全更难得。剖析和解答上述问题时，若掌握了 C.A.S.S. 模型，真正明晰概念、角度、观点、说法这几个要素及其关联，就可以做到表达鞭辟入里、两全其美。困惑源自概念不精准，职业培训师要精准表达。

（二）一言穷理

南朝梁文学理论家刘勰在《文心雕龙·物色》中写道：“皎日嘒星，一言穷理；参差沃若，两字穷形。”大意即：一个“皎”字和一个“嘒”字，就把太阳的明亮和星星的微小形容穷尽了；“参差”“沃若”，一个双声连词和一个叠韵连词，就把荇菜和桑叶的形状不整齐、润泽的样子描绘出来了。

《文心雕龙·神思》又曰：“意授于思，言授于意；密则无际，疏则千里。或理在方寸，而求之域表；或义在咫尺，而思隔山河。”大意即：神思构成意象，意象产生文辞。三者结合得紧密则没有间隙，结合得不好，就好像相隔千里一样。有时候某些事理就在心里，却要到极远的地方去寻求；有时候某些思想就在眼前，却又像隔着山河一样遥远。

“一言”即一字一词，用一言就能够把事物的性状全表现出来，以精练的文字来概括复杂的情状，做到论证精辟；同时做到神思、意象、文辞完美结合，避免理在方寸、义在咫尺，这不正是培训师要锐意进取、孜孜以求的吗？

1. 要素先行

C.A.S.S. 模型的四大要素包括：概念、角度、说法、观点。只要从这四个要素中的任一个出发来展开论述，就是概念表述。

这四个要素相互之间是有关联的。首先，概念反映角度，某人说他从什么角度谈一谈，其实表达此角度的方式，就是点出一个概念。比如，“抽烟好不好”是从“健康”的角度、从“交际”的角度阐述。这里点出的“健康”“交际”，不就是概念吗？所以，概念等于角度。

同样，观点和说法之间，也是有关联的。观点靠说法来表达，也许有时候自己的观点，在别人看来只是一个说法。仍以抽烟举例，某人说“抽烟利于更好地交到朋友”，这是作为其观点表达出来；但在另一个人看来，这只是某人的说法，或者这只是关于抽烟的诸多说法之一，关于抽烟的说法还有可能致癌、会影响环境等。从这些说法中，可以客观地找到概念和角度，不至于落入认同选择的难题。

交流沟通时，可以概念表述，这样展开：“你说抽烟利于交朋友，这是一个有关交际的话题，我们今天聊聊健康，从健康的角度出发，抽烟可能致癌，两种说法不矛盾。”

观点是说法之一，有人表述自己的观点，只需把它视为一个说法。换句话说：“人述观点，我视说法。”

从要素出发，表达就可以简约有力。把四个要素融汇在表达中，一定是**“说法好、概念妙、角度新、观点强”**。

概念表述，要求做到“四先行”：“概念先行”“结论先行”“数据先行”“观点先行”。表达时要尽量把这四个关键点往前提。若问：“晚上几点吃饭？”答道：“七点，因为厨师……”这就是数据先行。不能说“我们今天啊，因为这个厨师请假了，这个菜呢还没买到，一会儿咱们先开个小会……”，就是不说几点，这就没有数据先行。概念表述时，要先讲结果、先讲结论、先讲关键数据；不要先讲原因，不要先讲理由、前提、背景等，也不要先解释、先说明、先铺垫。只有不扯不绕，才能高效表达。

2. 话语再造

重建说法，提炼概念，再造话语，才能形成话语系统，有话语系统才会产生话语影响。

设计自己的课题时，陈述某个概念，能不能有个新说法？比如："警方对犯罪嫌疑人进行脱氧核糖核酸测定"，这是什么意思？其实是要做DNA。动辄就是术语概念，大部分人可能听不懂，如果"脱氧核糖核酸"换成"DNA"，就通俗易懂了。不要用术语解释术语，要变术语为话语。

教学实践中有一些很实用的技术，可以琢磨并尝试应用，如单字诀、顺口溜和打油诗。

单字诀的作用有两点：一是方便记忆内容；二是方便记住顺序流程。比如，练习身手步看听说这一整套职业风范的标准时，我们把手法的全套流程编成口诀："说第一句，出第二手，看第三眼，走第四步，展第五手"。总结为单字诀"说、出、看、走、展"，防备内容的遗忘。最典型、流传最广的单字诀之一就是金庸自撰的小说名对联："飞雪连天射白鹿，笑书神侠倚碧鸳",既是单字诀,也算顺口溜。如果没有它,要一下子说出金庸的十四部小说，绝非易事，要全部记住、想起来可能都有难度。想不起来是因为记不住，现在有这副对联、这个口诀（飞,《飞狐外传》; 雪,《雪山飞狐》; 连,《连城诀》; 天,《天龙八部》; 射,《射雕英雄传》; 白,《白马啸西风》; 鹿,《鹿鼎记》……）就一目了然了。话语系统在组织学习、企业内训中的效用和影响，就体现在对内容更熟悉，不会记错，更有利于行动。

再举一个单字诀的例子，让一个一般不熟悉内容的人，感受一下单字诀的作用。例如：我们给南方电网某单位的新员工上课，讲到供电方案，新人未知，他不知我们在讲什么，如听天书，若还指望他完全记住并落实到工作中，太困难了！怎么办？讲义指出，"供电方案是根据客户的用电需求，制订并与客户协商确定的实施方案"，后面跟一大段文字，包括供电电压等级、供电容量、供电位置、供电电源数、单电源或多电源、供电回路数、路径、出线方式、供电线路辐射、继电保护、初步的计量和计费方案等内容。内容多到一定程度就不容易记了，如果只有两三点内容，罗列出来，概念表述强调一下就记住了。现在怎么办？编单字诀！关于供电方案，优化为十个字："压源出回路，位铺保计容"。新员工学习之后，一想这个口诀，就能全都对应并想起来了。在课程里面设计单字诀，一看顺序，再看内容要素。

编口诀，能帮助学员记忆内容、记忆要点，形成话语系统；课程内容的信息量特别大，可以编成顺口溜或打油诗。在 TTT 课程里，顺口溜也是互动形式、内容演绎方式和沉淀收益的重要技巧。

口诀，是指根据事物内容要点编成的便于记诵的语句。口诀很短，朗朗上口，一听就懂，印象深刻。

顺口溜，是民间流行的口头韵文，句子长短不齐，纯用通俗口语，念起来很顺口，脱口而出。顺口溜的信息量一般很大，涉及大量的关键信息，比如说产品特点、特性，业务的操作要素等。

打油诗，是一种非常有趣味性的俚俗诗体，出语俚俗、诙谐幽默、小巧有趣，虽不太讲究格律，也不注重对偶和平仄，但一定会押韵，亦通常是五字句或七字句组成。

有一次，我给一家多元化经营的企业去做讲评，其中有一个部门是生产化纤涤纶面料的。当讲课讲到涤纶面料的特性时，他们强调："首先，面料的优点：特别耐磨且不易起皱；遇冷、遇热、遇潮都不会坏；尺寸也不会轻易伸缩，比较稳定；清洗之后特别容易干；面料还特别轻薄。其次，面料的缺点：容易起静电；穿时间长了，会觉得闷热、不透气；若长时间穿着其表面容易起球。"要想全部记住这么多内容，凭什么？编顺口溜。我们帮着编成："高弹抗皱尺寸稳，耐磨难变易洗干；冷热燥湿全不怕，静电起球透气难"。

现场反响强烈，效果奇佳。

口诀，可以用古汉语吗？可以，若能合辙押韵，更妙。比如，苏轼脍炙人口的《江城子》，其中有两句：“十年生死两茫茫，不思量，自难忘。”“不思量，自难忘”，其意不言自明，一听就懂，就不必再翻译成“从来不需要想起，永远也不会忘记”。

由此可见，口诀、顺口溜、打油诗等，不拘于文字，也不在于精练，要看能不能一听就懂、是否有语感。就像中国共产党领导人民军队开展游击战争，其重要的战略战术原则，毛泽东同志总结成“十六字诀”：“敌进我退，敌驻我扰，敌疲我打，敌退我追”。一听就懂，接地气，利于口耳相传、准确执行。

3. 避免硬伤

概念表述，还要避免四大硬伤——“平铺直叙没感觉”“就事论事有危害”“前因后果多困惑”“来龙去脉少重点”，简化为单字诀就是“没、有、多、少”四个字。

（1）没。想要奇妙的讲述感觉，不要“平铺直叙”，须“紧要优先”。比如，要讲四点内容，不要一般地一二三四顺着讲，而要着重先讲某一点。可以先讲第三点，因为第三点容易忽略；或着重先讲第四点，因为第四点存在误区，容易铸成大错；或者先讲第二点，因为第二点十分重要。

（2）有。切忌因表达而生危害，不要“就事论事”，须“切中要害”。停留在一件个案、纠结于浅层认识，围绕一个表面问题绕来绕去、没完没了，就很容易产生危害，不利于把握真正重要的问题、问题背后的问题、本质共性的问题。

（3）多。切忌因交流而生困惑，不可“前因后果”，要“前果后因”。也就是前面所讲的概念、数据、结论、观点四先行，否则容易困顿、费解、疑惑多。

（4）**少。**想要清晰的表达效果，不能“来龙去脉”，而要“突出重点”。事无巨细地描述、过程过于详细容易令人烦躁、抓不住要点。过程中的细节重不重要？大多不重要，只有关键要点才重要。只有围绕课程中的重点、难点、亮点、雷点、歧义点、价值点，分清轻重缓急，就不会落入眉毛胡子一把抓的尴尬。

后附的《培训规范：课程 P.G. 价值重建设计表》，围绕每一个内容要点（P.G.）的培训目标、概念系统、核心概念、内容侧重及关键观点，帮助大家进行梳理重建。

《培训规范：独立 P.G. 讲授重建设计表》，则针对独立的一个 P.G.，帮助大家从培训目标、导入、纲要重点、讲授设计、切题说法、资源运用、细节设计、收结、辅助形式、重要技巧、问题清单、辅助教具等方面着眼，系统研究、精心设计，立足讲授，面向效果，以成就真正的品牌课程。

培训规范：课程 P.G. 价值重建设计表

课程名称：　　　　　　　　　　培训师：　　　　　　填表时间：

P.G. 序号	PPT 标题	概念系统及核心概念	内容侧重及关键观点	培训目标描述
1				
2				
3				

培训规范：独立 P.G. 讲授重建设计表

课程名称：　　　　　　　　　　培训师：　　　　　　填表时间：

P.G. 主题及所含 PPT 标题	
培训目标	
导　　入	
纲要重点	
讲授设计	
切题说法	
资源运用	
细节设计	
收　　结	
辅助形式	
重要技巧	
问题清单	
辅助教具	

第三节　讲授入佳境

以已知求未知，以反应为依据

（一）理性表达

理性表达有五个基本原则：简、辨、明、顺、新。

简：概念表述，短词、短句、短段落。

辨：理性升华，辨角度明观点、辨概念做提炼、辨本质来升华。

明：结论先行、观点先行、概念先行、数据先行。

顺：条分缕析，逻辑结构，排列有序，完全穷尽、相互独立。

新：话语再造、旧说新语、语感结论顺口溜。

理性表达要注重逻辑梳理，育成结构化的思维方式和思维效果；要实现理性升华，深化对事物现象和本质的辩证认知。

1. 逻辑梳理

金字塔原理，是提倡一种结构化的思维方式和思维习惯，由上到下逐层展开，由下而上逐层支撑，就像金字塔那样；而 MECE 法则就是运用结构化思考来梳理课程内容逻辑的重要法则。

MECE 全称是 Mutually Exclusive Collectively Exhaustive，曾经在麦肯锡工作过的冯唐对其有一个很到位、接地气的翻译：不重不漏。这四个字提炼出 MECE 法则的妙处，相互独立，完全穷尽，用 MECE 法则能提高思考的效率，不多想不少想，不重不漏，刚刚好。

具体来讲就是：每一个分观点都不存在重合，保证思路分明不做无用功；所有观点穷尽所有可能，没有遗漏，保证思维严谨不会误事。以减肥举例说明 MECE 法则的应用。

分类，可以从人的自身出发，先分男人与女人，男人和女人又可以分为具体的部位：脸部、手臂、肚子、大腿、小腿。

阶段，可以按照目标分，初期的减脂、中期的塑形和后期的巩固防反弹。

方面，每个阶段又分为输出与输入。输入强调合理饮食，科学搭配；输出强调科学运动，提高身体代谢。

无论怎么分解、从什么角度分解，各层的分观点始终保持不重不漏，各个小观点相互独立而又密切配合，穷尽所有可能而又全部指向核心观点，使课程结构能稳如金字塔。

2. 探究本源

探究本源包括：在训练中，遇到一些常见的概念、观点、信息、素材等，培训师可以查一查、检索一下字根、词素、辞源、渊源、根本、原文、作者、始发、出处、背景、内涵、元义、意涵、宗旨等，深究一下，感觉和效果都会不一样。探究的手法很简单，就是多问几个为什么、是什么，并重复 N 次。

探究本源，是在追问的基础上演变而来的技巧，能发掘事件背后的动机、根源、原因，找到真正的动机原理。

探究本源，真正能让培训师的反应能力训练得很快，自己有反应，学员方有回应。听到一句名言、警句、诗词句、对联等，觉得很好，有些许感慨、感触、感悟，培训师马上做出反应，“欸，这句话的原文是什么、上下文是什么、出处是什么”等；看到别人说了一个事例、案例、故事等，马上就会去想其关联的典故、渊源、出处等。即使当时不知道，马上查一下或百度、谷歌搜索一下，造诣和学问立马深化。

探究本源，让训练形成层层推进的感受，进而带来深层次的、引人入胜的感悟。

3. 反思常识

反思常识，就是本来大家是这么认为的，却给出了一个“毁三观”、石破天惊、峰回路转的答案，使人为之一震。

反思的顺序是：先要自我反思，再引领他人反思，尤其是要引导、指引、带领、推动去前进、去改变、去发展。

“以常识做见识，拿见闻当见解”，成年人普遍存在。

常识，是指在社会环境中，人与人之间普遍存在的日常共识。用几个形象的词语来描述：异口同声、不约而同、人人都说、众口一词，这就叫常识。“众口一词”就说明它对吗？“人人都说”就是立得住的道理吗？“不约而同”里面就没有伪命题吗？“异口同声”就没有错误认知吗？要反思自己和学员可能存在的“常识”。

常识，包括有口号、标语、俗语、惯用语等，也包括某些名言、警句等。越是脍炙人口、越是耳熟能详、越是口口相传等的常识，越是值得反思，而一旦反思到位，必定产生奇效！

常识，习以为常甚至可以脱口而出、最经典、随处可见的就是成语，有必要对某些成语进行反思。例如，“水到渠成”，这个成语以前没有感觉到它有问题，现在反思：难道水到就一定成渠吗？或者说“水到成渠”了就是好事？！认真想一下就会发现：水到渠成似乎不好，意味着水到了冲出一条渠，这样肆意横流，是会酿成灾祸的！实际生活中正确的做法，应该是“渠成水到”。天津引滦入津、北京引永定河水到颐和园，还有淮河的改造，都是先修渠、后引水。河南安阳境内的一条名渠叫“红旗渠”，被誉为“世界第八大奇迹”，不也是先修渠后引水吗？！所以，应该是渠成水到。

反思常识，能够使人们独具慧眼，见解、见地不凡。

4. 理性升华

认识是由现象到本质的深化过程。一方面，事物的本质存在于现象之中，离开事物的现象就无法认识事物的本质，事物现象和本质的统一提供了科学认识的可能性；另一方面，现象又不等于本质，把握了事物的现象，并不等于认识了事物的本质。

客观事物，包括现象和本质两个方面，现象和本质是统一的。

首先，两者是相互依存的。现象是本质的现象，本质是现象的本质。也就是说，本质只能通过现象表现出来，现象只能是本质的显现，它们之间是表现和被表现的关系。任何一方离开了另一方都是不能存在的，实际的存在总是现象与本质的对立统一。

其次，两者是相互蕴含的，在实际上也是相互包含的。本质寓于现象之中，这是非常明显的，因为现象是整体，本质是现象的一部分，而且是根本性的部分。反过来，本质也包含现象，因为现象尽管是多种多样的、纷繁复杂的，但毕竟是由本质决定的，早已潜在地包含于本质之中。

再次，现象与本质是可以相互转化的。本质变现象，应理解为本质表现为现象。某一具体的人无疑是本质与现象的统一体，但其本质也在不断地表现出来，即不断转变为现象。

最后，现象和本质之间也存在矛盾，这就决定了认识过程的曲折性和复杂性。客观事物的发生、发展和灭亡有一个过程，本质的暴露也有一个过程。因此，人们对事物本质的认识必然要经历由片面到全面逐步深入的过程。

客观事物，自身也具有层次性，人们对事物的认识总是由现象到本质、由不甚深刻的本质到较深刻的本质并不断无限深化的过程。认识过程从个别到一般，又从一般到个别。

客观事物，把握一般的普遍本质，会促进对特殊本质的再认识。当人们认识了许多不同事物的特殊本质以后，通过抽象和概括，可以由某些事物的特殊本质进而认识各种事物的共同本质。

由现象到本质、由特殊本质到共同本质、由初级本质到更深刻的本质、由感性到理性的飞跃，这是人类认识由浅入深、不断深化的辩证过程，是升华的过程。

现象与本质的相互转化，正是感性认识与理性认识相互转化的客观基础，现象到本质的突破，也是理性认知的升华。

（二）感性演绎

演绎要升华，培训师不仅需要掌握理性表达及升华的技巧，还应学会感性演绎，包括通觉表达、变术语为话语、摹情摹景、绘声绘色、运用想象、营造临场体验等。

职业培训师包括内训师，都应该具备感性演绎的能力，既要讲内容，又要讲应用情景，启发的是潜在价值的想象。

1. 通觉表达

通觉，又称“通感”。眼、耳、鼻、舌、身、意，佛教合称“六根”，是心的外缘，能感觉“六尘”并形成“六识”。眼是视根，耳是听根，鼻是嗅根，舌是味根，身是触根，意是念虑之根。由此形成了色、声、香、味、触、法，即视、听、嗅、味、触、意识六种感觉，对外部世界进行感知。

通觉、通感，是由一种感觉引发，并超越这种感觉的局限，从而领会到另一种感觉的心理现象。这种感觉的相互挪移、感官的交相为用，是人们共有、高级的、感受事物的能力。

通觉表达，就是通过表达，让听者如临其境、感同身受，要做到变术语为话语、摹情摹景。

（1）要变术语为话语。

变术语为话语，要针对不同的人采用不同的表达。有的人喜欢听术语，比如现在有一类人，被称作“技术宅”，天天窝在家里研究技术。跟他们讲话，不来点专业、不高深点，他们不服。凭什么判断一个陌生人是偏感性的还是偏理性、是喜欢术语还是话语呢？这时候所谓的对象区分、性格分析，就变得虚无缥缈、难以落地了。

变术语为话语，只讲有用的，不追求学术精确，大体正确就行。

变术语为话语，关键的技术有：**“换言之”“也就是说”“说白了”“讲到底”**。以“换言之”为例，“换言之”的表述是文绉绉的，有点像术语，其实也就是“换句话说”。

例如：“这台电视机接口丰富，支持多达三个 USB3.0 高速通用串行数据总线接口……”这是术语，后面就要“换言之”，换成话语通俗表达。用老百姓听得懂的、能理解的话就是：“电视机接口丰富，多达三个 USB3.0 高速通用串行数据总线接口”。“换句话说”，就是：“能接插播放你自己的内容！”你家里的 U 盘、移动硬盘、MP3、手机内存卡等，不管什么随身的、电子的玩意，从网上下载的视频也好，图片也好，动画也好，找根线往这儿一插，大屏全家共享，太方便了……

又比如，讲如何理解“关键卖点”，有三点：第一，和大多数竞品相比都具备的优势；第二，和特定客户表达的特定需求最贴切的卖点；第三，和特定的竞争对手或竞争品牌相比具备的优势。这样表述准不准确？“说白了”就九个字：“超竞品、贴需求、压对手”。“讲到底”即三个字：“超、贴、压。”若这样讲，虽然感觉不是那么专业，但是对市场销售、对业务员、对顾客有用，这就是人们追求的。能不能产生通觉，决定销售话术是否有效和到位。

变术语为话语，解决的是如何听懂的问题；要从对方的立场出发，站在对方的角度，“换句话说”“也就是说”“说白了”或“讲到底”。具体来说：把功能变成价值，解决的是和自己有没有关系的问题；把数据变为感受，解决的是有没有心动的问题；变告知为发现，则解决信不信的问题。要把功能、数据、特性、原理等换成价值感受、使用感觉、切身体验、五官六感的具体陈述。

在讲解“对接”的课堂表述习惯时，给了一个动作“我发现”，瞬间拨云见日。言外之意是：我发现了，你发现没有；我发现了要这样做，你发现了没有。也随即带领学员一起去发现，主动发现的才更有效。

（2）要摹情摹景。

摹情摹景，就是营造听众、学员心中的画面，展示潜在价值而不是产品功能，并让人直观地感受到。如用“请您想象一下”“想想看”“设想一下”，类似这样的语言来陈述。这里有没有心理暗示？有没有描绘一幅画面？摹情摹景，客户就会有画面感，会想象到表面功能下面的潜在价值。

“大家都抬起头来，思考一下，我刚才怎么说的？请您想象一下，把这台电视机搬回家，挂在您家漂亮的电视墙上，周末的时候全家人其乐融融地坐沙发上，一起看一部最新的好莱坞大片。”这里描摹出的、让人看到的是全家人其乐融融的生活场景、生活体验、生活品质，是视觉盛宴。让顾客感受到买的是家庭幸福和睦！买电视机能买来家庭和睦吗？电视机有这个科技功能吗？

销售表达，有两个要素：产品本身和生活体验。运用知识、经验、技巧，还要有情节，加之语气、语调和情绪，呈现出的价值，是产品功能背后所带来的生活场景、使用感受和消费体验，是潜在价值。继续挖掘，还会发现延伸的、关联的潜在好处。

2. 讲好故事

如何讲故事、讲好故事，是需要专业技巧的。讲故事的专业技巧，很多培训师不会，所谓述功不到位，讲故事是很考验培训师表达功力的。

讲故事，容易有两个大的误区：第一，不做铺垫就开讲，这就带来一个问题，故事讲得越精彩，越容易迷糊，听众不知道到底要干啥；第二，讲故事没有套路，随性而为，该详不详，该略不略。

讲故事，基本流程如下。

（1）主题铺垫。先提出问题来铺垫主题，问而不答、说而不破、点题不破题，目的是把注意力引向主题内容，故事是为主题服务的。具体技巧是“QSQA”：先提出问题（Q），然后展开讲述（S），再重复问题（Q），最后给答案（A）。

（2）角色定位。把故事中的角色定位到现场，有现场代入感，产生临场体验；关注全场，点面结合，有现场感觉；可以简化表述，一转身就当面省略；可以产生现场感、场景感，讲述栩栩如生；绘声绘色，如临其境。

（3）情节重现。就是包括故事中人物的动作、人物的言语、人物的表情，乃至语气、语调、心理活动等，都要适度地做一些具体、细节的详尽描绘，情节重现眼前，好像看得见、摸得着。

把情节讲生动，还有一些要领：可以运用象声词，如哗啦啦撒了一地、咣当一声推开大门、哗的洪水倾泻而下、刮来一阵狂风，呼——，还有语气词，如哎呀、嘶、倒吸一口凉气、咦、哈哈哈等，增加表达的临场效果，生动活泼、栩栩如生、活灵活现。

（4）**回应观点。**故事结尾处要重复一下问题、提炼观点、回应主题，让故事与课程内容更好地结合，更具价值感。提炼观点时，要注意避免南辕北辙和空洞无物；首尾呼应的窍门，是将铺垫时的问句改成陈述句。

（5）**语感结论。**让结论变成三个字、四个字、五个字、七个字，朗朗上口，形成语感，印象深刻。

讲故事，技巧是一步一步精粹的，多讲几次就会越来越好。从一开始的主题铺垫、问而不答，到角色定位、形成现场感，再到情节重现、绘声绘色，再到回应问题、回应观点，最后给一个答案、形成语感结论。培训师要按照这样的步骤，讲好故事，巩固述功。

讲个短故事，以资佐证。

（1）**主题铺垫。**先提问题："在工作、生活中，经常会出现问题、发现有差错，我们应该秉持一种什么样的心态呢？"培训师带着问题讲述，学员带问题聆听，感觉不一样吧。

提问之后，加一句套话："有一个故事会给我们启发。"

（2）**角色定位。**找一个学员，指代扮作将军："说的是，有一个将军，不介意吧。"

（3）**情节重现。**"将军到部队去视察，一看军容整齐，满心喜悦，问候道：同志们好！士兵回应：首长好！同志们辛苦啦！为人民服务！"这一段，绘声绘色，好像大家就在现场。

重复步骤，"角色定位"。"将军走着走着，发现前面有一个士兵，不介意吧"，这时把士兵角色定位到现场的第二位朋友。这个"不介意吧"得说，如果对方回应不好或示意不行，就换一个人。讲故事不追求所谓的流畅，关键在讲得适意、整体和谐、听起来舒服。

重复步骤，“情节重现”。“将军一看，这个士兵个头有点小，没那么壮；因为个小嘛，衣服穿的大了一号，尤其帽子到眉骨这儿来了。小伙子，你帽子大了”，此时，就可以省略了。

“报告将军，不是帽子大了，是头小了。”不重复讲将军说、士兵说；士兵说、将军说，情节重现，绘声绘色，摹情摹景。

（4）回应观点。“各位，在工作、生活中，遇到问题，发现差错，我们应该秉持什么样的心态呢？是对外去寻找借口说帽子大了，还是向内去寻找差距说头小了呢？”

（5）语感结论。“所以，在工作、生活中遇到问题，发现差错，我们不要向外寻借口，而要对内找差距。”语感收结，结论形成像工整的对联，一气呵成，整个故事，讲得真正的情理并茂。

讲好故事，提醒强调以下三点。

（1）分配角色，要注意男女有别、长幼有序。将军给谁？给年长者、给女士，假如像士兵甚至强盗这样的角色，就给年轻人、给男性朋友、给帅哥。

（2）定位角色，要注意交叉，要有现场的感觉，若故事中的角色都定位在一边，总对这边讲，另一边人都不理了，容易冷场。左边一个，右边一个，形成场面。

（3）非人定位，要注意故事里出现一头驴、一匹马，或一辆汽车、一栋楼等，像这种非人类的生命体和非生命的物体，就采取虚拟定位。模拟它们在场地中间，按其形状比画模拟：竖形的，就用阿拉伯数字的“3”字模拟，并拢指尖写一个“3”，如小蛮腰、国贸大厦、东方明珠、埃菲尔铁塔；横形的，就用字母 Z 模拟，并拢指尖比画出“Z”字母。

讲故事，若能一开始“主题铺垫，提出问题，问而不答”；接着“角色定位，形成现场感、如临其境”；加上交叉定位和虚拟定位，转身、比画进行模拟，则更简洁、更明快、更聚焦；然后是“情节重现，绘声绘色、摹情摹景”，如能模拟语气、语调、动作、言语，包括情绪、感觉等，都带出来；再就是“回应观点”，重复铺垫的问题，引导思考；最后是“语感结论”，三四五七个字的，合辙押韵、朗朗上口。

培训师要真正掌握讲故事及讲好故事的专业技术，追求绘声绘色、情理并茂，大大提升述功，达成喜闻乐见、脍炙人口的效果。

3. 话锋逆转

话锋逆转，是一项实战技术，是接话题、引主题的对接技术。从学员关心的、愿意听的话题出发，讲着讲着，找到一个对接点，话锋一转，对接到培训师想讲、要讲的话题。

例如：招聘技巧的课题，要提到《我是歌手》这个综艺节目，两者显然不是一回事儿，怎样实现话锋逆转呢？学员说：“今晚，我准备看《我是歌手》。”要接话题，不要问回去，要注意争夺话语权，培训师先接过来再陈述自己的话题：“《我是歌手》很好看，是现在非常流行的一档娱乐节目。娱乐节目呢，就是要让人开心，谁都想要开心，开心才会有好的工作状态，状态好了就会有好的工作表现。我们招聘员工的时候都希望其有好的工作表现，怎样才能知道应聘者有没有好的工作表现呢？这就要看招聘技术了，看我们怎么设计结构性问题啦。现在我就来讲讲，怎样才能在招聘中通过结构性问题发现应聘者是否有好的工作表现？这里有几个具体的技巧。”

话锋逆转，就是对方讲了一段话，培训师就顺着他这个说法往下讲，闲话不闲，从说法当中先提炼出一个概念，再依此概念选择一个角度，有角度就可以延伸一段新的说法，再找到新的概念、新的角度，直到提炼出关键概念、导出课程主题。

话锋逆转，基本要领就是：在说法中提炼概念，寻找角度来对接观点。

不要纠结于话题本身，这项技术是建立在概念表述的基本功上。话锋逆转，不是事先准备好的，是一种即兴应对。

4. 捷思漫讲

捷思漫讲，对于公共表达、训练讲授，尤其是即兴表达，都是要遵循的原则。即兴表达，实用技巧包括话锋逆转、闲话不闲、引导主题。可以声声高、瞬间排比；也可以将两个事物建立深度比拟关系，取类比象，采用一种特殊排比方式；还可以抓任意一个话题，心中本来没有什么主题，但是讲着讲着形成观点，旁征博引，实现脱口秀。

捷思漫讲，捷思就是敏捷的思维，快一点想。想什么？想说法、概念以及想角度，主要就是找角度。

漫讲或慢讲，舒缓的讲述节奏，撒开去讲或者缓慢地讲。讲什么？应该展开说法、萃炼观点。

捷思漫讲，基本要领如下。

（1）**先讲后想。**本质上是漫讲捷思，漫讲说法，目的是为提炼概念；捷思角度，是为了对接观点。

先讲，而不是先想，只有先讲才能掌握话语权。当然不是没想好就讲。关键是，在想好怎么对接主题之前，要先开口讲话，先把话语权抢过来，这就是捷思。开口讲什么？可以重复讲对方的话、讲常识性的语言、讲闲言碎语等。在开口前，也许根本没想好怎样对接主题，但培训师要相信，漫讲之后，总有一个概念能接上主题。

（2）**避免歧义。**接过话题是为了对接、引导主题，所以要避免歧义、不被人打断。避免歧义要少讲两种话：“绝对”话和“真”观点。

少讲“绝对”话：表达得越绝对，越偏离本质，就会有人想打断、想否定、起冲突；正如《璎珞经》所曰“言语道断，心行处灭”，以言显义、得义言绝，义即是空，空即是道，道即是绝言，故谓言语道断。有些意义之深奥微妙，无法用言辞表达。也即如怀让禅师回答惠能大师语："说似一物即不中。"

少讲"真"观点：不假思索地发表内心真实的观点，很容易给人就事论事的感觉，容易产生歧义。不论什么观点，都有着表达者自身独特的思维角度和陈述方式，一群人在一起，往往"各怀鬼胎"、想法各异，不容易达成一致。所以，培训师要少讲自己的观点，不讲与主题无关的观点。

外交部原部长李肇星在 B 站发布了一条视频，讲到自己刚刚担任外交部发言人时，请教语言大师季羡林先生："当发言人说话要注意什么？"季羡林先生认为这个提法有一定的问题，他说："不要强调当发言人说话注意什么，你就当一个一般的人，当一个普普通通的好人，说话就注意以下两点就行了。"这两点，九个字，即"不说假话，真话不全说"，诚哉斯言。

（3）横向思维。如果学员给一个话题，或者任意给一个话题，培训师能不能接上主题呢？这就需要横向思维，避免落入陷阱。

横向思维，用一个"人"字给大家演绎一下。板书写两个人字，有的人懂得横向思维，人字上画一横，他就能做大事（人→大）；有的人只会纵向思维，人字中间画一竖，他就只能做小事（人→小）。人和人为什么有这么大的差异呢？因为思维模式不一样。

横向思维能力是职业经理人、职业培训师必须具备的一项重要的能力。纵向思维、就事论事，一个话题深挖下去，甚至"钻牛角尖"，能够找到共性对接点的可能性就越来越小；横向思维、延伸扩展，打一枪换一个地方，拐弯抹角，灵活机动，共性对接点可能会越来越多。

捷思漫讲，注意先讲后想，讲闲言碎语、常识性语言、重复对方的话；注意避免歧义，不讲绝对话，少讲"真"观点，不讲和主题无关的观点；注意横向思维，不要就事论事，以免落入陷阱。正所谓：**漫讲说法提概念，捷思角度接观点。**

（三）深刻印象

深刻印象，包括：模型化、口诀化、区分化的技巧；视听互动、具有视觉引导效果的多感度促动；营造场效应、创新 PPT，同时切实掌握板书的制作和书写技巧，呈现活性价值。

1. 话语呈现

话语呈现，要会模型化、口诀化和区分化。

模型化，通过梳理关联，呈现全面系统印象。

口诀化，通过深刻印象，提升话语影响力。

区分化，通过明辨是非，使现场印象清晰。

模型化，如前所述概念表述的 C.A.S.S. 模型，系统复合，一目了然，价值顿显。

口诀化，把所讲的观念、思想、行为要领等都编成口诀。如吃灌汤包要注意：第一，不要大口咬；第二，不要用筷子戳。为了吃好灌汤包，可以编口诀“轻轻提，慢慢移，先开窗，后喝汤”，这就是语感口诀。若进一步提炼浓缩，可以用四个词、八个字：“轻提、慢移、开窗、喝汤。”或进一步浓缩为单字诀：“提、移、开、喝。”

区分化，通过剖析比较、理性思考、概念表述，明确清晰地呈现思想和观点。

2. 视听互动

视听互动，声声入耳、触目惊心，不容忽视。

视听互动，课堂上众目睽睽如何引导呢？即讲到哪里，就要调动大家的视觉，PPT 配合、演示推进、图形吸引或动态效果，模型、教具或挂图展示，板书内容、视频素材等，影响促动，让眼睛动一动。

视听互动，要有“场效应”的理念，重在营造良好的场效应，使学员一到现场就被吸引。如某些演讲、讲座、培训现场，场外红旗招展、彩旗飘扬，横幅、标语、巨幅画像、易拉宝、形象墙等，产生强烈的视觉冲击；进场后，巨幅照片、招贴海报、宣传片、场地舞美等，精心设计的视觉冲击，形成特定氛围的“场域”，是值得借鉴的。

培训，要基于视听互动，用足各种资源，营造场效应：利用横幅、招贴、海报、易拉宝、挂图等，设置团队竞赛积分榜和学习分享园地；重新设计学员的桌牌席卡，一边是学员的名字，另一边可以有其他设计内容。

3. 多感促动

多感促动，对于学员不仅要有视觉的引导，还要有听觉、触觉、动觉、感觉、本体感觉、前庭平衡等多种感官全方位刺激。

多感促动，强调在学习过程中调动身体各个器官全方位地激发兴趣，全身心地为学习服务。通过多媒体场景与参与者动作的结合，配合丰富的训练游戏，有效地吸引参与者的注意力，配合虚拟角色及时有效的鼓励，让参与者在游戏中成长，有趣的内容和悦耳的音乐使参与者在虚拟环境中学习，刺激其视觉、听觉，增强学习的兴趣与参与度，继而增强想象力。

学习的途径：五种感官所传递的信息分布，嗅觉为 1%，触觉为 1.5%，味觉为 3.5%，听觉为 11%，视觉为 83%。

美国华盛顿儿童博物馆的格言：“我听见了就忘记了，我看见了就记住了，我做了就理解了（I hear and forget , I see and remember , I do and understand ）。”

多感促动，手段和工具选择上，要充分运用声、光、电、视等多媒体组合，包括音乐疗愈工具如颂钵、钢舌鼓、海浪鼓等的应用。

培训若有音乐引导、有灯光配合、有环境氛围的营造、有音效和多媒体资源等的运用，就能带来多感促动的效果。

4. 演示创新

演示创新，注重学员以听为主、以看为辅。看是配合听的，PPT 作为重要且主要的演示工具和手段，设计制作要视、听觉互动。如：放一张 PPT，讲授一段，这是听觉；放一段视频，这是视觉；放一段音乐，这是听觉。多感配合，穿插在讲授中，让学员观看和听讲配合起来。

（1）功能定位。

PPT，着重呈现主明线，即纲要内容，不是素材资源库。

PPT，避免呈现大段文字，避免句式表达；不是内容搬家，不能罗列目录，不要机械拆分。

PPT，做好基本定位：PPT 是训练的视觉线索。

换句话说，学员是以听为主、以看为辅，看是配合听的，PPT 设计制作的基本原则要视、听觉互动。

（2）设计原则。

PPT，演示的重要工具，是视觉引导线索。以简单模式制作 PPT，把 Word 文档直接粘贴到 PPT，俗称“Word 搬家”，这个操作过程貌似简单，但很难达到视觉引导的效果。二十多年前我总结过一句话：“过程复杂，结果简单；过程简单，结果复杂。”设计制作 PPT 过程要复杂，要讲求方法、要创新、要精心设计，遵循的设计原则如下。

① **醒目**。要记住四个字：大、少、粗、反。字号大一点、字数少一点、字体粗一点、字体颜色和背景反差强烈一点。

② **四化**。注意做到“表述概念化，概念图形化，图形层次化，层次动态化”。

表述概念化：PPT 设计要遵循的关键心法就是概念表述，把文字尽量浓缩精练，把大段的文字变成一小段、一小段文字变成几个词，提炼出关键词，凸显核心概念，重点突出、意义明确、逻辑关系清晰、简洁表述；配合听讲，就能一目了然；不要句式表述，不在 PPT 上呈现冗长的句子，这是最低要求。

这样做还有保密的功效。现在很多企业的培训和部分职业培训师的课件完全没有商业秘密和版权的保护意识，PPT 可能会成为泄密的重要渠道。他们的 PPT 事无巨细，讲得太全、太具体，甚至在 PPT 的备注栏里面详尽罗列要讲的所有内容和全部数据，可以说是为泄密和侵权大开方便之门。

概念图形化：用简易图形呈现，更直观、更形象、更容易调动具象思维，形成视觉印象；或图形建模，运用复合图形，配合线条、箭头、符号等，把精练的概念组织起来，转换成图形或模型，直观地反映严谨的关联和缜密的逻辑，促进学员对内容内涵、规律的领悟。图形建模是概念图形化的高阶表现，即使没有建模，仅仅用图形素材来辅助概念的呈现，也可明显提升视听互动的引导效果。

图形化或图形建模的关键是选择恰当的图形，可以用三角形、矩形、圆形等平面几何图形，也可以用阶梯形、金字塔形、冰山形、手形、树形、车轮形等图形，还可以采用平面直角坐标系、极坐标系、九宫格矩阵等数理图形，或者类似流程图、甘特图等工程技术图式。

图形层次化：概念图形化后呈现出来的图形或模型，往往可以区分为不同的层次。概念有不同层次，图形也有不同层次，比如里面一层是三角形，外面加一层是圆环，还可以再加一层是正方形等。

层次化的关键，在于区分到位、一目了然，既要有图形化设计时概念分层的思考，又要有图形和动态呈现的手段。不同的层次，用不同的字体、字号、文字颜色和动态效果，让它区分、明示出来；要做到“同层、同色、同体、同号、同动”。就好像到一个单位，不同职级和岗位的人，制服款式、颜色不一样，袖标、胸标也不一样。

层次动态化：同一 PPT 页面的图形化概念，不一定要一股脑、一次性地静态地呈现，可以运用动态效果、把握时机做切换；同时配合讲授，讲到哪里就让学员看到哪里，讲到哪一层就用页面动画形式呈现哪一层。

分层设计，“同层、同动”，同层次的概念、图形，同样的动态呈现形式、动态效果；动态呈现一定要和讲授配合起来，导入动画效果，实现真正的“视听互动”，不是只为好看而设计。

③ 资源外置。授课时计划运用的案例、故事、游戏活动、现场测试，甚至互动的提问、备用的资源等，要通通拿到 PPT 课件外面，用独立的 PPT（P.G. 形式）外置存放。

PPT 里的内容是提炼萃取、归纳概括、加工雕琢过的，是关键词、核心理念、主要观点等，是必讲内容；而不讲的内容、素材资源、形式运用、备用的工具表格都要以 P.G. 形式外置，简称“资源外置”。

做不到外置，一方面会让课件变得臃肿，另一方面让课件也失去了应对不同授课任务的灵活性。相对固定的 PPT 课件，只保留干货内容，内容简洁、符合“四化”原则。

④ 动态平衡，总体协调。PPT 要美观、要锦上添花，就要做到平衡：在章节内容演示和视觉呈现上，避免审美疲劳和单一感官刺激带来的倦怠感。

把握视听互动的平衡：内容比重要平衡、色彩色调要平衡、图形文字要平衡，具体要做到如下几点。

比重平衡，即每一个段落章节的 PPT 页数要大体均衡，不求绝对平均，但求基本平衡。

图文平衡，即图形和文字均衡，避免连续多页文字，或者连续多页图形等。

画面平衡，即字体及色号的平衡，包括画面版式的平衡。各页面共性的内容，比如标题、页眉或主体文字的字体字号、课件主体 PPT 与外置 P.G. 的版式要保持一致；还包括整个课件前后的色彩、色调保持均衡一致等。

5. 板书呈现

板书，也是视觉引导离不开的重要工具，是重要的视觉引导线索，是课堂中的关键要素之一，是价值呈现的活性形式，是训练中的平面工具、二维视觉工具。同时，板书也是非常重要的、非常核心的内容载体，其形式有报纸或墙报，一个板面，一目了然。培训师一定要好好地设计，让板书发挥最好的效果，真正成为有力的实效工具。

板书是被很多培训师忽略的视听互动工具，不使用板书等于少了一个重要的内容载体。

不能承受之重：有些培训师在训练中是不习惯用板书的，习惯依赖 PPT，把所有内容都放到 PPT 里；还有的培训师喜欢用一张大白纸或者海报纸，写不多的几个大字。

板书的四字法则是：“宁少不草”。板书时宁可少写，要横平竖直，工整认真，不能潦草。板书的诀窍是“写字词，不写句子”，某个内容没有达到某种重要程度，不是非得要写，就不写；即使要写也只写一个概念、一个关键词，甚至一个字即可，板书要概念化，清晰呈现逻辑关系。

板书的书写原则包括如下几点。

（1）**规划布局。**强调主辅布局，一块白板，左边是主线，是板书课程纲要体系里的重点；右边是辅线，是板书补充性的、需要大家顺便记一记的，但是又不在整个体系中的穿插延伸的备讲内容和需要通过板书呈现的辅线感性素材。主辅两条线往中间走，左右开弓，学员则通过清晰的布局，获得重点突出、结构分明的学习体验。

（2）**清晰醒目。**建议“近拳远掌”，字要写大一点，确保学员看清楚。场地小，学员坐得近，每个字要有一拳大；场地大，学员坐得远，每个字要写一掌大，确保大家都看清楚。如果是几百人或上千人的大场，巴掌大可能也看不清楚了，这时候如果还要用板书，就需要对板书进行视频转播，让全场都可以看得到、看得清。

（3）**图案层次。**它会带来多感促动，可以用箭头、线条、图形、符号，让板书中不同文字或区域产生关联、明示关系，比如“人民推进历史”，板书“人民”两字，加一个箭头指向“历史”。

板书用颜色来区分不同的逻辑关系可以体现层次感：知识点用黑色、重点用红色、问题点用蓝色、行动点用绿色等，还可以用颜色标示、标注，或用颜色画圈、画线、标注重点、打钩、打叉等。

板书是一点点优化出来的，一开始制作可能乱一点，每一节课最多写一两板。培训师可以让学员在课间把板书拍下来，帮助其巩固记忆；培训师自己也把每一次每一板的板书拍下来，回去反复研究优化，慢慢地逐渐沉淀。这样做既可以对练习内容融会贯通，同时也会对板书的规划布局、图案层次有新的想法和改进的思路。这样一来，板书就会越来越好，越来越有视觉引导效果。

白板也是课堂布置的一个重要要素，场地布置时，培训师要充分考虑自己写板书是不是比较方便，学员看板书是否清晰、明了，有没有看不到的死角等。如果大家能事先考虑到这些，那么板书作为不可多得的、重要的视听互动工具，效果又进了一大步。

培训师要具备“场效应”的意识，懂得建立“多感促动”，运用“四化”原则，同时把握“资源外置”和“动态平衡”，创新 PPT，在“布局、醒目、图案”上下功夫，把板书利用好，真真正正地实现视听互动，达成深化的课程效果。

后附的《板书：二维视觉工具》（见图 3-4）、《自训规范：培训导入技巧》和《自训规范：培训收结技巧》，能帮助大家掌握板书并强化训练，妥为应用，育成习惯；同时，围绕一个 P.G. 点或一个微课的导入和收结展开自我训练，切实领会“讲授进入佳境”的实训体验。

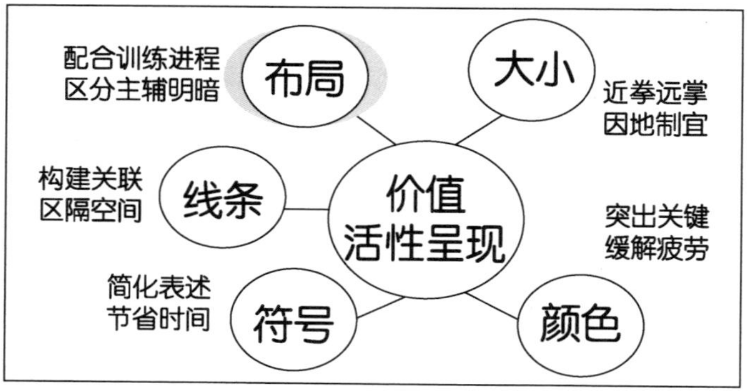

图 3-4　板书：二维视觉工具

自训规范：培训导入技巧

★★★★★

一、导入训练：练习利用有效开场白达成目标

1. 目的　2. 技巧

3. 运用幽默　4. 谈非同寻常之处

5. 谈大家熟悉的事　6. 运用鼓动听众技巧

二、依循如下例证的导入方式进行训练

例 1. 提问："我想问在座的诸位，哪位知道过去 24 小时里中国有多少孩子出生？"或："我想知道，如果我告诉您，您的计算机在购买时已经过时，您有何感想？"

例 2. 事实陈述："又有 30 个孩子的父亲因工去世——这类死亡本可得到预防！"

例 3. 提及："这里的每一位都记得，当我们听到唐山大地震时的震惊和悲痛。"

例 4. 主题："我今晚要给您讲述令人激动且振奋的 XR5 多用程序，然后告诉您这种电脑将如何改变您的经商方式。"

例 5. 引用："一位伟人说，'每个人的经历远远超过他的想象范围'。不过，正是经验而不是想象，才影响人的行为。"

例 6. 感染情绪："好心的人们，您只要掏五角钱，就可以使这个孩子活下去，直到下年的收获季节，那时他就可以养活自己。"

三、结合自有课程，先选择一个 P.G.，然后是一个层次，进而一个段落，最后是整个课程，运用导入技术（参考上述例子），设计并呈现，

训练时注意感悟导入的效果如何，也可以邀请伙伴协助自训，并给出专业反馈。

培训师导入技巧自训自检表

自检主题	掌握程度	话语印象	心得感悟	疑虑困惑	行动计划

说明：自检主题：记录每次自训安排的记忆类内容点、操作类动作点、思考类省悟点；
掌握程度：记录自训后对自训主题的把握程度，由一般到最佳分为 1 ～ 5 五个等级；
话语印象：记录自训后对自训主题的记忆、理解、认知的程度，列举具体概念或观点；
心得感悟：记录自训后对自训主题的心得感悟；
疑虑困惑：记录自训后不明白的内容，不明之处须及时与导师沟通；
行动计划：记录自训后的提升与改善之处，并列出后续行动计划。

自训规范：培训收结技巧

★★★★★

一、收结训练：分次练习使用有效结束语

1. 使用清晰承接词

2. 阶段性小结

3. 做个总结

4. 前后呼应

5. 行动方案结尾

6. 对听众的好处

二、依循如下例证的收结方式进行训练

例 1. 提问："所以，女士们、先生们，我要提请诸位思考，如果有人告诉您，您正在受到这种疾病的困扰，您有何感想？"

例 2. 提示："今天，在我们的节目里，我要使您认识到，我们需要有更强、更专业化的经销活动。而实际上，通过向您展示一个等待我们来开发的巨大市场，我想我已实现了目标。"

例 3. 行动："我的建议已告诉诸位，时间已刻不容缓。如果我们想避免灾难，那就必须立即行动。要想保证公司未来繁荣，希望各位不要再迟疑，行动起来！"

例 4. 选择："在我看来，我们有三种选择，或者接受工会最后通牒；或者争取时间考虑我们的立场；或者采取最后行动。"

例 5. 灌输忧患："所以，女士们、先生们，如果我们不能在下季度将销售额提高 10%，并在一两年内保持这一增长水平，那么我们公司将面临倒闭的危险。”

三、结合自有课程，先选择一个 P.G.，然后是一个层次，进而一个段落，最后是整个课程，运用收结技术（参考上述例子），设计并呈现。训练时注意感悟收结的效果如何，也可以邀请伙伴协助自训，并给出专业反馈。

培训师收结技巧自训自检表

自检主题	掌握程度	话语印象	心得感悟	疑虑困惑	行动计划

说明：自检主题：记录每次自训安排的记忆类内容点、操作类动作点、思考类省悟点；

掌握程度：记录自训后对自训主题的把握程度，由一般到最佳分为 1 ～ 5 五个等级；

话语印象：记录自训后对自训主题的记忆、理解、认知的程度，列举具体概念或观点；

心得感悟：记录自训后对自训主题的心得感悟；

疑虑困惑：记录自训后不明白的内容，不明之处须及时与导师沟通；

行动计划：记录自训后的提升与改善之处，并列出后续行动计划。

第四节　调度化人心

只要想破，才能讲破

提问与应答是最常用也是最好用的互动方式。很多时候，问与答是相互搭配使用的，一问一答的互动中，信息更容易传递。

（一）提问：明知故问

为什么要提问？提问有什么作用？怎么提问才有效果？

提问，可以引发思考，是一种很好用的场控技巧，能很好地吸引注意力。

提问，用四个字来说明："明知故问"。说白了，就是"揣着明白装糊涂""知道你会这么说，所以我就这么问"。哪些地方会有问题，都有哪些常见问题，学员可能会如何回答，培训师要如何引导，都要提前设计好、准备好、演练熟。

提问，是充分而精准的假定，看似培训师在台上滔滔不绝、口吐莲花，突然想到一个问题进行征询，实际上是培训师在台下做好充足准备并在问之前把这个问题的一般性答案都想好了，然后只要针对问题对接准备的答案就好。

1. 常见技巧

（1）于无问处发问。

培训师要善于在没有问题的地方发现问题、提出问题、分析问题、解决问题。“独具慧眼”，促动透过表象的积极思考，眼光要独特、思维要不同。这样，引导、讲授、演绎方能做到思所未思、察所不察、视所无睹，才能将学员引领到前所未有的境地。

例如，培训师在培训时，常问一个问题：“父母是孩子的什么人？”一般性的、普遍的答案是：“父母是孩子的亲人、朋友、老师、监护人……”培训师要做到不管学员如何回答，都能以概念来应答、引导、对接，可以回应引导为：“血脉联系，陪伴、教育、法律责任……”一问一答，让学员豁然开朗、茅塞顿开，对父母的角色内涵和责任有更深入的认知。

只有课前“深入在己”，才能课上“浅出给人”。这就要求培训师课前要精心设计准备，精彩是准备出来的，这样的促动才能达成真正的“深入浅出”。

（2）变讲为问。

刻意将陈述句变成疑问句，用诘问、反问、质问等方式促使思考，帮助记忆，调动积极性，如：“这是不是就是我们之前讲的 ××× 呢？”

（3）追问促动。

追问，顾名思义，就是一直问，问到有所思、有所想，正所谓“打破砂锅问到底，再问破锅放哪里”。同样的问题，不断追问，会触发人的深度思考。

追问，要注意的关键技法是“全、简、词、字”。如刚刚的问题“父母是孩子的什么人”，就可以追问：先问“父母是孩子的什么人”；第二问是简问“是什么人”；第三问一个词“什么”；再追问就是一个字“来”。这样追问，学员可能会想:“我到底是孩子的什么呢?我应该是孩子的什么人?我应该做些什么呢?”如此一来,就会形成很好的引导促动。

2. 常用类型

(1)定活:特定与整体。

一般指特定式提问和整体式提问。

特定式提问,即:定题不定人,定人不定题。它包括以下两种方式。

① 绝对特定。既指定答题人,又限定答题范围。例如:“刘老师,请问什么是牛顿第三定律?都应用在哪些方面呢?”如果不是专业领域的人,是很难回答的,这样问会让人紧张,会让人尴尬,学员不知道要怎么说,也不敢轻易回答。所以,这种问题在训练中尽量少问。

② 相对特定。不指定答题人,只限定答题范围,或只指定答题对象,不限定答题范围。例如,“× × 老师,您对礼仪培训有什么看法啊?”这样问,能回答的方面有很多。再如,“大家来说说看,都喜欢看什么类型的电影啊?”

整体式的提问,既不指定答题人,又不限定答题范围。例如,“请问所有的朋友,大家喜欢吃什么?喜欢去哪里玩?都有什么爱好?”

(2)开合:开放与封闭。

一般指开放式提问和封闭式提问。

开放式提问,就是没有固定答案,可以引发积极思考,想到什么说什么。

封闭式提问,相对来说答案有选择性,这个或那个、A 还是 B、1 还是 2、我还是你……

从开合的角度出发,培训师要注意有以下两种问题不能问。

没法答的不能问。不是说问题本身没有答案,是指在特定的场合下,问题超出了一般学员的认知,或者涉及相关的知识、概念、理论等问题,学员不知道,所以没办法回答。如“什么是企业文化、什么是产品地图、什么是商业汇票”等问题，因为是答案唯一的问题，学员不好回答也不敢回答。再如入职培训时，培训人员问刚刚毕业的职场新人：“各位知道在公司里哪些能做、哪些不能做吗？”因为培训人员还没有讲过，无法正确回答。所以，定义性问题及没学过、没培训过、没讲过的问题千万不要问！即使有“学霸”能够回答，也容易打击其他人的信心。

不值得答的不问。一般多为常识性的问题，大家都有共识的、都知道答案的问题，尽量不要去问。例如，“请问大家，人要不要喝水？买东西要不要花钱？”如果后面没有意料之外的反转，那么这种问题就无法引发学员有价值的思考和参与。

这种提问，除非是特意设计的、是反思常识的、是有独特引导的，否则不要为了问而问、为了互动而互动，避免产生尴尬气氛。

（3）曲直：修饰与引导。

一般指的修饰性提问和引导式提问，都是为了增强语言的修饰效果或引导效果的无问之问，不需要学员回答。

修饰性提问，就是把要强调的陈述内容变换为问题，以反问或诘问语气变成祈使句问出来。“各位伙伴，面对激烈的市场竞争，我们难道不应该整合资源、积极求变吗？”当然应该。要不要回答？当然不需要回答。

引导式反问，就是将陈述的内容变成疑问句讲出来。以答作问，自问自答，答案已在问题中，也是不需要回答的，目的是增强引导效果。

（二）应答：答非所问

应答的释义是对答、答话、回答。

应答，强调四个字——答非所问，即：在课堂上面对学员提问，培训师不要条件反射马上回答，要先反问，确认一下学员提问时属于求解、想说和求关注中的哪一种，然后再决定回答还是回应。

应答，包括了回答和回应两种形式。我们强调："可以不回答，不能不回应。"

1. 应答策略

问题与课程主题有没有关联？培训师应该如何应对呢？四种常见场景的应答策略如下。

（1）无关联、无准备：策略是回应。

问题跟训练内容无关，例如：讲销售，问生产；说物理，问化学……诸如此类，现场可以不回答，也就是问题因为跟现在的话题无关，暂时不作回答。但一定要回应对方，回应的方式包括动作、眼神，还有用话语交代"课后再交流吧""回头单独交流一下"等。

（2）有关联、有准备：策略是回答。

问题跟训练内容相关，培训师提前假定和准备了相关的问题和答案，就可以给出明确的答案，讲清楚、讲明白。

（3）有关联、无准备：策略是回应引导。

问题本身跟训练内容有关，但培训师自身准备不足，这个时候，就要用回应引导的方式来化解。例如正在讲某个操作流程，突然有人问："后面这个红色按钮是做什么的？"假如知道，直接告知即可。如果自己真的不清楚，或者知道得不是那么详细，就用回应引导来化解："这个问题，请不要着急，我们要按照操作流程的顺序来学习，不能跳过相关的操作步骤。你这个问题，我们后面再详细交流。大家请注意了，我们继续交流……"

千万不要不懂装懂、随意乱说，以免误人子弟！

（4）无关联、有准备：策略是转化回答。

问题本身虽然与训练内容无关，但培训师自身却有这方面的知识储备。

此时，可以想方设法将问题转化为与训练内容相关，然后来回答。

这里需要培训师有对接的强烈意识和高明手段：先接过问题，找到和课程的接口，诀窍是寻找到关联概念，然后进行转化，使之与训练内容结合，这样就可以回答了。例如培训师正在讲销售技巧和如何维护客户的话题，有人问："老师，汽车是怎么制造的？"这个问题跟销售表面关系不大，一个是销售，一个是制造，一般只要回应就好。假如培训师有相关的知识储备，了解汽车制造的流程，就可以应用转化回答："汽车制造是庞大和复杂的工程，简单地说，制造的流程包含冲压、焊接、涂装和总装四个部分，每辆车都要经过这样的流程才能出厂，而且流程顺序不能颠倒，否则，轻则出废品，重则出现重大问题乃至事故。说到流程顺序，对于我们销售来说也是不能忽视的。我们一定要先了解客户的需求，再对接产品的特点，通过产品解决客户的问题，从而达至成交的结果。我们接下来就学习一下销售的相关流程。"回答关联到了主题，训练继续推进。

2. 应答方式

为了适用于不同层面、不同状态、不同类型的学员，在应答时，培训师要因人而异、因地制宜，采取不同的应答方式，以达成不同的效果。

（1）直接式回答。

直截了当地回答，要什么就给什么，干净利索。如："哪里人？""上海！"回答简单，直给答案。

（2）报告式回答。

条理清晰，并有理性分析在其中。就像做报告一样，一二三四五，一条一条地讲，头头是道，如："你是哪里人？""关于这个问题，我要从出生地、籍贯、户口所在地这几个方面及不同的时间段落来回答你……"

（3）描述式回答。

通觉感受，感性演绎在里面给人以想象的空间，有情节、有人物、有活动、有感受等，就像讲故事一样。“你是哪里人？”“这个问题让我一下子就回到了30多年前，那是一个风华正茂、青春万岁、热血沸腾的年代。记得在一个阳光灿烂的日子，我是当天第一个出生的男宝宝，据说后面出生的全是女娃子，医生和护士都风趣地管我叫船长。据说……”

培训师遇到问题，要分析这个问题是不是可以直接给答案。若能直接给答案的，就直接回答；若答案比较复杂的，就用报告式或描述式。

（4）附和式回应。

最常见的就是：不贸然、不直接回答。很多问题只是表象，其背后可能还有问题、疑虑、困惑。不妨先附和一下，然后引导对方说出问题背后的问题，找到本质原因，再作回答。

附和式回答，有着引导和对接在里面，以解决疑惑、化解困惑。例如，“关于××问题，老师是怎么看的？”附和回答是：“这个问题提得很有意思”或“这个问题问的角度很特别”“我也经常这么想，我们不妨换一个角度，从××角度（概念）来思考一下……”

（5）拒绝式回应。

拒绝式回应，更多是指：你的问题我知道了，你的观点我明白了，不作过多的解释说明。回应不等于回答，拒绝回答但要给回应。

“你是哪里人？”“我不告诉你。”这个就是拒绝式。当然，所说的拒绝，不是把人拒之门外、置之不理，而是婉转地拒绝。

例如，“为什么日食的时候，有时是日全食，有时是日环食呢？”这个问题明显超纲了，培训师可以拒绝回答，但要委婉回应，话要软、事要硬：“关于这个问题，问得非常好，我们会在下一阶段进行探讨。现在，不妨给大家留个作业，休息的时候，大家通过百度也好、知乎也好一起找一找这方面的资讯。在后面讲到这个问题的时候，大家对比一下，看看有什么样的差异。”

（6）反问式回应。

以反问句式来回应训练中的问题，其实是模糊处理、顺畅圆滑：“你是哪里人？”“你猜猜看！”

（三）促动：赏心悦目

促动，通过培训师的推动，让学员在思维和行动上高度参与学习活动，通过体验获得感悟，让课堂达到很好的、赏心悦目的互动效果。现实中的培训实践借用了很多新兴学习技术，如行动学习、引导式培训、翻转课堂、世界咖啡、教练技术等，都离不开“促动”。

1. 积极回应

积极回应，这是作为培训师对学员问题和观点的回应，也是提问者对回答者的回应。表达和提问时，对于问题、答案和观点，培训师都要有完整的积极回应，包括“老师提问—学员回答—老师再回应—进而强化整体效果”的过程，具体可以分为五步：开放提问、确认答案、找准角度、回应观点和强化效果。

（1）开放提问。先提出开放式问题，找学员来回答，形成有效和互动明显的交流沟通。

（2）确认答案。确定学员的答案；问题提出后，必然会有学员给予反馈。如何确定？重复一下学员的答案。如问：“客户是我们什么人？”答：“爱人！”确认：“没错，是爱人。”重复即确认。

（3）找准角度。在课前，将一般性的答案都想到了，尽量全面并设计好什么答案用什么角度去引导。如问：“客户是我们什么人？”提前找角度、充分精准地假定，设计好一一对应：“上帝要尊重，父母要感恩，老板要满足，朋友要了解，对手敌人要征服，金主财神爷要重视。”

（4）回应观点。如果有人说出心中的答案，给予掌声来表达认同。在这里切忌说“答对了”或“太棒了”，这样做，会给前面参与互动的人一种错觉，好像只有这个回答是正确的。

（5）强化效果。掌声结束后，简单重复刚刚的答案：“没错，客户就是我们的亲人。”或者把这一段的互动全部总结一遍：“刚刚有朋友说到客户是我们的亲人、上帝、父母、老板、朋友、敌人、金主，大家说的都有道理，同时从 ×× 角度我们认为……”这样效果就强化了！

2. 图示引导

可以运用提问应答、积极回应等技巧，结合图示观点、图解概念、串珠明义、团队调动等方式，从视觉、听觉、感觉等方面，引导学员充分互动、全情投入，营造热烈而忘我的学习氛围，达成深度促动的效果。

（1）图示观点。

用一张图片来说明一个道理，如礼仪培训中图片或照片用得比较多，图示比较常见。

例如，讲解男士的西装怎么穿、扣子如何扣，如果是凭空讲解，缺少画面感；而此时若能配合一张图片，并在图片上加以注释，理解起来就容易多了（见图 3-5）。

（2）图解概念。

图解常用的是看图说话，即用包括漫画、场景图、虚拟画等图形来做内容的呈现载体，配合讲述，或让学员陈述所看到的内容。“讲清楚”要把握五个“H”，即何时、何地、何人、为何、如何，要注意运用朗诵腔，营造画面感。

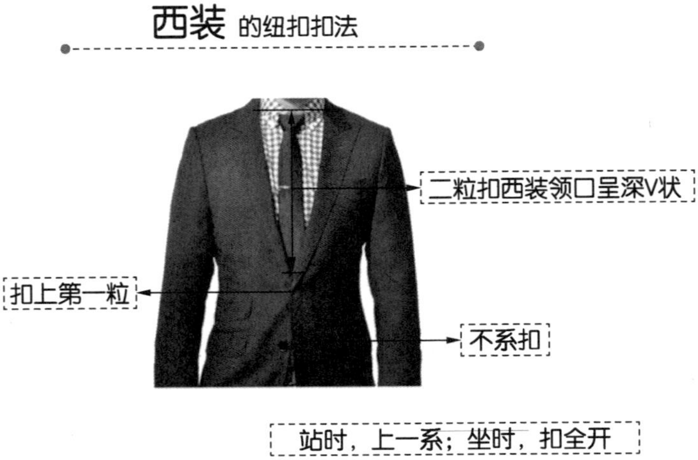

图 3-5 图示引导的例证：西装如何扣扣子

（3）串珠明义。

串珠，就是组词造句的方法。可以用英文缩写字母来组词，比如 PDCA、SWOT、QAS 等，也可以用中文，拆字拆词、组字组词，如“赢”“企”“销”拆字串讲。

例如，在讲“企业人才培养”时，可以用串珠技巧中的同音字方式来诠释。如提问:“各位想一想，企业“pei”养人，会是哪个 pei 字呢？”先提问，学员回答后，造句并串讲。

陪：陪伴，企业培养人才，需要给予帮助、需要花时间。

培：培养，培养人才需要机会、土壤、养分，才能茁壮成长。

赔：赔钱，培养人才是需要花钱的，需要先投入，才能有所收获。

配：人岗匹配、资源搭配、团队配合、功能配置等。

沛：充沛，企业要创造良好的工作环境，提供良好的福利待遇，使员工精力充沛。

以上几个“pei”，就是利用同音字及组词的技巧，串珠说明，深化讲授。

再比如：商业要如何才能成功?

先拆词："成功"即成就功力。

再拆字："功"即有力度地工作。

进而组词再组词，并串珠讲解。

去掉"功"，留下"成"，加个"长"，变"成长"，所以说成功之前先"成长"，要有基础。

去掉"功"，留下"成"，加个"熟"，变"成熟"，所以说成长之后必"成熟"，要有发展。

去掉"长"，留下"成"，加个"就"，变"成就"，说明成功、成长、成熟之后，就会有些"成就"，更上一层楼。

（4）团队调动。

个体：示范发表。

搭档：二人对话。

小组：团队研讨。

组间：辩论教学。

全组：全体起立、沉淀收益。

全场：游戏、活动、测试、模拟、演练等。

后附的《培训规范：训练推进关键（要点）规划表》，帮助大家在自我训练时，结合课堂讲授、PTT 的呈现，围绕核心概念、关键观点、内容点化关键、训练互动指引、需反思和突破的要点等方面去把握和规划训练的全程推进。

培训规范：训练推进关键（要点）规划表

课程名称：　　　　　　　　　　　培训师：　　　　　填表时间：

PPT 序号	核心概念	关键观点	内容点化关键	训练互动指引	需反思和突破的要点
1					
2					
3					
4					
5					
6					
7					
8					
9					
10					
11					
12					
13					
14					
15					
16					
17					

第四章 | 优课得法

把已了解转化为可理解
让我接受呈现后都接受

刘言扉语

定活两便明系统，优课得法独价值

找魂定魄融配置，承上启下化知行

匠心独运展进程，成竹在胸促思考

暴涨一寸效果好，自圆其说印象深

第一节　价值独占

主辅明暗留几手，独具慧眼信息球

课程开发的核心概念是做厚讲薄、定活两便，优课得法重要的心法是区分，强调“同中讲不同，不同巧述同”，做到立足讲授、面向效果，树立独到的培训风格、彰显独特的讲师个性，真正形成特殊的、不同的品牌魅力。

同中讲不同，就是若课程与市场上通行的有雷同的内容，就要跳出习惯的套路，简单地演绎，在手法、技法、形式、资源上创新，讲出新的内涵、打开新的视野、引导新的思路、收获新的感悟。

不同巧述同，就是要使经典的内容、常见的结构、习惯的逻辑，因为开场、素材、训练形式、训练手法和收场不同，以及进程规划、技术方法、技能技巧的不同，令大家耳目一新、喜闻乐见、赏心悦目；也包括训练中，导入教练技术、行动学习、体验式训练、思维导图、视觉引导等新颖的培训方式，使得传统的培训别开生面、绽放异彩。

训练推进，每一环节都要避免老调重弹、手法雷同。“同时不同形”，即同一时间段落、同一训练环节，从开始到结束，技术、方法或资源、形式等不要重复，不要刚刚讲完故事又讲故事、刚练完马上又练、刚刚讨论了接着又是讨论等。

企业训练或成人学习中，大多数课程的部分内容甚至几乎全部的内容，学员可能会有所了解、涉猎。课程开发就是要充分、精准地假定：假定已知、未知，假定状态、反应，假定回答、行动。就像顾客进到餐馆，要假定他不可能从来都没在这里吃过饭，或者顾客对食材、烹饪、菜品、口味等是有了解的，不可能什么都是空前绝后、史无前例、前所未有。关键在于，培训师要把同样的“菜品”（*原材料*）做出不同的“口味”，同样的内容带来不同的呈现，带来不同的感悟，达成不同的效果。

融知化行、价值独占，既是课程内容设计的原则，又是训练讲授的重要手段。

创新，作为重中之重的关键概念，在行动上是去发明、发现、挖掘创新做法，而在意识思想层面，是要感知、感悟、了解、理解，提出创见、革新思想、刷新说法。

创新做法有时难，刷新说法相对易。

（一）面向效果

面向效果，立足思维角度、操作过程、实施主体，也面向学员，与面向过程是相对的。

面向效果，以组织期待和学员需求为依托，以“学员对象”为中心，以功能划分要解决的问题，通过描叙学员在整个问题解决步骤中的属性和行为分析学员与学员之间的交互，再通过设计好的训练行动科学地推进训练进程，达成预期培训效果。

面向过程，则是以事件为中心分析培训步骤，然后以培训师为实施主体去推进训练。

面向过程好比蛋炒饭，各种食材混合一起，当作快餐是不错的。

面向效果，好比西餐，前菜、主菜、配菜、开胃小吃、甜点、主食等系统分类供应，量身定做，主随客便。

讲授是基于效果设计的呈现，开发是面向讲授效果的规划。

培训师要开阔视野，让“深化”和“把握”这两个核心概念交相辉映、知行合一。通过“两问六点”来建立共识、纲举目张，无论是课程开发，还是讲授演绎，都能够实现“暴涨一寸”，深化效果、提升绩效。

1. 暴涨一寸

暴涨一寸，源自武侠小说的拳法，一拳打出去，发现对方往后闪了一点，此时拳突然又涨了一寸，打到实处、打得更深。它是课程开发、内容设计的重要心法，也是讲授演绎的重要手段，甚至是达成和深化训练效果、改善和提升工作绩效的关键。这里有一个“深化”的概念。

深化，即在训练中穿插点破点化。学员有言论、呈现、表达、反馈等言行举止，在一般性、表层化讲授的同时，培训师要结合学员的行为表现，有效进行反馈讲评，除点破症状、点化行为外，在一般性地告知学员该怎么做的同时，要有“暴涨一寸”的意识，会有意想不到的效果。

以钓鱼来感悟，鱼依水而活，比人受到的制约还要大，故而任何水情环境的变化都会对鱼的活动造成一定的影响。当因降雨、排洪、蓄水等引起水位涨落时，想要钓到好鱼，就要了解水势鱼情，有计划性地垂钓。俗话说：“水退一尺，鱼退一丈；水涨一寸，鱼进一尺。”涨水相对于退水更容易钓鱼，涨比落效果更好。

暴涨一寸，就是要知道：在何处加一点技巧，在哪里添一点形式，在哪儿多加一句话或多分析一点、多讲解一层，多提醒一下注意事项。告知可能存在的误区与会遭遇的困顿，举点反面案例或侧面旁证素材等，或者提示哪个点容易犯错、容易做不好等。

暴涨一寸，要点破点化，多一句、多一言、多一点、多一层。

暴涨一寸，是源于培训师的充分准备和丰富经验，源于训练实战的务实总结和精心提炼。

暴涨一寸，包括应对企业的需求和期待，可以多一些行业的、社会的、国家的视角，甚至世界的、宇宙的视角，多一些更深远的观察、解析、透视和发掘，如对问题的探讨、对现象的揭示。讲到某个普遍存在的问题点，可以揭示其规范存在，不仅仅现场企业、整个行业内，或者同类企业、同类人员，都可能有这个问题。

暴涨一寸，还要告诉大家怎么去行动、去提升、去改变。同时，强调如果所有同类企业或人员能够照此行动，相信行业中、区域内的大多数人或同样的内容、行动，都可以达到深入的效果。

深入一步，暴涨一寸。

2. 纲举目张

纲举目张，字面理解是讲渔民捕鱼的渔网上有根大绳子，这就是纲，把这大绳子一抖，渔网上所有的网眼都张开了。

纲举目张，意味着在课程开始时，培训师就要提纲挈领，把握学员的关注点，把握学员需求的不同侧面，形成一点深入、全面激活的效果。

纲举目张，可以说是课程开发的重要手法，甚至是关键的意识，也是开场导入须做到的非常重要的环节。开场导入不要马上进入“目”，不要上来就讲很具体的内容。若刚刚开场几分钟就已经讲到第一段，甚至好几张 PPT 都讲完了，这个效果是不理想的。“纲举”了，“目”才会“张”。

这里有一个关键词，就是“把握”。培训师要建立共识，做一个有把握的人。

怎样才能有把握呢？怎样可以把握内容被接收？怎样可以把握学员参与进来？怎样可以把握效果能达成预期？要想做到有把握，就要用“两问”“六点”来建立共识。

两问：一是为什么；二是能解决。培训师要假定学员的思考：为什么要来听这堂课？为什么要参与这次训练？同时，训练能帮到学员什么？能解决什么实际的或心心念念纠结的问题？

六点：重点、难点、歧义点；亮点、雷点、价值点。这里需分别说明一下：重点、难点毋庸赘述；歧义点，就是可能会存在不同看法的点；亮点，指别人没看过的、没见识过的，让人感觉到新颖闪亮的点；雷点，就是给人震撼、有冲击力的内容点或者形式点；价值点，就是特别有用、满满的干货。

（二）相得益彰

定活两便与整存整取都是常见的储蓄方式。

整存整取，比喻把课程只当作一堂课、一节课做一次性开发的模式，具体表现之一就是课程开发前培训师对学员需求做问卷调查，对象是固定的人员，需求是当下紧迫、眼前需要的。

定活两便，比喻一门课系统地开发，一门课包含多堂、一堂课包含多节、一节课包含多点地开发。培训师要真正懂得“做厚讲薄”的真正含义，做好取舍和选择，做好课程结构的设计，做好进程的规划和单元的配置。

组织期待和学员需求是交互包融并相互影响的，培训师要做好主辅明暗的搭配，让内容和形式相辅相成，必能使呈现和效果各显其长、相互映衬、相得益彰。

1. 定活两便

定活两便，课程开发之初就要规划好、设计好课程讲授的结构，既有定的计划又有活的预案，做足准备，胸有成竹，掌控内容；预设可能的、典型的课堂状况和学员反应，做到有备无患，避免失控。

课程讲授的结构配置，关键是要做好取舍。课程讲授配置结构模型分为“主辅”和“明暗”两大模块，主辅线维度反映内容形式的匹配关系，明暗线维度反映讲授配置的灵活关系，归纳为“主明线、主暗线、辅明线、辅暗线”，如图 4-1 所示。

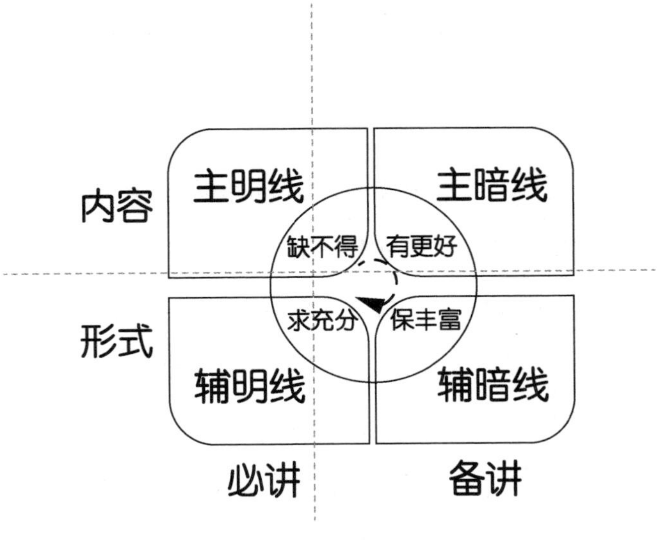

图 4-1　课程讲授配置结构模型图

主明线：缺不得，必讲的内容。它是指讲授的内容点，老师必讲，学员应知应会，与训练目标紧密相关，也是课后考评试卷的出题依据和考察学员掌握程度的主要出题范围。

主暗线：有更好，备讲的内容。它是指匹配主要内容的、计划外延伸补充的、备讲的干货内容。有时对于“一堂课”来说，主暗线指的是延伸补充的层次或 P.G. 要点；而对于“一节课”，要考虑主线内容在计划外的“纵向挖掘”和“横向展开”以备用，要以现场条件和学员反应为依据，挖深一点、展开一点。主暗线有需要就讲，没需要就先不讲；有条件就讲，没条件就先不讲；有时间就讲，没时间就先不讲。“有更好”，意味着暂时没有也行。

辅明线：求充分，必用的形式和资源。它是指匹配主明线且为必讲内容服务的常用的辅线形式和资源，包括经典的演绎形式、固定的资源搭配、习惯应用的套路讲法等，因其久经考验、屡试不爽，被实践证明是有效的典型配置，形成了训练讲授时的固定搭配。少了辅明线，内容也许会缺乏说服力，难以实现训练效果；没有辅明线，主明线就失去了基本的演绎论证。观点需要论据支持，结论需要案例呈现，技能技巧也需要示范和练习。辅明线的“求充分”，其实是训练效果的有力臂助，是训练中的必备。有时若时间不够用，培训师宁愿删掉主暗线，也要保留为主明线增色加分的辅明线。

辅暗线：保丰富，备用的形式和资源。它既包括匹配主明线且为必讲内容服务的备用资源和各种机动安排，又包括为延伸补充的主暗线服务的必要演绎论证设计和资源素材准备。这些“保丰富”的准备，有时也不可或缺。辅明线无法达成的效果，可以通过辅暗线实现。如授课过程中学员没有给出有效的反馈或语气反应，就需要动用辅暗线，深度调动、多维促动。

主明线内容须呈现在课件主 PPT 上，主暗线、辅明线、辅暗线内容则以 P.G. 形式外置存放于资源库，以备调用。

配置，理解为“搭在一起的方案”，课程讲授配置结构模型将主、辅、明、暗四条线搭在一起。单元的主明线干货，匹配作为“固定搭配、经典演绎”的辅明线，辅之以作为“备用资源、机动安排”的辅暗线，必要时再添加可能挖深和展开的主暗线。

配置的口诀是：必讲主明配辅明，备讲辅暗加主暗。

2. 登堂入室

“登堂入室”，出自《论语·先进》，比喻学问或技能从浅到深，达到很高的水平。让课程呈现精彩、达成效果的过程，就是“登堂入室”的过程，关键是要做好课程讲授配置的结构设计、训练进程的规划和独立 P.G. 的配置。

登堂入室，“登堂”方能“入室”，这是指古代的建筑格局；登堂、入室也指学问或技能的不同阶段，比喻学问或技能逐步进入更高水平。

登堂入室，从课程开发角度看，不仅要明白“堂”就是课程的全部内容，是教材、是系统，“室”就是课程的局部内容，是讲义、是模块，还要厘清课程的全部与局部、一门课和一堂课、一堂课和一节课、一节课和一个 P.G. 点的现实意义。

登堂入室，对课程呈现而言，关键在建构课“堂”：课程之“堂”。建在哪里?对课程整体而言，建构在第一段之前，课程 PPT 首页是封面，第二页是目录，在封面和目录之间，就可以建构课之“堂”；对课程段落而言，建构在第一层之前。

进程，就是“一门课”及具体的“一堂课”所需要的设计过程。进程规划要注重由小到大、从知到行的催化，切实把握“一门课”和“一堂课”的内在关联。要把抽象的“一门课”变成若干具体的“一堂课”；把具体的“一堂课”分为若干“一节课”。

“一门课”，指课程所包含的全部内容，包括学科门类、课题领域、专业范畴所涉及的内容。当培训师讨论开发某一“门”课时，主要涉及这门课包含的问题和知识点以及知识点的组成架构和相互关系。

“一堂课”，指“某门”课程的具体执行，包括在特定的时间、地点针对特定的对象，为达成特定的培训目标进行的一系列教学和学习活动。当培训师讨论设计某一“堂”课时，不仅涉及这“堂”课包含的问题，更要设计这

“堂”课可以分为若干“节”课，设计每“节”课具体的讲授配置，包括其开头、结尾，先讲什么、再讲什么以及怎么承上启下、怎么引导学员保持最佳学习状态等。

“一节课”，是把“一堂课”包含的问题、知识点和价值点切分为若干模块、若干环节，在特定的时间范围内按顺序编排成若干“节”课。“一节课”又包含若干 P.G. 点。

微课，可以看作“一节课”，也可以是一个 P.G. 点。

“一门课”到“一堂课”，反映了从抽象到具体的思路；“一堂课”到“一节课”，是从宏观到微观的规划。无论“一门课”还是“一堂课”，着眼点都是课程的全局；但当讨论“一节课”时，就要落实到局部的点。

3. 灵活配置

课程设计、课程开发、做教材、编讲义，就好比导演或编剧、编导所做的工作。编导有一个非常重要的工具，叫分镜头剧本，在培训中，类似的实效工具名为“课程培训行为配置表”。

培训师想要合理配置培训行为、呼应训练进程，从开场、过渡、承上启下到收场，真正做到有章可循、按部就班，就要用好“课程培训行为配置表”的五条线。

第一条，即时间线，是指训练中具体的时间安排。

第二条，即内容线，是指讲什么内容，同时要引导什么感悟、推动哪个流程、导入哪个模块，或者涉及什么事情。

第三条，即演示线，是指讲某个内容、做某件事情的时候，该出现哪张 PPT、哪张照片、哪张图片，要不要插入什么视频、Flash、H5 等。

第四条，即行动线，是指在这个时间演示内容时，作为老师要有什么行动，同时要引导学员做什么，是不是要安排讨论、演练、讲解、提问抑或应答等。

第五条，即效果线，是指通过在什么时间段讲什么内容、出现什么样的演示，然后要做什么，老师做什么、学员做什么，最后期望达到一个什么样的效果。

五条线的培训行为配置可以让培训师在备课时形成完整的结构、严谨的规划、充分的准备；在讲授时，让效果有依据，让整个训练推进按部就班、循序渐进；讲完课，培训师还可以用培训行为配置表来复盘、评估、检查，看是否实现目标、达成效果，按照时间线、内容线、演示线、行动线和效果线，一点一点、一环一环、一段一段地去检核。检核具体包括：在某个时间内，效果有没有达到、内容讲解是否透彻、演示是否到位、行动设计是否合理、培训师是否做到、学员有没有做等。

培训行为配置既是训前的规划，又是训练中的安排，同时也是训后检查、对照的依据。五条线，恰恰是五个侧面，尤其是中间的内容线、演示线和行动线。

“课程培训行为配置表”和“五线谱”大相径庭，功效完全不同。曾经有人将“配置表”类比为音乐中的“五线谱”，这是伪命题，要厘清一下。之所以会觉得配置表像五线谱，是只知其一不知其二。五线谱，是世界上通用的一种记谱法，通过在五根等距离的平行横线上标以不同时值的音符及其他记号，来记载音乐，属于运用最广泛的乐谱之一。但五线谱是五条线标注一个音符，而配置表是一个复合的安排配置，是五条线、五个侧面的复合。

有人将“配置表”比照和关联学校教育里的教学事件安排，一堂（节）课为四十五分钟，如何安排教学事件，要不要举例子、做演练、设计问题、答疑等，当然也包括要不要出现某张挂图、要不要展示工具表格或比较的资料。也有人进而将教学事件安排设计成“心电图”，把教学事件依序排出来，看哪个教学事件能够达到哪一种兴奋度；在有限的时间里，通过安排可以让哪个时间段达到高潮，同时也提醒自己，下面做什么事情就容易进入低潮。单纯讲授的兴奋度不高，游戏、活动的兴奋度就会相对比较高；有互动性的测试有兴奋度，但是相对来说劣势是不让人说话、只让人动笔，所以兴奋度居中。

“课程培训行为配置表”不同于教学事件的安排，也不同于“心电图”。配置表不仅管一堂课、一节课、一个 P.G.，而且设计半天、一天甚至更长时间；它还是对训练全程的规划配置，要注意一旦休息后再启动，内容、行动、演示等可能都要重新搭配。

效果是设计出来的，精彩是准备出来的，内容是配置出来的，互动是促动出来。

培训行为配置表按照时间、内容、演示、行动、效果这样五条线，把内容切开来搭配，配置了课程内容，设计出应有的效果。同时，培训师要懂得在哪里要做训练的促动，反复准备，对照“配置表”，一点一点、一条一条、一段一段（含时间段）地模拟演练，在训前多做几遍，精彩就准备出来了。

后附的《培训规范：课程培训行为配置表》重在效果的设计，核心关键恰恰是区分，灵活运用以达到预期的训练效果。

培训规范：课程培训行为配置表

课程名称：　　　　　　　　　培训师：　　　　　　填表时间：

时间	内容脉络（明暗线）	行动及促动	演示（展示）	气氛效果

第二节 浑然一体

增益不扫盲，求全必责备

（一）结构：粗枝大叶

品牌课程，从课程开发的角度，应该有几个段落呢？

第一，品牌课程，对象要相对广泛，即要面对不同行业、不同年龄层次以及不同职位的对象；第二，涉及的问题，包罗万象、千变万化，表现出较大的复杂性和多样性；第三，时间长度也具有一定的弹性，几天、一天，有时可能半天。

面对如此错综复杂的状况，课程的结构应该如何规划？

粗枝大叶，经常被当作贬义词，说一个人做事不细致、不认真，而其本义原指花草树木的根茎粗大，用来比喻课程的结构，则像一棵干壮、枝粗、叶大、开花结果的大树。

1. 系统：枝繁叶茂

课程这棵“大树”，“树枝”要多一点，有“花”有“果”。俗话说：“宁可备而不用，不能用而无备。”构建课程内容和塑造品牌时，宁可做厚一点、丰富一点，充分考虑课程的对象、服务的行业、应用的场景以及可能涉及的时间长度等。

课程的本体，比喻成树干，相当于课题，它是一个系统。

课程的段落，就像树枝，相当于一个主题，是内容展开的一个方向，品牌课程，少说也应有六七段以上。

课程的层次，就像枝条，相当于话题，是某个方向的一个侧面、一个角度。

课程的要点，就像枝条上的叶片，相当于话题里的问题，蕴含知识点和价值点。

干枝条叶、课段层点，结构清晰。由“课题”“主题”“话题”到“问题”，枝繁叶茂。

花，比喻课程独特的概念和话语系统，像漂亮花朵一般拥有吸引力。

果，就是指课程的价值、培训的收获、学员的收益，包括课程的结论、思想，这是“虚”的；还有工具、表格、流程、标准、技术、方法，这是“实”的。

花朵和果实，不是长在主干或枝条上，而是和枝条上的一丛树叶结合在一起的，正所谓“红花绿叶、春华秋实”。叶、花、果配合成一个点，反映问题、呈现价值，这个点称为“P.G.”。

P 就是 Presentation，呈现的意思：G 就是 Group，群组的意思。所以，P.G. 就是“呈现群组”。如果用 PPT 课件来解释，就是几张紧密相关的 PPT 页面组成一个 P.G.，就像一簇树叶，簇拥着花朵，结出果实。

P.G.，课程构建的最小单元，开发课程其实就是开发 P.G.。

P.G. 开发时需要注意：借鉴或移植先进的理论体系、知识系统、智慧资源时，或者搜集素材、向别人学习、向先进者看齐、向成功者取经时，切忌抄袭或生搬硬套；培训师可以把借鉴的内容（PPT）先做 P.G. 切分，即把整体切分为一个个的 P.G.，变成最小单元，然后再对某些 P.G. 优化改进，借鉴一下，注意版权保护，不要侵权。

2. 讲授：开花结果

品牌课程，内容丰富，既“枝繁叶茂”，又“开花结果”，做好了设计，每次讲授都要完整呈现吗？当然不是。

讲授时，培训师要根据对象、行业以及时间长度的不同，在课程的结构树中挑几“枝”、在几“枝”里挑几“条”、在几“条”里再挑几片“叶子”，也就是依据企业、对象、期待、需求、目标和场景等不同，挑出不同的段落、层次和要点，从大结构里、教材 PPT 里抓出 P.G.，形成小系统，重建“一堂课”或“一节课”的内容结构，准备出这堂课、这节课的讲义。

讲授具体的 P.G. 时，需要理性与感性交汇、主辅明暗匹配，知行合一，虚实结合，“表一层、里一层，扩展开去又一层”。

其中，表一层，是指依据课程的主体内容，不偏离、不出错，尽量讲明、讲透、讲到位；里一层，是指通过探究本源、反思常识、重新定义等专业技术和方法，挖掘内涵、激发思索、启导感悟；扩展开去又一层，是指通过案例、故事、活动、游戏等资源的应用，旁征博引、举一反三、引经据典、触类旁通。

开花，要淬炼、提取、设计，改造概念和观点，变术语为话语，提炼心法金句，整理组织智慧，打造课程拥有特色、价值独占的专属话语系统，这是课程的无形收益。

结果，要量化、标准化、规范化，萃取经验、管理知识，设计和整理相关的优化流程、价值模型、实用技术、操作技巧、改进工具、效率表格等，这是课程的有形收益。

讲授不能“开花结果”，效果大打折扣；有“花”有“果”，效益实在、效果显著。

3. 节奏：板散结合

训练节奏，关键要着眼于现场效果、学员反应和学习气氛等，要看会不会有情绪板结、反应迟滞、过程僵化、反应冷漠、配合度差等现象，要看培训中讲授会不会太“干”、安排会不会太“死”、感觉会不会太“板”、气氛会不会太“僵”等。

节奏把控，要“板散结合”：发现太板了，就散一散；发现太散了，就板一板。

比方说，某一时间段、某个环节一直在讲理论，欠缺趣味，板了；某一段老是做活动，互动安排偏多，板了；PPT 连续出现图形，板了；PPT 十张连续是文字，也板了；一连讲了好几个故事，讨论或演练连续多次，还是板了。

板，从讲授角度看，就是持续做同一类动作、持续用同一种形式，僵硬地推进；从学员角度看，就是持续在同一感官的刺激下，一直听或一直动等，很容易产生倦怠的效果。

散，从讲授角度看，就是运用多感促动，穿插安排各种训练形式、使用不同的训练方法、调度各类素材资源，使之妙趣横生、赏心悦目；从学员角度看，就是不仅用眼、用耳，动手、动脑，还有各种感觉的调动、情绪的变化、心理的反应，使之喜闻乐见、兴趣盎然。

板散结合，即：板中有散，散中带板；你板我就散，你散我就板；以板来对付散，以散来调节板；边板边散，边散边板；板板散散，散散板板；把握节奏，板散结合。

4. 呈现：找魂定魄

课堂呈现,主要是指 PPT 结构。课程由 PPT 来呈现,这是现代商业交流、社会公众表达在呈现上的显著特点。不像从前先贤如孔夫子、柏拉图、苏格拉底等，只靠言说。

课程 PPT 如何呈现，存在很多“模板”，如：课件最后一张往往是“谢谢”或“感谢收看”等，课件第一张一般是封面，第二张应该是目录。这样的习以为常真的好吗?

问题往往在问题本身！呈现的关键就在于“怎么呈现”。

封面和目录之间，是培训师“登堂入室”的开场设计，所以要加一张 PPT，即第二张 PPT 不是目录，而是一句口号、一段语录、一个标语、一个思想观点，或是一句诗词、一副对联等，叫作“找魂”。

“魂”，是表达者的宗旨、倾听者的动机、课后学以致用的方向，也是课程或段落的精髓、核心理念、中心思想、纲领、关键所在，能促进学员思考课程的价值、学习的意义，能调动学员参与学习活动的主观能动性，具有方向性的引领作用。有“魂”才有生命；失魂落魄，人就如行尸走肉，课就会成为死课、呆课。“找魂”，在课件封面后、目录前，展示反映“课魂”的文字，这些文字源于文化，尤其是企业的文化、思想（语录）、名言警句、诗词联句、心得感悟提炼等，一般包括领导讲话、标语口号、标准规条、制度文件节选等，或借力更有影响的人或话语，为课程背书。这一页 PPT，称为“找魂页”。

课程开场，从封面开始，到“找魂”页，完整的开场，建立共识，“找魂”做结论，这是整个课程的“魂”，也叫“课魂”；每一个段落，也要开场，在段落标题页后，加一张“找魂页”，称为“段魂”。

“找魂”,就是引导学员对课程目标、学习动机、应用方向达成共识的过程。能否达成共识，决定课程是否解决了培训师为什么讲、学员为什么学、学会了要干什么的问题，这些问题解决了，教学就会事半功倍，学习就会得心应手。正所谓“有钱难买我愿意”，想得通方能做得到，实践如此，学习过程也是如此。

课程最后及段落最后要有总结、沉淀，要展示结论、深化思想，要传达期待、召唤行动，要鼓舞和勉励大家按照所讲、所提倡、所要求或期待的去行动，同时相信会发生改变和提升，拥有感悟和收获，即要“定魄”。最后一张 PPT，也称为“定魄页”，学员的视觉停留会相对较长，应该呈现一句口号、一个思想观点、一句名言、一副对联等，不建议只有“谢谢”两字。

PPT 呈现的结构：前三张为封面、“课魂”、目录，第四张就是第一段的标题页，加“段魂”，段落内容结束后加“段魄”；第二段亦如是，段落标题页、“段魂”、内容，再加“段魄”；每一段都如法炮制，全部内容结束后，最后一页“定魄”。“课魂、段魂、段魄、课魄”，层次分明。建议培训师在最后总结时记住：最后一页、收场终句，余音袅袅、回味无穷。

课程有几“魂”几“魄”呢？“课魂”“课魄”各有一个，每段也有“段魂”和“段魄”。“魄”一般就是结论，有一个知识点、一个价值点，往往就可以有一个结论，甚至更多结论，“魄”可以有多个。

品牌课程，要有思想，有灵魂，有“魂魄”。从结构上给课程“找魂”“定魄”，是不可回避的规定动作。“找魂定魄”，展示思想。

后附《评估规范：培训师训前综合检查表》，培训师在训前就要充分准备、严格检查，尤其是对自己“开刀”，以 32 个问题全面检视自己的准备度，确保训练不负所托、物超所值。

评估规范：培训师训前综合检查表

课程名称：　　　　　　　　　　　　培训师：　　　　检查时间：

是□否□ 1. 是否会在接受授课邀请后以线上或电话形式与主办方做需求对接？
是□否□ 2. 是否会在训前安排课程的预训（课前阅读）？
是□否□ 3. 是否认真而又充分地考虑过整个课程的培训目的？
是□否□ 4. 是否认真而又充分地考虑过每个训练单元（含 P.G.）的学习目标？
是□否□ 5. 是否会制作翔实的课程大纲及培训计划？
是□否□ 6. 是否会设计简明合理的课程单元（层次、P.G.）结构？
是□否□ 7. 是否会设计引人注目的开场以展开和导入课程？
是□否□ 8. 是否会设计有效地导入课程的所有重点？
是□否□ 9. 是否从一开始就会建立起培训师权威度和信赖度？
是□否□ 10. 是否会运用最适合学员与自己的共同语言以产生共情？
是□否□ 11. 是否会有意识地调整内容或讲法以避免过分使用专业术语？
是□否□ 12. 是否会有意识地反思措辞说法以避免可能带来的麻烦？
是□否□ 13. 是否有设计以让学员充分而又积极地参与互动？
是□否□ 14. 是否会在两种思路相左时有意识地设计使用转接方式或话语？
是□否□ 15. 是否会有意识地尽量剔除负面用语？
是□否□ 16. 是否会在使用教具时有意识地设计相关的表述或引导？
是□否□ 17. 是否会运用诙谐幽默来与学员建立和谐关系？
是□否□ 18. 是否会在引用典故时有意识地设计引入方式以确保流畅？
是□否□ 19. 是否会在训练全程始终融会并强化你的思想？
是□否□ 20. 是否会妥善地采用引语（名言警句）并防范滥用？
是□否□ 21. 是否会有意识地设计训练中的大量细节以确保自圆其说？
是□否□ 22. 是否会有意识地去发现不应该纳入课程的内容或资源？
是□否□ 23. 是否会有意识地列出训练全程的资源应用清单？
是□否□ 24. 是否会有意识地设计训练全程及每个单元的授课时间？
是□否□ 25. 是否会有意识地列出训练全程的问题清单？
是□否□ 26. 是否会有意识地在训练全程及每个单元穿插提问与答复（Q&A）？
是□否□ 27. 是否对提问和答复（Q&A）做过充分准备？
是□否□ 28. 是否会在训练课程正式实施前做排练？
是□否□ 29. 是否会有意识地设计每个单元及课程最后的总结环节？
是□否□ 30. 是否会在课程最后回顾思想观点以便强化和加深印象？
是□否□ 31. 是否有设计让学员在课后展开自我达标学习与练习？
是□否□ 32. 是否会在训后做出相应的跟进安排？

（二）内容：成竹在胸

培训师要完整地把握课程，做到可定可活，遇到不同状况都能有备而来、自如应对。关键是心中有数、成竹在胸。

1. 构思规划，融合准备

心中有数，关键是做好构思、规划、融合和备课四件事。

（1）构思。从五个点入手，“找到问题点”，课程的价值在于解决问题；“抓住关键点”，在问题点里选择确定关键；“挖掘价值点”，围绕关键点去挖掘价值；“设计切入点”“把握兴奋点”，设计从哪里切入，同时懂得控制节奏，考虑哪些点、哪些内容会产生高潮，哪些环节会让学员比较兴奋。

（2）规划。内容、形式、资源，要有“主辅明暗”的思路。从讲授配置的角度规划主线，搭配出一条自然的逻辑线，解决讲什么以及先讲什么、再讲什么的问题；考虑辅线，解决怎么讲、用什么讲的问题。从 PPT 呈现的角度设计“明线”，就是“必讲、必用”内容、形式、资源的展示，筹划好、按计划一定要讲；准备“暗线”，就是“备讲、备用”内容、形式、资源的 P.G. 制作，有备无患。

（3）融合。内容、形式和资源都有了，必讲、必用和备讲、备用都清晰明了，就要使用“课程培训行为配置表”融合搭配起来。融合包括五条线：“时间线”，什么时段讲；“内容线”，这个时段讲什么；“行动线”，讲哪个内容用什么形式、安排什么教学活动、借助什么资源；“演示线”，讲哪一段的时候让学员看什么、做什么；“效果线”，哪一段讲授要营造什么气氛、达成什么现场效果。因此，培训师要有强烈的配置意识，融合起来指导讲授。

（4）备课。备课就相当于对课程的熟练程度，需要一定程度的背诵，当然讲多了必然熟能生巧。对于新进职业培训师或版权课程的授权导师，“背课”虽要“记死”，但不要“死记”，要在理解的基础上对课程进行把握。

建议培训师不妨在设置课件幻灯片放映时，配合 PPT 的切换和每一页的动态呈现，自己手里拿着配置表，念念有词地说课：“这里我要讲什么，这里我要用什么形式，这里我要调用哪一张课件、哪一段视频、哪一张图片或哪一个外置 P.G.，这里要插入一个什么活动，这里要导入一个什么资源等。”

这样从头到尾，多过几遍，注意把暗线规划也说一说，如：“讲到这里，我可能会根据学员的需求多讲点什么，讲了这个故事万一不够我就用第二个故事，引导的讨论中如果有学员提到某个问题我要如何解答，这里的提问若学员答不上来或者答的是某些答案我要怎么应对等。”

荀子有言：“君子役物，小人役于物。”优秀成熟的职业培训师不为形拘，不被物役，能够真正把握和充分运用外在的资源、形式、设备等，一切“操之在我”。

构思全、规划好、配置巧、准备足，才能真正做到胸有成竹。

2. 宁失一村，不落一户

训练时间不够怎么办？很多老师可能会采取减少资源、剔除某些形式、少做活动、删除某些内容、少讲解一点、只讲干货等对策，这样做似是而非。

宁少内容，不损效果。形式资源、精彩演绎出效果，把出效果的全部去掉，课程就枯燥乏味、老生常谈了。

若把辅助性的、有效果的、有趣味的、有意思的内容、说法、资源、形式等全部去掉，意味着课程也“死”了。

若遇到时间、场合、人员等出现限制，宁可少讲，不能无效。

培训师要遵循“宁失一村，不落一户”的原则。这是东北走亲戚的一个说法，亲戚分布在不同的村庄里，如果天黑了，时间实在不够，那么宁可有的村庄不去了，已经进入的村庄，少走一户都不行。这里包含着一个类比，可以取舍的“村”代表课程段落中的层次，不可或缺的“户”则象征着每个层次中的内容点及其讲授安排、教学资源、训练活动等。

宁少不落，心中有数。

3. 合理铺垫，认可信服

铺垫，训练推进的重点。培训师要帮助学员解决问题、分享经验与心得，怎样让原本不相干的人信服你呢？

铺垫，中肯、恰当地引介。培训师与学员第一次见面，大多不认识，如果培训师对某学员说“你有心脏病”，甚至危言耸听，他会相信吗？可能不相信！若有人中肯、恰当地引介，说这个老师很厉害，不仅做训练很棒，还是医疗世家，足够权威，每次训练之余都会被企业家请去诊病。这样一铺垫，树立了权威、形成了认可，就容易被人信服。

铺垫，在培训中要不断地做，但凡遇到关键点，尤其是需要学员配合或者需要深度反思、马上行动的时候，权威度不够、形象没有树立起来，可能就很难形成好的效果。训练中包含很多 P.G. 要点，要遵循 N+2 的结构，铺垫不止一次；“课段层点”每一环节，培训师都要自圆其说、环环相扣、层层推进，这都离不开铺垫。铺垫不到位，培训没效果。

铺垫，就是让学员知道培训师有经验、有资格、很专业。证明有理论水平，可以用案例、数据，如“根据我研究的 3000 多个案例”；证明学问大，可以说“这个老师写了 40 多本书，著作等身”。再比如病患要找大夫动手术，大夫说：“放心吧，虽然你是我的第一例，但是我一定认真对待、全力以赴！”你敢让他做吗？另一个大夫，不管其态度如何，他告诉你：“躺下吧，你是我第两万零十一例，没有什么好担心的！”他是不是让你放心？

铺垫，明示自己是有资格、有经验的，是先行者、先知者、感悟者，是排头兵、带头人，能够引领他、辅导他、教授他。专业经验、资历背景就是评估的重要指标、权威的经典背书。

要树立权威，就要合理铺垫、信服认可，获取“信赖”、施展“影响”、持续“砥砺”、赢得“尊崇”。

4. 铺垫得法，由表及里

铺垫得法，一般在课程开场环节或较早出现的正题单元之前，还有课程内容在专业深度和领域范围出现较大变化时使用，具体有以下六种方法。

（1）**定角色。**我是谁、有什么经验、取得过什么成就，直白而不吹牛、不造假。比方说：“用我 15 年的工作经验，接触了 21000 个高净值客户，签署了总额 ×× 的 N 份合同的经验，或主持了 ×× 个项目、创造了 ×× 产值的阅历等。”

（2）**显作用。**露一小手，展示有作用的内容，做了或者做的都有什么效果、明显地有哪些作用，让学员看在眼里，是骡子是马，拉出来遛遛！

若角色不显赫、经验不丰富、阅历不资深、背景不闪亮，也做不到露一小手，可以用知障碍、明迷惑、讲误区的方法。

（3）**知障碍。**预告未来可能出现的障碍和困难。如果一个小朋友告诉你：“不要往前面走啦，前面有条沟。”你会听他的吗？肯定会的，这与年龄无关，他知道有沟、有障碍，是有用的信息。

（4）**明迷惑。**了解一般人容易纠结什么，并能凭感悟予人以启迪、引导。比方说，有人正在纠结花椒是先炝锅还是先煮一下。培训师介绍说，当年自己也没搞清楚，经常搞错，后来才知道应该怎么做，对方肯定有兴趣听。有过别人正有的迷惑，自然可以与人分享。

（5）**讲误区。**预警、指出或讲得出可能发生的误区、误读或误解。若学员还没意识到问题，培训师则要旁敲侧击，指出别人常常犯的错，让他觉得幸亏遇到了培训师；若学员意识到有问题，培训师则入木三分、鞭辟入里，指出痛点和症结，让他意识到培训师懂他。

（6）挑问题。从现象中挑出问题，或用问题挑动学员的神经、挑起学员的思考和感悟，并在其若有所思时当头棒喝，使其幡然醒悟后啧啧称奇，这样做关键在用心是否到位、思虑是否深入、问题是否到位，这种方法很见功夫。

5. 衔接过渡，承上启下

衔接，重在关注点的转移，即基于某种逻辑关系，如时间先后、空间大小、正反对比、认知深浅和重要性的排序等几种典型逻辑，简洁明快地从“同”与“不同”两个方向转移关注。

“同”，就是共性承接，找到相邻两段内容的共同属性或共同特征来承接。

“盖帽式”：用共同属性承接。如：“刚刚我们学习了路由器桥接的副WAN 口桥接法，下面我们继续学习第二种路由器桥接方法——副 LAN 口桥接法。”两个点同属一个大概念：路由器桥接方法，用外延更广、内涵更浅的大概念，对接两个外延较窄、内涵较深的小概念，就实现了注意力的转移。

“搭边式”：用共同特征承接。如：“刚才我们学习了几类常见的贷后管理操作风险，其中一项风险来源于我们内部的违规承诺，这也是实践中比较容易‘踩线触雷’的重要风险点，下面我们就一起来学习为判定违规承诺提供重要依据的两个政策法规……”前一个单元是“常见操作风险”，后一个单元是“两个政策法规”，内容都与“违规承诺”有关系，用双方都具有的某个共性特征或共同点转移注意力。

“不同”，就是对比转折，找到相邻两段内容的差异，比如从经验到教训、从新人到老人、从内部到外部、从成绩到问题等，强调不同点，进而实现注意力的转移。

衔接在训练中包含以下三个方面。

（1）**铺垫。**树立形象，对培训师的专业能力、权威形象建立共识；当训练推进到新的段落、层次、要点时，或即将引出新的内容时，都需要铺垫，这是规定动作。

（2）**准备。**建立共识，对即将呈现的课程单元，做好观念基础、价值共识和学习意愿的准备，因为人人都会存在自我认知的“盲点”，明明自己需要，却意识不到自己需要。

（3）**调整。**化解抵触，要“打预防针”，常用于培训师对学员进行讲评反馈并促使学员进行行为改善时，或在调整学习动机、提升学习意愿时，着眼于调整心态、放下包袱，专注于行为改善的质量，彰显学习价值。

衔接，除了要做好铺垫、准备、调整，还有“过渡”，就是要转移关注。“过渡”就是做到“承上启下”。

① 承上串概念。讲完一段后，把上一个单元的内容总结一下，以加深印象。比如，培训师讲完铺垫得法，就串一下六大方法的关键词：定角色、显作用、知障碍、明迷惑、讲误区、挑问题。

承上有两种方法：“复述依顺序”，按照讲授的顺序，把之前的要点内容复述一下；“串讲论逻辑”，是在较大的单元或多个同层次单元讲完后，基于内在逻辑关系把内容要点串讲一下，不追求面面俱到，也不拘泥于讲授时的呈现顺序。复述或串讲都是点到为止，只用简明扼要的关键词概念来总结，而不去展开、深挖和演绎、论证。这样做不只是加深了印象，同时也得到了要开始一段新内容的强烈暗示。

② 启下设疑问。开始讲授新的一段内容之前，先问学员一个转移关注点的问题，如“上一个单元的学习收获，是不是足以解决本次培训要解决的问题”，答案自然是不够的，这就强调了下一段内容对于实现目标的必要性。如果培训师深刻理解了两个单元的内在关联，提出的这个问题就能反映这种

逻辑关系，即使机械地问一个有关上一单元“够不够”的问题，也会自然得出“还需要”下一个单元的结论。

“启下设疑问”的口诀是“问问够不够，引出还需要”；反映的是“问充分性，引必要性”的内在逻辑。

后附的《自训规范：培训教案设计和撰写》，仅供参考，以把握策略和对策，设计并撰写好的培训教案。

自训规范：培训教案设计和撰写

培训教案设计的策略

★★★★★

保持学员的积极主动性：消极学习意味着低产出。

多运用相关的故事和案例：它们通过提供背景知识而奠定学习的基础。

调动所有感官：绝大多数人都是视觉型学习者，如果学习时运用的感官越多（比如视觉、听觉、动觉），那么所能获得的记忆模型也就越多。

鼓励学员相互协作和共享信息：如果讲师希望学员独立学习和思考，那么不妨引入些许竞争机制——挑战和支持学员：不要填鸭式教学，但也不要介绍太多模棱两可的东西，否则就有使他们变得迷惑和气馁的危险。

保持结构体制的非正规性：鼓励学员提问、叫“暂停”，并让他们在休息时随意走动。

让一切安排逐渐显露出来：有一种机制和系统是很重要的，但同等重要的是要有灵活的弹性，在需要的时候可以改变日程表和培训设计方案。

保持培训日程表的弹性：当讲师发现一种学习的富有资源时（比如，一名受训者介绍一种关于练习的新思想，或者对某一模型特别感兴趣），可以在此停留片刻，充分利用这些“学习时刻”带来的好处。

让培训日程表有一定的自由时间：受训者在培训班间歇时间的自由讨论中，往往能获得最佳的学习效果。

避免传统教育方法：评价培训成败的核心标准，不是看讲师是否完成了课程表，而是在于实际的效果（比如，研究出一项产品，受训者学习到攻克某一项目的新方法）。培训项目组织者应该关注受训者的学习准备情况、学习氛围和参加的意愿。

撰写教案的常见问题与基本对策

Q：内容准备太多讲不完怎么办?

A：1. 准备两套备选方案，一全一简，其中简化的一套方案缩减培训内容或降低内容的难度，以便根据受训者的实际反应与接受程度及时调整授课内容。

2. 在制订基本教案后，培训师应该提前进行练习，以确保时间合理分配。

Q：如果临时遗忘内容怎么办?

A：培训师可以在讲解稿本、培训行为配置表、简明大纲或夹片中将重点内容做出特别标注。

Q：如果无法吸引受训者的注意力或兴趣怎么办?

A：在教案设计时，培训师需要充分预估这些问题，并考虑使用什么样的培训方法、采用哪些训练形式、导入哪些素材资源以增强培训的趣味性。

（三）进程：天衣无缝

训练进程包括：开场、破冰、套路、收场。

天衣无缝，原意是指上天神仙所穿的衣服没有衣缝，后用来比喻诗文浑然天成，或事物周密完美。训练中，天衣无缝是指要把握好内容和呈现效果，把握好节奏、掌控好时间、安排好铺垫过渡，还要规划好结构内容、配置好形式资源，在讲授配置、掌控促动、引导感悟、激发参与、总结沉淀上下功夫，做好训练全程自始至终的设计。

天衣无缝，还强调课程不能干瘪、机械和割裂，不能缺乏前后呼应、融会贯通、行云流水的顺畅感。

1. 开场：先声夺人

先声夺人，要设计好以下环节。

先：出场、登台、亮相的精彩，或开场第一句所产生的震撼。

声：开场段的内容是否新颖、独特、发人深省、出人意料。

夺：针对学员心理、现场氛围具有拿捏效果的设计。

人：关注参训者，体现对其有了解、能理解，表达“我们的眼里只有你”的关怀。

开场，是课程达到预期效果的首要挑战。万事开头难，好的开始是成功的一半，一堂课的进程也是如此。要做好课程的开场，就要完成好以下四个任务。

（1）引关注。

学员注意力，是影响培训效果的核心关键因素。如果学员注意力被吸引、能聚焦，授课就事半功倍，即使专业水准有限、讲台功力欠佳，学员也容易主动配合，积极思考，发现和汲取课程价值。反之，如果注意力涣散、心不在焉、人在曹营心在汉，即便专业能力很强、讲台素养一流，也无法轻易达成训练目标。

注意力有两个特性：波动性和局限性。波动性，是指学员无法长时间对一件事情保持高度关注，所以培训师要注意授课过程的节奏和张力的调节，适时调动，张弛有度。局限性，是指学员无法同时关注两件以上的事情，注意力一旦被干扰，就需要重建关注。

开场环节，培训师要有意识地吸引学员，把他们的注意力吸引到课程的主题或培训师期待的方向上来，手段如问候、鼓掌、音乐和音响，还有醒目的演示、讲师的肢体动作，具体包括“异声拢场”、重建关注的典型手法，加重语气、提高音量，或通过“掌控三宝”的停顿、重复、沉默等。

培训师要利用听觉和视觉刺激吸引学员的关注，再通过具有新鲜感的设计，强化和延续这种关注。

（2）立规矩。

可以预见，注意力可能被课堂气氛、个人习惯、他人表现、意外状况、私人事务、自律水平、工学冲突等干扰。如果状况频出，重建关注就变得疲于奔命，培训效果就失去了根本保证。

预先框定，开场环节用“请大家……让我们……我相信……”等祈使句，对课堂纪律、活动组织、互动安排、奖惩机制等做出必要约定，避免注意力被无谓干扰。

预先框定，有时学员配合度较低，或者培训师的年纪、资历、层级和专业能力与学员相比不具备明显优势，或者对某一安排可能会存在不同的意见。此时，要避免用祈使句、命令方式要求学员遵守某一约定，避免招来反弹和抵触，或者执行不力。

预先框定，也包括在培训项目的课前组织、准备和通知动员环节，使用组织手段、借助领导支持，事先就做出必要的安排，提出基本的要求，确保学员的行为符合老师的期待和规范要求。

（3）建关系。

重建关系，既包括学员之间的关系，又包括师生关系，目的是打破“坚冰”，让学员在轻松、友善、开放、信任的群体环境中，心无旁骛地持续关注课程主题。培训师可以发起小组内的破冰活动，相互介绍彼此熟悉，通过有限度的肢体接触拉近距离，还可以通过小组分享和研讨、选组长、二人对话等方式重建相互关系，建立学习组织，促进团队融合。

重建关系，要定位职业角色、树立职业形象，不仅要赢得学员在专业上的信赖认可，还要适度展示自身个性和讲台魅力，把讲台上身着正装、手持话筒的抽象的“老师”，变成值得信赖和愿意亲近的具体的“人”，引导学员持续关注课程。

自我介绍是培训师面对陌生或不熟悉的学员必须掌握的规定动作技巧。

自我介绍，往往容易陷入两大误区：一是“报号”，二是“跑题”。

报号，就是把自我介绍简化为介绍名字，有时最多再加上部门岗位。这样的“自我介绍”，把“我是谁”简单呈现为“我叫什么”。“报号”要呈现出自己与众不同的“特点”，要抓住专业水平、职业资历、兴趣爱好、性格特征、外形体态、童年往事、家乡籍贯、趣闻逸事等，要突出特色、形成印象。

跑题，就是介绍自己时喧宾夺主，忘记了真正目的，弱化了学员对课程的关注。培训师要点题、要扣题、要切题，要通过自我介绍把学员的注意力引导到课程的主题上来。

“切题式”自我介绍：建立一点联系，把自己打造成课题的代言人，好比平面几何中直线和圆的“相切”，只要有一个“共同点”就可以切，并不需要丝丝入扣、严丝合缝。

切题的关键，就是找到自我介绍和课程主题关联的概念。介绍自己时，找一个和课程主题有关联的点，提炼概念，和主题搭个边，当学员的注意力被引导过来的时候，话锋一转，直入主题。

切题式自我介绍的两个基本思路如下。

①“引子”切题，即如果自身的某个点直接和主题相关，就以之切题。

②“引子 + 桥段”切题，一竿子够不到，就搭两竿子，一竿子是特点，第二竿子就是“桥段”。

（4）达共识。

达成共识，让学员主动去关注，并且持续关注课程的主题，学员可以自动自发、自觉自愿地参与学习活动中来。这种主动性，建立在对课程价值和学习动机的共识之上。

“启发愿景”：丑话说前头、正话往后引，培训师可以通过“立规矩”来约束学员的学习行为，还可以揭示行为改变带来的好处，用“假如……就会……”的句式促进学员自觉改变。例如：“请大家把手机调整到免打扰状态，假如你这么做了，就会为自己和身边的伙伴创造一个免打扰的学习环境。一个小小的调整，在身边同事看来，你就是一个在意他人感受的、善解人意的、值得信赖的好伙伴！”此举为调整手机和创造良好学习环境达成共识，让人“心服口服”。

开场，“引关注、立规矩、建关系、达共识”。引关注的焦点应是课程内容；立规矩是为了避免关注被干扰；建关系是为营造让学员更容易关注课程内容的环境氛围，也是为了让培训师更好地引导关注；达共识则是为了促进学员积极主动、自觉自愿地关注课程内容。

2. 破冰：建立主场

破冰，往往被认为是“开场活动”。培训师要树立元认知，首先要搞清楚什么是课程中的“冰”：冰是冷的，破冰就是要消除冷漠，让气氛热烈起来，也就是“暖场”，这有一层重建关注的意思；冰也是硬的，破冰就是要消除隔阂，让培训师与学员、学员与学员之间的关系变得融洽起来，这有一层重建关系的意思。

再想深入一点，课堂气氛是不是越热烈越好呢？学员状态是不是越开心越好呢？比如：当人们要反思工作不足、要警醒挑战和风险、要面对严酷竞争时，也许更希望课堂气氛是严谨和自律的。再举一个典型甚至有点极端的例子：安全类课题借用安全事故的案例来重建关注，面对残酷的现象、血淋淋的教训，课堂氛围能是“热烈”或“开心”的吗？

“冰”：就是训练中不期待的状态，破冰就是破状态。冷漠隔阂是“冰”，但“冰”不一定都是冷的。过冷是冰，过热也是冰。在课堂上，一切不符合培训师的期待、不适应训练目标的现场状态，都可以称为“冰”。

“逢冰必破”：这是基于课堂现场的意识。开场要破冰，但并非只有开场才需要破冰。当培训师感受到需要改变状态时，就要破冰；当预计到在某个训练环节可能会“逢冰”，就要规划和安排破冰。

“一动就破”：可以简单地破冰，只要动一动，状态就改变，也就破冰了。培训师通过引导调动学员的视觉焦点，实现“眼动”；通过引导调动学员鼓掌、握手、举手、拍桌子等，实现“手动”；通过引导调动学员回答问题，实现“嘴动”；通过提问和语气语调的变化引发思考、促进感悟，实现“脑动”和“心动”。

“空手道”游戏：很多人以为破冰就要组织现场的体验式活动，就需要场地、道具、较长的时间安排，实则不然，培训师可以设计“空手道”游戏，即空手讲道理的游戏：带动全员参与，大家坐在原位，不需要空场，不需要借助道具且伸手就来的空手游戏，帮助学员领悟一个道理。

大型体验式活动：不是破冰的常用手段，也不是易用手段，更不是唯一手段。这种手段有自己的优势，那就是更强的体验效果，不仅可以调动学员的深度关注，还可以触发学员的深度思考和感悟。

3. 套路：破题设计

破题，是开场任务，是指把学员的关注点引导到课程主题上，并且调动学习的动机，对课程的价值和学习的意义达成共识。

破题，不是述题，不是直截了当、不绕弯子、平铺直叙地告诉学员课题是什么；不能只是老师自己的“开门见山”，而要带领学员共同进入。就好比游泳，老师自己一个猛子扎进了水里，学员可都还在岸上呢。举一个典型的述题式开场白的例子：“大家好！欢迎各位新同事！我是人力资源部的 ×× 老师，今天由我为大家讲解新员工入职必须了解和遵守的规章制度，首先我们来一起学习考勤制度。”没有重建关注、没有重建关系，更没有重建观念，这样的自说自话，根本无法达成训练目标。

破题，不只切题，不仅仅是通过一个切入点把学员的注意力引导到主题上来，要引关注，还要达共识。不仅要引起学员注意，更要让学员积极主动地深入思考：“我为什么要学这个？这和我有什么关系？学了能带给我什么好处？不学有可能付出什么代价？”培训师要能深入调整学习动机，把握住课程主旨和精髓，找到课程的“魂”。

破题，可以从课程的课题、主题、话题、问题，即课段层点中的核心概念来进行。

破题，典型的设计套路口诀是：一找、二选、三定。

（1）找切点。

破题，不仅要吸引关注，还要找到“课魂”、调整调动学员的学习动机。要找到“关键切入点”，就要把握两点：价值点和问题点。价值点，就是课程带来的关键好处，能引发“尖叫”，带领学员憧憬美好的未来，价值点也可以称为“尖叫点”；问题点，就是课程能化解的现实麻烦和能解决的具体问题，哪壶不开提哪壶，在伤口上撒盐，培训师带领学员回忆不堪的现实和往事，问题点也可以称为“戳痛点”。

在特定情境，究竟是引发尖叫好，还是戳痛好，要具体问题具体分析，关键是能否引发学员共鸣。培训师找到关键切入点之后，要用一个关键词把这个切入点固定下来。

（2）选资源。

培训师围绕切入点及其关键词，选择合适的资源素材。很多人采用“依据形式设计选定资源运用”的思路，即先决定要采用的教学形式，再根据这个形式选择合适的教学资源，这是南辕北辙、因果倒置的。

不论形式技巧还是资源运用，都属辅线安排，辅线形式是为主线内容服务的，所以，培训师要根据内容来确定形式。当聚焦于主题，往往先找到的是和主题紧密相关的资源素材，而不是形式技巧。所以，培训师要根据资源的类型自然决定形式安排。

为什么是“选”资源，而不是“找”资源呢？这里是假定资源已经找够了。培训师平时要做好教学所需资源素材的储备，一个组织也要有意识地建立内部学习的共享案例资源库。正所谓“宁可备而不用，不能用而不备”，培训师可以建一个“培训资源库”的文件夹，给资源库里的文件贴上不同解读角度、可论证不同主题的关键词标签，若没有现成的资源，当然要去找、去补充。

（3）定形式。

资源类型确定了，演绎形式自然就确定了。比如“故事”资源就确定了演绎形式是“讲故事”；“我过去经历过的倒霉事”就确定了演绎形式是“现身说法”；“汉字”资源就确定了演绎形式是“说文解字”等。

若资源储备比较丰富、充分，可以先根据对象定形式，再根据选定的形式确定资源。

“根据对象定形式”，同样一门课，针对不同的对象可以有不同的资源运用和形式安排。

“活动开心抓气氛”。如果学员对象是新人、小白为主，年纪较小、资历较浅、层级较低，那么这样的学员往往担心课程枯燥不好玩，缺乏足够的学习主动性。这种情况下，培训师可以通过团队互动、体验式游戏活动等学员参与感和体验感较强的形式调节现场气氛，促进学员参与，进而关注课程主题。

“资讯开眼抓感觉”。如果学员对象是中层、骨干为主，工作忙、责任重，心中有困惑、脑中有问题，那么这样的学员往往具有较强的实用主义倾向，他们比较关心课程有没有用、值不值得听。这种情况下，培训师可以分析现象、提出问题、给出解决方案，开场的较短时间内呈现较多具有实用价值的内容干货，过去学员没听过的讲给他们听，没见过的呈现给他们看，这样高密度的新鲜资讯会形成一个“信息集束炸弹”，传递出“有用有料”的信号，在新鲜感的基础上产生强烈的价值感、收获感、满足感。

“提问开窍抓心态”。如果学员对象是高层、元老为主，位高、年长、权重，经验主义倾向严重，因为思维习惯的影响，常常落入“把常识当见识，拿见闻做见解”的误区，那么这样的学员在上课时往往表现出较明显的旁观甚至是评判的心态，很难收获课程价值。培训师可以采用追问技巧，运用积极回应对接和引导学员，打破砂锅问到底，促进学员探究本源、反思常识、空杯心态、积极思考。

如果学员对象比较均衡且没有需特别针对的重点对象，培训师不妨用排除法来确定优先的形式。活动开心，基层或许喜欢，但中层觉得浪费时间，高层可能放不开；资讯开眼，中层骨干当然没问题，但新人会觉得信息量太大不好玩，高层会觉得班门弄斧，进入评判状态。适应性最好的破题形式应当是“提问开窍”，无论是谁，都会被问题影响关注，被问题引发思考，被问题促进感悟。

4. 收场：继往开来

收场，对于进程来说是“定魄”，具有继往开来的重要意义。“编筐编篓，重在收口。”一个完整的进程结构，既要有开场又要有收场，既要有先声夺人的“魂”，又要有关照全局的“魄”。

收场，关键是做好三件事：总结要点，传达期待，倡导行动。

总结要点：段与层之间过渡的总结收的是一个单元、一个层次；而整个课程或一个段落的收场总结收的是课、段、全局，是完整的收场。

收场，适用范围不同，要求不同。单元、层次的总结是小结，是过渡，多用复述，要求干脆利落，见好“就”收；而对整个课程或段落、全局收场的总结是大结，多用串讲，要求全面周到，见好“才”收。

串讲，在定魄页之前，演示辅助回忆的线索，包括板书核心概念或价值点、勾画关系树导图、理论模型、重复内容顺口溜或要点打油诗等。

学员总结：培训师可以通过互动提问、现场测试、分组讨论后派代表分享的方式，让学员成为收场总结的主角。

小组总结：在每半天的收场，培训师可以引导小组“全体起立、沉淀收益”，让小组成员在本组总结、回顾、沉淀半天学习到的“最有价值、马上运用”这两方面的收获。

收场，定魄环节的两个任务是传达期待和倡导行动。

传达期待：明确课后效果转化的目标，以终为始，不忘初心，方得始终；对应着开场找魂“为什么学”的思考，此刻转化为“到哪里去”的决定。

倡导行动：给出了“如何实现目标”的行动建议。

谨记“最后一页，收场终句”，最后一张 PPT 即“定魄页”的话语、口号、标语、语录、诗词联句等就是收场的最后一句话。

收场，常见的结束语有以下四种形式。

（1）**期待式。**期待学员的具象表达。很多培训师喜欢用“我希望”“我要求”的习惯表述，在学员看来，“你希望、你要求”是你的事而不关我的事，因此大多数人都可以做到的事可以换成“我相信……”，少数佼佼者才能做到的事就说“我祝福（祝愿）……”，后面跟着要达成的目标，让学员对学以致用的行动负起责任。

谨记“相信不希望，祝福不要求”。

（2）**展望式。**倡导行动的具象表达。对未来的行动方案提出展望，可以是分阶段的行动建议，如：“我相信大家在课后一定会去整理笔记、梳理知识脉络、沉淀学习收获；再把我们课上练习过、演示过的常用话术多练一练、试一试；并结合具体任务，大胆应用到工作实践中，不怕碰钉子、丢面子。相信大家一定可以把扎实的学习收获转化为优异的工作业绩！”

（3）**选择式。**倡导行动的促动安排。用选择式疑问句，提供封闭的备选答案；引导学员选择其中正确、实惠、明智的选项；用连续的追问促使学员确认这个答案；借助宣告的力量，获得一份行动的承诺。如：“今天我们总结的这些改进方案，大家可不可以用到工作中去？要不要用？是马上就用还是将来有机会再用？好！马上就用，我相信大家一定说到做到，我期待着大家的反馈和行动后的成果！”

（4）**呼应式。**传达期待的独特设计，也是以终为始的具象表达。培训师可以在开场环节卖一个关子，利用问题思考、故事演绎、案例分享等埋下伏笔，在收场定魄时回应这个伏笔，让学员感受到前后呼应的精妙安排和审美体验，进一步强化效果。

培训师通过“进程规划”中不可或缺的四个关键环节“开场、铺垫、过渡、收场”确保学员顺畅地关注、学习和掌握课程、每一段落及每一个单元、要点的内容，真正使课程自始至终完美推进、天衣无缝。

后附的《自训规范：培训开场方式》和《自训规范：培训收场方式》提供了自训标准和自训要求，帮助大家将开场、收场做到位。

自训规范：培训开场方式

★★★★★

自我介绍：多数培训讲师并没有看重在开始时进行自我介绍，其实开场中的自我介绍对于提高受训者对讲师的认同有很大的影响，运用得当可以拉近双方的距离。

开门见山：提出主题、切入主题，让受训者感到简洁明快。

哲理性故事或幽默：这种方法能够引起受训者的兴趣，调动他们的积极性，为后面的培训奠定良好的氛围。

双向沟通：它是指在培训开始之前讲师就广泛与受训者进行沟通，相互认识，这样在培训过程中讲师能够更有针对性地开展培训。这种方法在面向企业中高级管理人员时使用较多。

提问：提问法是讲师经常使用的开场方法之一。使用提问作为开场方法多用于专业技巧的培训。

提示事实法：俗话说"事实胜于雄辩"，使用无可争辩的事实作为论据，进而导出一个论点作为开篇也是一种很有说服力的方法。

自我解嘲法：讲师可以有意犯一个小的错误，当然这个错误与培训内容没有什么直接联系，也不会让受训者对讲师本人的专业能力产生怀疑；这个错误最好由受训者轻易发现并能够引起大家开怀一笑，在笑声中讲师可以自然地消除隔阂、埋下伏笔、拉近与受训者之间的心理距离。

培训师开场方式自训自检表

自检主题	掌握程度	话语印象	心得感悟	疑虑困惑	行动计划

说明：自检主题：记录每次自训安排的记忆类内容点、操作类动作点、思考类省悟点；
掌握程度：记录自训后对自训主题的把握程度，由一般到最佳分为 1 ~ 5 五个等级；
话语印象：记录自训后对自训主题的记忆、理解、认知的程度，列举具体概念或观点；
心得感悟：记录自训后对自训主题的心得感悟；
疑虑困惑：记录自训后不明白的内容，不明之处须及时与导师沟通；
行动计划：记录自训后的提升与改善之处，并列出后续行动计划。

自训规范：培训收场方式

★★★★★

重申主题：主题是对培训内容的高度概括，重申主题对受训者而言，从听觉的角度接受了反复强调的一个重点，这符合成人的记忆规律，容易留下长久的印象。

祝福语：当进行了一整天甚至更长时间的培训后，无论是讲师还是受训者都会感到身心疲惫。在此情形下，培训师采用正式的语言结束开场，会让受训者感到讲师是在例行公事，虽然尽职尽责，但仍无法拉近双方的距离。培训师可以考虑使用祝福语来结束课程。

使用故事：使用哲理性故事可以作为开场的方式之一，也可以作为结束的方式之一。使用这种方式时也需要注意，故事应该轻松一些。

名言佐证：使用名言佐证也是可以考虑的方法。名言的特点是精练、寓意深远，可以作为结束时的点睛之笔。

行动鼓励：由讲师或由受训者的直接上司进行工作的动员也是一种结束培训的方式，类似于誓师大会，会在一种欢欣鼓舞的气氛中结束培训。讲师或受训者的直接上司也可以利用这个机会指出今后工作的具体行动方案、实施要点与注意事项。

谨记：结束语要避讳命令要求的语气及用词，记住一个口诀：“相信不希望，祝福不要求，我们一起避用你。”

培训师收场方式自训自检表

自检主题	掌握程度	话语印象	心得感悟	疑虑困惑	行动计划

说明：自检主题：记录每次自训安排的记忆类内容点、操作类动作点、思考类省悟点；
掌握程度：记录自训后对自训主题的把握程度，由一般到最佳分为 1 ～ 5 五个等级；
话语印象：记录自训后对自训主题的记忆、理解、认知的程度，列举具体概念或观点；
心得感悟：记录自训后对自训主题的心得感悟；
疑虑困惑：记录自训后不明白的内容，不明之处须及时与导师沟通；
行动计划：记录自训后的提升与改善之处，并列出后续行动计划。

第三节　融知化行

以活动追寻结果，凭体验启导感悟

课程的开发、设计和教学活动以系统化知识管理策略为基础。企业建立、生存、发展、扩张、转型、消亡等过程，必然伴随着知识的习得、创生、融合和更新，伴随着酝酿个人心得、总结团体经验、沉淀组织智慧，也伴随着知识在实践中被应用和验证。

企业组织中每一个个体通过学习、应用和参与知识重构，实现个人成长甚至蜕变。成长蜕变不是一蹴而就的，需要点滴积累、循序渐进，察觉、反省、践行、复盘，循环往复，一步步地实现质变和跃升。

“点”的成功，即员工个体或某项技能技巧的娴熟；“点”的成功连起来就是“线”的成长，即团队的进步或项目的顺畅推进。把一个个熟练胜任的“条线”铺开来就是“面”的成熟，即企业全员的提升或企业整体的发展；把一个个成熟的“层面”累积叠加起来就是全方位的“立体”成就，即企业具备充足的发展实力或品牌具有经久不衰的强大影响。所以，通过有效训练助推员工的职业成长和企业的永续经营，是一个点、线、面、体不断“升维”的过程。我们常常鼓励职业精进道路上的朋友，不仅要心怀卓越，还要乐享过程，感受到成长的快乐，看得到路上的风景。

组织发展同心圆模式图（见图 4-2）提供了组织发展阶段及其标志的同心圆模式，让大家进一步了解组织发展从成功、成长、成熟到成就的每一阶段及标志，为自我的职业化品牌规划提供借鉴。

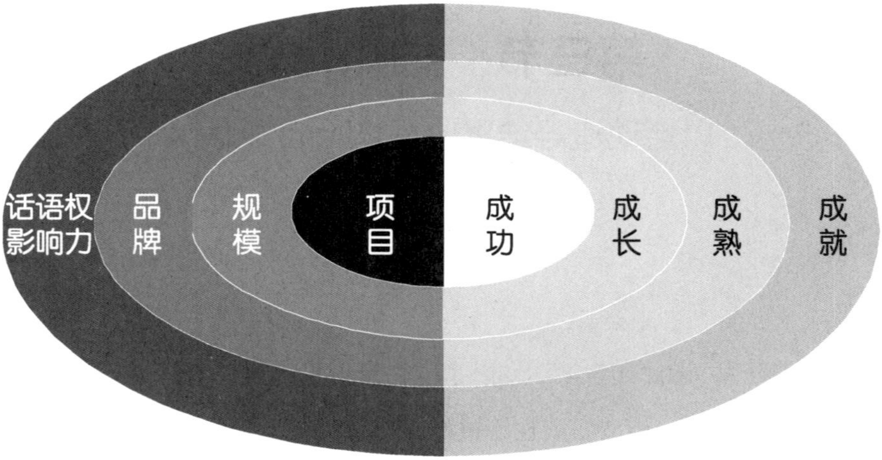

图 4-2 组织发展同心圆模式图

（一）把握：架构维度

升维与降维，点、线、面、体展开是“升维”，知识加工却要“降维”。因为员工个体面对庞杂的组织知识系统，不可能一口吞，必须一点一点学习、一步一步精进、一环一环改善、一阶一阶提升。所以，为组织学习服务的知识加工过程，就需要做“掰开揉碎”的精细化工作。

三维经验二维化：工作中积累的经验心得充满了丰富的内涵和细节，有时间、地点、人物、事件，有前因后果、来龙去脉，是“三维立体”的，很难有效地管理、应用和传承。所以，需要提炼萃取、归纳概括，把具体的“经历”变成抽象的“经验”和“规律”，再把碎片化的知识点变成结构化的知识体系，将“三维立体”降维到“二维的架构关系树”。

二维架构降一维：文字语言和有声语言需要基于时间线展开，千言万语要一句句讲，再多问题也要一个个解决。知识的加工者若要适应课堂教学的要求，就要基于时间线做规划，包含挤干“水分”的知识干货，用来管理和存储知识，这就是“二维架构”降维到“一维的进程时间线”。

一维进程降到点：进程时间线上的每一小段时间要想用于实现针对每个知识点的教学目标，就要处理好理论与实践、计划与灵活、内容与形式的关系，要实现讲、述、评、论、问、答的融汇结合；要理性表达和感性演绎兼容，充分运用教学资源和训练工具，有效组织教学活动。培训师需要把知识加工的着眼点进一步降维到“一小段时间”的局部，到零维但又具有细节的“单元价值点”。

降维，由“面”到“线”，再由“线”到“点”来设计展开。首先厘清教学设计的结构化思路，接下来分别从一维时间线和零维价值点的视角揭示规划和配置的思路、技巧，解决教学设计中的具体问题。诸如：课程如何开头、如何收尾？开场环节的任务和技巧，怎样设计开场破题？内容单元用什么串在一起，讲授之前怎么铺垫，之后怎么过渡？单元讲授由哪些模块组成，单元内容和教学资源的组织基于何种结构？课堂讲授的“主辅明暗”线是怎样搭配组合的？

1. 设计关注点

教学设计有两大关注点不可偏废：一是时间线排序，有序规划进程；二是价值点配置，切实增进效果。

（1）进程：时间线排序。

进程规划的关注点在于时间线的“排序”。顺序化的教学设计思路强调不论内容架构多么复杂，在一堂课的特定时段内呈现的是基于时间线的“一列纵队”，也就是一维线性结构。

培训师可以通过 PPT 演示文稿的页眉信息、页面过渡效果来反映隐藏在线性顺序后面的课程内容架构；也可以通过不同层级的开场白和收尾总结来反映更复杂的结构性信息，需要把握以下重要概念。

“一般典型配置”：进程规划的首要关注点，基于时间线的顺序化编排，针对典型培训对象、典型培训目标和典型课程时长所做的进程规划，往往是按照分级目录纲要的自然顺序编排，比较容易反映课程内容的完整架构。

“特殊典型配置”：考虑到对象、目标、时长存在一定的特殊性，要做好“一课多套”的进程规划和单元配置，做到“定活两便”。

“非典型配置”：同样的一门课，因为培训项目的对象、目标、时长并不是标准和典型的，所以还要规划不同情境下的不同教学设计安排，做到“同中不同”。

“进程重排”：进程规划不能拘泥于课程原有的内容架构所反映的隐含顺序，要对进程的顺序进行重建；进程重排的时候要做到“论逻辑，脱俗套”。

论逻辑：排序要反映内容单元之间的内在联系，也要适应一般对象的认知规律和特定对象的认知习惯。

脱俗套：排序没有唯一正确的答案，超出预期或充满新意的安排往往能取得让人眼前一亮的效果。

标准化的教案包往往会在课程开发时就做好“一般典型配置”方案；而“特殊典型配置”和“非典型配置”的方案，则需要执行授课任务的培训师进行“进程重排”，通俗地讲，就是针对特定培训任务，从标准课程的内容中选择相应的单元，按照特定的顺序来排列。

顺序化编排的“进程规划”是在一堂课的开场和收场之间，培训师要选定内容单元和呈现顺序，用事先的“铺垫”和事后的“过渡”把这些单元一个个串起来。

（2）效果：价值点配置。

单元配置的关注点在于围绕价值点的“搭配”，这需要模块化的教学设计思路。“麻雀虽小，五脏俱全。”即使是作为不可再分的最小化内容单位的“单元”，也有自己的微观局部构造。

“模块化”的单元配置设计可以说是殊途同归、一通百通。尽管存在不同课题领域、学科门类、主题范围，不同行业、企业、业务条线、管理层级和岗位分工，不同学员类型、企业文化和学习活动组织形式，但是只要培训师试图通过职业培训的方式影响成年职场人的观念、认知和行为，培训活动中的教学单元就可以基于一个通用的模型进行设计。

（3）取舍：排序与配置。

梳理一下进程和单元之间的关系。

顺序化编排的进程反映一堂课，是全局视角；模块化配置的单元反映一节课，关注课程的局部。所以，进程和单元是全局与局部、整体与部分的关系。进程包含着多个单元，多个单元通过铺垫和过渡相联系，共同构成了进程。

从进程的全局视角看，一堂课是一个完整的整体，要“讲全”；从单元的局部视角看，每一节课的效果构成整堂课的效果，要“讲透”。

一堂课可能会出现计划外事件和临时性要求，导致若按计划把整个进程的内容讲全，则无法讲透每一个单元。“讲全”和“讲透”发生冲突、无法两全其美时，行动的口诀是“宁少内容，不损配置”。不讲则已，讲了就要讲出效果来。要处理好进程和单元的关系，就不能四平八稳，而是要立场鲜明，摒弃动辄“压缩”的应对思路，做出适时“取舍”的关键决断，这样才不会偏离“有限时间，有效训练”的方向。

进程与单元的关系图（见图 4-3）帮助大家了解进程与单元的关系，以及顺序化编排和模块化配置的关联，把握讲全与讲透，以便更好地做出取舍配置，切实增进效果。

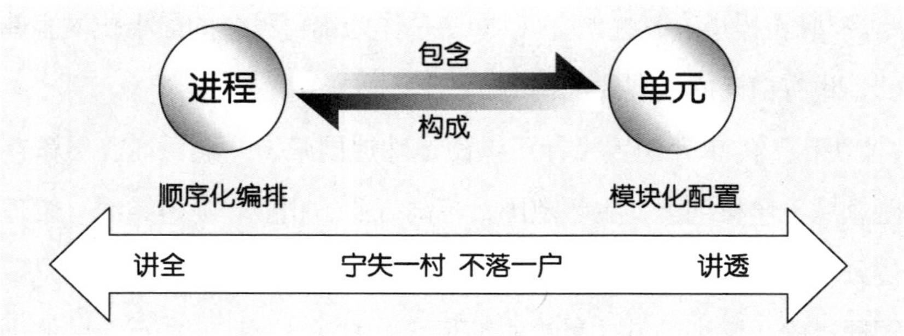

图 4-3 进程与单元的关系图

2. 开发“宽窄说”

课程首善设计，是基于时间线顺序化编排的“进程规划”，一定要做好。“无进程不上课，无进程没效果。”大家心中要有清晰的“进程”概念，树立牢固的“进程”思想；要梳理“一门课”的架构关系树，还要编排每“一堂课”的进程时间线，更要配置每“一节课”的单元价值点。

开发可宽可窄，在主题内容定下来后，备讲、辅助的内容和形式资源可多可少、因地制宜、因人而异。

流程合理科学，效果可控的品牌课程一定要有专业的流程，就如同工厂作业，几乎所有可复制的行为都会有流程，否则就会迷失方向，无法有效整合资源，容易产生混乱。

思虑充分成熟，在设计时，培训师不仅要考虑到课程内容以及呈现它的形式和资源，还要想清楚先讲什么、后讲什么，在讲的时候要注意可能会出现什么样的状况，以及该如何解决。只有把这些东西想清楚了，课程讲授才能做到定活两便、灵活开合、层层推进、自圆其说，最终达成预定目标。

（二）导入：匠心独运

导入，有广义和狭义之分。广义的导入包括课程和段落的开场、层次、要点的开头，以及各种素材、资源及训练形式引入讲解演绎时所设计的引导。

导入，既是技术，又是方法，更是意识。

导入，要引发思考、促动体验、激活感悟、推进行动。

1. 开场妙引导

开场要闪亮，开场白不能忽视，要有设计、用技巧，否则就真的刚开场就“白”了或“拜拜”了。

用校招新员工入职培训的制度培训课题的例子，来展示一段引导有方的开场白。

“各位新同事，大家好！欢迎大家今天正式加盟我们公司！看到一张张年轻的面孔，让我的思绪仿佛回到了1996年那个阳光明媚的早晨，那时的我像今天各位新同事一样，人生第一次坐进了新员工入职培训的教室。时光荏苒，一晃25年过去了，作为一个过来人、一个职场‘老人’，我今天想问各位新同事一个问题：你们，准备好了吗？准备好了吗？！各位请认真地问问自己，真的准备好了吗？！

“听到这一连串的追问，有的同事可能有困惑：什么准备好了没有，我是不是应该回答‘时刻准备着’呀？还有人会想道：作为一个应届毕业生，过去这么多年都是父母抚养我长大，供我读书，我今天终于有了平生第一份工作，我已经准备好要自食其力了，请问什么时候发薪水啊？

“没错。昨天你还是大学校园莘莘学子之一，今天你已经是我们企业新的一员了。从学生到员工，你的身份变了，你准备好了吗？

“从学校到企业，你所处的环境变了，你准备好了吗？

“要想回答这个问题，我们必须搞清楚企业和学校究竟有什么不一样。请大家仔细看看‘企业’的‘企’字，看这个字的结构，是不是上面‘人’字，下面‘止’字啊？要写‘企’字，先写‘人’字。看来没有‘人’，企业就会止步不前，人力资本是企业的核心资本。

“请大家想一想，从今天开始，你是不是我们企业的一员？是不是我们公司的人？当然是。那是不是意味着你那个岗位就非你莫属，我们公司就没你不行呢？当然也不是。大家今天之所以有资格坐在这里，就是因为在入职选拔中达到了我们企业的标准，符合了我们企业的要求。同样的，在今天正式入职之后，也绝非高枕无忧，依然要满足企业的要求，决不能为所欲为。

“我们再来看这个‘企’字，只有‘人’没有‘止’就算不上企业。一群人在一起，要懂得令行禁止，有所为，有所不为；要知道什么事可以做，什么事不能做。这样的一群人，才能形成一家进退有度、高效运作的企业。

“各位新同事，从学生到员工，从学校到企业，作为新员工入职的第一天，今天就由我，人力资源部××老师，带领大家一起搞清楚什么可为、什么不可为、什么绝对禁止；弄明白哪些是权利、哪些是义务？让我们一起来学习新员工入职必须掌握的基本规章制度吧！”

这个开场白抓住企业的“企”字，采用了触景生情、提问互动、说文解字的技巧，选定“企”这个汉字资源，通过对企业的“企”字进行拆字解读，用“说文解字”的技巧实现导入。这个汉字中存在和制度培训主题直接相关的切入点：“令行禁止”的“止”字，不仅告诉学员要讲什么，还让学员意识到这和自己有什么关系，为什么要学习这些规章制度。

培训师也可以通过自我介绍来巧妙导入，常见技巧包括以下几点。

（1）设疑。问一个问题，让大家猜一个人，谜面是自我介绍者自身的特点，谜底就是本人。如："各位店长，你们知道吗？在咱们公司，有一位店长同仁，入职五年来，在十家门店做过店长，不论调动到哪个门店，不出三个月，该店业绩总能进入大区前三名，你们知道这个人是谁吗？"如果学员答上来了，就可以说"没错，这个人就是我本人"；如果学员答不上来，则可以说"不知道啊？那给大家介绍一下，这个人就是我本人"。不论学员是否知道都没关系，话题已经引过来了，可以接着往下导入："我是 ×××，今天，就由我结合过去五年来在十家门店的工作经验，和在座的各位店长同仁一起聊一聊，如何通过门店的精细化管理提升经营绩效。"

在这里，培训师的特点是"职业资历"，切入点是"经营绩效"，引出的课程主题是"门店精细化管理"。显然，培训师的特点和课程主题直接相关。

（2）比附。"比"是连接之意，"附"是依从、连带之意，"比附"就是依附、关联相关的人、事、物来导入。我是谁你不知道，但有一个人大家都认识、有一样东西大家都见过、有一件事脍炙人口，这些更有影响力的、知名的人、事、物与我有某种联系（重点是锚定某个关键概念），且这些共性的联系与课程的主题相关，这就是"比附"导入的技巧。

"人"，可以是企业老板、明星员工、公众人物、专家学者、历史名人、圣人先贤等，也可以是文艺作品中的角色。

"事"，可以是新闻事件、社会热点、经典案例、旧闻典故、寓言故事，也可以是本地区、本行业、本企业、本部门的新鲜事。

"物"，可以是产品、设备、工具、厂房、建筑、名胜古迹、先进装备，也可以是课堂现场信手拈来、俯拾皆是的身边物件。

例如："大家好，我是渠道拓展部的刘洋。听到我的名字，你可能会想到另一个刘洋，她就是我国首位登上太空的女性航天员，因为在神舟九号出色地执行太空飞行任务，成为‘时代楷模’。让这位刘洋真正载入史册的是她敢为人先、成为‘中国女性登上太空第一人’的身份，我们今天的课程，就来和大家聊一聊‘敢为人先’、让大家也成为第一人。让我们一起来学习，运用资源整合式创新理念开展异业联盟渠道的拓展，真正成为打开新局面的‘第一人’。”

在这里，培训师的特点是自己的名字，切入点是“敢为人先”，课程主题是“资源整合式创新”。显然，培训师的特点并不能和课程的主题建立直接的联系，用航天员刘洋“比附”了一下，联系就建立起来了，这也是一个“引子＋桥段”式导入的实例。

2. 谜语促思考

猜谜，一种历史悠久的智力游戏，起源于中国的易经八卦，通过给定的提示性文字或者图像，利用汉字、汉语的特点，按照某种特定规则，有意识地别解谜面。下面举一个具体例子。

“各位学员，请注意（**异声拢场**）！今天的课程开始前，让我们一起来猜个谜语（**重建关注，活动开心抓气氛**）。谜面是‘四两拨千斤’，打一食品。谁知道？谁猜得到（**互动、调动**）？

“提示一下，这个食品不能当饭吃啊，这是个副食品。高能量，‘驴友’必备（**缩小范围，引导**）！有人说‘士力架’，接近了（**积极回应学员的答案**）！这种食品在下雨天和音乐很配哦！对，它是情人节的礼物(**回应学员回答，引导发现**）！猜对了！答案就是巧克力！来，送上甜蜜小礼物（**事先准备一块巧克力**），让我们给这位同学一个热烈掌声（**进一步调动气氛，实现破冰**）！

“有人要问了，为什么‘四两拨千斤’，谜底会是‘巧克力’呢（**反串提问，替学员挑明疑惑，对于一个脑筋急转弯的猜谜是必要的）？您想啊，这四两居然能力拔千斤，这不是以‘巧’克了‘力’吗（自圆其说，引出关键切入点概念）？

“在工作中（话锋一转、闲话不闲），很多同事起早贪黑，任劳任怨，投入大量时间、精力、成本、资源，费了九牛二虎之力，结果却事倍功半，效率低下、任务失败、项目超时、业绩不达标、经常挨批评，搞不好还被扣钱（戳痛点）！有没有（引发共鸣）？

“那么我们该如何四两拨千斤，‘巧’妙规划、‘克’服障碍、有‘力’地推进呢（Call Back 谜语资源，痛点切入）？今天，我们就带领大家一起学习如何运用科学方法、借助现有工具提升团队执行力（达成共识，实现破题）！”

谜语，主要指暗射指定范围内的某事物或者文字等供人猜测的隐语，也可引申为蕴含奥秘的事物。

谜语，让人深度思考，若训练中巧妙应用，有时候能够收获引导、激发、促动的奇效。

（三）推进：深刻印象

训练推进要注意模型的运用，每一单元包括 P.G. 都要按部就班、循序渐进，以达预期效果。

1. 结构：“N+2”

课程中的段落、层次和 P.G. 要点，应如何准备、规划、有效连接起来，层层推进地展开呢？

“N+2”的结构是非常重要的。“N”就是一个课程的“课、段、层、点”的数量；“2”就是开场、收场或开头、结尾。一个课程有 N 段，一个段落有 N 层，一个层次包含 N 点（P.G. 问题要点）。

“N+2”的结构意味着一个层次的进程推进，就是 N 个 P.G. 问题要点的讲解，“+2”即加上这一层的开头和结尾；一个段落进程推进，就是 N 个层次的讲解“小进程”，“+2”即加上这一段的开场和收场；而课程结构中，则包含 N 个段落，一堂课大的进程推进，就是 N 个段落的讲解“中进程”，“+2”即加上这堂课的开场和收场，这也构成了一个课程的“大进程”。

“N+2”的结构中“2”有两种：第一种，课程和段落的开场和收场，时间较长，形式多样，内容丰富；第二种，层次和 P.G. 要点的开头和结尾（导入收结），时间较短，形式相对简洁，干脆利落，一般会是一问一答。最简单的开头和结尾，就是培训师常用的 QSQA，即前问后答中间讲。

“N+2”的结构，课程“大进程”和段落“中进程”要有开场收场、层次“小进程”要有开头和结尾，层次中的每一个 P.G. 和每一个点也要有导入和收结，即这个点的开头和结尾。

“N+2”的结构，要把握“课、段 +2”，开场和收场长而满；也要把握“层、点 +2”，开头和结尾短而精。

“N+2”的结构，结构组织和进程推进的口诀是：自圆其说、环环相扣、层层推进、告一段落。点的讲解有头有尾、要自圆其说；点与点之间要环环相扣，环环相扣的衔接技术叫作“承上启下”，“承上串概念，启下设疑问”，用串讲概念总结承接上一点，用问题启发引导出下一点。每一层、每一段同样需要承上启下做好衔接，每一层要层层推进，每一段（包括内容和时间的段落）要“告一段落”，每堂课也要做大收场。

2. 单元：自圆其说

自圆其说，课程中每个单元、每个要点的讲解演绎要有技巧，理性话题要感性演绎，感性话题要理性升华。既要有归纳又要有演绎，既要充分展开又要放述收论。它主要有以下三大技巧。

（1）真性情、平常话、身边事。

真：真性情。表达时要全情投入，把感性语言发挥出来，感召他人；运用触景生情的手法，看到学员或提到一个现象，马上触景生情，联想到自己的某段经历或看过的某段文字等，把自己的想法感悟拿出来分享。常用的话术是：每当……我就会想到……看到……我不由得想起……

平：平常话。用生活中的话语打比方，论证课堂中的专业内容。比如：把训练讲授过程比喻成刷油漆，用最后“刷亮光漆”的工序对总结回顾技术进行口头论证；用给孩子喂奶说明即时给予。

口头论证包括简单比方和深度比拟。深度比拟既是课堂即兴表达的一种形式，又是演绎中口头论证的方式，即找到一个比拟对象，从多个角度对课程内容进行深度比拟。如以烧菜做饭深度比拟资源整合，从一开始的买菜（搜集资源），到洗切备料（资源整理和准备），到把各种食材辅料放在锅里炒菜（过程管理、火候和节奏把握），到最后盛菜出锅上桌（有成果）。

身：身边事。训练中我们一般提倡多举身边事例，搞得近一点，不要离得太远，动不动就“大洋彼岸”“五百年前”，容易没感觉。事例最好是本部门、本企业、本地区、本行业、本世纪、最近一段时间的身边事。

现身说法，也是“身边事”的应用，即讲自己亲身经历的事。这种讲法现场演绎生动、效果特别好，而且它可以和先破后立的区分讲法结合起来。换句话说，就是先介绍自己的教训，现身说法：“各位，今天我们讲一讲安全生产，提到安全生产啊，不得不和大家分享一下我亲身经历的一段往事，现在想起来还心有余悸、教训深刻。还记得，那是在我入职的第三年……”

讲亲身经历的事儿容易吸引人。如果讲的是不好的事、犯错的事、倒霉的事等会让人警醒，同时也会让人更有兴趣听，更关注讲解的内容。

真性情跟身边事，把自己放进去、全情投入；触景生情，重在感性的演绎；摹情摹景，动情地去感染、去带动；现身说法，重在用血淋淋的事实、教训去振聋发聩。

（2）前问后答中间讲。

前面提出问题、中间展开讲授、后面给予答案，即“QSQA”：先提出“Q”，引发思考，让学员带着问题、带着思考进入训练，然后作“S”结构性展开，充分讲解、生动演绎后，复述问题“Q”，最后给出答案“A”。

多用于训练的重要引导环节中，如讲故事、演角色、议案例、做活动、玩游戏、行测试、答问卷、导体验等，都要前问后答中间讲。

（3）正说反论诙谐讲。

正面讲授，同时揉进反面引导，包括反面的内容、提醒警示、注意事项、容易出现的问题或障碍、可能的困惑、重大误区、伪命题等，还要有诙谐幽默的设计，谨记“歪招笑，正拢人”。

3. 讲解：价值五模

教学设计的“进程规划”和“单元配置”是宏观与微观、全局与部分的关系。进程包含单元，单元构成进程。“一堂课”的进程，是由很多个“一节课”的单元衔接而成的，这里用单元概念指代课段层点各级内容。由此可见，进程的层层推进离不开课段层点诸多单元的自圆其说和环环相扣。如果单元的配置不到位，达不到预期的培训目标，那么进程的有效性就失去了基本依托。

“配置”是有章可循的，在职业训练的语境下，各类课程的各级单元都有类似的结构，组成单元结构的都是类似的模块，单元配置思路的关键就是理解、掌握和运用这个类似的结构，我们把这个结构称为“单元价值呈现模型”，简称“单元五模”。

单元价值呈现有几个关键要素，单元五模反映课程在进程规划和主辅配置上的微观结构，把握和应用这个模型的基础是正确理解“五模”的含义。其关键要素如下。

（1）导入：龙首。

导入重在重建关注，同时也要调动学员的学习动机，彰显本单元的价值所在。重建学员对课程内容的关注度很大程度上决定了课程的效果。培训就是要从头到尾、千方百计地把学员的注意力引入主题，注意到在讲什么，并且想得通为什么学、弄明白学习的价值和收获，从而尽可能地投入学习活动中。单元价值点虽是独立环节，同样需要重建关注。

导入对于每个单元的作用，相当于开场对于整堂课的作用。除了立规矩、自我介绍一般只在开场环节做一次以外，引关注、达共识，即破冰和破题，是每一个单元导入不可或缺的规定动作。“开场”是相对于“进程”的宏观概念，影响课程的全局；“导入”是相对于“单元”的微观概念，影响课程的局部。

开场就是大导入，导入就是小开场。

导入，比喻为龙首，源自龙首威势、震撼、神秘，神龙见首不见尾。

“导入可开场。”在训练进程中排在最前面的单元导入可不可以当作整个课程全局的开场呢？答案是肯定的。即使是影响全局整体的开场，也可以通过仅一个的“切入点”，把学员的注意力引向课程主题，第一个单元的导入完全可以胜任。

（2）纲要：猪肚。

纲要，设计的目标，就是明确本单元“讲什么”、呈现哪些内容干货、包含哪些内容要素。这个“纲要”不是指整个课程的纲要架构，却反映了课程纲要架构中的末级目录，代表着这个单元中的主明线内容干货，相当于课程架构关系树上的一个“细枝末节”，对应着课程中不可再分的最小化内容组织单位。

纲要，包含着这个单元内容的微观结构，全部细节都是为一组目标服务的。这组目标把此单元纲要中的全部细节当作一个整体来看待，不要求学员挖得太深、展得太开。同样的课程内容对于不同学员对象、不同人物场景、不同培训目标，“单元”划分的细致程度有着不同的要求。这种反映单元纲要划分细致程度的特性，就是“内容颗粒度”。

纲要，在训练进程中以单元配置方案打包出现，不可拆分。课件演示文稿中，单元纲要的内容也会以一组一组 PPT 页面的形式组织在一起，每一组演示页面可以是一页或几页，反映了一个相对完整和独立的价值点。我们把一组称为一个 P.G.，每个 P.G. 也是一个微观单元。

纲要，存在自己的结构细节，反映单元 P.G.“讲什么”，包括单元中的主线内容干货，那些概念、观点、结论、方法、技巧、步骤、流程、制度、标准等也有自己解释、说明、论述的方式，这些方式的不同主要表现在结构的不同上。

纲要，比喻为猪肚，源自猪肚有层次、有容量、有弹性。

纲要，主要有以下几种论述结构。

① **单一要点结构**。这样的单元纲要仅有唯一的一个关键要点，单元中的所有主线内容均围绕这一个关键要点展开论述，同时为这些论述配置相应的演绎形式和资源材料。

② **并列要点结构**。这样的单元纲要存在多个打包出现的并列关键要点，每一个要点都是这个单元价值点的必要组成部分，不可缺漏或拆分。单元中的主线内容均围绕这些并列的关键要点，并为这些要点中的全部或大多数配置相应的形式和资源。

③ 总分要点结构。这样的单元纲要将一个关键要点细分为几个相互关联的侧面，比如一个论点由几个分论点组成，通过几个分要点论证一个总要点，或因为目标对象和培训目标设定的原因，将原有颗粒度较小的多个单元合并为一个颗粒度较大的单元。在这样的结构中，要为每一个分要点配置相应的形式和资源。

④ 递进要点结构。这样的单元纲要由按顺序排列的几个关键要点组成，排列的依据往往是因果关联、时间先后、操作流程、认知顺序等。这个单元内“小进程”中的每一个环节，要么是从解决问题的角度不可拆分，要么是基于与某些总分要点结构类似的原因调大了内容颗粒度合并在了一个单元。同样，要为顺序中的每一个关键要点配置形式和资源。

不论采用上述哪一种论述结构，这些纲要内容都是一个单元中紧密联系的组成部分，在面向全局的进程规划中都可以看作一个完整独立的“单元价值点”。

（3）演绎：虎背。

演绎，设计的目标，就是解决本单元“怎么讲”的问题。理性话题需要感性演绎，否则课程内容对学员来说就会显得生涩枯燥，要么不易理解掌握，要么难以保持关注。

演绎，代表着单元教学中的形式安排，也就是课堂讲授配置中“辅明线”的经典演绎和“辅暗线”的机动安排，对有效训练而言不可或缺。

演绎，在逻辑学上是和“归纳”相对应的概念。归纳法和演绎法是人类认识世界和科学研究中最常见的两大方法。归纳是观察世界得来的共性经验总结，是从“特殊”到“一般”；而演绎则是基于共性经验进行的针对特别个例的推论，是从“一般”到“特殊”。比如，“人早晚都会死亡”是观察到的通则，是归纳性结论；“×× 是人，所以 ×× 也会死”，这是基于上述通则通过演绎推论得出的结论。

演绎，在单元价值呈现模型中不是指演绎推论的思辨过程，因为这个过程是理性的，属于“纲要”模块涵盖的范畴；而是指感性演绎，是“演绎论证”，也就是用感性的个案论证一般的规律，进而促进学员对一般规律的理解和掌握的过程。显然，这也是一个“从一般到特殊”的过程。

演绎，比喻为虎背，源自老虎形象呈现王道、霸气，虎皮则纹路清晰。

演绎，有三个主要的目标：促进理解感悟、获得感性体验、习得实践技能。

① **促进理解感悟**。通过列举已知事物，帮助学员理解新概念；通过口头论证打比方，促使学员触类旁通明白新道理；通过现身说法、案例警醒或故事触动，引导学员获得新感悟。

② **获得感性体验**。通过现场示范让学员眼见为实；通过举例说明让学员感同身受；通过体验式活动、对话研讨等形式带给学员实实在在的感性认识。

③ **习得实践技能**。通过促动引导带动学员在与老师的问答互动中巩固旧知、运用新知并尝试进行综合分析和判断；通过组织个人、搭档或小组的演练活动，帮助学员找到实操感觉、理顺操作流程；通过情景模拟、角色扮演、行动学习等形式，支持学员在演习和实践中学以致用，在挫折和碰壁中解决问题。

（4）资源：豹腰。

资源，设计的目标，在于解决本单元“借助什么讲”的问题。其实，无论是理性表达，还是感性演绎，都离不开资源素材。

“理性资源”：用于理性表达中的分析、推论、解释、说明等所需要的资源素材，如背景知识、基础原理、支撑理论、关键数据、法典条文等，是理性的，是内容干货。这些资源将辅助主线内容，达成主线内容纲要的训练目标。

“感性资源”：用于感性演绎中的描述、论证、示范、体验等所需要的资源素材，如：讲故事的形式就需要“故事”资源，打比方的形式就需要“生活中的类比事物”资源，说文解字的形式就需要“汉字或拼音文字”资源，举例子的形式就需要“案例”资源等。

资源，是单元讲授配置中的辅线材料，是“辅明线”中的固定搭配和“辅暗线”中的备用资源，是为主线服务的。

资源，比喻为豹腰，源自豹子腰身遒劲、有力道、不臃肿、发力迅猛到位。

资源，一定是和主线内容成对出现的。根据这个成对关系的不同，资源运用主要有以下三种结构。

① 随形附影：“一资源对一主题”的资源运用结构。一个内容纲要的要点，在解释说明或演绎论证过程中只需配置一个资源素材，就能确保演绎效果或论证的充分性。如介绍某种系统新功能带来的操作便捷性和准确性，就可以引用一组统计数据来证明效率的明显提升和错误的明显减少；再如讲解一套客户质疑应对的话术方案，就举一个实例来示范在某个具体场景中这个话术方案使用时的样子。

② 旁征博引：“多资源对一主题”的资源运用结构。一个内容纲要的要点配置多个资源素材，支持重复强调或多种形式的讲解演绎，以求确保实现预期的训练效果，这也是“信息球”的技术。有些是针对重点、难点、歧义点内容的计划内安排，也就是“辅明线”中经典演绎所需的固定搭配；有些是依据学员的现场表现准备的计划外预案，也就是“辅暗线”中机动安排所需的备用资源，如为了论证技术进步带来的“突变式”影响，可以用数码成像技术对传统胶片行业的影响、外卖 App 对方便面销量的影响、智能手机对人们社交习惯的影响等案例重复强调进行论证，最终让人不得不懂、不得不认同。

③ 取类比像：“一资源对多主题”的资源运用结构。同一主题范围内的多个相关内容要点配置了同一个资源素材，而对这个资源素材的多角度解读，

可以分别说明论证多个相关的内容要点。这是因为资源，主要是感性资源所具备的“多面体”特性。有时候，这些多角度解读都包含在一个相关的主题范围之内，这个“相关的主题范围”可能会涵盖多个单元甚至层次段落，于是同一资源的多面体特性可以在一次授课中都表现出来。

取类比像是可以跨越单元结构、融汇多点内容来使用的。如通过对一个重大责任事故案例的多角度分析，同时论证了安全意识、安全培训、安全责任监督、安全操作制度落实、安全设施维护等多个内容要点；再如，用米和水的关系来论证内容和形式的关系，“米比水重要”表示内容重于形式，“水多米少”表示形式占比多过内容，“稻米品种影响水米比例”表示内容的专业深度影响感性演绎安排的多少，“食客的软硬喜好”表示学员的能力和状态也影响主辅配置关系。同一个类比事物，从四个角度反映了四个相关的观点。

一般而言，对一个资源素材的多角度解读发生在资源素材的搜集储备阶段，在运用资源的时候往往只涉及一点，不涉及其余，正所谓“资源就像多面体，只有一点贴合你”。

（5）收结：蛇尾。

收结，设计的目标，在于巩固单元的学习记忆效果。正如收场对于全局进程的意义，收结对于局部单元的讲授也是不可或缺的。类比全局开场和单元导入的关系，同样也可以说“收结是局部的小收场，收场是全局的大收结”。

收结，比喻为蛇尾，源自蛇尾有力度、能平衡；全局的收场，则比喻为凤尾，源自凤尾的全面、华美、绵延。

收结，要适度有利、控制平衡，要全面、漂亮，既能关照课程全局，又能深化现场效果。全局进程收场设计的重要性和单元收结的核心任务都是总结要点、传达期待和倡导行动。

收结，总结范围和收场的总结不同，收结显然只是收本单元的内容，相对较短小，关系也简洁，一般用复述的方式，干脆利落。注意：最后一个单元的收结，绝不能代替整个课程全局的收场。“收结不收场。”

收结，单元中的总结任务，其实是单元讲解后的过渡，也是承上总结。

单元价值呈现五模（见图 4-4）将帮助大家了解单元价值的呈现并灵活掌握五个模块的内在含义及其应用。

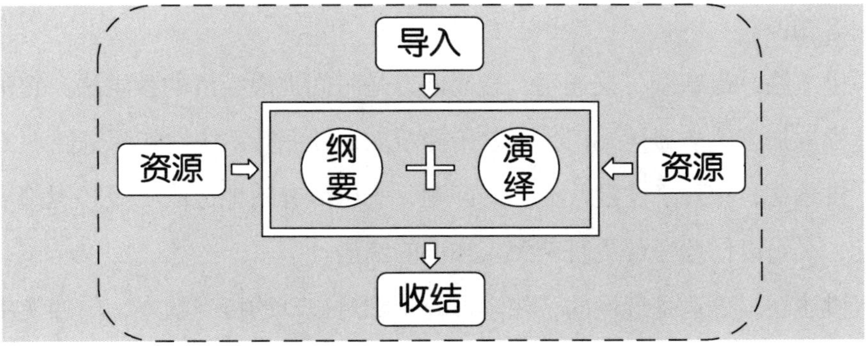

图 4-4　单元价值呈现五模

（四）支持：形式方法

“方法”是技巧的集合，“形式”是“方法”的集合。培训中常用的教学形式，根据学员在学习活动中的感受和参与方式的不同，分为讲授式、探究式和训练式。

讲授式教学，学员以感知为主；探究式教学，学员以发现为主；训练式教学，学员以体验为主。不论采用哪一种训练形式，培训师都要把控进程，带动节奏，提醒察觉，激发感悟。

1. 讲授式

讲授式，培训师作为内容表达呈现的主体，引导学员以视听为主、交流体验为辅，感知课程内容。

讲授式，包括讲述法、讲解法、讲演法、讲习法，其中“讲习法”在培训师主导下，同时充分运用了互动问答、团队研讨、实操演练等探究式和训练式中的方法。

（1）讲述法。

讲述法，用简洁明快的方式，直接向学员陈述事实、定义、原理、规则、做法等知识。

讲述法，最基础、最通用、最简便，是时间上最经济的教学法。它呈现的是提炼加工过的显性知识，可以传授新知，并保持系统性和深刻性。

讲述法，聚焦于“是什么”的问题，既可以有效地达成浅显知识的培训目标，又可以作为呈现更复杂深入知识的铺垫。

讲述法，表达是理性的，使学员处于相对被动的接受状态，单独使用则不利于激发学员的感性认知和训练学员的行为能力。

讲述法，让学员分得清、辨得明，做到“一清二楚”。

讲述法的教学运用须留意以下几点。

口语思维、概念表述：强调重要的概念，避免使用拖沓冗长的句式，合理断句，加强停顿，有意识地控制和消除赘语的影响。

真性情、平常话：尽量变术语为话语，避免使用过于正式和书面的语言，运用有生命力的生活语言。

理性话题感性演绎：确保抽象的理解能和具象的认知体验相结合。避免长时间单独使用讲述法教学，注意和“讲演”“讲习”等感性方法配合使用。

以已知求未知：通过事先的调研和假定来把握学员的普遍认知水平，稳步推动学员激活旧知，获取新知。避免讲述过程中出现令学员困惑和费解的未知概念和背景知识。

知其所以然：和“讲解法”有机结合，做好内容价值的深度挖掘。避免讲述的过程流于表面，蜻蜓点水，不求甚解。

（2）讲解法。

讲解法，是对概念、要领、观点及原理、原则、规律等进行解释、剖析、延伸或论证。

讲解法，聚焦于解决“为什么”或“究竟是什么”的问题。要求学员不仅知其然，还能知其所以然；不仅了解表象，还能把握本质；不仅熟悉个案，还能提炼通例。

讲解法，让学员挖得深、看得透，做到“心领神会”。

讲解前，培训师可组织受训者预习教材，初步掌握重点、难点，使讲解具有针对性。

讲解时，培训师可直接呈现分析过程和分析思路，并灵活运用问答、对比等形式，结合图表、数据的演示，讲清重点，突破难点，启发学员参与探究的过程，积极思考，加深理解。

讲解时，培训师运用指示、口令、口诀等，有助于加深学员对讲解内容的记忆和理解。讲解的过程与“讲述法”一样，须留意相关注意事项。

讲解法，在教学实践中对相对较复杂问题的讲解，往往需要和“讲演”“讲习”等配合使用，通过感性的体验促进理性的认知，比如运用例证、示范和类比等方法。

（3）讲演法。

讲演法，运用各种感性演绎手段营造氛围、还原情境、呈现形象、演示过程、描绘细节、论证观点、示范要领、展现影响，以求刺激学员的形象思维和情绪情感，进而激发学员产生具象而感性的认识。

讲演法，聚焦于解决“什么样”“怎么样”的问题。它可以在理性认识的基础上夯实和加深理性知识的印象，进而让学员获得感性触动，这就是理性话题感性演绎；也可以从感性入手，激发兴趣，调动关注，进而提升理性认识的效果，这就是感性话题理性升华。

讲演法，让学员跟得上、想得通，强调“感同身受”。

讲演法，致力于用具象的感性认识促进学员把握相对抽象的理性知识。常用技巧有如下几点。

列举：用多个（一般不少于三个）旧有的经验事件，与新的抽象概念建立关联；用旧体验解释新说法，因为旧体验学员已经很熟悉，所以没必要展开，点到为止即可。列举的事例是一句话就能说清楚的“轻案例”，常用于辅助说明概念的定义，典型话术是“比如”。例如所谓心流状态，就是指胜任力和挑战度达到完美平衡、让人心无旁骛地全然投入的心理状态；比如既生动又有料的培训课程、势均力敌的乒乓球比赛、同级别玩家组成的两个战队间的手机游戏竞技等。

举例：有“现身说法”或“触景生情”的意味。这时不但要辅助讲解新知识，而且学员过往的经验中也没有显而易见的例证，因此需要在事例中呈现出生动的新体验，时间地点人物、背景过程结果都需要绘声绘色地呈现出来，让学员在例证中获得与理性知识相对应的感性体验。举例就是“重案例”，典型话术是“举个例子”，如果这个例子是基于培训师自己的真实经历或见闻，那么也可以说“还记得”“有一次”等。

类比：也叫“口头论证”，用学员喜闻乐见、耳熟能详的平常话、身边事反映知识的内在规律和共性本质，滴水藏海、一叶知秋，促进学员获得超脱知识本身的深层感悟，典型话术是“打个比方”。如果列举的效果是“知道了”，举例的效果是“理解了”，那么类比的效果就是“明白了”。

除上述三种技巧外，肢体动作的感召、操作示范、音视频演示和“讲故事”“说文解字”“空手道”等，也是讲演法中较常用的技巧。

（4）讲习法。

讲习法，组织引导学员参与学习活动，通过温习、研习、练习、演习等手段强化学习体验，促进学员在动脑、动口、动手等行动中习得新观念、新技能。

讲习法，聚焦于解决“怎么做”的问题。一些通过深度体验式活动强化“怎么样”认识的方法，因为学员的行为参与，也归属于讲习法；学员可以通过温习的体验强化记忆，通过研习的体验深化理解，通过练习的体验掌握实操，通过演习的体验实现对知识的融合运用。

讲习法，让学员融得进、做得到，强调“身体力行”。

讲习法，基础是提问引导技术。培训师可以通过问题高效促动学员的学习体验。测试性问题可以促进温习旧知、学以致用；引导性问题可以促进反思常识、发现规律；场景化的问题可以促进学员综合所学解决具体问题。

讲习法，组织保证是学习团队组织社交行为的催化，尤其是研习和练习活动。培训师要借助学习小组和学习搭档，灵活运用二人对话、对练，小组研讨、练习，团队竞赛等多种形式促动学员参与。

讲习法，重要手段是玩具式教具和游戏式学习，寓教于乐，学员必然乐此不疲，高兴奋度和高专注度的结合可以极大提升学习的效能。

讲习法，与讲演法一样，专注于感性效果，而且因为学员“身体力行”，能够获得比“感同身受”更深入的学习体验。

2. 探究式

培训师作为引导者和促动者，支持学员个体或团体通过自学、反思、查阅检索、团队研讨等途径自主获取知识、寻求答案。探究式的教学和学习活动组织形式主要包括问答法、研讨法和反串法，这些方法均可应用在以讲师为内容表达呈现主体的讲授式教学中。

（1）问答法。

问答法，即通过提问引发学员思考，促进学员实现知识构建。

“变讲为问”：提问是最直接的重建关注和引发思考的方式之一，培训师通过不断地提问引导，可以强化培训主导者的身份，也可以让“告知”的教学过程转变为学员主动发现的过程。成熟和有经验的培训师可以基于学员的普遍认知精心设计提问，让提问贯穿整个教学活动，为讲述和讲解的理性表达赋予积极思考的价值。

“追问法”：当一个高难度的问题让学员陷入困惑，或一个问题的思考过程不易通过语言反馈呈现出来的时候，培训师可以通过连续提问促进学员更快地找到答案。常用的方法有两个。

一是问一个“为什么”的问题，再把它转化为“怎么样”的问题。如：“为什么要先关闭气动薄膜阀？（停顿）如果不关就直接开机会怎么样？”

二是问一个开放式的问题，再把它转化为封闭式的问题。如：“为什么要及时回顾要点？（停顿）是为了促进理解呢，还是为了加深印象？”

善用问答法，可以让学员走上学习和成长的“快车道”。

（2）研讨法。

研讨法，在培训活动中培训师提出问题或规定情境，要求并引导学员以学习搭档或学习小组为单位，通过交流讨论、团队共建/集思广益，最终归纳成小组结论。研讨学习是组织学习的重要形式。

研讨法，具有两个明显的特点：一是自主性，培训师支持学员自主得出结论，而不是直接提供答案；二是开放性，研讨的课题并不预设唯一的“正确答案”，重在探究过程的科学性和对结论合理性的解释。

研讨法，组织形式和研讨流程类型繁多，但大多以得出特定问题的答案或解决方案为目标，也就是找到特定的规律性结论或策略性方案。

研讨法，适用于具备一定经验和问题分析解决能力的学员，培训师可通过事先的安排，要求学员为研讨进行必要的知识和资讯准备，以保证研讨的质量。

研讨法，也是行动学习项目中的重要技术。在传统的培训活动中，课堂上的研讨往往用于通过典型案例引导学员理解并掌握课堂讲授的内容。在课后实践的过程中，学员往往会遇到难以独自判断、决策或直接运用课堂所学的实际场景和问题，这时的团队研讨对于实现“学以致用”的目标就更加重要。因此，在“后疫情时代”的课堂培训活动中，更加强调通过对较复杂的现实问题的研讨，加强学员的学习体验，提升学员综合运用课堂所学解决实际问题的能力。

（3）反串法。

反串是中国传统戏曲演出中的一种演出方式，主要是指演出与自身本工行当不同的戏码。

反串法，通过反串学员，在学员立场、角度上进行引导和对接，最常用的话术是“讲到这里，有学员可能会问……”“讲到这里大家可能会想到一个问题……”

反串法，也包括学员反串培训师，通过提供必要的资讯讲授必要的背景知识，要求学员个人或小组针对某一特定教学内容进行准备，并在规定时间向其他学员讲授的探究式教学法。这种反串实际上是一种翻转课堂，探究的过程发生在学员和培训师的身份翻转之后。因为要完成授课的任务，学员投入远超过常规听讲时的关注度和思考力，“教”是最好的学，教学准备的过程就是探究和学习的过程。

反串法，与研讨法的开放性不同，一般应用于比较明确和相对固定的知识点，存在公认的标准答案。培训师在学员反串教学后要注意必要的总结、匡正和补充，确保教学过程顺畅、观点正确、内容完备。

反串法，教学活动的组织要注意确保绝大多数学员的参与，既要保证任务小组中的所有成员参与到备课和授课中，又要准备足够多的任务，让课程中的所有学员均有机会加入反串授课活动。

3. 训练式

培训师在课程中组织学员参与身体力行的学习活动，通过体验启导感悟，通过实操掌握技能，通过反馈改善表现，促使学员“在做中学”的教学形式均属“训练式”教学。

训练式包括体验法、实操法和反馈法。这些方法同样可以在前述以讲师为内容表达呈现主体的讲授式教学中以讲习法的形式得到运用。

（1）体验法。

体验法，是在课堂教学中运用体验式学习和游戏式学习的活动组织手段。培训师在预先设计的寓言式场景、情节和群体社交行为中，引导学员通过深度参与获得实在体验，进而实现心态调整、观念转变、素质提升等目标。

体验法，应用于实现态度观念类的目标，可调整学员的动机、意愿、观念、作风和行为模式，重建对心法理念的理解和认同，达成其他教学形式和方法无法达成或难以达成的效果。

体验法，设计往往基于心理学、组织行为学的成果共识，并依据教育学和管理学的理论，从参训学员最本能和最现实的思维方式与行为表现入手，着重激发学员面临巨大挑战时的所想所为。在体验式活动结束后，组织学员对过程中的行为和体验进行追溯、复盘、反思和分享，再通过培训师针对性的点化引导，完成深刻的观念转变。

体验法，在培训进程中可以起到重建关注、调节氛围，也就是“破冰”的作用；在破冰的同时应当借助活动体验引发学员对课程价值和学习动机的深度思考，也就是“破题”。

体验法，穿插使用在关键结论的演绎论证中，可以让教学手段更具多样性、生动性和趣味性，化解讲演法论证带来的审美疲劳，有利于优化学员的学习体验，提升平均专注程度。

体验法，可以不追求系统的纯体验式学习项目中要求的心理体验强度和深度，不要求多个体验活动之间的相关性和连续性，不依赖道具、声光电多感度促动和苛刻的场地条件，单个活动的持续时间也相对较短。培训师甚至可以引导学员坐在原位或起立，通过伸手就来的空手游戏展示一个“道理”，这样的体验法技术称为“空手道”。它耗时极短，对场地和道具完全没有要求，体验适度，具有较高的新颖度和主题相关性，且因为大多具有反预期的设计特点，往往能给学员留下较深印象，收效甚佳，如作家毕淑敏设计的心理小游戏“掌声响起来”就是这样的“空手道”。

体验法，运用的所有体验式学习活动和其他教学资源一样，具有多意特性，可以进行多角度解读，论证不同的观点，得出不同的结论。

正所谓“资源就像多面体，只有一点贴合你”，培训师要引导学员思考的方向，做好事先的主题铺垫和事后的归纳总结，确保体验带来的感悟符合培训的目标。

（2）实操法。

实操法，是在课堂训练中安排学员实际操作、练习或演习，以求学员掌握流程步骤、动作要领、应对策略等技能技巧，并达到一定熟练度。这里的“操作”多指标准化和规范化的基本动作和执行步骤，意在帮助学员找到感觉，掌握流程；这里的“练习”多指常用定式化操作和技巧，意在帮助学员提高熟练度，掌握动作要领，形成肌肉记忆；这里的“演习”多指在典型的规定情境下让学员综合使用所学知识和技能进行应对，意在帮助学员具备解决实际问题的能力。

实操法，广泛应用于课堂训练和工作中辅导（OJT）。在课堂训练的场景下，因为受到设备环境条件的限制，某些技能的实操训练无法进行；还有些虽然可以借助模拟实训装备、材料、环境等模拟进行，但不能完全代替现实工作环境中的实操训练。

实操法，大多数是“先学后做”，在实操之前，培训师应当通过讲授示范促使学员在理性认知和感性观察层面初步识记、理解操作的过程要素，还可以在实际操作前要求学员口述操作的流程和要领，确保训练的有效性并避免操作事故。

实操法，也可以用于“先做后学”的预习性体验，帮助学员对操作对象产生感性认识并暴露问题、障碍和挑战；也可以用于“边做边学”的模仿性操作中，帮助学员找到操作的感觉，掌握动作的要领。

实操法，还可以用于训练效果的测试和训后的熟练度提升。

实操法，配合“反馈法”教学，还可以用于评估和改善员工个体的行为表现。

（3）反馈法。

反馈法，是以发现问题和改善行为为目标，以测试、示范或练习等形式促使学员充分表现正确、暴露错误和不足，再通过讲评反馈肯定学员的正向行为，指出存在的问题并提示或示范改进方案。

反馈法，使用中往往会配合实操和示范，尤其在工作中辅导的场景下，反馈往往以“示范”的方式呈现，典型的操作步骤是：我说你听，我做你看，你说我听，你做我看，我再做一遍，鼓励加挑战。

反馈法，在训练中则重在“讲评”，讲评技术就是反馈技术。讲评反馈要求培训师“讲到点、评到 Key、做到位”。讲评是技术，更是艺术。

反馈法，讲评反馈可以是计划内的设计反馈，学员预先知道表现的目的是获得反馈，容易具备接收反馈的心理准备和学习预期；也可以是计划外即时给予的反馈，学员并无接收反馈的心理预期，但因为反馈的时机正当其时，培训师把握时机当头棒喝、直指人心，往往可以收获反馈的奇效。这种源于教练技术的反馈手法叫作“Here and Now（抓现场）”。它可以用于课堂训练，也可以用于工作中辅导；可以用于调整心态，也可以用于改善行为。

反馈法，高水平的讲评讲究“润切塑”：润，有效化解反馈时可能遇到的抵触心态，尤其是当学员小富即安、习以为常，满足于舒适区的自我肯定时；切，采用专业讲评的心法和手法，有效帮助学员发现盲点、走出困顿、化解迷惑、突破瓶颈，实现成长跃升；塑，让学员在欣然悦纳中清晰改善的路径、确立提升的目标、明了成长的方向，体验成长的快乐和收获的喜悦。

反馈法，基础的讲评能力在培训师能力图谱中是培训师初级能力中的高阶技能，专业的讲评反馈能力则属培训师职业成长的高级能力。版权课程《PAF 专业讲评认证导师标准教程》为培训师系统提升讲评反馈技能提供了迅捷的途径。

后附的《培训规范：环境选择要件核查表》和《培训规范：教材制作核对表》帮助学员在规划训练场地和制作训练教材时把握关键、掌控要素，为训练有效推进奠定良好的基础。

培训规范：环境选择要件核查表

1. 环境光线不要过暗也不要过亮 2. 环境空气较为新鲜，且通风良好 3. 环境温度可以调节 4. 地点距离符合限定的车程 5. 价格符合培训预算 6. 环境噪音较小或可以控制 7. 设备齐全，经过调试符合培训要求 8. 培训课堂的结构和空间符合培训要求 9. 桌椅数量充足，不易损坏且使用舒适 10. 有茶水（饮用水）供应 11. 有专职服务人员配合服务 12. 有专职的音响师配合服务 13. 住宿及吃饭地点距离教室步行 5 分钟以内 14. 有设置分组讨论的足够空间 15. 有符合开展体验活动要求的场地 16. 符合商业机密保护需要 17. 培训师到达方便 18. 培训场地装饰较为明快 19. 建筑质量不会出现意外事故 每次开始培训之前，检查培训的计划，对自己所带的物品和工具表格等进行全面的检查，并看一下有没有忘带常用的东西

培训规范：教材制作核对表

课程名称：　　　　　　　　培训师：　　　　　　检查时间：

步骤	检查项目	检查内容	执行标准	页码
1	封面	使用公司统一印制的标准封面	字迹清晰、纸面洁净、无折损，与封底用纸颜色一致	
2	封二	本次培训课程名称、举办日期、地点	内容正确、详细，不得有误差	
3	目录	按教材内容顺序、页码标识概括完成	完整、连续并与课程主体内容相统一	
4	正文	页码位置文字清晰，无缺页、无损页	内容上与培训师所提供的相一致	
5	封底	使用公司统一印制的标准封底	字迹清晰、纸面洁净、无折损，与封面用纸颜色一致	
6	塑料皮	教材面、底均用塑料封皮	透明塑料封皮	
7	封圈	统一尺码、颜色	严格按教材页数和厚度选择尺码和合适的封圈	
8	附带资料	公司简介	复印清晰、内容完整，份数与教材配套	
9	装订	装订对齐，无漏页、倒页	制作统一、装订整齐	
10	份数	制作份数	参训人数 +5	
11	其他			

第五章 | 智慧响亮

简单关键重复讲
直白好记易传播

刘言扉语

一步到位塑品牌，智慧响亮高境界
原地提升刻奇效，创新刷新显格调
跳脱常规全满意，出神入化怀敬畏
人课匹配势统道，以终为始成传说

第一节　一步到位

以势统道，以道御法，以法使术，以术用器

从职业训练和组织学习实施的角度深入地探讨创新，培训师要从过去以线下学习为主转变为线上和线下、正式和非正式、个体和团队、经典训练技术和新媒体技术相结合，从过去单纯的视觉引导到多感度促动，到现场训练手段和现场活动组织的创新，包括将来极可能广泛运用于培训的新技术工具的创新。

话语影响、智慧响亮，是培训师职业化的更高要求。要想一步到位，做到收放自如，达成原地提升、真正刻画奇效，就要注重资源重建、呈现创新和思想升华。

资源重建，基于素材主题化和主题素材化技术，对素材资源进行广视角、多维度、全方位的搜集和挖掘，要运用多面体、找到新角度，强调自圆其说。搜集要匠心独运、眼光独到、手段丰富、不拘一格，强调素材主题化；重建则要剑走偏锋、一骑绝尘、探幽发微、独领风骚，妙用主题素材化。培训师须谨记“顺理成章何须你，独占价值开生面”。

呈现创新，包括讲法的创新、演绎的创新、技巧的创新、训练活动的创

新、训练手段的创新以及团队组建形式、团队氛围营造等的创新，还有话语系统的创新，含标题、目录、概念、思想的创新。培训师要善用独特的话语，让课程与众不同，留存效果、传播影响。

思想升华，包含运用横向的融会贯通、纵向的深入浅出、外向的知往鉴今、内向的直指人心，在训练中关注学员、提醒察觉、激发感悟。思想价值是核心，呈现方式是关键，培训师可以运用旧说新语、探究本源、反思常识、重新定义及“润切塑”等实效技术。

培训师要能够“见人所未见、察人所不察、思人所不思、言人所不能言，行至无人境界”，完善自圆其说，注重独占价值，万物皆着我之色彩。

（一）正人正己第一步

无论您是新手还是老手，是刚刚开始讲课还是刚刚担当培训师，或正在尝试职业化，或已经在职业化道路上走了很多年，您肯定会有很多纠结：到底怎样让自己的课程品牌化？如何更具有市场影响，具有市场号召力？如何让课程誉满神州？

有的朋友可能会困惑于训练中的问题：怎样控场？怎样让讲授的效果更深入一些？怎样一下子就把学员抓住，引人入胜，扣人心弦呢？

有的朋友顾虑更现实的问题：公司领导要是不来现场就好了！全场的学员投入度更高一点就好了！素材更多一点就好了！自己的示范、演练更到位一些就好了！

无论是哪种纠结、哪种困惑、哪种顾虑，都存在某个关键可能始终没有化解、没有区分清楚，抑或思考问题角度单一。

有个故事送给大家。

一个病人去看眼科大夫，他说："大夫啊，我不能看报纸。"病患陈述不能看报纸，眼科大夫第一反应肯定是患者的眼睛出了什么问题，就像学员出现纠结、困惑、顾虑等，培训师第一反应肯定是从课程本身去考量：或许症结可能在是否要对问题做区分、是否要多角度思考。

患者说不能看报纸，那就来看看眼睛有什么问题吧。是近视眼？是散光？是老花眼？是青光眼？还是眼镜对焦不好？医生一通检查，各种仪器都用上了，最后还验了光，发现果然有问题，于是给患者配了眼镜，配好了、调好了，说："回去吧，你肯定可以读报纸了。"

没过两天，这人又来了，说："大夫，我还是不能看报纸。"

大夫想：怎么回事呢？不应该呀。于是，他又给患者一通检查加验光，过程中，大夫很纳闷，自言自语说："不应该呀，怎么就不能看报纸呢？"

这时候病患接话道："大夫啊，我不识字！"

这个眼科大夫为什么纠结呢？因为他没有区分"看不清"和"看不懂"，他的思考是片面和单一角度的。

1. 正确定位角色

角色的正确定位，包括培训师自己和参训者。"正"字是指要简单不要复杂,要正心正念,要搞清楚"我是谁？我来干什么？"同时搞清楚"他是谁？他要什么？"

这里有一个关键词：分享！

我是谁？我是来分享的！我把我的心得，把我自己行之有效的东西分享出来！我不强迫、不灌输、不说你不愿听的；把这个念头端正了，把这个意识端正了，这就是正己、正念！

不要强势引导。“你想我讲”，我就讲你想听的。“我说你要”，我说的就是你想要的。

对方是谁？是来解决问题的。别想太复杂，不要被对方非培训性质的头衔所影响：他是领导，为什么他要到现场？这次课他对我的印象如何？

“有所忌，无所顾忌”，要成为明师，必须忌惮的是：交流能否解决问题、培训是否达成效果、分享能否有帮助、内容是否拥有独占价值？其他的则完全不必顾忌。

“正人正己，正己正人”：学员是来解决问题的，而培训师是去分享的。

2. 精准规划内容

内容，有的人可能想得多，行动却茫然。培训师要精确地规划结构、逻辑、思想、讲授方法、训练时长等，它包括以下三个模块。

（1）通用套路。向先行者、成功者、优秀讲师学习、沿用和复制模仿的内容；在训练实践中被很多培训师反复使用的训练形式、技术方法、诀窍技巧；成型的思想、成熟的知识点、常用的工具；讲授的步骤、经典的案例、比较好用的游戏活动、有效果的素材、喜闻乐见的资源；专业术语、惯用话术……把这些训练效果不错且有心得，也学得来、做得到的统统拿过来，用在自己的课程中，就是通用套路。培训师不是发明家，在职业化前期可以暂时没有那么多自己的思想，可以整合传播、复制传承。

（2）惯用套路。在训练实践中自己设计、反思、完善、沉淀的，同时是行之有效、烂熟于胸的经典，因为常用而成习惯、用成经典的内容要点、资源素材、形式方法、技术技巧等，是总结沉淀而来的。这些自己设计、总结、提炼的伴随培训的经历、分享，会逐渐地、慢慢地、潜移默化地沉淀。

（3）创新设计。要追求和确保实在的、深入的训练效果，创新设计必不可少。正确地规划内容有一套口诀：套路保基效，设计出精彩，精彩化经典，经典成习惯，习惯变套路。

套路保基效：无论通用套路还是惯用套路，均能够保证训练的基本效果；培训师在职业化前期先运用通用套路，运用那些被检验过、行之有效的套路，同时做好力所能及的创新设计。

设计出精彩：精彩是设计出来的，创新设计虽然占比不大，却是精彩的保障；若创新设计应用效果不佳、不精彩，那就再复盘、再设计，一直到精彩为止。这里有一个小技术叫作“心动时刻”：实战时，培训师在课堂现场准备一张空白纸，一旦出现没有达成设计效果的状况，当场用关键词扼要记录下来，以备复盘、修正或调整，训后持续优化、完善。

精彩化经典：若创新设计效果奇佳，训练时就会出现精彩，培训师要把精彩沉淀下来，多多使用，变成经典。

经典成习惯：很多奢侈品品牌都有经典款，年年都差不多，培训师也要注意沉淀训练的经典，包括经典的形式、方法、技巧、技术及经典的素材、资源，含故事、案例、游戏、活动、测试、模拟、演练、讨论等，经常用、重复用，经典的使用会成为习惯。

习惯变套路：长期应用的习惯又会变成新的套路，这就是培训师自己拥有的惯用套路。

一堂课、一节课的效果主要靠套路来保障，若创新设计的内容占比过大，训练效果将难以保证，培训师可能会心中无底、心中无数，面临异常，束手无策。

通用套路、惯用套路及创新设计，这三个模块在课程中怎样规划？各占多大的比例呢？

这里一定要区分培训师是新手还是老手，是有经验的还是没有经验的，是有心得感悟还是生搬硬套等，不能把“看不清”和“看不懂”混在一块儿。

职业培训老手的通用套路相对会少一点，但是一点都没有也是不可能的，占比大概 20% ~ 30%；惯用套路占比相对多一些，可能会是 60% ~ 80%。

职业培训新手的通用套路一开始可能占比会在 60% ~ 80%；惯用套路限于阅历、经验、知识储备等因素，会从无到有，一点点多起来，在最初阶段可能会达到 20% ~ 30%，伴随时间的推移、训练实践的丰富、经验的积累、套路的沉淀，新手成为老手的标志之一就是惯用套路的占比会逐渐地提高。

创新设计一般占比在 5% ~ 10%，不宜过多，多则失控。

3. 镇自己压场面

行动，要明确一个规则，要根植到意识深处：镇自己、压场面。

镇自己，“镇”就是拢得住。训练时，培训师要拢住自己，用一个字形容就是“稳”，也就是稳定、稳重，身形不晃动、眼神不乱瞟、手势不乱出、脚步不乱移。

压场面，“压”就是定得住。培训师要先搞“定”自己，定形定神，“一门心思来搞定”，即端正态度、郑重其事；然后就可以搞定他人，就能够淡定、从容、不急不躁地压住场面。

我在给某全国性讲师比赛做导师团团长时，有一个学员快要上场比赛了，跑过来找我说：“刘老师，我突然一下子脑子空白，不知道怎么讲了。”大家有没有遇到过这种情况？无论新手、老手都有可能大脑空白。我开导他说：“你内容已经设计好了，也有一定的经验，准备也很充分，包括思想的准备、心态的准备、内容的准备。现在最关键的是你要‘定’！记住你不过是来分享的。”结果，他一鸣惊人。

培训师要走好职业化道路且走稳、走长久，一定要搞“定”，搞“定”就搞定了一切。

“正为先，顺为主。”正人正己第一步讲的就是正为先。

明师要端正心念，清楚角色定位，培训师是来分享和成长，是来解决问题的！加之内容规划到位了，通用、惯用两套路加创新设计，行动有准则，正人正己，讲述中再加上镇自己、压场面，这样的培训师一定是好样的！这样的课程一定没有问题。

（二）随时开讲好课程

“开口就是好课程”的愿望非常美好。培训师都期待自己能够脱口而出，一张嘴就是经典。“随时开讲好课程”是梦想、是追求，但的的确确有难度。

1. 平时育习惯，训处显风范

平时，是关键。要想随时开讲，就要懂得“平时育习惯，训处显风范”。

平时，要本着“有人即为师，开口就上课”的理念，培育成熟的思维习惯，培育良好的行为习惯，培育专业的表述习惯，培育职业的明师风范。

平时，要培育关注学员的习惯，“用心、用眼、用心眼”关注学员的一举一动、一颦一笑，关注学员的微表情、微反应、微动作。“不让自己带累我，用心助你超越您。”

平时，也要独具慧眼、别开生面，注重素材的积累和资源的准备，“随手拍”“随手记”，不是在上课，就是在准备的路上。

平时，要向自己学习、向同行学习、向历史学习、向实践学习，同行先行者，齐驱并前驱。“见贤思齐加一点，做足本分一百二。”

平时，更要观照察觉、省思感悟，注重探究本源、反思常识、重新定义，追求话语影响、智慧响亮，“变在变之先，转身就解放，不做另一个谁，成就唯一的我”。

“学习时时刻刻，训练无处不在。”在训练规划的前、中、后期和训练实施的各个方面，在平时或随时随地，培训师都能够有意识地去培育职业习惯、彰显职业风范，则道不远人，职业化成就必然！

2. 准备胜资历，资历长准备

时时，准备比资历更重要。培训师要时刻准备着！要随时随处留心、改进、反省，当然，这样才能真正地随时随处提高。

我曾经在授权导师班上对授权导师和徒弟们展示一幅广告：“不是巨头不聚头。”“巨头”就是通常意义上的大 Boss、大人物；“聚头”就是碰头。“不是巨头不聚头”，这个谐音梗很好，运用谐音，格局就不同了。

当时，我问导师班上有没有天津的朋友，现场正好就有个天津的徒弟。我问他去过天津机场吗？他说出差肯定要走天津机场，不是出去就是回来，来回都得经过。我透底这张照片就是拍自天津机场。

时时，就是随时随地处处留心，要随手拍、随处讲、随时改、随处跟进、随时提高，信手拈来，随处收获。

2014 年，我在以我为群主的二三十个培训学习微信群里发起了一项“随手拍”的活动，很多学员以及认可我的朋友和伙伴们都参与其中。随手拍是素材积累的方式！

2017 年开始，我们做了十几期“明师讲习所”，突破惯常的上课模式，不是一般性的三天公开课，而是四天四晚、五天五晚、七天七晚封闭式的培训模式。

职业培训师的成长是一个长期工程，要有相对长的时间磨合，不是搞两三天就能成的。在明师讲习所里面，我的徒弟、授权导师赵海河就用他自己随手拍的经验，特别分享了“用活资源，用绝资源”的主题。

时时准备，要想用活、用绝，就要眼里有活、处处资源。

时时就在随时，随时带来时时。

这里送学员一句话：“准备比资历更重要，其实资历就是一种长期的、时刻准备着的准备。”

（三）六步妙法抓人心

怎样可以一下子把人抓住，夺人眼球、夺人心智、深入人心？自己的课程怎样让学员喜闻乐见呢？

1. 准确假定

准确假定，抓住人心，抓学员的心思。“思”乃心中一口田，不盲目操作、不乱耕种，要精耕细作。

有这样几个假定。

（1）假定“已知”。要假定对方知道些什么，把握他了解什么、懂什么，才能给予他不知道的。

（2）假定“未知”。要假定对方不知道什么，掌握对方可能的不足或缺陷，就可以拾遗补阙、取长补短。

（3）假定“状态”。训前要结合学员调查和需求分析，把握学员心理、学员状态、学员期待。

（4）假定“行动”。引导讲解时，要事先预测对方会行动吗？会怎样去做呢？

（5）假定“反应”。课程内容讲解、讲授之后，要明了对方会出现何种反应。

（6）假定“回答”。问出问题，要想象对方会怎么回答、会有哪些答案。

培训师要充分而又精准地假定，巧妙地规划训练内容和培训全程，设计讲解过程和讲解步骤，“巧问妙答”给出别人给不了的答案。

2. 诱发思考

诱发思考，关键在拒绝诱惑、克制冲动、善用诱导。

拒绝诱惑：一定要拒绝给予答案的诱惑。有些培训师的很多提问，可能都是假问，或者根本不在乎学员是否回答就急于给答案。如开口问：“你知道为什么这样吗？”不等学员回答，也根本不给对方思索的时间，就想马上给出答案。如此一来，人心怎么可能会被引导呢？

克制冲动：一定要克制滔滔不绝、口若悬河的冲动。表而不达，功败垂成。讲授讲解的目的在于诱发思考，不能随性。当培训师停止说话，学员开始思考。

学员需要思考，培训师何尝不需要？！记住：一切都是流利惹的祸。

爱因斯坦说过：“学习知识要善于思考、思考、再思考。”培根有一句名言：“思考是行为的种子。”韩愈《劝学解》有曰“行成于思，毁于随”，意即事情由于反复思考而成功，但它却毁灭于不经大脑的随性中。

善用诱导：《礼记·缁衣》曰：“君子道人以言。”培训师要注重引导，要想方设法诱导、激发学员的思考；以问求思、循证以结。劝诱诱导、教导引导，让学员产生感应。

学员只要被诱发思考，心就容易跟着走。

3. 直击痛点

痛点，就是训练者的“阿是穴”，一般是指刚性的、可以量化的需求。很多学员之所以来参加培训，客观讲，他有痛点、有痛处、有不解之惑，亟待训练。

直击痛点，培训师以专业技术和专业手法敏锐地抓住学员和组织的病痛局部，刺激其敏感反应点，即找到问题点、抓住关键点。

痛点，就是大的价值点，正所谓“苦海无边，回头是岸”。学员经过点化，幡然醒悟。

4. 反转误区

反转误区，需要掌握专业的手法和技术，懂得导错归谬，反转求正解。

误区，是指因理解有误，不能够全面地观察事物，甚至在没有充分理解的情况下，较长时间形成的某种错误认识、错误做法或不正确的判断，从而导致错误行动和错误结果。

人们很容易“以常识作见识，拿见闻当见解”，深入误区而不自知；在知与行的方方面面，存在较多伪命题。但是，若培训师在训练中直截了当、一针见血：“你错了！”“你已经有误区了！”学员会反驳，很容易条件反射般不由自主地排斥甚至抗拒，固执己见，不肯改变。

反转误区的技巧如下。

导错归谬。假设某一命题为真，引导下去，触发深度思考，令学员发现矛盾而否定该命题为真，断定它为假，从而达成训练目标。这是一种常用的克敌制胜的训练手段；不直接正面驳斥对方论点、论据及论证方式，而是按照对方的逻辑和思路，推导出一个明显荒谬的结论，使其论点不攻自破。

以反转求正解。培训师要非常清晰“错误是另一个标准下的正确”。误区可能就是症结，有可能产生“正解”。培训师可以来一个“反转”，先顺着学员的认知、思路走，然后针对误区抓住症结、问题的要害，点化学员不妨换角度、转角色，逆向思考、求异，寻求突破，找到问题的解决办法，实现反转、求得正解。

上海著名景点豫园内有一幅砖雕叫“峰回路转”。培训师只要能够“直击痛点”“反转误区”，就会带来峰回路转的效果。

5. 重建关注

每个人都有自己的关注点和在意处，学员参加培训往往就带着这份关注和在意。

“顺理成章何须你，独占价值开生面。”

优秀的培训师在培训或在公共表达中，不能总讲一些顺理成章的话。你讲得若是司空见惯，他就觉得价值不高、意蕴不深；你若人云亦云，那他就觉得你可有可无。对这样的课程，学员岂会付出真心？岂会全心投入、倾情参与、全力以赴呢？

培训师要善于重建关注，根据学员关注的、在意的，去拿捏、去区分、去引导、去重建，把学员的关注点、在意处转到新的关注点、在意处上。

很多人说“结婚，房子肯定很重要！安身立命嘛”，他的关注在“安身”。如果你说“对呀，如果没有房子，哪里有安身之所呀”，这是顺着他，关注点和在意处是和他相同的，你的所说就不新奇了，于是，他就会觉得你的言论价值不够，这样怎么能够抓住人心呢？！

重建关注，就是告诉他“结婚，房子不重要！”要拿捏！要区分！

他会问：“为什么？安身不重要？那什么重要？！”你抓住其问题背后的概念“安身立命”，剖析说：“安身，固然重要，但安心才是重中之重！”安心，感情所系！重建对方的关注点和在意处。

重建关注，要善于拿捏、运用“区分”，要懂得揭露表象，从问题深入，挖掘其内在的概念，透视根本、转换角度、寻求解决。

6. 对接吸收

对接吸收，即：培训师分享的过程要对接学员吸收的过程、内容推进的步骤、同频吸收的步骤；讲授节奏要吻合吸收的节奏；训练展开的进程要匹配吸收的进程，达到教学双方的“心心相印”。

培训师怎样对接学员吸收？把握六个字母：AIDMAS。

A 是 Attention，首先要“启动注意”。

I 是 Interest，其次要“激发兴趣”。

D 是 Desire，进而要“唤醒欲望”。

有了这三步是不是就可以马上行动呢？不行。

M 是 Memory，要注重“深刻印象”，把印象留下来，要善于在课程中巩固、重复，深化记忆、效果。

A 是 Action，然后是行动。要注意，这时候学员还不会真正行动。有限时间内的训练很难产生真正的行动，只可以引导体验。这里的 Action，就是要“引导体验”。

S 是 Satisfaction，训练全程自始至终都要“关注感受”。有触动吗？

以买衣服为例论证一下，消费者的消费过程基本上也是 AIDMAS 的推进。

首先，启动注意：“哎，不错！”顾客还不会马上就买。然后，激发兴趣：“真的很好！穿上很有气质、很合身份、极其体面”，使其开始产生兴趣。紧接着，唤醒欲望：“要不您再看一看，可以比较一下”。诱导其思考：“价钱还不错，面料也有档次，设计品位尚可而且还独一份儿，这款 Style 应该挺适合我的。”

这时候，聪明的销售业务员不会说“你买吧”或者“那快买啊”。他会有分寸地强调：“先生（或小姐），这衣服特别适合您，挺符合您的风格的，价钱也合适。”这叫作“深刻印象”。

“要不您先试一下”，这就是“引导体验”。

最后对方买下来，业务员还会说：“您买回去以后，穿上肯定是高回头率，而且大家会说您买得太值了！”不仅让顾客满意产品，还满意选择，这就是“关注感受”了。

（四）人人满意巧把握

人人满意，这是一个伪命题，其实很难做到。一个课程想要所有人都满意，是有一定难度的。古语云：“岂能尽如人意，但求无愧我心。”培训师明知不可为而为，显然就得匠心独运、妙手回春。

1. 顺理成章何须你，独占价值开生面

顺理成章，是指写文章、做事情顺着条理就能做好，比喻随着某种情况的发展而自然产生的结果，在训练中也指大家早已周知的某些东西。顺理成章可能人云亦云，烂熟于胸或是司空见惯，陈词滥调意味人尽皆知，培训师要变革概念、创新行动、刷新认知。

独占价值，就要真正了解学员和企业满意的是什么呢？满意的是培训师所拥有的独占价值，拥有人无我有、人有我好、人好我新、人新我奇、人奇我特的价值。这份价值，不一定要垄断，但应是独占。

独占性，往往与稀缺性有关，通过“创新做法、刷新说法”，在训练内容、话语思想、专业技术、工具手段等要素上孜孜以求、锐意创新，形成自身在专业性、创新度及思想性、传播度上的稀缺价值，拥有独占的价值，赢得口

碑，提升课酬；还能通过独占的优势形成传播和推介，甚至可能会被当作社交礼物无形馈赠，进而扩大价值度和品牌影响；独占也更有利于课程的版权保护。

独占性，一般对于品牌课程意味着很好的市场口碑，形成美誉度，获得知名度，进而拥有“指名度”。

独占性，较易创造“消费饥渴”、诱发特定需求、形成品牌崇拜、激活潜在刚需、培育长期市场，增进客户对品牌课程的黏性和需求。

优秀品牌的建设包括品牌核心价值和品牌识别体系。品牌核心价值是决定品牌形象气质、左右品牌识别的最重要因素。品牌的核心价值中，感性价值大于理性价值。

理性价值，指给消费者提供的物质层面的功能性利益，也就是通常所说的产品卖点，但这不是消费者喜欢品牌的理由，竞争对手也可能有同样的产品卖点。

感性价值，则更具有独特性和唯一性，重在自我的情感满足及对外界的自我展示，包括如训练全程带来的自我成长及课程蕴含的个性风格和社会影响，还有训练呈现的身份、角色、使命、责任、愿景、思想、理念等对学员态度意识、眼界情怀、言行举止等的延伸影响，以及课内课外、鉴往知来、以己度人等的综合效应。

独占性，还在于一旦赋予不同的、特殊的理性价值和感性价值，品牌课程所呈现出来的品质、层次、诉求对象、情感倾向等就会卓尔不群，学员和企业对品牌课程会奉为圭臬，会因心悦诚服而自动自发转介绍，培训师和课程品牌就会成为“传说”。

2. 超越一点点，毁誉断于心

如何把握并深度理解“满意”这个概念？满意，是有些“度”在里面的。

全部都满足，顾客就满意吗？

恰即为好。满意是“超越顾客期待一点点”，而且不能超越太多。课程内容的深度和广度应该与学员对象的需要和诉求完全匹配。差太多，不值一提；刚刚好，正好在期待中、在意料中，则无动于衷；超太多，会觉得太深奥，在故弄玄虚。

满意第一层：“物超所值一点点！”例如请客吃饭，被邀请者一般会盘算，会有一个费用额度的预计，如果正好花到预期的费用，他会满意吗？好像算得也忒精了。即便没有不满意，但也谈不上满意。如果比预期的超出一点，可能就满意了，但要避免难以为继。

满意第二层：“逾份要存知足念！”再如被邀请者本以为会花几百元或几千元，结果花到过万元甚至更多，可能他都不敢赴宴了，超出太多，会怀疑别有用心、会害怕包藏祸心。超预期太多令人瞠目结舌，无妄之福，顾客会满意吗？

顾客满意，表面上看是理论性概念，实际上是主观判断和心理感受。把握满意的度，对于培训师的内容规划、课程设计、讲授掌控，以及对于整个培训进程的把握、期待需求的对接、收益效果的匹配等，都有实在的指导意义。

3. 把握前中后，满意全方位

顾客满意，还包括“全过程满意”和“全方位满意”。

全过程满意：训前“感觉”好、训中“感触”棒、训后“感受”绝，回味无穷，记忆犹新，绕梁三日，余音袅袅。若把感觉、感触、感受累加起来计量，分值有多高，满意度就有多高。展开来说，全过程满意还包括当下效果、训后结果、长期成果的综合满意。

全方位满意：不仅对课程本身满意，还对选择行为满意。若买件衣服回家，满意不满意？对产品肯定满意。家人问花了多少钱，实际花了 1000 元，若对方猜 500 元，甚至不止一人如此认为；本来是在品牌专卖店买的，别人非说是在批发市场买的。这时候，对自己的选择行为和购买行动，是不是会后悔呢？同理，企业组织请培训师讲课，付了课酬，对训练效果肯定满意，否则就扣钱了，但不等于全方位满意；如果做个比较，发现还是亏了，感慨选择错了，这时候满意度就会降低，甚至消失殆尽。

4. 结构对期待，讲法应需求

培训师要满足哪些人，使其真正满意呢？人人满意，包括购买者、使用者、推荐人及关联方等都满意当然更好。但客观讲，培训师还不能奢求，不能过度追求人人满意，否则就是求全责备。

知拙守巧，知拙才能守得住巧；守拙取巧，守得住拙才能取得了巧。

“有所不为，方能有所为”，斯是至理。

“结构对期待，讲法应需求。”培训师能够满足的是两个方面：第一是组织方，第二是使用者。培训需求区分为两部分：组织的要求叫“组织期待”，学员的诉求叫“学员需求”。

结构对期待：要让组织满意，就要对接“期待”，主要是在课程结构中和在课件的 PPT 上要有体现，课纲设计主要依据组织期待；每一段、每一层、每一点，完全充分地对接。组织期待解决的问题要能够表明被解决了，期待的价值要能够显示被学员收获了。

讲法应需求：要去满足学员，就要回应“需求”，主要是在讲课的过程中以具体的说法回应学员的个体需求，在训练中、在讲授演绎时关注他、引导他、帮助他，尽量回应他的诉求、满足他的需要。

5. 不求百分百，人人有收获

训练能不能做到百分之百满意呢？这点一定要弄清楚。

这里要特别郑重地告诫或提醒大家："不追求百分百！"

不求百分百：不要追求百分之百的满意，不追求每一人、每一点、每一环、每时段百分之百的满意、百分之百的效果。

人人要收获：能够让部分人、部分的内容、部分的环节、部分的时段有非常高的满意度。换言之，有些人在这个时段非常满意，有些人在那个时段非常满意；有些人在这个点非常满意，有些人在那个点非常满意；有些人对这个内容非常满意，有些人对那个内容非常满意。这样整体满意度就提高了，人人都有收获。

对接有分寸：组织方和学习者并非要百分之百的满意度。学习者能对每个老师、每次课程、每个阶段都非常满意吗？能对课程中的每个点都满意吗？能对花出去的每一分钱都满意吗？不能一概而论，可能只要有那么一些点让他有感觉、有那么一些内容让他有收获、有一些的时段让他觉得收获丰盛，他就满意了，甚至哪怕只有一句话对他帮助甚大，能够产生丰硕的收益，学员就会十分满意了。

人人满意，要有尺度、讲分寸，不求百分百，关键在于做到心中有数、巧妙把握。

6. 对接分等级，内容真把握

满意是有度的，可以划分等级。立足内容的吸收，从学员对内容的把握程度、实际收获、训练成效来讲，学员满意度被划分为四个等级。

（1）"把握"级。"知、行、悟"到位，不仅仅知道，而且可以行动，还有感悟。

（2）**"了解"级。**"一知、半行、点悟"：知，达到百分之百；行，则达成一半；悟，有一点点。

（3）**"涉及"级。**"半知、点行"，悟不悟无所谓。内容难度增加了，知道一半即可；行动，可能行或者不行，这都不要紧，关键是知。

（4）**"风闻"级。**有些内容，培训师在课上只是提一提，带到提及即可。学员则是听一听、看一看，浅尝辄止、不求甚解。

每个等级在训练内容的占比如下："把握"级占 10% ~ 20%；"了解"级占 30% ~ 50%。这样加起来，已经占训练内容的 70% 了，剩下的就属于"涉及"级和"风闻"级。

为形象记忆，我们编了一套口诀："把握一二，了解三四五，走进六七，八九不离十。"

"把握一二"：占 10% ~ 20%，这一级是从内容中抓出来的重点，一堂课不宜安排太多。

"了解三四五"：占 30%、40% 或 50%，围绕"把握"级展开、延伸、补充的需要了解的内容。

"走进六七"：剩余内容里的 60% ~ 70%，与课程课题、主题、话题、问题沾边就行，一般为辅助性资讯。

"八九不离十"：剩余内容里的 30% ~ 40%，只要不出圈、不出错即可，一般为各种说法、口头论证及随机添加的资讯等。

后附的《评估规范：训练全程系统评估表》将帮助学员从进程、层次、过程阶段、意义或重点等方面来做好训练全程的规划设计，同时提供评估方法和时间安排的建议，以利于不断完善和提升。

评估规范：训练全程系统评估表

课程名称：　　　　培训师：　　　　检查时间：

进程	层次	过程阶段	意义或重点	评估方法	评估单位	阶段时间
预训	准备及接受度	训前准备	衡量受训者对于培训之接受程度及准备状态	考核试卷	培训单位	课前一周
正训	反应水准	学习过程	衡量受训者对于培训之喜好程度	问卷调查 面谈观察 综合座谈	培训单位及培训师	课程进行
	学习水准	学习过程	衡量受训者对于培训内容、有关原理及事实的吸收了解程度	学习测验 问卷调查 模拟练习 座谈会 心得报告 发表文章	培训单位及培训师	课程结束
自训	工作行为水准	行为转变过程	衡量受训者对于培训后在工作上是否因培训而有改变	学员问卷与访问、直属主管访问、同仁或部属访问调查	学员的单位主管	三个月后或现行绩效追踪系统的运作
复训	组织成果水准	行为转变过程	衡量培训是否使组织绩效增加	个人与组织之绩效指标、成本资料分析与衡量	学员的单位主管及培训师	一年、半年或现行绩效追踪系统的运作

第二节　收放自如

心中有数，手上有术

（一）跳脱常规显格调

课程好不好，思维很重要。培训师要思维独特、模式新颖，引领别人产生思维变化，又见洞天，进而有一种峰回路转、曲径通幽的感觉。

培训师一定要懂得运用思维的力量，要在日常生活中别人想不到、意识不到、观察不到、分析不到、感受不到的地方，见人所未见、察人所不察、思人所不能思、想人所不能想、说到别人说不到的地方，引领大家进入无人境界。

有个广告语“顾客进化，我们优化”，这句话是有一点境界、有一定深度的。运用思维的力量，能够怎样创新、如何突破呢？思维背后展思维、问题里面看问题，不妨动动脑筋，深入一点、更进一步，创新突破一下。

顾客进化了，我们应该怎么办呢？会如何应对呢？顾客进化，我们同步也进化，显然是被动的，所以，“顾客进化，我们优化”，运用思维的力量，更进一步、更深一层。

顾客还优化呢？我们可以同化！（顾客优化，我们同化）

顾客也同化呢？我们可以异化！（顾客同化，我们异化）

顾客再异化呢？我们可以深化！（顾客异化，我们深化）

顾客更深化呢？我们可以神化！（顾客深化，我们神化）

顾客亦神化呢？我们可以变化！（顾客神化，我们变化）

顾客又变化呢？我们可以分化！（顾客变化，我们分化）

顾客复分化呢？我们可以进化！（顾客分化，我们进化）

到此形成了一个小循环，“顾客进化，我们优化”。当然，还可以有更多的思考、更进一步的展开。

思维多么深刻，课程就多么深刻；思维多么独特，课程就多么独特。

思维的力量是惊人的，是妙不可言的。思维的力量决定课程的效果。

1. B 格思考

英文字母 B，最开始想到的是“Behind”，即“背后”。B 格思考最初主要是背后的思考，比方说问题背后的问题、真相背后的真相、原理背后的原理、标准背后的标准、原则背后的原则、方法背后的方法、路子背后的路子、步子背后的步子等。B 格思考，思维马上就拓展得非常宽阔了。

培训师同时也可以借用其他以 B 字母打头的英文词，来展开引导和演绎，所以 B 格思考，不仅是“Behind”，还包括“Benefit”利益性的思考、“Best”最优化思考、“Boy”纯粹赤忱的思考，还有“Before”前置思考等。

2. 终极发问

终极发问，就是在思维深处要有一种潜意识或显意识，引导培训师进行根本性的思索，不妨应用“究竟、到底或归根结底是怎么回事”这个句式，使思维产生质变、形成突破。

比方说："顾客究竟是干什么的？顾客到底想干什么？顾客归根结底是什么人？"终极发问的答案肯定不会停留在顾客是朋友、是伙伴、是发钱的人等表面表述和惯性思考中，因为这些是司空见惯、大家都知道的了。

"客户是上帝"这句话流传已久、范围甚广，见诸笔头、口头、纸头、墙头等，司空见惯了。先来反思和探究一下，效果马上就不一样："顾客是上帝吗？"培训师可以穿插引导：顾客如果真的是上帝的话，就不需要服务，出现问题也不会投诉，所以"不是"！

终极发问："顾客到底是我们的什么人呢？"一般性、普遍的回答是：朋友、家人、老板、上帝、敌人、父母、亲人等。反思常识"雷"一下："大家说的都有道理，不过，我今天要告诉大家的是，顾客'不正常'！"是不是雷到了？！雷完之后，要解释说明，要能自圆其说。

深入探究一下：为什么说顾客"不正常"？展开思维，想一想：顾客有没有疯狂行为？通过终极发问，从深化顾客服务的角度，可以重新定义：顾客"不正常"。客户购买使用了产品后，成为粉丝，对产品和品牌有疯狂的热爱，当然，这是一种爱、一种信任。

再来探究一下：为什么说顾客"不太聪明"？据心理学家研究，人脑有七种智力，包括：语言智力、逻辑或数学智力、音乐智力、空间或视觉智力、运动或身体智力、人际智力、内在或内省智力。也有研究显示：人有智商 IQ、情商 EQ、逆商 AQ 等各种"商"，那顾客哪个"商"高呢？也许顾客的某种智力很高，也许情商、逆商很高，哪个"商"低呢？出人意料的答案有可能是"PQ"低，即专业商数是低的。

终极发问，通过反思、追问，自圆其说，带来的效果不同凡响，不仅仅能引领别人的思维，自己也在享受思维的"盛宴"。

3. 重新定义

有时候往往容易机械地接受概念、定义，而运用思维的力量对概念提出新的定义，这对培训师是个挑战。跳脱常规，就是要创见不同、重新定义。想得清楚，就讲得清楚；想得明白，就讲得明白；想得通透，就讲得通透。能够重新定义，必定不同凡响。

讲个故事，也许能给大家带来启发：以前有个做窗帘的老板，经营遇到竞争，就去请教专家老师，老师问他："你只要想清楚一个问题就可以，那就是你到底是卖什么的？"在这里，老师用的方法是终极发问。你到底是卖什么的？你究竟是卖什么的？你归根结底是卖什么的？开始没想明白，就反复追问他。他若还是不开窍，那就启发他、点化他："你看一下，窗帘关上，屋里就暗；打开，屋里就亮。它是不是室内光线调节设备？你卖的是室内光线调节设备。"

重新定义，思路和行动马上不一样。"有时点破一句话，胜过低头忙一年！"

重新定义，产生的震撼是非同小可的。窗帘厂老板回去马上落实行动，因为受到启发，一项伟大的发明诞生了：百叶窗。后来竞争又激烈了，厂长又来请教。老师就继续追问他："你到底、究竟、归根结底是卖什么的？"如果他回答是卖室内光线调节设备，就告诉他"你想的、做的和昨天一样，你的收获肯定不如从前"，让他继续重新定义。若还是不开窍，就再次启发他："你看，房间里有一面窗，还有两面窗、三面窗、四面窗，窗户占的面积一般都较大。把窗帘拉上，对房间有没有装饰作用？你卖的到底是什么呀？是室内装饰用品嘛。"一语惊醒梦中人，重新定义，带来全新格局。

（二）左右逢“缘”亮话术

培训师要把握问题方向，懂得要素突破，实现话术引导，做好总结深入，设计、沉淀、总结精到巧妙的话术并潜移默化，它包括“开场、中场、收场”及人际交往各种场景中的应用话术，明了“听、接、说、送”，运用“有道理”，懂得“给他热烈的掌声”，加上“历史上的今天”，还会用“大家说的都有道理”来积极回应，用“大家说怎么办呢？”给学员定则，肯定可以左右逢源，更能够左右逢“缘”。

1. 问题方向

左右逢源，话术精到绝妙，什么场合该讲什么话，能够做到不假思索、滔滔不绝。要从哪些角度去锤炼呢？先给大家讲个事例。

厨房里有样东西使用特别方便、特别顺手：洗碗机。洗碗机是不是厨师发明的呢？或者是不是一个与厨房工作有关的专业人员发明的呢？事实上，发明洗碗机的人没洗过碗，甚至根本不会去洗碗，“十指不沾阳春水”。洗碗机是贵妇约瑟芬·科克伦发明的，她珍藏有很多名贵的高档瓷器，十分爱惜，每次使用完交给厨工洗涤，她都会珍重万分、反复叮嘱，但还是总有部分瓷器破损毁坏，她特别在意、心疼：“长此以往，这该如何是好呀？怎么办呢？”她反复琢磨、投资研究，终于发明了洗碗机。因为爱惜，有了发明；因为在意，有了创造；因为珍重，造福世界！这完全就是把问题变成产品的经典事例。

左右逢源，就要真正把实际问题变成研究方向。培训中可能存在哪些让培训师达不到左右逢源、随心所欲的问题，在培训中存在哪些让培训师觉得好像理屈词穷、没有话说或者说出来效果会不好的问题等，还有学员关心什么、关注什么、在乎什么，存在哪些问题、何种纠结、什么困惑、怎样的误区等，都是培训师研究的方向，是发明创造的起点！

2. 要素突破

纠结就去研究、困惑就去突破、在意就去创造，通过不断地探索、沉淀、总结，就能真正拥有绝妙的训练效果。

要素突破，课程开发和内容设计一般会涉及时间、地点、人物、事件等要素，如果能够巧妙利用这些要素，话术之精妙、效果之深入，值得期待。

比如开场的问候语，单纯地说“各位朋友，大家好”必然效果平平。如果培训师利用“回应语”这个要素，设计的问候是：“各位朋友，大家好，当我问候大家好的时候，请大家回应我说‘好！很好！非常好！’”约定互动了，同时，“好，很好，非常好”是“1、2、3”的节奏，语气语调有一种步步高的感觉。当然，也可以改为“2、3、4”的节奏：“你好，我们好，大家都好”。或者改为“3、4、5”的节奏：“昨天好，今天很好，明天会更好。”

要素突破，要把握要素并摸索背后的规律，不断地革新创造，话术也就由一到多、层出不穷。

再如开场白、开场内容的设计，培训师可以利用“时间”这个要素：“今天是什么日子？”当然，培训师先要充分准备，查一查发生了什么事，再从中提炼出概念。历史上某年的今天，有甲、乙、丙的事件；提炼概念A、概念B、概念C。如此一来，利用时间要素可以快速实现突破性的设计，开场白就独特了，培训师先问：“今天是什么日子？”然后抛出时间、事件及其背后的概念，最后综述：“今天是什么日子呢？今天就是A概念的日子、B概念的日子、C概念的日子……”最后再追问：“今天到底是什么日子呢？今天是我们现场所有伙伴的日子！！”这样的开场白是不是闪亮、是不是出乎意料？

挖掘时间要素，如“今天是什么日子”，培训师还可以运用数字联想。比方说“几月几日”里面的数字，是跟历史大事件、节日、纪念日挂钩，如父亲节、爱牙日、护士日、圣诞节、佛诞日等。

深挖各类要素，突破空间很大。

3. 话术引导

设计和创造不同的话术，能达到不同的效果。培训师可以在一次次的训练讲述中反复实践、不断摸索，持续地沉淀和总结。

捷思慢讲。要倡导培训师在讲述过程中，无论应用何种方法、陈述哪句话，都要想快一点、讲慢一点。我在多次讲述后逐渐地提炼出“捷思慢讲”这个概念，再运用到训练中，开始只是强调要捷思慢讲，后来总结为不仅要“捷思慢讲”，还可以“捷思漫讲”，由慢——强调节奏，到漫——展开讲述，虽然不是具体的话术，却要巧妙、要想左右逢源的基本规则。

“可以暂时做不到，不能不知道；今天先知道，以后一点一点去做到”，千锤百炼，精益求精！

积极回应。讲述时的“积极回应”技术及话术：“给他热烈的掌声。”当培训师提出问题，学员有 a 回答、b 回答、c 回答、d 回答，反复应用又从单纯地回应“给他热烈的掌声”改进为“刚才有朋友回答了 a、回答了 b、回答了 c、回答了 d……大家说的都有道理”。

“有道理”。培训师还要设计一些化解异议的话术。比方说，学员提出一些不太正确或者培训师不太认同的观点，提倡“有道理”这样的回应话术。

“学员定则”。遇到学员提出的一些难以当场回答的问题，或者出现一些异常状况，话术就是：“大家说怎么办？”要懂得“无论对错，但讲有无”，不去纠结于谁对谁错。

“没有不好，只有不同”“捷思慢讲”“积极回应”“给他热烈的掌声”“大家说的都有道理”等，这都是话术的设计和创造。

话术引导，见微知著，以小博大，滴水藏海。

4. 总结深入

总结，收场的时候，培训师一般会设计一些话术。比方说，在各种类型的公共表达，如培训、演讲、述职、会议发言、简报、工作总结、经营分析、出席论坛等，在发言、讲话结束之际要有意识地做好总结，深刻印象。

总结，十分重要，很容易被忽视。俗话说得好，“粮不到家不算收”，没有自己的表述，功效锐减。所以，只要语句、内容中有“因此、所以、刚刚、综上所述、总之、以上、总而言之，概括来说”等词语或句式，培训师就要把之前的内容简明扼要地复述一遍、串讲一遍、总结一遍、回顾一遍，复述、串讲就是很好的总结。

复述依顺序：复述时，可以按照内容讲述的顺序，自始至终扼要地强调重点、价值点。

串讲论逻辑：串讲时，可以不按讲述顺序，而是依据内容的逻辑强调重点、价值点。

正所谓“编筐编篓，重在收口”，这里用串讲的方式对本单元讲过的四点内容做一个总结，以作示例。

作为职业培训师，要把握问题方向、懂得要素突破、实现话术引导，做好总结深入、创新设计和灵活应用如开场话术、讲解话术、积极回应的对接、化解异议的乐从、学员定则的掌控等，同时要在各类场景、不同环节熟谙运用专业的话术，必定能够左右逢源、左右逢“缘”。

5. 交际有礼

交际有礼，极其重要，可“窥一斑而见全豹”。交际中有分量、有力度且精妙、独到的话术是人际关系的“润滑剂”、是气质内涵的“显示屏”、是素质能力的“量度表”，其重要性不言而喻，而交际有一定的禁忌。

交际禁忌：开会或宴请，大家围坐一桌，在展开话题时，有人提起了某话题，贸然地插话、发表观点是不太好的，直接表达“我不同意”“我不这么认为”等也是不妥的，这样显得突兀，容易陷入尴尬，或格格不入，让自己被孤立。

融洽参与有什么方法呢？四个字——听、接、说、送，也就是“听话、接话、说话、送话”。

（1）听。先聆听，认真听，要把握前述表达者话语中的核心概念，如 A 概念、B 概念、C 概念。

（2）接。然后再接话：“刚才 ××（*先生或女士*）说到的 A 概念、B 概念、C 概念或 A 观点、B 观点、C 观点，我也有同感，非常好。”这样就接过来了。

（3）说。接着提出一个概念（*角度*）并发表自己的观点：“从 ×× 角度，我有一点或两点考虑（*看法*），简单说一下”。当然，这时候如果有很多点要补充、要讲，那就不好了。

（4）送。说完以后，还要“送话”：“我刚刚说了几点，× 先生（*或女士*）对这个事情也很在行（*或也是蛮有心得*）的嘛，你说一说吧。”这样就把话送出去了。

交际有礼，就是要“绅士”，拥有一种风度、一种社交修为，既吻合礼仪，又不卑不亢、左右逢源。

（三）深刻印象化效果

如果有人说，有一个课程，“听课一小时，影响一整年”，你觉得效果好不好？印象深刻不深刻？有一款手机就是类似的、印象深刻的表述，叫“充电五分钟，通话两小时”。

印象深刻，深入人心，这是课程品牌影响所追求的。

深入人心，必须是印象深刻的；要做到印象深刻，须记住两句话：简单关键重复讲，直白好记易传播。

1. 抓关键

培训师要想通过深刻印象来呈现效果，就要抓关键，要抓住内容中的关键点：关键概念、重要观点。

培训师要抓最显著的特点、抓最关键的要素、抓最重要的步骤、抓最要害的环节等。

抓住关键，包括内容中的节点、要害、窍要、核心等，把这些都抓出来。

通过抓关键且凸显之，言简意赅，直奔主题，就容易记忆，容易记忆当然影响就深远、印象就深刻。

2. 化简单

化繁为简，复杂的东西完全可以简单化。

金庸有十四部经典小说，每一部小说的名字提炼出一个字，编成对联就是：“飞雪连天射白鹿，笑书神侠倚碧鸳。”

把复杂的事情简单化，显然这里运用的是提炼一个字，叫“单字诀”，也可以提炼两个字，叫“两字词”，也可以提炼“三字经、四成语、五绝句、七律诗”。

中国传统文化，包括诗词歌赋均有比较固定、能够传播的格式，就是“123457”的节奏和格律。

“123457”，化繁为简，简单化就是如此重要，就这么简单。

3. 述直白

培训师要让内容、思想观点、重要价值直截了当、通俗易懂，让学员记住。

内容要想影响深远、印象深刻，就一定要直白：可以运用数字描述，如“五讲四美三热爱”；也可以用很通俗的话语，如“摸着石头过河”；还可以用形象的比喻，如“松绑”“园丁”“一团火精神”等。

内容更直白，收获更实在。

4. 易记忆

内容要容易记忆。

怎么样才容易记忆呢？可以编口诀：编三句半、编打油诗、编顺口溜。

“biangbiang面”是陕西关中的特色传统风味面食，也叫陕西裤带面，因为制作过程中有“biang、biang”的声音而得名。这个“biang”字据说有56画，写法的口诀是：“一点飞上天，黄河两边弯；八字大张口，言字往里走，左一扭，右一扭；西一长，东一长，中间加个马大王；心字底，月字旁，留个金勾挂麻糖；推了车车走咸阳。”“biang”字的一种常见写法如图5-1所示。

曾经有人编了一个吃灌汤包的口诀。吃灌汤包时，很多人一咬一嘴油、溅一身，问题出在不会吃、吃得不得法。在某些有点历史的灌汤包老字号店里面，一进门有一张宣传画，上面会写上吃灌汤包的步骤口诀：“轻轻提，慢慢移，先开窗，后喝汤，解剖皮，仔细观，连皮带肉全吃光。”

这种编口诀的方法，还有顺口溜、打油诗、三句半等，都是“容易记忆效果好”。

图5-1 𰻞的一种常见写法（56画）

5. 重复讲

重复的功效是难以形容的。

如果把概念、观点、顺口溜、口诀、打油诗、数字描述等，还有单字诀、两字词、三字经、四成语、五绝句、七律诗等都提炼出来，变成“123457”的格式，然后不断地重复、复述，总结、小结、串讲、回顾、反馈的时候也总是重复，都会产生比较好的效果。

反馈，培训师看到学员的言行表现后可以联系课程内容做交流，“哎，你已经懂得了运用3457了”或“哎，你已经会编口诀了”。

回顾，指联系前面内容的提醒。如:“还记得昨天讲的那篇口诀吗？”“还记得前面讲的打油诗吗？”

“简单关键重复讲，直白好记易传播”，要想呈现课程的效果、达到好的传播效果，培训师就要把握：把关键找出来并予以简单化，同时要直白、通俗易懂、易于记忆，并不断运用重复，包括复述、串讲、总结、回顾、反馈。这样，课程才可以产生深刻印象，才会有深远影响，才会有长远效果。

（四）开合有度见掌控

收放自如、随心所欲、想收就收、想放就放，这是培训师所期待的能力，涉及“掌控”的能力。说到掌控，很多朋友首先想到的就是“控场”，这样理解就片面了。掌控的内涵更丰富，只有先“掌控自己”，才能“掌控他人”；能够管理好自己，才能管理好现场、管理好课堂、管理好学员，正所谓“镇自己，压场面”。

掌控的方法非常多，以下是几个关键点。

1. 常怀敬畏

常怀敬畏，这是心态的“掌控”。

培训师职业化的关键就是要有敬畏感，训练全程面对学员、登上讲台、手握麦克风、开口讲述，都要常怀敬畏。

很多培训师为了克服胆怯、紧张、心理压力，会自我暗示：学员不过是“萝卜”“白菜”。这是伪命题、是错误的，是熟视无睹、目中无人的，这样的想法是适得其反的。

常怀敬畏，培训师要对学员、对课堂、对教学、对职业常怀敬畏。

带着敬畏感，培训师就会战战兢兢、如履薄冰，不得不充分准备，不得不精准假定，不得不思索如何与组织期待和学员需求实现对接，不得不拿捏镇压，不得不首善、区分、乐从、对接、分享、感召，不得不做好总结、深刻印象等。这恰恰就是职业化的“抱元守一”。

常怀敬畏，是对自己的全面掌控。把自己拢好了，方方面面收紧了，再出拳，不是更有力嘛！

2. 宁断不乱

宁断不乱，是对表达的“掌控”。

表达不能急，欲速则不达。培训师要不求自己的表达流利，追求学员的倾听流畅。

很多失控都是“流利”惹的祸，讲得太快就很难掌控。

不要“滔滔不绝”，而要“断断续续”。概念表述和口语思维要言简意赅、顺畅有力，表达要把握“宁断不乱，断在想断，断于当断”的原则，多用停顿。停顿应注意以下几点原则。

一是句子之间，有标点符号的地方，这个停顿不言而喻。

二是重要的概念、名词、术语、关键词前面，这里的停顿更能突出重点。

三是提问之后，必须停顿。停下来可以看看有没有人回答，看看要不要继续追问，判断是否自问自答。进可攻、退可守，这不就是“收放自如”吗?

四是结论的前后，遇到“所以、因此、看来、显然、综上所述、由此可见”等，后面要出结论了，就要先停一下，讲完结论再停一下，结论自然就被凸显出来了。

五是副词、介词、关联词的后面，以及代词、数量词、否定词的前面要停顿。比如“认真地、全面地、如何、哪些、自从、为了、对于、如果、但是、即使”等词的后面;“不、没有、我们、你们、大家、这个、2022、三步走”等词的前面。这里有前停顿和后停顿两种情况，不论“停前”还是“顿后”，对于调节掌控表达的节奏和情绪色彩都有明显作用。

六是对于某些口音比较重的朋友，在普通话发音不标准的字的前面停一下，可以有效缓解口音带来的困惑和误解。当然，也可以给听众调整的时间，时间一长，口音也许就“知难而退”了。

停前顿后，“宁断不乱”，就可以做到表达上的收放自如。

3. 因地制宜

“因地制宜”，这是对活动安排的“掌控”。

现场活动要做到想上就上、想停就停，要根据现场的条件、资源并依据当时的具体情况，可上可不上，酌情而定，可以不上的基本不上。

活动安排包括演练、示范、讨论、竞赛、体验、测试等，对于活动安排的时机，培训师可以根据情况，或提前，或推后，做到“定活两便”。

活动安排，要注意问题设计及引导，“以活动追寻结果，凭体验启导感悟”。

因地制宜，才能收放自如。

4. 点面结合

点面结合，这是对课堂的“掌控”，或者说是对引导学员的“掌控”。

点面结合，第一是“以面断点”。培训师遇到特殊状况或学员的异常表现，要不要管控呢？关键在于区分清楚是不是一个点上的？有没有产生面上的影响？如果有，肯定是要管控，否则就可以暂缓或忽略，没有必要锱铢必较、因噎废食。

若课堂上有人睡觉，只要没有影响到其他人，可以选择不去管，即便管也不要鲁莽、冒失，要给学员留面子，不要上去就直接把人叫醒。培训师可以逐步应用“震醒、动醒、提醒”的招式：震醒，就是用重音、语调和声量的变化异声拢场；动醒，就是通过发起课堂活动来唤醒；提醒，就是对他旁边的人暗示一下，间接唤醒。

若遭遇“高手”，先搞清楚什么是课堂上的“高手”？他们是指那些总举手、问题特别多、总想表现一下的学员，这就要适度管控，不能因为某个人而影响全局、拖慢进度甚至带偏主题。即便是选择回答学员提出的问题，也要看这个问题是不是有“面”上的代表性、是不是具备一定的普遍性与典型意义，有就回答，没有就可以说“这个问题我们课后交流”，只作回应。

点面结合，第二是“以点带面”。课堂上培训师通过发起互动，主动调动学员的参与，那究竟向谁提问、响应哪位学员的反应呢？要“以点带面”，借助一个点（学员），提示代表性和普遍性，主动造成“面”上的影响、产生“面”上的效果。调动一个“点”，影响一个“面”；调动一个学员，影响一组、一片、一类、一层、一个部门有共性问题的学员，达到窥一斑知全豹的效果。

避免纠结在一个点上，只见树木不见森林。培训师可以说：“请××学员，以及像××学员一样在工作中面临××问题的学员，大家一起想一想……”

不论是“以面断点”，还是“以点带面”，都要“点面结合，收发由心”。

培训师还要感悟掌控的进阶，真正的掌控在于掌控人心，能够真正抓关注、抓心态、抓感觉。

能够与心对话的掌控才是高超的掌控。培训师要不忘初心、以终为始，从组织期待、学员需求的角度出发，围绕“人心”做设计，面向共识出效果。

后附的《自训规范：课程效果及学员反应预测表》是课程开发或准备阶段须认真做好的重要工作，可以帮助大家了解和把握学员及预计可能发生的状况，尤其是意外情况，做好讲授配置，做到学员和效果都能心中有数。

自训规范：课程效果及学员反应预测表

课程名称：　　　　培训师：　　　　填表时间：

学员平均资历年龄	学员曾受过的训练	可能要用到的			可能会出现的		学员中可能的		学员中潜在的	
		案例故事	视听资源	辅助工具	提问	意外情况	表现优秀者	表现不佳者	支持者	问题制造者

第三节　原地提升

特别认可，无啥不可

重建资源确保素材灵活应用，效果层出不穷；创新呈现是刻画奇效的手段，各种技术方法真正把握并切实应用；升华思想刷新培训师的职业生命，不仅仅现场效果好、训后结果佳、长期发展更是成就斐然。职业培训师的职业化和品牌声誉，顺势而成！

（一）促动深化：直指人心

培训师要会提问、善促动，运用套话，以终为始。学习是发现问题的过程，成长是问题解决的结果。

只有课前“深入在己”，才能课上“浅出给人”。这就要求培训师课前要精心设计准备，精彩是准备出来的，这样的促动才能达成真正的“深入浅出”。

1．与其多讲，不如多问

促动，就是通过培训师的推动，让课堂达到很好的互动效果，让学员在思维和行动上高度参与学习活动的过程中通过体验获得感悟。不只传统的课堂训练，很多新兴的学习技术，像行动学习、引导式培训、翻转课堂、世界咖啡、企业教练技术等，都离不开“促动”。关于促动技术的理论、经验和感悟，培训师可以学习和借鉴。

问题的设计，立足职业培训，是影响促动效果的重要方法和技术，是培训师必备的职业能力。

提问是最好的互动，提问是最好的促动。问题让人有思考、让人心动。“互动莫大于心动。”

与其多讲几句，不如多问几回，让学员多想几遍、多听几耳、多看几眼、多说几次、多做几手、多走几步、多悟几层。

通过问题，可以让学员多想一想、多看一看、多听一听、多说一说、多做一做、多走一走、多悟一悟；可以让学员多琢磨琢磨，或者通过问题让学员多参与行动。

问题一经提出，就会带来诸多的“动”，最好的促动手段就是提问。

2. 化解误区，优化提问

优化提问，常见两个误区。

（1）**定义性问题。**讲授时向学员提问有关概念的定义，如：什么是企业文化？什么是绝缘杆？什么是产品地图？什么是商业汇票？这种定义性的问题一旦提出来，听的人不好回答或不敢回答，就算答了也没效果。

定义性问题，答案唯一，学员不好回答。培训师在培训中要面对所有学员，要避免让人无从回答。为什么不敢回答？略知一二的人答不准确、答不全面，又没有发挥的空间，自然不敢回答。为什么答了也没效果？就算有人准确地答上来了，提问和应答的过程没有启发大多数人思考，缺乏参与的“独角戏”没有意义，甚至会打击某些听众的自信心，适得其反。

改进问题：如果一个问题别人不好回答、不敢回答、无法联想，这样的问题显然就不适合，需要重新设计。

（2）**常识性问题。**向学员提问常识，这样的问题同样无法引发学员有价值的思考和参与的热情，如：请问大家有没有用过银行卡呢？请大家想一想施工过程要不要遵守安全规章呢？如果后面没有预料之外的反转，那么这种问题就很无效。学员心中会思忖：这不是废话吗？这还需要想吗？

定义性问题是“没法答”的问题，常识性问题是“没必要答”的问题。

启发联想：不要问定义性和常识性的问题，要问什么问题呢？要问启发性、联想性的问题，这样的问题提出后，别人有好多想法，而且愿意积极地表达出来。

“多联想，敢回答”，这样的问题就问得好。

3. 以终为始，追问套话

问题设计，有以下四点要记取。

（1）**要“以终为始，依答设问”。**换句话说，所有问题都是根据后面的结论提出的，或者说是根据心中答案提出的。

（2）**要“于无问处发问”，**在貌似没有问题的地方提问。想到别人想不到的、看到别人看不到的、思考别人不曾思考的、琢磨别人还没来得及琢磨的，这个境界值得期待！

“司空见惯我不惯”，要多观察、多思考，只有习惯于反思别人的“习以为常”，才能促动透过表象的积极思考。

（3）**要善于“追问”，**同一个问题，反复追问。常见的是连环发问，比如：你是谁？你在哪里？往哪里去？你准备干什么？连环追问可能会让学员目不暇接、反应不过来，不知道回答哪个问题。

这里的追问，不是连环问题，而是同一个问题连续追问，实现“探究本源，反思常识”的促动效果。追问同一个问题，要掌握语气和结构上的设计，比如连续追问“培训师为什么要实现表达突破”，越到后面语速越快、语气越重，会形成一种排山倒海的表达张力。

“同问追问”的四字诀是：全、简、词、字。

全：第一问“全”，问完整的全句。

简：第二问“简”，省略一部分共性共识的内容，问简化的短句。

词：第三问“词”，继续承前省略，只保留关键词。

字：第四问“字”，进一步省略，只保留关键字甚至只保留疑问词本身。

上述例子如何追问呢？全：“培训师为什么要实现表达突破？”简：“为什么要表达突破？”或“为什么突破？”词：“为什么？”字：“来！”

掌握追问技巧，可以促动更广泛的参与、促动更深入的思考力。

（4）要运用“套路”，要设计出“多联想、敢回答”的问题，避免把问题问“死”。问题设计是有一些套路的。

不问“是什么”，这容易落入定义性问题陷阱，不好联想、不敢回答。

多问“像什么”“意味着什么”“有什么感觉”“有什么启发”“这会让你想到什么”“有什么感觉”等句式，依答设问，明知故问，更具启发性、引导性。

促动离不开提问，提问离不开设计。设计提问要避免没法答的定义性问题和不必答的常识性问题，要问启发性问题，确保“多联想、敢回答”。以终为始、明知故问、无问发问、连续追问，运用套路，借助提问形成良好的促动，让效果更深入，入木三分、九分、十二分，真正地深入人心。

后附的《培训规范：常用促动工具》帮助大家掌握 VHF 法，善用视觉促动，做到张弛有道。

培训规范：常用促动工具

★★★★★

职业训练注重的 VHF 法，就是“Very High Frequency”。这种方法的主要过程：通过各种手段、工具（表格），高频率、有意识地重复那些重要的内容，分别从左右两边刺激学习者的大脑，令其协调配合、共同作用，从而达到轻松记忆的目的。包括以下这些手段。

Visual：图片 / 图表 / 录像 / 投影 / 实物 / 手势 / 表演 / 卡通形象等。

Hearing：语言 / 措辞 / 口气 / 音调 / 对话 / 音乐等。

Feeling：嗅觉 / 味觉 / 痛觉 / 触觉 / 情感 / 心理感受等。

视觉促动

（1）训练辅助器材的运用：能帮助听众理解易于掌握与控制适当的和相关的、不可缺少的内容，简化复杂关系；培训前要熟悉和检查器材的操作和性能、检查各座位的可视度。

使用黑板、白板、卡片、图表、挂图和海报、电视（平板）、训练教学影片、多媒体投影仪时，避免身体挡住屏幕或示范物，避免对着屏幕（白板）讲述或边写边说；随时查问听众是否看得清楚；可利用激光笔或物品指示要说明的部分；把重点框起来，或图解示意；或运用自行制作的各种器材。

（2）幻灯片（PPT）制作要点：文案精确、简短、生动；构图讲究，视觉效果优美；动态平衡，整体具有美感；主题位置适当，主辅分明；文字图片力求清晰；重点部分可以用特殊效果强调。

注意：字体要足够大；内容不要太多；符合“四六（每行四字、不超六行）法则”即可。

张弛有道

（1）训练形式：根据内容、对象和场地、时间等要素选择训练形式；要比较各种训练形式的优劣，明了各种训练形式所能达到的目的；做训练内容与训练形式的匹配表；妙用讲授、示范、体验、模拟、情景训练、角色扮演、个案讨论、偶发事例分析研讨等形式。

（2）训练方法：做训练方法有效性的评价；掌握敏感性、想象力、情景式、实战式、协作式等训练；活用粉笔线、辩论、竞赛、现场直播、角色扮演、头脑风暴、记者招待会、陪同、分组讨论等训练法；运用卡片、录像、模型、工具等来训练；训练中妥善安排茶歇研讨等。

《TTT 国际职业培训师标准教程》通过授课、演练、研讨、活动等综合手法，反省、体验、感悟式现场点评，润、切、塑（Break-in），充分把握各类培训方式的独特角度，讲解实用性强，技巧易于应用，调动参训人员的培训激情和专注力、感悟及参与，令其记忆深刻，让广大有志从事职业培训的培训师系统学习、现场掌握职业化修炼方法，即时产生行为改善，获得职业生涯自我提升和发展。

（二）创新创造：升华境界

精进和塑造，关键是“人课匹配”；要育成职态随意，须得转身解放；信赖、影响、砥砺、尊崇，成就唯一的我。

1. 人课匹配塑品牌

培训师如何精进自己、塑造品牌呢？这里有四个字：人课匹配。

如何让人和所讲的课程匹配起来呢？人课匹配是课程成为品牌课程的基础。

培训师的职业化需要进行课程的定位。一个具有品牌价值、具有品牌市场影响力的老师，他的课程定位是相对比较窄的、专业的、稳健的。所有课程都能讲，讲很多品类、很杂的课程，这是职业化不可取的，这么做事难以成为真正的品牌老师。

定位课程品牌，这是安身立命的根基，培训师如何专业稳健地确定课程定位？要考虑如下三点。

（1）**经验基础。**课程定位在有经验的领域。培训师要有相应的经验、阅历，以及一定的见识和见解；在训练中、讲授时，可以产生很多心得、感悟。当然，间接经验也可以。

（2）**口碑传播。**选择的课程要有一定的满意度，在适度的场合，面对学员对象能获得高度点赞、好评如潮，讲过的场次都有很好的效果和反应，学员和组织方十分满意（零不满意），同时形成良好的口碑和传播影响。

（3）**长期市场。**作为品牌课程，要有相对长期的市场生命力和长久的市场回报，要有足够多的学习者和相对长久的市场影响力，以及足够长的生命周期。

成就课程品牌，还要注重“价值影响、价值提升”，主要包括以下三点。

第一，培训师的师范要像品牌老师，所以要改变行为。

第二，课程要具有品牌价值、品牌影响，内容要好、效果要深入。

第三，无论是人还是课，加在一起的效果要有价值，要让企业客户、个体学员客户等培训课程受众听完你的课程后觉得“值了！”

2. 转身解放育状态

品牌课程的培训师一定要“转身解放”，实现状态优化，要从现在的常态走向职态，由比较习惯的日常状态，通过训练、锻炼、改变、提升、修炼、蜕变，真正地职业化，如上课时，手会不自觉地动、眼睛会乱瞟，抑或内容会有点率性随意，一开口会多一些赘语等，这些常态表现都不够职业化。

培训师要想从常态走向职态，就必须有一个由刻意进入随意的过程。不刻意练习，不去有意识地艰苦训练或锤炼，就不能算是精进。俗话说得好：“成人不自在，自在不成人。”何况要成就职业化？

常态、职态、刻意和随意这四个要素混合在一起，形成了职业能力养成模型（见图 5-2），它有以下四个精进阶段。

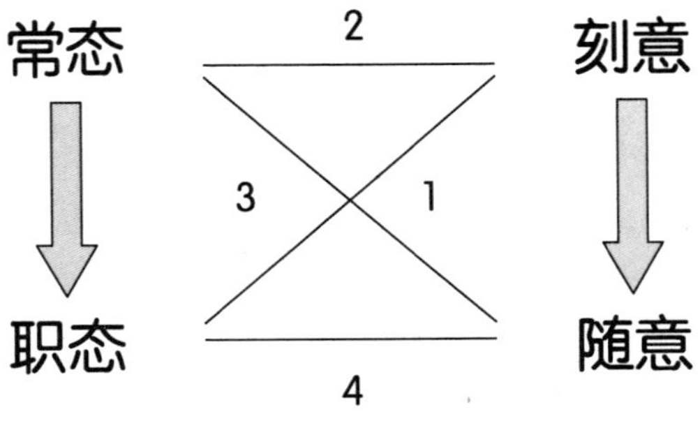

图 5-2 职业能力养成模型

第一阶段叫“常态随意”，即“不自觉”阶段，是一种“平常”状态。针对这时候应该怎么做，有哪些方式、方法、技术、操作要领，要注意哪些东西等，培训师开始尝试行动，去做、去改变，由不愿意到刻意。

第二阶段叫“常态刻意”，即“不自然”阶段，是一种“失常”状态。有时候即使练一个吐字归音、练一口气或一个重音，讲出来也都怪怪的，身边的人都不习惯，但是，这个阶段能省略吗？不能！

第三阶段叫“职态刻意”，即“有习惯”阶段，是一种“非常”状态。慢慢地多练几次，“平时育习惯，训处显风范”，随着时间的推移，持续行动、坚持练习，一开始会有一点刻意，后来慢慢养成越来越多的好习惯，有足够多的职业习惯，有职业的思维、意识、表述，也有职业的行动、风范、精神等，慢慢地向职业化靠拢。

第四阶段叫“职态随意”，即“真自然”阶段，是一种“超常”的状态。职业化的各项标准傍身，言行举止逐渐达标，气度风范处处职业化。看似不经意，其实很在意，关键是不刻意。

由不自觉到不自然，到有习惯、达成真自然，由平常经失常、达非常、化超常。所谓超常，就是在新 level、新标准下的一种平常。到了超常，是不是没有进化了？有！超常的下一个阶段应该会是无常，就是在新的层面进入一种僵化、不好的状态，没有变化、失去活力。这时，就需要培训师继续改变，寻找新的增长点，寻求新的变化和发展。

“变在变之先，转身就解放”，环境变了、时代变了，人能不变吗？客户变了、学员变了，培训师依然不变吗？

“变在变之先，比早还更早”，培训师要变在变化的前面，是比早行的人还早的人，要寻找新的“有常”，实现更高层次的“超常”蜕变。

3. 唯一的我成传说

如何彰显培训师的商业价值？如何成为传说？

训练和修炼：培训师要想塑造品牌、彰显价值，就要不停地训练、不停地修炼。训练要“一丝不苟、丝丝入扣”，修炼要“烈火熔炉”。

针对塑造品牌、彰显价值，我们设计了四个进程：信赖、影响、砥砺、尊崇。

第一程：“信赖”。要建立值得信赖的品牌形象和师范。培训师要指引别人前进，要告诉别人应该如何去改变！所以，指导者急需指导，辅导者须待辅导。

第二程：“影响”。如何施展影响呢？“有认可就有影响，有反应就有影响，有话语就有影响，有印象就有影响。”毫无疑问，培训师要获得别人的认可，就要抓住反应：听众的反应、组织方的反应、客户的反应等。要懂得塑造自己的话语系统，留下深刻的印象，更要有影响力。

第三程：“砥砺”。要砥砺自己。什么叫砥砺呢？砥砺就是磨刀，是打磨，还要使点劲儿，是跟自己较劲。人们常说：“经常跟自己较劲，就没有人跟你较劲。”

第四程：“尊崇”。不仅有尊重、尊敬，还要有崇拜。只有经常砥砺，才能在砥砺的基础上获得“尊崇”。

课程有没有深远的品牌影响力？学员以及客户有没有认可？这里有九个阶段。

（1）四平八稳：“说不出你不好”，培训师充分准备，学员和组织方无可挑剔。

（2）现场效果：“一定说你好”，课程有一定的效果和满意度。

（3）职业价值：“感受你的好”，听完课了，企业不可能马上邀请讲第二次。企业会根据实际的需求和发展的要求，有节奏、有规划地安排训练和课程。但是，只要企业遇到问题就想到培训师、想到课程内容并主动应用，复课或返聘就指日可待了。

（4）**难以忘怀**："惦记你的好"，培训课程会在学员的行为、思想深处产生反响。

（5）**英明抉择**："还是你的好"，但客户也有可能中间还会请别的培训师上课，但是比较之后发现还是你的课程更好，于是再一次请你。

（6）**感悟体会**："老是回味你的好"，虽然不太可能会一次次连续请你，但若随后长时间地、不断地体会着、感受着、惦记着、感悟你的好，这时候可能会有被动转介绍，也就是被人问到时会为培训做转介绍。

（7）**传播影响**："逢人就说你的好"，也就是有了主动转介绍。

（8）**深远效果**："始终感受还是你的好"，逢人就说你好之后，又到了"还是你的好"，这是经过相当一段时间体会感受之后，由衷地、情不自禁地感受你的好。

（9）**无以复加**："是你就好"，企业在和培训师多次接触、反复感悟、长期交往、持续感动之后，有了由尊敬、尊重到信赖、亲近，最后到尊崇，达至"是你就好"。

尊崇，品牌影响力的终极表现！相信大家会一步一步地去推进。

后附的《自训规范：学员关注和互动效果重建设计表》将帮助大家预测学员关注点，尝试重建关注和模型的设计，打磨信息球，配置训练形式和方法，让课程真正立足讲授、面向效果。

自训规范：学员关注和互动效果重建设计表

课程名称： 培训师： 填表时间：

内容概要	学员关注预测	重建关注设计	模型设计（四象限、信息球）	训练形式或方法选择

（三）资源重建：自圆其说

同一个素材，培训师可以用来论证多个主题。素材不过是一段说法，从说法中提炼出不同的概念，即找到了不同的角度，就可以论证不同的主题观点，这就是素材主题化。

围绕同一个主题观点，培训师要运用多种资源、素材，配合不同训练辅导形式，运用针对性的训练技术和方法，综合演绎、论证说明，即主题素材化。这种独特的课堂论证方式也叫“信息球”技术。

人们经常说：“素材就像多面体，只有一点贴合你。”

1. 信息球技术

化整为零，培训师运用结构化原理和结构化技术就可以将整个课程化整为零。培训中，很多培训师对课程谈不上宏观把握或全面理解，容易囫囵吞枣，究其原因是培训师对课程没有做到结构化。一本书，可以一段一段地背，甚至可以一个点、一个点地背。同理，如果培训师真正在备课的时候化整为零，会容易得多。“化”的最小单元，在训练中叫作“信息球”。

信息球技术，就是将一个知识点加上一些素材资源，比如故事、案例、图片、照片、视频、音频、数据、表格等，同时导入一些训练形式，比如讨论、提问、应答、演练，还有一些互动，既有知识点，又有训练方法、训练形式以及各种训练资源的组合。

举例来说，“异声拢场”在训练中经常被用到，如何设计讲解的信息球呢？

（1）**用体验感受，先鼓掌：**“来，给他一个热烈的掌声。”全场安静，感受出来了。

（2）**用生活情景：**“你看，像机场、火车站这种公共场所，播报重要的通知前，都有提示音，或者放一段音乐，然后再播报。”

（3）**再举例说明：**“再比如迪士尼的动画片，小孩子们很躁动，播放开始了，要如何吸引小孩子？屏幕上出现一只加菲猫道：‘啊噢，演出开始了。’或者出现像唐老鸭一样嘎嘎的叫声。”这里用的是娱乐例证，说明异声拢场在娱乐和生活场景中都经常用到。

（4）**用社会现状**："法院还原了古代就有的惊堂木，现在叫法槌。"再加上文化渊源："中国自古就有一句话，'千锤敲鼓，一锣定音'。"

培训师通过运用不同的素材资源、形式方法来论证、说明、解释、补充、延伸，让"异声拢场"这个技巧点比较立体，就像一个球。

信息球技术如果体现在 PPT 里面，可以用一张 PPT，也可以用两三张 PPT，形成一个信息球，也就是一个 P.G.。

信息球技术，让课程开发、内容设计、讲授准备等都化整为零。例如，培训师收集到一个点并把它补充完善，丰富为一个信息球，放在素材资源库里面，以 P.G. 形式保存；更重要的是在讲授时，培训师可以随时进行调整，若某处、某点有不清楚，或要讲得更深入一点，可以再加一个信息球。

对能力比较强、吸收比较快的学员，培训师除了普遍地讲授之外，当然可以再给他补充一个 P.G. 或一个信息球，以提升感悟、深化效果。

信息球技术，对于课程开发、训练讲授而言是非常重要的基础性技术，甚至可以说，课程开发就是 P.G. 开发，就是信息球开发，课程准备就是信息球的效果准备，课程讲授就是信息球的串联。

课后的总结提升和训后的课程改善也包含信息球的改善。训后效果的综合评估和课程改进是系统改进，也是要从每一个点着手的。

信息球是培训师必须掌握、熟谙、不可忽视且必须放在头等位置的重要技术，要做好信息球。

2. 素材主题化

素材，要厘清范围，包括故事、案例、游戏、活动、测试、问卷等，囊括视、听、觉各种形式的材料；意味着还没有整理、挖掘，还没有做过应用设计。素材概念涵盖以上两层意思。

素材搜集，就是对可以导入训练中的素材进行主题化处理。首先要熟悉什么是主题词？从素材的说法、细节中提炼出来的关键概念，与训练内容中的相关主题形成关联，演变为主题词；找到一个素材，认真发掘，多次研究、反复琢磨，尽量做到对素材或案例的全面把握、烂熟于心；然后，从素材或案例的说法、细节中提炼主题词，如提炼出目标、计划、风险、执行力等。

发掘角度，每提炼一个概念，就等于找到了一个主题词、找到了一个应用角度。例如，某个故事里面提炼出来的关键概念是"寻借口""找托词"，可将其转化为与训练相关联的主题词"执行力""责任""缺位"或"担当"等。这样一来，这个素材就可以有几种主题的应用了。关键概念就是主题词，这个演变过程就是素材主题化的过程。

素材加工，就是把它作为多面体，一个素材加工后变成几个主题性素材，素材的每一个面贴一个主题词的标签，用提炼的主题词做文件标题，有几个主题词就做几个独立的文件（P.G. 形式），将来用到素材时，检索、查找一下马上就可以应用。

立足课程开发，一个素材不是固定只为一个主题服务，一个素材可以提炼多个主题词；应用时，换一个主题词等于换一个角度、换一个面，就可以贴合不同的主题，从不同的角度论证不一样的主题。

素材搜集，要考虑多面体特性；素材应用，则要注意针对贴合性。

"素材就像多面体，只有一点贴合你。"

3. 主题素材化

"信息球"技术，作为独特的课堂演绎论证方式，要围绕同一个主题观点，把握重点、难点、歧义点，搜集和运用多种资源、素材、训练方法和形式，进行主题素材化。

重点，就是对实现训练目标至关重要的知识点。

难点，就是不容易理解的、比较晦涩的，对学员的背景要求比较高的，可能听不懂的。

歧义点，是容易产生误解的，容易理解成别的事或其他观点的。

主题素材化，就是同一主题用多素材来论证，是素材在主题中的应用。先找到主题，假设现在要讲一个关于责任的主题，有内容、有形式，主题明确；然后找素材来加以论证，以达到情理并茂、妙趣横生之效；因为培训师在素材搜集时已经用主题词命名了，所以在资源库搜索素材最有效的方法就是搜索主题词，如在资源库搜索“责任”，文件名带“责任”的资源就被罗列出来可供选用了。

讲某个主题，素材是选一个还是选几个呢？要看课堂反应和效果需要，一个素材就能搞定了，就用一个；如果有需要就多选几个，做成“信息球”。

主题素材化具体表现为信息球，是课堂讲授设计的关键性技术，对于课程的重点、难点、歧义点要多角度、全方位来进行综合论证演绎。素材主题化可以整合多种资源素材和训练技术方法，包括提问互动、小组研讨、情景模拟、名人名言等多种形式，让课程有亮点、印象更深刻、效果更隽永、耐人寻味。

后附的《评估规范：课程随堂记录表》将帮助大家记录纲要（概念、说法）、行动安排、资源应用、辅助工具等方面，还原课程培训行为配置，为不断优化、持续迭代提供依据。此表也可以用作评估讲师和课程，以及移植经典课程或版权课程辅助之用。

评估规范：课程随堂记录表

课程名称：________________ 课程地点：______ 课程日期：____ 主训导师：_____
学员基本情况：______________________________ 课程类别：□公开课 □内训课

P.G. 序号	PPT 序号	时长	纲要（概念、说法）	行动安排	资源应用	辅助工具

说明：此表培训师可自用，管理方或组织方也可以用作培训课堂跟进观察

第四节　刻画奇效

同中讲不同，不同巧述同

创新是培训的基础，是训练刻画奇效的重要手段。我看到很多学员给我的朋友圈、官网上面留言或者在微信群里赞许，听到自己亲传弟子在各地实施训练的好评，内心颇多欣慰，顿时感到自己一心只为 TTT、为 TTT 的设计创新所付出的一切心血和无数个彻夜不眠，值了！思悟“无论对错，但讲有无”“无虑损失，收获最大”等心法、手法，有意识地突破，都有回报了。

（一）推陈出新

以 TTT 版权课程为案例，以 TTT 话语系统为范式，创新做法、刷新说法；要借鉴、引用、迭代，更要赋新意；观察、研究、反思、反省，向自己学习，总结、沉淀，入耳更入心。

1. 创新和刷新

创新导入，以达开场好效果，是大家共同关心的话题。导入，作为训练的重要组成部分，要“启动注意”，要把学员的注意力集中过来。启动注意有很多手法——沉默、停顿、重复、眼勾、手抓、话打、声音拉，也可以通过异声拢场来达到目的。

别开生面，开眼。训练课程的基本模块是：开场导入、理性纲要、感性演绎、资源运用（素材和工具）、结尾收结等。训练一开始的开场启动有热启动、暖启动和冷启动等几种不同的手法，也可以通过问候、鼓掌、握手等简单的互动设计来达到目的，尤其对同一批学员不同阶段的培训，每次开场都有新意则更具奇效。

排列组合，开窍。开场握手，培训师最先设计的是：“你好、你真棒、让我们一起飞（三个动作环节）！”效果不错，一段时间后，培训师为避免反复使用而可能带来的倦怠，做了一次创新，演绎为：“你好、心心相印、多多思考、相伴成长（四个动作环节）。”当场发现学员特别兴奋，之后又创新，再问大家：“学了三个动作和四个动作的握手后，还想不想学习六个动作环节的握手？同时，我们一起来感悟何为创新？”大家虽然说想学，但内心还是略存疑虑：这么多动作？创新到底是什么呢？于是培训师就带领大家一起行动：“你好、心心相印、多多思考、相伴成长、你真棒、让我们一起飞！”培训师把动作示范出来，大家恍然大悟，继而开怀大笑。此时，培训师再告诉大家：“创新有时候就是如此简单，创新就是排列组合！”

其后，结合 TTT 课程的基本内容和上述握手呈现的内涵，设计“学习体验 TTT，相伴成长一起飞”的口号，让 TTT 的导入成为课堂的有声展示。同时，宣贯一个重要的思想观点：创新做法、刷新说法。

之后，建议学员把口号中的“TTT”替换为自己的企业品牌，让“相伴成长一起飞”成为大家的一致心声和共同的行为纲领。

2. 借鉴和迭代

反省：歌曲《我真的很不错》被一些培训师演绎了手语版，大家广泛使用。在手语版的最后，副歌“我真的很不错”的反复跳跃使现场效果极好。培训师开始反省，手语操或手语歌曲的运用虽有很好的热场效果，但若要反复使用，形成训练奇效，必定要创新。

借鉴：通过对《我真的很不错》歌曲手语的研究，借鉴手语动作“我真的很不错”，培训师创新设计了演绎的动作及说法是：“我真的很不错，我是真的很不错，我是真的、真的、真的、真的、真的很不错！”运用以后感觉非常好，这是借鉴后的创新。

迭代：一段时间后，在某次训练的活动引导后，培训师发现“我真的很不错”的活动似乎过于倡导“个人英雄主义”，虽张扬个性，但忽略了团队。培训师经过思考，进行了革新，增加了第二个活动单元：“我的右边也不错、我的左边也不错，我的右边左边、左边右边、大家都不错。”一经推出马上产生强烈的反响，不仅热烈而且带来团队的真情互动。这是观察反思、迭代后的创新。

深化：“我真的很不错”这个活动运用了很长一段时间，为训练增添了无数色彩！在某次课堂热闹后，静思操作的过程，发现增加“我的右边、左边也不错”这个单元后虽然团队感觉出来了，但是还存在虽热闹但不真诚表达的现象，如何化解呢？于是再做迭代，把左右伙伴的名字（两个名字）纳入活动中，设计演绎的说法是：“我的右边（某某）不错，我的左边（某某）不错，我的右边（某某）、左边（某某）大家都不错！”这是深化后的创新。

反省引导研究，借鉴带来创新，观察中要反思，迭代激活革新，深化增进创新。

3. 向自己学习

向自己学习，外观内照、自我省思，总结训练实践中自己的设计、操作有哪些值得记取、值得沉淀、值得传扬，把一时精彩化为永恒经典，这是广大培训师的共识。如在课程中设计和导入团队活动，培训师经常向自己学习，不断创新，让课程效果越来越好、精益求精。

针对一个团队互动活动，我们设计的创新不少于七次，活动操作分享如下。

（1）创新互动。大家在一张纸或自己的笔记本上写“我是一个（　　）的人，我希望成为一个（　　）的人”。每个括弧中填写一个词（活动前让大家想好），然后在小组内部（若课堂人数在三十人以内，可在全场）依次交流，这样达到了很好的互动和相互深入的了解。

（2）触达团队。我们察觉到上述活动环节只有个体展示、没有团队回应，于是创新为：学员表述“我是一个什么样的人”之后，增加团队回应“我们爱你！”学员表述“我希望成为一个什么样的人”之后，增加团队回应“我们支持你！”这样一来，效果不仅仅限于自我表达，团队交流的氛围呼之而出。

（3）引导反思。其后，我们又发现，有人虽然回应声音很大，但明显是在敷衍，于是增加了“砸、切”内容，进行第三次创新：首先问大家是不是真正的团队，肯定会一致回答“是”。然后“切”一刀，“一个真正的团队应该是对团队成员时刻真诚关注的团队，那么我们做到了吗？”接着抽查问：“×× 是一个什么样的人？”或问：“×× 希望成为一个什么样的人？”

（4）诱发思考。根据现场回应进行讲评，诱发思考“能够记住的，也许是因为表述独特，或来自同一团队，或是老乡（同学和战友），或平时就有好感等；而记不住其他团队成员表述的，可能因为表达者平时表现庸庸碌碌、或表达没有亮点，或声音不够洪亮等。”

（5）**深化分享。**进一步揭示，“在我们日常生活和工作中，每日每夜、分分秒秒，我们团队中每一个人的一言一行、一举一动，无外乎说这么两句话，我是一个什么样的人？我希望成为一个什么样的人？不过是有这么两点小小的要求，爱我一点、支持我一些吧，但是我们做到了吗？我们真的是一个团队吗？”大家回答“是”，再追问：“真的是吗？”“是。”

（6）**团队展示。**安排团队展示，“如果真的是一个相互关注的团队，那么就让我们展示出来！”然后分小组按照下述顺序展开交流：“我是一个（　　）的人，我希望成为一个（　　）的人，我渴望从 TTT 学到（　　），我愿意为 TTT 奉献（　　），我担心 TTT 的（　　），我相信 TTT 未来一定会（　　）。”而小组的回应则依序设计为：“我们爱你、我们支持你、没问题、太棒了、我们共同努力、相伴成长一起飞！”

（7）**分享感悟。**我们增加了就某一项表达和回应做重点分享，或引导大家分享互动后的感受和感悟。

之后，我在企业内训时又把 TTT 与企业品牌做了替换，产生了非常深入的效果。如在新大洲摩托车做训练，把活动里的 TTT 替换为新大洲，演绎如下：“我是一个（　　）的人，我希望成为一个（　　）的人，我渴望从新大洲学到（　　），我愿意为新大洲奉献（　　），我担心新大洲的（　　），我相信新大洲未来一定会（　　）。”而小组的回应则依序设计为：“我们爱你、我们支持你、没问题、太棒了、我们共同努力、相伴成长一起飞！”

4. 入耳更入心

如何总结课程中的知识点，是培训师共同面临的难题。在长期训练中，我们总结出：“好结论，有语感，易接收，声声入耳、语动人心。”

语感表述：在中国古代有很多，如人间的“七俗”——柴米油盐酱醋茶，

“七雅”——琴棋书画诗酒花，就是很有语感的。所谓语感，即有韵律、朗朗上口，而且平仄对仗。有的表述似乎字词间的顺序都不好调，比如上述“七俗”“七雅”似乎已约定俗成了，词序调整后会显得别扭。借鉴传统经典和民间口头文学的规律，我们总结语感结论的设计口诀为“单字诀、二字词、三字经、四成语、五绝句、七律诗、三句半、打油诗、顺口溜、编口诀”等，语感结论建议以一、二、三、四、五、七字为宜，包括编口诀、顺口溜、打油诗、三句半等。

语感话语、经典表述，日常生活中比比皆是、耳熟能详，如二十四节气歌：“春雨惊春清谷天，夏满芒夏暑相连。秋处露秋寒霜降，冬雪雪冬小大寒。每月两节不变更，最多相差一两天。上半年来六廿一，下半年是八廿三。”还有农谚，如“八月十五云遮月，正月十五雪打灯”。再如北方的九九歌：“一九二九，不出手；三九四九，凌上走；五九六九，沿河看柳；七九河开，八九雁来；九九加一九，耕牛遍地走。”还有概括历史典故精华的四字成语，如“毛遂自荐”“田忌赛马”，总结战术要领的“一鼓作气”“十面埋伏”，再如“三才：天地人”“三光：日月星”等。

语感结论：我们参悟到中国文字的绝佳武器、上乘心法之后，就开始把TTT课程里面的内容点、知识点，运用语感结论技术提炼总结了一百多个独特的概念和几百句训练心法。

讲述技术：真性情、平常话、身边事。

掌控手法：设计好、控制住、演示足。

沟通手法：讲得好、问得巧、答得妙。

训练效果：讲清楚、听明白、记得住、做得到。

首善手法“请注意”、乐从手法“有道理”、对接手法“我发现”、区分手法“是这样”、感召手法“来”、分享手法“让我们一起”。

强调课程的实效针对性，明确提出：“真传一句话，假传万卷书。”

品牌课程的价值淬炼要体现"有、好、新、奇、特"五字要诀等。

再如，描述学员、培训师、课堂三者关系是：学员为主体、培训师为主导、课堂为主场，达到"悟、化、应"效果，传道、授业、解惑重在"知、行、悟"。

总结避免课堂冲突的心法："没有不好，只有不同。"

强调训练终极效果表述为："无论对错，但讲有无。"

培训师是善于叫停的人："宁断不乱。"

反省师道尊严提出："师之所在，道之所存。"

倡导学员的参与："投入多少，收获多少；参与多深，领悟多深；未曾经历，不成经验；敞开心扉，方有心得。"

讲解专业回答技巧时，特别强调："可以不回答，不能不回应。"

魅力表达要做到"自建心境达语境，再传语境造心境"。

课堂节奏的把握上"不可不随意，不能太随便"。

课堂掌控要做到收放自如，"收得住才放得开，放得开方收得住"。

强调在训练中要通俗，明确指出："是佛都说平常话，真性情赛好文章。"所以，要"见人说人话，见神说神话，把人当神敬，把神当人近"。

培训师要针对学员的需求交流，也就是"说者说出听者想听，听者听到说者在说""你想我说出，我讲你愿听"。

在训练中，停顿有着无尽妙用："当我们停止说话，学员开始思考。"

要做到情理并茂："感性话题理性升华，理性话题感性演绎。"

无论新老培训师，要做好职业训练，"准备比资历更重要！"当然"资历也是长期的准备"。

5. 引用赋新意

在课程内容的演绎上，广泛借鉴传统文化精粹、创新运用语感，达成凝练、精辟、豁然开朗的效果，在引用的基础上赋予新意，列举如下。

描述培训师的引导功力，借用对联：“会道者，一线藕丝牵大象；盲修者，千斤铁锤砸苍蝇。”

培训师要有自己的思想，引述近代大学者王国维的经典思想：“万物皆着我之色彩。”强调知行合一，引用佛偈突出：“说时似悟，对境生迷。”突出讲评作用，引用俗语：“有时点破一句话，胜过低头忙一年。”设计好的训练课题，即“题好一半文”。培训师要少讲绝对话，避免得出没有回旋余地的结论，借用古语：“说似一物即不中。”

在借用、引述的同时，还要赋予新意，旧说新语，如讲解点评技巧，则借用成语“丝丝入扣”，意指将现象细节与理论标准无缝对接，现场强关联；讲解课程开发时，强调要主线辅线、明线暗线搭配，要做到内容灵活开合，可运用金融业的一个概念：定活两便。

培训师在总结专业表达的单项技巧时，尽量做到每一种技巧都借用一个成语来表述。“说文解字”是指代运用拆分或组合字、词的表达手法；“旧说新语”是指大家约定俗成的说法或习以为常的认知，赋予其新的内涵，或做出新的解释；形容内容设计的方式是“粗枝大叶、妙趣横生”。

为克服怯场的紧张情绪，在课堂上，培训师要发挥认知和主导作用，借用移动通信动感地带的口号，创新提出“我的地盘，我做主！”

（二）出神入化

没有思想，就好像一个人没有灵魂。要打造品牌课程，重要的是要有自己的思想。表达独特思想绝不是哗众取宠，也不是无病呻吟，而是心法的感悟、智慧的总结、观念的萃取、经验的升华，是对学员的责任和对训练的贡献，是境界提升的完美表现。

培训师职业化的表征是什么？创新是基本“攻”，提炼说法、深化观点，有“好新奇特”、守“继改增融”。深化思想，独占价值，精心法，面貌一新。

1. 升华思想价值独

职业化表征：职业培训师在职业训练中感悟生活和工作时，如何呈现思想、升华思想并给到学员更多、更深刻的启迪？如何“讲评反馈”“点破”“点化”“揭示”“揭露”，使学员不仅收获知识和信息、掌握方法和技巧，更得到思想和灵魂的洗礼呢？如何在教授专业技能的同时，让学员能够举一反三，产生认知的共鸣和思想的升华呢？培训师又如何以自己的独特视角，表述观点令听者耳目一新、回味无穷呢？这是所有培训师不能忽视的事情，是培训师职业化的表征，培训师应该当作基本功来锤炼，才能够做到位。

淬炼精彩：能够提炼说法、升华观点，形成价值独占的思想，并懂得思想的精彩呈现。徐悲鸿说过：“古法之佳者守之，垂绝者继之，不佳者改之，未足者增之，西方绘画之可采者融之。”在职业训练中，职业培训师进行思想呈现时，如何守、继、改、增、融？独占价值又何在呢？

创意表达：把自己的感悟和专业理论结合起来，既贴近训练现场和学员实际，又能够巧妙地运用某些流传已久的表述、习惯说法或者俗语，予以创意表达。呈现精彩的思想有很多心法。

（1）言为心声。

独特表达：培训师的思想呈现可以用自己的独特表达来概括和启发，达成情理之中、意料之外的效果。在培训很多新晋培训师时，我关注到其情绪管理和心态调整，他们总是有些怯场，我会对他们说：“准备比资历更重要，当然资历本身也是一种长期的准备。”我告诉他们如果做好充分的准备，把课堂上面要讲授的内容记诵得滚瓜烂熟，我还对训练中可能出现的各种情况做到心中有数，对自己要提出的问题以及学员可能提出的问题都早有设计，对活动安排、游戏互动、实操演练、小组讨论都配置得当，那么，训练呈现良好效果就不是意外了。

引用经典：为说明做好完全准备时的自信情态、自豪表现，经常会引用古谚："只问耕耘，不问收获。"

多感引导：改变以讲授为训练的主要甚至是唯一方式的意识和行为，强调训练的多感度引导，我会在一些训练场合提问："培训师姓什么？"然后再告诉学员答案是："要由蒋（讲）老师、槊（说）老师、谢（写）老师，转变成为查（察）老师、文（问）老师、戴（带）老师、平（评）老师、郄（切）老师、严（演）老师、屠（图）老师。"同时，我会告诉培训师："与其讲多几句，不如多问几回，让学员多想几遍、多听几耳、多看几眼、多说几次、多做几手、多走几步、多悟几层，岂不妙哉！"

点化迷惑：在涉及培训的作用和功效时，往往有些企业的管理者会期待训练出现奇迹，一些培训师也会无意夸大训练的效果，这样对待训练是无益的，甚至会令有此想法的人们"很受伤"。我经常告诉学员："培训不是万能的，不能解决所有的问题，只能解决因为没有训练而带来的问题。"

语感结论：在训练中，学员往往来自不同层面，情况不一而足，在课堂上面的反应也是千奇百怪，每个人面对学习的心态更是千差万别。因此，我经常提醒培训师要"用心、用眼、用心眼"，用心准备、用心对待，用眼观察、用眼抓控，灵活应对和处理各种课堂中的状况。

"有用有用，无用无用！""没有不好，只有不同。"

转换角度：在其他主题的训练中，我会引导学员思索：如何反思失败？如何认识错误？缺点是什么？我会从另外的角度来诠释"失败是走向成功的过程；错误是另一个标准下的正确；而缺点是优点的不适当表现”。

（2）醒醐灌顶。

单刀直入：思想呈现，有时会表现得直截了当、一针见血，给学员醍醐灌顶的感觉。

当有些培训师在课堂上临时忘记个别内容、颠倒内容次序，或出现语误、语塞现象，或某个安排要做出调整等，我会告诉学员：“没有人知道你讲什么。”

将心比心：有些培训师总是紧张，每每上场顿感压力无限，我告诉他们：“紧张人人有，别被看出就好！”同时提醒所有的学员，紧张无济于事，紧张只会徒增烦恼、干扰心神，所以“TTT 拒绝紧张”！

告诫提醒：针对很多培训师只关注内容而忽略课堂各种反馈，在与学员交流课堂掌控时，我会告诫他们“养成察觉、注重细节”“通过回馈发展技能”。

有些培训师在表达时，总是有些口头禅，讲话中间夹杂着“这个、那个、嗯、啊”等，我在矫正他们时告知学员：“宁断不乱！”在表达讲述时，宁可停顿，而不要夹杂赘语，以免影响语意。培训师在训练中要注意“断在当断处”！

针对一些培训师喜欢在课堂上滔滔不绝地讲述而不懂得适度停顿、不关注学员反应、不考虑学员吸收效果，我会提醒他们：“说得少，悟得巧。”

先见先知：好的训练，其效果表现为“说者说出听者想听，听者听到说者在说”。好的培训师，应该是“你（学员）想我讲，我说你要”。我会告诉他们：“当我们停止说话，学员开始思考。”

在板书时，有些培训师喜欢写很多，而且比较潦草，我告知他们“宁少不草”，提醒他们板书要讲究图案美，要多运用线条和箭头，字体要横平竖直，一笔一画。板书在操作之前若能够预先设计，则效果更佳。我还建议培训师把板书拍摄下来，要研究板书，以求进一步的改善和提高。

2. 精进心法面貌新

（1）旧说新语。

套用名言：利用大家有所了解的一些说法来进行演绎，达到融会贯通。在培训中，培训师结合课程内容、演练、案例研讨、角色扮演等进行讲评，对讨论进行总结、对课堂发表进行归纳、对素材的价值进行挖掘，总是要追求表述的独特、观点的鲜明，体现一种新颖的角度，见人所不见，察人所不察。对此，运用王国维所言“万物皆着我之色彩”来形容就特别贴切。

借用术语：训练手法的运用，有一个由表及里、由浅入深、循序渐进的过程，包括对课程内容的讲解、对训练资源的运用、对课堂现象的感悟、对学员反应的回馈等。一般会借用雕刻的三大手法来形容：雕、琢、磨。雕，就是在大的方面进行引导，追求训练目标方向上的把握，出轮廓、出模样；琢，就是在深度方面进行刻画，追求训练内容的精准和深入，讲清晰、讲到位；磨，就是在细腻程度上面的讲究，追求学员感觉和启导认知层面的收获，求回应、求共鸣。

进而，三个深化训练功效方面的对应描述，就是“润、切、塑”。润：关注多感度促动，引发多层面思索，余音袅袅、回味无穷。切：追求大刀阔斧，把握总体感觉，粗枝大叶，抓大放小。塑：讲究条分缕析，期待细节回馈，探究本源、反思常识。

解析成语：培训师在准确把握内容后要领悟和消化后，再与学员交流，这样才能真正做到有效训练，我经常告诫培训师“能够感动自己才能感动学员，能够启发自己的就可以启发受众”，对此将成语“深入浅出”做一下“旧说新语”的处理，形容为“深入在己，浅出给人”，研究探讨要入深，讲授讲解要出浅。

培训师要突破形式束缚，就要随处感悟，我用“得意忘形”来表达，此处就是反用成语，意即得其内涵，忘其外在。我会跟学员说：“培训师就是要得其意，忘其形，注重本质，忽略形式。”

（2）他山之石。

俚语谚语：培训师还可以借用一些古今中外的经典表述来做自我的思想呈现，以收移花接木的奇效。所谓“他山之石，可以攻玉。”法国有句谚语非常精辟：“理性了解世界，感性创造历史。”给人们以启迪和联想，对训练也有诸多的借鉴作用。

韵语联句：谈到训练，在导入、理性纲要、感性演绎、资源运用以及收结的训练全过程中，如何做到情理并茂？我们通常会告诉学员：“理性话题要感性演绎，感性题材要理性升华。”

名人名言：有句名言：“养辩于讷，藏锋于钝。”蕴含思辨，颇具哲理，我经常拿来说明，培训师不要盲目追求表达的滔滔不绝，不要把听众和学员当傻瓜，不要自说自话，那样其实不过是个说客，是不具备影响力和说服力的。真正有影响力和说服力的培训师是善于观察学员反应的人，是在表达时随时根据学员回馈调整说法的人，是讲授之时经常在进行分析、判断、归纳、总结的人，是会说“半句话”的人，就好像印刷厂切纸所用的刀，看似非常锋利，其实是钝器。利钝相伴，相辅相成。

白居易《读老子》中有云：“言者不如知者默！”

在训练中，有的培训师总是牵挂表述的内容、投影幻灯片、讲义文稿等，总是不自觉地被这些东西牵制，或者总是担心时间、担心训练的效果，或被某种现象影响、被某个因素干扰、被某些杂务打断，凡此种种，我借用《荀子》中的一句话来形容:“君子役物，小人役于物。”对这些培训师要当头棒喝，告诉他:“你物役了。”

如果培训师在训练中总是顾虑别人的反应，尤其是担心在场的某些特别人物的反应，进而影响到训练的效果，为帮助他改进，我一般会建议他:“既不被物役，又不惧物议。”

他山之石：有些培训师讲话口齿不清晰、吐字含混不清，这样既不利于训练内容的精确表达，又谈不到以情驭声，更不能给学员带来听觉享受。因此，我总是反复强调要练习吐字归音，包括切口、贯口的练习，同时告诉他们京剧中就有“千斤白、四两唱”的古训，清晰表达的重要不言而喻。

心法感悟：有些培训师在讲述表达时，喜欢讲“我最大的毛病是……”“我最大的缺点是……”“我唯一的……”“我只有……”等绝对的话语，怕学员听不懂；也有培训师反复强调或解释，说得很详细，一件事情表述得过于绝对、夸张或者详尽，话甫一出口已成谬误。我总是告诫他们不要“说似一物即不中”，要注意“不讲绝对话，勿用极端词”，还编了一句口诀:“所有唯一全都最、极端绝对要避讳。”

点化点破：在课程结束时，回顾内容和要点、检点收获时，很多培训师会觉得收获颇丰，学员的反应也十分热烈，而此时，为告诫学员“知道、得到，进而做到，再到悟道，有一个漫长的求索过程”，我会借用“道可顿悟，事须渐修”来点化。正如一副对联所述:“会道者，一线藕丝牵大象；盲修者，千斤铁锤砸苍蝇。”

在领导力的课程中，我会借用一些古代经典表达来点破，如“上三年知下，下三日知上”“扬善公堂，规过私室”“赏不逾时，罚不迁列”“有术则制人，无术则为人制”等。

3. 得心应手

引导反思：训练中，要想重建资源、创新、升华思想，就一定要“用心、用眼、用心眼”。我经常引导学员反思：培训师是什么样的人？应该如何行动来达成有效训练？怎么样才能真正地关注学员？

换位思考：在训练中我们会提示学员换位思考，“学员是坐着的老师，老师是站着的学员，学员是学员的老师。”

独特话语：

路子比步子重要；

一对一带动一对多；

掌控全场，尽收眼底；

没有不会的，只有没教的；

培训师是随时“敢于叫停的人”；

职业化就是要“有所不为而有所为”；

过程复杂结果简单，结果简单过程复杂；

培训师要做到“不讲外行话，要做内行事”；

培训师是最好的学习者、培训师是最好的观察者；立竿见影、直指人心；养成察觉、注重细节；

读万卷书不如行万里路，行万里路不如阅人无数，阅人无数不如明师指路，明师指路不如自己开悟。

培训师在职业训练中的思想呈现，一般建议采用语感结论的形式，我在训练中总结的一些语感强烈的表达形成了TTT独特的话语系统，产生一定的深远影响。

有一句广告语:“思想有多远,我们就能够走多远。”锤炼思想、表述思想、深化思想、传播思想，每一个职业培训师责无旁贷，做一个有思想的职业培训师吧!

后附的《自训规范：培训答问技巧》和《自训规范：培训论述技巧》将帮助大家夯实答问和论述的基本功，创新呈现，跳脱常规，促动掌控，出神入化。

自训规范：培训答问技巧

★★★★★

一、答问的基本步骤

1. 记住提问和提问人

理解并复述提问；

与提问人进行目光交流；

确定其他观众也都听见并理解了这个问题。

2. 回答

要简洁而又恰当；

不再和提问人目光交流，要注意全体听众。

3. 联系

把问题、回答与培训师发表的主题内容结合起来；

最后扼要回顾问题及回答，并陈述结论、观点。

二、结合自有课程，选择以往常见的几个问题，逐一运用答问技术设计并呈现，训练时注意感悟答问的效果如何，也可以邀请伙伴协助自训，并给出专业反馈。

培训师答问技巧自训自检表

自检主题	掌握程度	话语印象	心得感悟	疑虑困惑	行动计划

说明：自检主题：记录每次自训安排的记忆类内容点、操作类动作点、思考类省悟点；

掌握程度：记录自训后对自训主题的把握程度，由一般到最佳分为 1 ～ 5 五个等级；

话语印象：记录自训后对自训主题的记忆、理解、认知的程度，列举具体概念或观点；

心得感悟：记录自训后对自训主题的心得感悟；

疑虑困惑：记录自训后不明白的内容，不明之处须及时与导师沟通；

行动计划：记录自训后的提升与改善之处，并列出后续行动计划。

自训规范：培训论述技巧

★★★★★

一、论述训练主题："习惯的改变"。

二、论述训练参考。

1. "习惯的改变"之观点：一个人 95% 以上的行为是因为习惯，因此____________

A. 习惯是逐渐完成的；

B. 习惯可以改变；

C. 改变是一件不舒服的事；

D. 改变是一个过程；

E. 改变是一种高层次的享受。

2. "习惯改变"的素材

改变习惯非常困难，因为人都会有一个舒适圈、卓越圈；

每增加 5 ~ 7 个好习惯，上升一个层次；

15 ~ 20 个好习惯，达到社会中高水平；

30 个以上好习惯，达到社会高层次水平。

A. 最初，常态随意；

B. 0 ~ 7 天，常态刻意，不自然；

C. 7 ~ 21 天，职态刻意，有些自然（须提醒）；

D. 21 ~ 90 天，职态随意，不刻意，很自然（90 天达到固化）。

参考所学和已知：展开从常态到职态、由刻意到随意的论述。

三、选择具有现实意义的主题，如“老龄化社会面临的机会和挑战”等，练习论述技术。

四、结合自有课程，先选择一个主题，可大可小，可以是 P.G. 层面的主题，也可以是层次、段落或整个课程层面的主题，运用论述技术（参考上述例子，结合前述自训的心得感悟）设计并呈现，训练时注意感悟论述的效果如何，也可以邀请伙伴协助自训，并给出专业反馈。

培训师论述技巧自训自检表

自检主题	掌握程度	话语印象	心得感悟	疑虑困惑	行动计划

说明：自检主题：记录每次自训安排的记忆类内容点、操作类动作点、思考类省悟点；
掌握程度：记录自训后对自训主题的把握程度，由一般到最佳分为 1 ～ 5 五个等级；
话语印象：记录自训后对自训主题的记忆、理解、认知的程度，列举具体概念或观点；
心得感悟：记录自训后对自训主题的心得感悟；
疑虑困惑：记录自训后不明白的内容，不明之处须及时与导师沟通；
行动计划：记录自训后的提升与改善之处，并列出后续行动计划。

第六章 成就明师

不做另一个谁
成就唯一的我

刘言扉语

理智工程高效益，成就明师特定位
不假思索育习惯，做足本分显风范
潜移默化我认真，砥节砺行真认我
训练修炼常观照，成长成熟大魅力

第一节　职业成长

平时育习惯，训处显风范

“小见人品，大显能耐”。做明师，既要叫好又要叫座，既要靠临场表现塑大魅力，又要靠品牌风格赢高效益。

《淮南子》有言：“有术则制人，无术则制于人。”培训现场如战场，学员会带来各种问题、出现诸多状况，培训师如何使用专业技术、运用职业化来迎接挑战、破除障碍、有效掌控、灵活促动，着实是个大学问。

“也许我不如你专业，但是我敬业；也许我不如你敬业，但是我职业！”

“我知道我知道的”，专业、敬业、职业化就是底气，就是凭借和依托。课堂上总会有更专业、更擅长、更懂培训的，不必害怕、不要紧张，培训师完全可以坦然面对、泰然处之。

“平时育习惯，训处显风范”，切记修行凝神，技巧与细节并重，做到因势利导，突出侧重点，关照学员，要懂得在培训现场的应变与掌控。

“言为心声”，应该在意什么、关注什么，何时、何处、何事可对何人随意，运用之妙、存乎一心。

“今天我认真，明天真认我”，要做足本分，把握训练针对性，盯紧组织期待和学员需求，换位思考。

“你想我讲，我说你要”，有所为、有所不为，做好取舍。

“有用方有用，无用则无用”，要确保训练有效性，感召他人、彰显人性，切实感悟。同时，必须遵守行业规则，正大光明，有礼有度，收放自如；追求有心正确，处处留心，独具慧眼。

（一）成长进阶

职业培训师要成为推动企业发展和职业人生发展的“导航员”，必须要有“道”、讲求“道”。

“道之所存，师之所存。”人们之所以要尊师，是因为重道。师道尊严四解：师严、道尊，培训师严谨，所传之道得到尊重；道严、师尊，道理严谨，培训师获得尊重；尊、严师道，学员尊的是严师所传之道；道、尊严师，在培训之道上唯尊严师。职业培训师的自身要“严”，更是传“道”。

1. 培训师成长能级

培训师成长有三个能级。

第一级是“工”。依业务而讲业务，学未知、教已知；有内容无技巧，培训一言堂，只能算是“话工”。

第二级是“匠”。有匠心、匠气，技术主义，做所知、教你做；可以发挥工匠精神，精进职业化。

第三级是“师”。做“明师”：明确使命和方向、明晰责任和规则、明白行动与效果，还有自知之明。精所做、创作教，职业“明师”终将成为名副其实的“名师”。

“明师”到“名师”，必然将势、道、法、术、器融汇，做到“以势统道，以道御法，以法使术，以术用器”。

师者，人之师表也。2500 多年前孔子就说过：“不能正其身，如正人何？”培训师要影响人、教育人、激励人，身教重于言教，要做到正大光明。

培训师要立言，更要立功、立德；要重视专业水平的提升，更要重视人格品德的修养；既能启迪人，又能感化人。

2. 课程发展进阶

课程发展进阶分“顺、好、精、活”四个阶段，意味着课程水准不断提升，学员收益渐次丰厚。课程发展基于训练效果，经由“有、好、新、奇、特”，效果逐步深入，企业、机构和学员看待课程也会有不同层次、不同维度的感受。

“有”：基于内容。杜绝同质化，有“新内容”，更有“新视界”。

“好”：基于效果。好记易传播，演绎、讲授、引导均设计好，效果、结果、成果靠得住。

“新”：基于角度。原地涨一寸，要独具慧眼，别人俯视你仰视，别人平视你透视，别人从上往下、你就从下往上。正如管理学里的 Top-Down 与 Bottom-Up；角度出新效果佳；要系统创新、系统创造。

“奇”：基于设计。转身就解放，要出奇制胜、意想不到。包括整体的设计、资讯、感悟的不同，不能停留在浅层次，除了人无我有，更要思考再思考、挖掘再挖掘、深入再深入。

“特”：基于风格和价值。砥砺化传说，形成独特性，无论期待、规划、设计是什么，站在学员的角度都要豁然开朗，看到不同、感悟不同、领略不同，上升一个境界。

培训师有行为规范、行为准则，衡量课程效果也有非常清晰的客观标准。“有、好、新、奇、特”这五个层级或者说五个维度一定不要“形而上”。

有“有好新奇特”，不唯“有好新奇特”，才是真正的“有好新奇特”。

课程发展的进阶有四字口诀：顺、好、精、活。

“顺”：就是有内容。

“好”：就是有效果。

“精”：就是有系统。

“活”：就是有思想。

《培训师成长能级和课程发展进阶图》（见图 6-1），将帮助大家更好地规划自己的成长、更好地规划课程的发展、更好地推进培训的实施。循序渐进，做好达标复制、走向专业融通、实现职业创新，锤炼风格，修炼职业化，逐渐由顺到好、入精、成活，塑造品牌，成就明师。

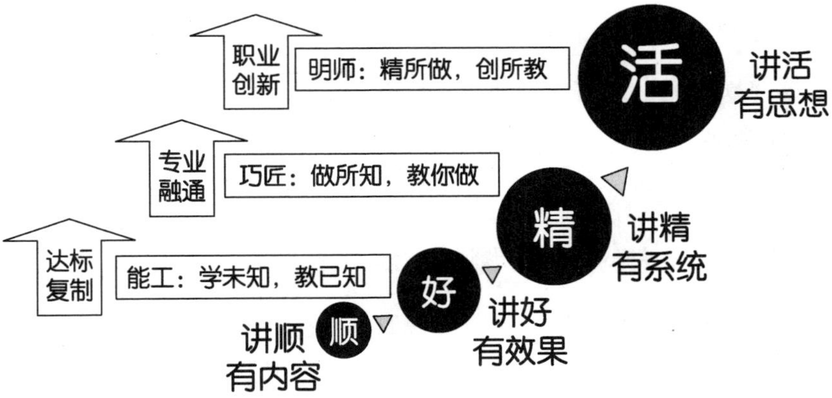

图 6-1　培训师成长能级和课程发展进阶图

3. 课堂呈现能力

职业培训师的课堂呈现能力包括以下六种。

（1）表达力。

流利，固然好，但也意味着不太关注学员；

流利，不太在乎效果，就不够深厚、稳重。

表达力的关键词是“感同身受”，表达的感觉、情绪能够带给学员，“场景化学习”不仅是营造物化的环境、物理空间，还是营造一份场景感。

通觉：就是瞬间、刹那，一句话或者话一出口，双方的感觉就能沟通。

常规表达是通觉式表达，瞬间把感觉沟通起来。如形容一个人嘴大，不是说这个人的嘴好大，而是描述为“血盆大口”，太形象了，一下子感觉就出来了；形容眉好看，描述为“一道剑眉”；还有“虎背熊腰”“水蛇腰”“丹凤眼”；再如“急得像热锅上的蚂蚁”“火烧眉毛”等，瞬间通觉。

表达力，要流利，更须通觉。

（2）创新力。

创新，从法律的角度来思考，专利是对创新的法律认可，专利法规定有以下三种专利。

① 发明专利。针对产品、方法或者产品、方法的改进所提出的新技术方案，毫无疑问是前无古人、前所未有的，是独创的。

② 实用新型。针对产品的形状、构造或者其结合所提出的适合于实用的新技术方案。

③ 外观设计。针对产品的形状、图案的新设计。

创新力的关键词是“传承组合”。

传承：把过去优秀的、经典的传承下来，也可以像实用新型去略加改造。

组合：是实用新型，是形式上的革新，如组合文具。

创新力，在传承基础上，设计出精彩，组合显特效。

（3）挑战力。

挑战必有难度、挑战无论输赢。

挑战力的关键词是“反思问题”，反思表现在会提问题。准备好“十万个为什么”，挑战力就达到“十万级”。

问题清单：要想通过提问反思、通过反思挑战，就要列一个“问题清单”。用 A4 纸纵向对折，一侧写课程 PPT 的标题、纲要，另一侧写每一张 PPT

对应要提出什么问题，每一段、每一层都画一条线。

有问题就有反思，在挑战中反思、探究、深入、发掘，在反思中前进、提升、改变、发展。

挑战力，以问题带动、以问题牵引，真正地引导训练。

（4）感召力。

感召，打动、促动、引领他人；要感召他人，先感召自己。

感召力的关键词是“设身处地”，把自己投入进去。任何一个点、环节、层次或段落，要想象自己就在讲授的场景中和大家同频共振。

培训师可以跟学员穿同样的工服、做同样的事情，提前到车间、生产现场、厂区去转一转、走一走，找找场景感，酝酿设身处地，让自己能够真正地投入、将心比心，把自己当作“自己人”，说贴心的语言、讲体己话，不讲虚话、外行话。

感召力，情感深度触动。

（5）洞察力。

洞察，能够见微知著、一叶知秋、把握细节，真正地触一发而动全身。

洞察力，关键词是“把握细节”，掌控全场，形成确确实实的洞察。作为引导者，作为主诉、主讲、主训，培训师要用眼睛体现关注度，“我的眼里只有你”“你是我的唯一”“最远的你，是我最近的爱”。

盯制法，重要的眼法：“一人一层，有应必反。”

一人一层，不是一人瞟一眼，这里有三重含义。

第一重:“内容”全一层。讲完大概二三十秒，过程中要观察对方反应，有点头还是皱眉？有思索、有感觉吗？提笔记录了没？要一边观察微表情、小动作，一边分析对方是在认真听讲、积极思考，还是开小差、刷朋友圈、回信息、看邮件等。

第二重:“身后”一条线。看着一个人及身后一条线的几个学员，“枪挑一条线，棍扫一大片”。即便万人大场，也就是几十条线。

第三重：“阶层”一代表。每个人是他这个年龄层次、阅历层面的代表。

盯制法，要有基本功。

“贯”微洞密，掌控全场，把细节收过来，眼睛余光要有个“扇面”，要观察所有人的反应；千万不要“扫描眼”，一人一眼，一扫而走。

“触”目惊心，若一分钟触动两到三人，一个小时就是一百二十到一百八十人次；如果课堂里有三四十人，学员在一小时内就可能会被深度触动两到三次。

洞察力，有盯制法，有场意识，眼睛里面“出活了”。

（6）变通力。

变通，灵动活泛，不仅反应快，还要懂得转换角度。

变通力，关键词是“转换角度”，善于换位思维、懂得换角度。

以下是有关明代大才子解缙的民间故事。

明代大才子、主持编修《永乐大典》的解缙，在金銮殿殿试时，皇帝出题：“东启明，西长庚，南极北斗，谁是摘星子。”解缙反应很快，不假思索对出下联：“春牡丹，夏芍药，秋菊冬梅，吾是探花郎。”他反应很快、捷足先登，本应为状元郎，结果一语成谶，只得了第三名探花。看来反应过快也有不利。

有一天，朱元璋想要故意难为一下解缙，看看他会不会变通，便告诉他说，昨晚后宫诞生一名婴儿，要他据此写一首诗。解缙说：“君王昨夜降金龙。”皇帝摇摇头：“不，是公主。”解缙随即续言：“化作嫦娥下九重。”皇帝又说：“可惜夭折了。”解缙忙转道：“料是世间留不住。”皇帝又说：“已经扔护城河里了。”解缙并不慌张，从容道出：“翻身跳入水晶宫。”

角度一转换，因变而通达。

假如，和一个学员背靠背站着，问他：“你有没有看见前面的某个东西？”学员会回答说：“我只看见我眼前这边的东西。”若指责说：“你怎么那么笨呢，我都看得这么清楚，这么大的东西，你怎么就看不到呢？”要引导，遇到对立、异议、不期待的反应，要变通，变通先乐从，先理解一下对方，把自己换过来看，原来是这样的角度，就容易相互接纳。

变通力，先变通自己，变则通，通则达，有接纳所以被接受。

课堂呈现的六种重要的核心能力：“变通是角度，洞察是细节，感召是投入，表达是通觉，挑战是反思，创新是组合。”真正运用这些核心能力，提升自己，推进训练，真正地深入人心。

（二）开雾睹天

勘破训练的真谛、追寻纯朴和本真；专业精深之道，由狭窄幽暗变为宽阔明亮，通达领悟，豁然开朗。正如汉朝徐干的《中论·审大臣》一文所言：“文王之识也，灼然若披云而见日，霍然若开雾而观天。”

把握表达的关键、力求透彻而犀利，有分寸、懂平和，无论对错，但讲有无。

“语迟人贵，水深流缓。”从无心到有心，更要用心良苦，调正关注，有心正确。

1. 说似一物即不中

《老子》开篇第一句：“道可道，非常道；名可名，非常名。”所有可以表达的概念和价值，都只在一个相对的关系中成立；万事万物都具有相对性、多面性和变化性，每一面都不足以描述该事物的特性。

语言文字是有局限性的，难以表达最深沉和最幽微的思绪。无所不用其极，喜欢把一个事情讲得很绝对，用“最、唯一、绝对、全部、都、所有”等概念，似乎不这么讲就不到位、就没有权威性、就没有说服力，这是值得商榷、值得警醒的。

“说似一物即不中”，来自六祖惠能和南岳怀让禅师间的一段对话。怀让经过惠安和尚对他的启发与指点后，直接到曹溪来亲近六祖惠能大师。

惠能问：“你从哪里来？”

怀让答：“我从嵩山来。”“嵩山”意指他是从惠安和尚那里来的，他说的是地方，而不是某位大德。

惠能接着问：“什么物恁么来？（恁字，读音为 nèn，意即这样、如此、那么）”大意是什么东西这样来？

怀让答：“说似一物即不中。”

“似一物”就是“像一个东西”。用太多语言来叙述，说得越详细越像某个东西就越有不是了。追求本质，无须太多论证、修饰、演绎加说明。

纯朴真相，客观陈述。一般讲最大缺点、最大优点、最有特色等，用非常绝对的、无所不用其极的表述来演绎、讲解、论证、推进训练，只要有人随便举一个反证，立马就可能让培训师哑口无言、本想树立的权威形象瞬间崩塌，这是得不偿失的。不是说话到最极端，就有说服力；一旦绝对，立马偏离本质。

不说满话，稍留分寸。“不要一竿子打翻一船人”，古语云：“赏不逾时，罚不迁列”，即教训、处罚某人，就仅限于他，不要扩大化。

从今天开始，记住：“所有唯一全都最、极端绝对要避讳。”

回归客观，保留个性，追寻最纯朴、最本质的东西，真正明了和把握“说似一物即不中”，形成自己真正独特的培训效果！

2. 养辩于讷，藏锋于钝

养辩于讷，“讷”字，木讷者，看上去迟钝和木讷的人、反应不快的人。告诉人们要涵养修为，不要反应太快，否则就会过激、就容易误判、就可能会有误解。

“辩”字，“辩论”的“辩”，是两个“辛”字中间一个“言”字，多一言加倍辛苦！

“辨”字，“思辨”的“辨”字，是两个“辛”字加一个“心”，意即用心良苦。

得“思辨”，用心去辨别、去思考，看到眼里、想到心里，不打擂台、不辩论。木讷者更雄辩，沉默是金。

“锋”字，锋利，出锋必为利器吗？此言似是而非，真正锋利的不是利器是钝器。轧钢厂、造纸厂或者印刷厂里，轧钢机、轧纸机，这些机器的刃都是钝刃，却锋利无比。

利，也许只是点的突破，不见得一定能让人触动、让人醒悟；钝，是面的影响，反应慢一点、木讷一点，静观其变，待机而动，面面俱到。

古语云：“讷于言，敏于行。”胡雪岩有一句话：“万言万当，不如一默。”等一等、停一下，方见锋芒、显现威力。锦上添花花更艳，无意争锋自成锋。

3. 无心错误，有心正确

培训中，观察和分析自己的行为和学员的反应，在意识层面，存在有心、无心；从评判角度，会有错误、正确。这里有个关键词叫“关注”，因为关注点偏移，行为会有不当、言语或有差池。

培训师要调正关注、正言正行：“化无心错误为有心正确。”

给大家一个四象限，包含四种状况：无心错误、有心错误、无心正确、有心正确。

无心错误：发现症结，反省角度，以正面引导去达成正面效果。

有心错误：出现了就是成心捣乱，坚决制止。伴随经验的丰富、场次的增加，逐渐地拿捏、掌控到位。

无心正确：要总结、沉淀，向自己学习，转移到有心正确。

有心正确：不要过于关注自己、内容和讲授，而是要把切身体会、系统感悟和深度认知和独特、独占的东西放下，真正地讲够讲足，亮点清晰、价值感饱满。

正面引导无心错误，杜绝有心错误，总结无心正确，巩固、发扬、彰显有心正确。

（三）砥节砺行

从自己和学员角度出发，观照达成自知，知刚、知柔、知显、知藏，拿捏精进引导，修炼途径，有渐有顿，知己明训，实效改进，学习忘我、应用无他，不机械、不呆板，学透做足，成就卓越。

1. 外观他人，内照自己

外观他人：不断观察，立身行事，揣测学员的心理状态、预测可能做出的反应。

内照自己：不断感受，感知内心情绪、照见心理变化。

培训师要以外调里，现场优化，达到内外交融，形成独到的、深入的培训效果。

观照，渊源于伏羲当年静观万物而创造八卦。

观照，静在其中。佛教也有一个说法：静观世界，以智慧而照见事理。

观照，抱元守一。在平常中观照不平常、在平淡中观照不平淡、在平凡中观照不平凡。

观照，是心法、是意识、是行为指引，是修为精进和洞悉世界的利器。

观照，是掌控、是约制、是分寸；是一种由里而外、由外而里的真正互动，也叫不忘初心，如是观照。就好比和学员交流、互动时，培训师虽处于二维空间，同时，好像有另外一只眼在上空或在之外的空间，它在观察，这就是观照的意识。

明师，就是有自知之明，观照达成自知。

《周易·系辞下》里的“君子知微知彰，知柔知刚，万夫之望”，意即：知刚、知柔、知显、知藏。

明师，就要知刚、知柔、知显、知藏。知道何时刚，利索，雷霆万丈；知道何时柔，温馨，良言一句三冬暖；知道何时显，表现更充分；知道何时藏，不该说则不说。

“未可说者不说”，说出的话，若不能说服、若被抗拒、被排斥，也许该少说一点，甚至暂时先不说。观其反应、揣测心态，不如随他一下，不如“乐从”。以后找准时机，再适时引导、迂回交流，以达期待效果。

2. 道可顿悟，事须渐修

这句话，源自佛教“理可顿悟，事须渐修”，意即：道理一听似乎就明白，但是真正要做到、做好，可能还要慢慢来。要想真正地正因果、求大德，就一定要通过两条路、“渐顿两途”。有人是渐的，有人是顿的，有人做苦行僧，不断地去研究；有人瞬间感悟，当头棒喝，立马有感觉、就醒悟。正所谓：“知易行难。”

为什么上课时，问学员懂了吗？明白了吗？大家似乎、好像都明白了，但是真正去行动、落实的时候，或者真正去有效地应用时，结果事与愿违。具体分析如下。

（1）老师可能没有讲透。有些道理要讲出来，还得设计流程，怎么讲、怎么述、怎么评、怎么论、怎么问、怎么答，都得设计好，一点点引导。

（2）学员进入习惯领域。听到讲解、引导，似乎也明白了，但是真正地由听到、悟到、做到，包括以后每一次都做到位，这个是需要过程的。学员在尝试行动的时候，一不留神就会滑到过去的习惯领域。心理学的路径依赖即如此。

培训师一定要设计好演绎和讲授，一定要清晰地懂得，不是讲到了、对方点头了或者表现出似乎收到了，就一定可以做得到。

“道可顿悟，事须渐修”，既是指引，也是提醒。培训师要注意循序渐进，因人、因地、因事、因时制宜，采取不同的方法，去点化、去引导，有的可以顿悟，有的需要渐修。

“道可顿悟，事须渐修”，既是指引，又是提醒，要真切把握同差异化引导，做到每一次训练、每一个人、每一回合的交流都能达成真正的效果！

3. 学习忘我，应用无他

在培训中，经常有人跟我交流说：“刘老师啊，我怎样做才能像你这样？”我则反复跟大家说：“千万别像我，做好自己最重要。”

培训师自己要警醒，也要引导学员：全心全意、全情投入、全力以赴，以忘我、清零状态学习。忘我，即避免拿过往经验、先入为主、比较成熟的来交流。

学习忘我，理想的引导是在培训开场、导入环节，做好首善、预先框定：“今天的学习，大家要放下包袱。”或者说：“大家一定不要做裁判。”或者说：“大家可以放下以前的成见、曾经有的心得经验，要空杯，把自己当成初学者。”

训练，就要忘记自己，要有空杯心态，要接纳、吸收；哪怕暂时做不到。

如果总是处于游离状态、总是跳出来、置身事外、不忘我、不能真正地把自己搁进去，这时候他就不是学员，而是其他角色，如“裁判”。

忘我，就是不要先入为主，不要戴着有色眼镜。

教与学都达到忘我，才是真正的“学习忘我”。

应用无他，不是让学员否定培训师的权威度、否定课程的价值度，而是要告诉大家，哪怕再好的内容，要想完全应用到工作中，也是需要时间、需要过程的。训后应用所学，不要机械、不要死板、不要生搬硬套、不要一成不变。学一点、悟一点、化一点、用一点，哪个好用先用哪个，哪个容易产生效果，就先把哪个提到前面来应用。训后实效运用、实效提升，形成切实效果，才是关键。正所谓：“应用无他不拘泥，悟啥用啥求实效。”

学习之时有感悟，因为你忘我；应用之时不呆板，因为我无他。

学习一定忘我，应用必须无他，这样才能称之为“有效训练”！

后附的《培训规范：训练全程的拿捏有度》，将帮助大家从开场导入、理性纲要、感性演绎、问题求证、行为配置、资源运用、收结收场等方面设计和拿捏训练全程，有技术、有方法，循序渐进。

培训规范：训练全程的拿捏有度

★★★★★

一、开场导入

1. 破：破冰—状态，气氛、行为；破题—课题、主题、话题、问题；

2. 抓：感觉、现场、心态；启动注意：沉默、停顿、重复；

导入的形式，如谜语、游戏、概念、观点、演示、数据、场景等；

引人入胜的导入技巧。

1. 开门见山；2. 故事吸引；3. 问题切入；4. 事实陈述；5. 彼此交流；6. 时事讨论；7. 说场面话；8. 引用名言；9. 利用教具；10. 幽默渲染；11. 出其不意。

二、理性纲要

结合期待、针对需求、突出重点、详略得当；

注重适用性、前瞻性、再创作性、结构性。

三、感性演绎

故事、游戏和案例研讨、角色扮演、模拟演练等；

视频、音频、多媒体效果；

各种不同的训练形式、训练方法的运用；

调动：表意识、潜意识和下意识。

四、问题求证

详列问题清单；围绕问题展开训练。

五、行为配置

运用培训行为配置表（时间、内容、行动、演示、气氛效果五条线）。

六、资源运用

网络资讯、知识积累、感悟、创新等。

七、收结收场

语感结论；主动检视和被动总结；传达期待、召唤行动。

课堂现场反馈（学员感言）。

总结、呼应、希望、要求、展望、选择、余韵等类型的收结。

余音绕梁的收结技巧。

1. 要点回顾；2. 故事启发；3. 隽言佐证；4. 触动情感；

5. 行动促进；6. 小组竞赛；7. 诗文抒情。

第二节　职业成熟

见贤思齐加一点，做足本分一百二

（一）追求卓越

知行合一、形神兼备、收放自如，内谐外和，顺势而为，追求自然境界。规划训练实施、设计训练效果；润切塑，师课双出，通过“四个 shi”评估，运用专业讲评，润切塑，讲到 Key、评到点、做到位，讲、述、评、论、问、答，改善提升。

1. 内谐外和顺势为

职业培训以自然为最高境界，要把握规律，顺势而为；在培训实践中，运用辩证法，追求理论与实践的统一、形象与内涵的统一、习惯与规范的统一。

形聚神凝：形象风范要与神韵内涵结合起来。将姿势、形态聚拢，精气神就凝住了，形聚神凝；姿势、形态过于散，就没有神，没有神就不抓人，形散神散。

收住放开：言行举止、一触一罩都要讲究。很多事情一开始都是要先收一收，收得住才放得开。

“形”要长期积累。与训练无关的姿势要少，与训练无关的语言不说，利落干脆，不杂不乱；要以姿助势，而勿以形害意。

内外双修、内谐外和的关键是：设计好、控制住，收得住、放得开。

2. 师课双出四训讲

培训师要做好“一课四训”，即预训、正训、自训和复训：课前预训，让学员把课程相关的基础理论、背景知识、记忆内容、问题线索做预先的准备性学习；正训，即授课培训过程；课后自训，围绕课程的训练目标提供行为标准，规定学员训练频率，制订课后复习巩固、实践养成的阶段性计划；多次复训，有效整合组织内同一课程的实施阶段和批次，让学员带着实践中运用所学后的感悟和困惑再次回到课堂，以终为始，不断提升。

要实现师课双出，培训师要善用四讲评估模型，用四个“shi”的同音字来命名。

第一个“shi”：“视讲”。借助视频回放，自我找差修正；备课、讲课，全程拍摄，自己检讨、反省、改进，随时随地持续完善。

直播回放是指把学员的行为表现随时拍摄下来，然后回放观看，在20多年前我们就把这个模式引进训练课堂，当时效果特别好。每次回放时给学员带来的震撼，我现在都印象深刻、记忆犹新。通过回放可以让学员发现问题和可提升空间等，之后告知学员正确的行为、方法，告诉他专业的标准、职业的要求，让他对标找差，认真反省。

为了有效节省课堂用时，这种模式很快就被我们改良了：一是把它放到了训前，让学员提前发现问题，有的放矢；二是放到训后，让学员对标找差，自我修正。

第二个“shi”:“试讲”。选择有代表性的内容要点集中呈现，讲五分钟到十分钟，之后由内部专家、讲评顾问现场提出讲评反馈。

由于没有规定必须讲哪部分，很多培训师都会选择只讲最好的、最拿手的、最熟络的，这是不合理的。

所以，我们将“试讲”改进了：按照内容的逻辑层次，把整个课程按最小的单元，也就是按照一个知识点、一个问题点的方式碎片化，切分成 P.G. 模块。试讲时，随机抽选号码，虽然同样还是讲五分钟、十分钟，这样的“试讲”窥一斑而见全豹、讲一个模块就可以透视整个课程及整体效果。事先有没有准备，准备得到不到位、效果好不好，试讲一下就清楚了。

第三个“shi”:“示讲”。标准示范课评估是培训师从“新兵营”走上“战场”的关键点；有点像公开课。领导、专家、培训对象一起来评估：课程行不行、好不好？能不能正式全面推进？能不能正式给目标学员完整讲授？

示范讲解，就是依据标准的课程内容，按照标准的课程时间长度，针对标准的学员对象，认认真真地、完整地讲一遍。最后大家一起来打分，评估达到一定分数就是没问题、合格、达标、满意，就可以正式开讲！

第四个“shi”:“实讲”。也就是正式、完整、持续地一堂接一堂地开讲，在实战中持续改进。

改进，不要改正，要“加正”。“成功不是错误的修正，而是正确的累积。”提高不是靠改正来的。不要去改正！要“加正”！要把正确的加在一起、累积起来，主动去发现、学习、累积正确的自己！

3. 专业讲评助改善

专业讲评，既是“试讲”环节的个体辅导形式，又是有别于正训的学习过程，是以学员为核心的培训辅导方式，采取互动、启发、双向沟通的方式，让学员通过参与领悟新的知识。这样的学习印象深刻，往往产生较佳的学习效果。

专业讲评，还可以将课堂上的学习收获经由课上讲评、现场改善、激发体验感悟和学习承诺延伸到课后，将培训落实到实处，不仅有培训效果，还有行动结果、发展成果。

专业讲评，已突破单纯讲授的训练模式，向双向互动发展，有自评、他评、互评，有点评、评议、综评，有初评、中评、终评等。

专业讲评，已成为培训师重要的专业能力，要能够差异化讲评，针对不同人员、主题讲评；针对讲授中的游戏、故事、模拟、讨论、演练、活动、素材、测试等不同形式资源讲评；针对呈现效果如 PPT、板书、海报、挂图、模型、学员手册讲评；进行书评、电话跟踪、交流改善、一对一辅导等。

专业讲评的技巧包括抓现象、找感觉、寻方向、定角度，丝丝入扣、随形附影。

评到点：对学员的行为表现或模拟演练等实录现象、抓出细节，点到问题点，现场提示，当下改善，随形附影，直指人心，让学员悟化、提升。

做到位：帮助培训师改进训练效果，从讲、述、评、论、问、答各项能力角度全面提升，形成独特的演绎风格，做到知行合一；帮助企业建立一套训练落地的护航体系，让管理者自己学会讲评反馈，发现问题，提升绩效。

专业讲评，要做到深入浅出、妙趣横生；要学会运用要素替换方式，要能够现场示范，即时给予，原地提升。

专业讲评，经典手法讲究“润切塑”：培训是要改变行为的，但不能硬性改变，要“润物细无声”。在润的基础上直指人心，然后切中要害，进而帮助学员塑形、凝神，形成新的意识和行为习惯，达成改善目的。

润：有效化解反馈时可能遇到的抵触心态，尤其是当学员小富即安、习以为常，满足于舒适区的自我肯定时。

切：采用专业讲评的心法和手法，有效帮助学员发现盲点，走出困顿，化解迷惑，突破瓶颈，实现成长跃升。

塑：让学员欣然悦纳，清晰改善的路径、确立提升的目标、明了成长的方向，体验成长的快乐和收获的喜悦。

专业讲解的口诀是：先润后切，润哪切哪，连切带塑。

专业讲评，还可以从以下这些角度进行。

语言表达；肢体动作；职业形象；时间掌握；课堂互动；课堂气氛；板书效果；课程导入；结尾升华；案例设计；演示文稿；切题；素材应用；技巧细节等。

（二）潜移默化

培训师课程的影响力中，最关键的是话语影响力。培训师要从“术语”走向“话语”，用“说白了”通俗易懂，用“换言之”简洁好记，用“也就是”形象生动，用“讲到底”简单明了，同时，运用“图表数字”深化话语影响，赢得话语权。

“点破现象”“点化问题”“揭示本质”“揭露真相”“正本清源”“拨乱反正”“重新定义”，做到穿刺、启导、通透、明示、挖掘、区分、赋能，如果培训师的课程拥有这些，就突破了顺理成章，实现了内容转化和形式呈现的创新，拥有了一份独占价值。

1. 话语：化繁为简

（1）课程：传承再传播。

对于课程的影响，很多人会用一些外在的指标来衡量，比如复训多不多、课酬涨没涨、口碑怎么样等。这些都是表象，内核是培训师有没有话语影响。

课程的影响，在于学完课程的好处、收获，学员能不能说得出、感悟到、传得开。如果有人问学员某某老师的课怎么样，学员不是只说一个非常虚幻的答案“讲得很好、很有效果、很实用”，而是讲得出很具体的细节、很真实的感受，是经得起深究和追问的，是能转述关键的内容、能分享实在的收获，能说得出好在哪里、有什么效果及为什么实用等。

这样的“影响”，不是每个培训师、每个课程都可以轻易具备的。为什么学员说不出、悟不到、传不开呢？问题不在学员水平高不高，而在于作为培训师，是不是有意识地帮助他记忆，是不是萃取、提炼出了可以方便他向别人转述、传播的、具有影响的价值内容，以及内容是不是朗朗上口、好记易传。

培训师能不能真正实现话语影响，意味着能不能真正拥有在某个行业、某个课题领域的话语权。“话语”是相对于“术语”而言的。

术语，就是课题专业领域内大家约定俗成的、有通行和确定含义的共用概念，比如渠道管理、KPI、双相情感障碍、资产负债表、月活用户、光伏发电等。一个概念在行业、专业领域内通用，甚至跨学科通用，这就是术语。

术语没有专属性，没有附着人的思想，没有风格、缺乏个性。换句话说，它不属于任何一个人。如果仅仅是转述别人都在讲的术语概念，意味着可能只是拾人牙慧、人云亦云，意味着课程没有个性化的影响力。

所以，培训师必须把术语转化为话语：具备专属概念和独特说法，不求通用但具个性风格，不区分内行或外行但能影响“自己人”。

（2）转化：术语为话语。

由术语转化为话语的具体方法可以用以下几句话形容。

第一句话是“说白了”，把那些深奥的理论术语转化为直白通俗的说法。比如说，塑造职业形象，有一个概念叫作“职态刻意”，什么意思呢？说白了就是“职业‘装’”，装腔作势的“装”，大家一听就明白了。本来是一个标准规范的理论术语，现在培训师把它变成了通俗易懂的、凭借过往的生活经验和人生阅历就可以基本猜出内涵的说法，这样不论是话语本身还是用话语解释的术语，都更容易理解，有了专属性。

第二句话是“换言之”，也就是换一句话说，把那些冗长啰唆的表述转化为简洁易记的说法。用似曾相识或耳熟能详的说法赋予新的内涵，听众不仅喜闻乐见，还印象深刻。

第三句话是“也就是”，把不好理解的概念或观点用更为形象、生动、实在、通俗的概念、说法来辅助表述，以便于理解、吸收。比如，培训师在讲授“拿捏”这个概念时，可以告诉学员：拿捏，也就是“你说 Yes，我说 No”，或者“你以为，我偏不”，学员马上就能了解。

第四句话是“讲到底”，这样复杂的就可以简化，深奥的就可以浅显，不好解释的就明晰了、好懂了。比如，培训师在讲授表述的制作书写时，提醒学员可以少写一点，字迹要清楚不要潦草，可以写字词不要写句子，就可以用一个概念说清楚：宁少不草，言简意赅，简单明了。

（3）影响：图表数字化。

有了话语概念的基础，可以进一步利用“图、表、数、字”的技巧，形成更大的话语影响，建立品牌的话语权。

“图”是指图示和模型，“表”是指表格和图表，“数”是指数据、数字和数理。用图、表、数把概念组合起来，可以直观地反映层次结构、对比关系、内在规律、关键结论、流程套路等，让课程增加个性化魅力，倍增话语影响力。

“字”更容易形成口耳相传的话语影响力。“字”在这里指的是通过文字的语感设计展示系统。正如之前讲过的，包括“单字诀、两字词、三字经、四成语、五绝句、七律诗”，以及“顺口溜、打油诗、三句半、编口诀”等。

语感口诀的字数多一点好，还是少一点好？是不是越少越好？《蒹葭》

中的诗句“溯洄从之，道阻且长”，翻译成现在的歌词就是“我愿逆流而上，依偎在她的身旁，怎奈前有险滩，道路又远又长”。哪个好呢？无论字数多少，听不懂就不好。有时候，培训师还会运用一些特别的口诀，像写对联一样，比如“会道者，一线藕丝牵大象；盲修者，千斤铁锤砸苍蝇”。

语感口诀的分类讲解如下。

单字诀：不是一个单字，而是多个单字组成的口诀。比方说，出门要带齐四样东西：身份证、手机、钥匙、钱包。怕忘记，怎么办呢？各取一个字，形成单字诀：伸、手、要、钱。

两字词：两字口诀，用两个字的概念概括一件事，用“这就是”强调，形成深印象。比如：这就是执行、这就是落实、这就是满意、这就是品质、这就是系统。

三字经：三字口诀，来源于“人之初，性本善。性相近，习相远”等，诵读起来特别有感觉。中文自古以来就有语感传统。我们的 TTT 也有一套完整的话语系统，用的是“讲清楚，说明白，记得住，做得到”“真性情，平常话，身边事”；再如，利用提问和应答技术调动和互动，可以说“讲得好、问得巧、答得妙”。

四成语：四字口诀，来源于成语，例如“道可顿悟，事须渐修”“学习忘我，应用无他”。这里的“成语”未必是成语，三字经和四成语一般是指用三字或四字组成的口诀，注重对仗和押韵，妙用中文先天的、不可比拟的语感优势。四字口诀也可以单独使用，形成话语影响。有时也可以用单字组合一个四字口诀，比方说地铁车厢里的乘车礼仪，用三字口诀表达是“莫挡道、敢让座、不拥挤、从速走”，取单字组合成四字口诀就是“莫敢不从”。

五绝句：五字口诀，来源于格律诗词，如“卓越是方向，成就在路上”“求全必责备，增益不扫盲”“变在变之先，比早还更早”“同中讲不同，不同巧述同”等。

七律诗：七字口诀，比照诗句的韵律来设计，如“活动开心抓气氛，资讯开眼抓感觉，提问开窍抓心态”“顺理成章何须你，独占价值开生面”“不让自己带累我，用心祝（助）你超越您”等。

培训师还可以运用打油诗、顺口溜、三句半等形式设计口诀，形成话语影响力。如表达“四大硬伤”，“平铺直叙没感觉，就事论事有危害，前因后果多困惑，来龙去脉少重点”就是打油诗形式的口诀。在此基础上还可进一步提炼单字诀：“没、有、多、少”。

2. 品牌：价值独占

要想让课程成为品牌课程、拥有强大影响力，在于培训师所拥有的独占价值，是指有独到之处、能独具慧眼，呈现了别人没有的东西。

独占，并非一定要开天辟地、无中生有，而是要善于化平凡为不凡，在整合重建中实现创新。

把“已理解”转化为“可理解”，让“我接受”呈现后“都接受”。一堂课，培训师不能只自己明白，必须转化为别人可以理解；自己认可没有用，必须呈现为别人可以接受。

（1）转化呈现。

课程价值独占涉及两个方面：“转化”和“呈现”。

培训师要好好地设计转化与规划呈现，既要有“内容的转化”，又要有“形式的呈现”，给人以独树一帜的感觉。

设计时，要注意做减法，“独占就不能全占”“顺理成章何须你，独占价值开生面”。不要重复那些所谓“顺理成章”的事，以及那些按部就班、照本宣科、人云亦云、拾人牙慧的事。

品牌课程不是筑基、扫盲，而是补益、增值。品牌课程的明师不是启蒙老师，更不是保姆、保育员，培训师一定要提升自己，成为助力学员迎接挑战的教练和指引学员走向实践的导师。

内容，在精不在多、在深入不在全面，重在启发思考，而非传递资讯。内容要独占价值，形式要别开生面。内容依特别而特殊，就可特定，进而特制；拥有特质，于是形成特色，蕴含特意，获得特效。这样，才配得上品牌课程的独“特”。

培训课程版权化已是大势所趋。尊重版权成为越来越多企业、机构和学员的原则底线；信赖版权成为越来越多企业、机构和学员的普遍共识；塑造版权也必然成为越来越多职业明师和知识管理者的一致行动。

作为版权课程的导师，究竟靠什么彰显自己的版权？靠什么固化和标识自己的版权？当出现可能的模仿和侵权行为的时候，又靠什么证明和保护自己的版权呢？

培训师一定要清晰把握并牢牢铭记：那些顺理成章的东西绝非内容的独“特”与价值“独”占！

没有个性化价值，品牌影响就是无源之水，版权保护就是空中楼阁。

听众和客户“买独不买泛”，只会为价值、为认可买单。

品牌课程导师一定要“讲缺不讲全”，不需要讲遍洪荒宇宙，也无须上知天文下知地理，但一定要在“特”定领域、“专”攻课题、“精”深范畴里讲出“新”鲜视界、“独”步天下、“唯”一感悟、“我”在分享。

（2）淬炼价值。

怎样才能形成独占价值呢？可以从以下七个方面着手。

① 点破现象：看问题决不停留在表象。点破现象的关键是“穿刺”，透过表层看到根底，点破现象的表层，扎到根底，鞭辟入里、食髓知味。

② 点化问题：引导学员发现问题背后的问题。点化问题的关键是“启导”。

培训师要化解思维的桎梏和症结，让人豁然开朗，恍然大悟。“学习是发现问题的过程，成长是问题解决的结果。”

有时候，学员因为经验、格局、视野的限制，不能发现隐藏在常识里面的常识、问题背后的问题，这恰恰是症结所在。问题的发现其实就是问题解决的发端，培训师要引导、喻示学员去发现。

用问题引导问题。如面对“怎样让授课过程更有趣”这样的问题，可以用问题问回去：“为什么追求更有趣？”激发出“因为学员不爱听”这样的答案，再继续追问：“不爱听，是不是一定是因为不够有趣？”这样就引导提问者思考问题背后的问题，找到真正解决问题的答案，以实现点化。

用答案喻示问题。比如“风吹幡动”的禅宗故事，一僧曰风动，一僧曰幡动，惠能进曰：“非风动，非幡动，乃心动。”三言两语，喻示真谛。

③ 揭示本质：通过对共性本质的把握，实现触类旁通。揭示本质的关键是“通透”。

有一份超然、一份客观，用心法导手法，举一反三。很多课程都注重方法和经验的总结，但如果仅仅停留在“术”和“器”的层面，学员往往知其然而不知其所以然，了解了是什么却不明白为什么，知道了怎么做却不理解这么做的深层动机。

培训师要铸就“揭示”的能力，遇到现实情境和具体问题要避免落入僵化刻板的误区。“我与春风皆过客，你携秋水揽星河”，特立独行、超然物外，透过现象看本质、透过偶然析必然、透过结果找原因、透过个别看一般，不仅传术用器，更是循道明法，若能揭示大势之所趋，则为上乘。

④ 揭露真相：打破习以为常的假象所形成的认知迷障。揭露真相的关键是“明示”。

撕掉伪装、揭露那些不敢直面的本心，是对真相的渴求，是去伪存真的勇气，是实事求是的率真。

以一针见血揭露自我认知的盲点，如：“究竟是事太多还是胆太小啊？”

“沉迷于繁杂的事务性工作，难道不是因为我们失去了那份追求卓越的勇气？”“这份投入之所以没有获得预期的结果，不就是少了一份分寸感吗！”

以反思常识揭露似是而非的思想，如“接纳型客户真的比质疑型客户更容易成交吗？真相是：嫌货才是买货人！”

以实事求是揭露偏离现实的残次理论和幼稚模型，指出事情复杂的另一面。就像美剧《生活大爆炸》里面，帮助解决母鸡不下蛋问题的专家确实提供了答案和方法，但只能适用于“真空农场的球形鸡”。

⑤ **正本清源**：跳出以讹传讹的话语陷阱，探究本源，重建元认知。正本清源的关键是“挖掘”。

不再人云亦云，避免以讹传讹，还原事物的本来面目。本源性的东西，往往可以成为思想价值的基石。

树立元认知，比如有人以“无毒不丈夫”这句老话论证成大事者要不拘小节，但探究本源，应当是“无度不丈夫”，是指成大事者要有胸怀、要受得了委屈、要经得起挫折，不拘小节不是不择手段。

去除伪命题，如“开门见山”常常来形容直截了当、直奔主题的开场白，但探究本源，“开门”应当是进门而非出门，是进门就见山，进门看到的往往不是正堂正楼，而是先看到假山，奇巧引人注目、厚重彰显氛围、风格体现特色。这是中国古代园林庭院设计的风格，不同于西式园林的门户大开、一览无遗，中式园林讲究含蓄和韵味，正本清源，去伪存真，开场白就拥有“开门见山”的新思路：不要一下子就进入正题，因为听众可能还没有准备好；要先吸引关注，建立共识，树立专业厚重感，体现出鲜明的风格。

⑥ **拨乱反正**：纠正错误，化解歧义，走出认知的迷惑，突破行为的误区。拨乱反正的关键是“区分”。

不迷信、不盲从，善于总结，拨云见日，探幽索隐，补偏救弊。有时，独占价值就体现在：前人吃一堑，后人长一智；一人吃一堑，团队长一智。在学员犯错之前就先形成警醒和匡正，避免被同一块石头绊倒，极大地降低了组织的学习成本。

在讲“是什么”之前,先总结一下“不是什么”,做到去伪存真；在讲“怎么做”之前，先总结一下前人的教训，也就是“不要怎么做”，先破后立。

真正的培训高手，一定是习惯于区分误区的明师。

⑦ **重新定义**：借力耳熟能详的话语和似曾相识的资源，为课程的独占价值服务。重新定义的关键是“赋能”。

从意想不到的角度匠心独运、独具慧眼，令人耳目一新、振聋发聩。

首先，重新定义话语系统，用旧的概念说法赋予全新的意义和内涵，比如用一个银行储蓄业务常用的行话“定活两便”重新定义课程开发，就成了基于“以反应为依据”的原则和处理课程内容计划外暗线准备的心法口诀。

其次，重新定义资源素材，用旧的案例故事找到新的角度论证观点，比如用“龟兔赛跑”这个人尽皆知的寓言故事进行新编，找到一个新的角度“绝对优势”，兔子只要及时醒来，乌龟依然没有胜算。由此论证一个全新观点：拥有“代差优势”的绝对领先者在竞争中拥有试错权。

后附的《评估规范：试讲（示讲）观察评估表》，为培训师做好自我评估，也为企业或机构组织课程评估、培训师甄选评比提供了系统的评估维度和参考指标。

评估规范：试讲（示讲）观察评估表

课程名称：　　　　　　　　　　培训师：　　　　　检查时间：

观察对象	观察项目	观察结果
培训组织者		
培训讲师		
培训对象		
培训 相关人员		
培训环境 及设施		
演示文稿		
训练资料		

第三节　职业成就

今天我认真，明天真认我

成就感，是指愿望与现实达到平衡产生的一种心理感受。

职业成就感，是指培训师在职业训练、助推企业发展、帮助学员成长的过程中，潜能得以充分的展示、职业能力得以充分的发挥所产生的一种积极的情绪体验，是自我价值得到认可后的满足。成就达成之后，成就感自然而然也就随之而来。

《辞海》在介绍“成就”这一词条时给出了三个释义：成功，成立；成全，造就；事业的成绩。

对于职业培训师而言，达成职业成就似乎是一件很“私人”的事情，但又是涉及企业和学员的事情。

有志成为明师的培训师非常清晰有很多事情是做不到的、做不好的、做不完的，生有涯而知无涯。结合社会性和职业性，培训师的成就感就是拥有影响力和话语权，当然一定是与自己的涵养修为、素质能力相匹配的。

认清自己，一定要接受很多事情做不到的状态，存在成长发展的无限可能；认清自己，一定要清楚经过有限时间内的努力可以达到的状态，以及自己可以做到哪些事情；认清自己，要保持对生活的热情，对自己和未来有所期待和希冀。

（一）塑大魅力

培训师要内外兼修，终身学习；要掌握全息理论，学会跨学科融通；要注重行为与语言融为一体，知行合一；明了“以势统道，以道御法，以法使术，以术用器，以器成效”；懂得以尊而存、依严而行；做真正的明师，既有自知之明，更兼知人之智；修行凝神，达至形神兼备，塑成大魅力！

1. 现场掌控：拿捏与应变

“拿捏”：首先是“拿得住”自己，然后才是“捏得住”他人。培训现场一般都不会云淡风轻，往往是各种各样的现象，突发状况比比皆是。比如学员窃窃私语、打瞌睡、来回走动、现场混乱、插科打诨等，作为职业培训师一定要懂得应变，做好掌控！

培训师要把握学员参训心理、顺应学员接收进程，镇自己、压场面。

“我的主场”需要的是“场”意识，要具备场合、场面的意识，拥有“这是我们的主场”的气势。培训师要针对来自环境、来自外部的场变化，正确反应、现场应变。

“应变”，培训师要处理好以下两种情况。

（1）变化。出现在现场，无论如何培训师都要处变不惊，不管出现什么状况，都不要慌张惊诧、六神无主；要压得住、拢得起、放得下、拿得起，从容不迫、收放自如；不惊异、不烦躁，以正为先、以顺为主；乐从异变，要深谙“一切皆有道理”，懂得“没有不好，只有不同”，注意“不把学员问题当作问题学员”；要能切实理解并善于引导“非常态学员”，也就是那些与正常学习状态不同的学员；要影响有影响力的人。

（2）**变故。**发生在自身，也许偶然会发生，但也需要合适的、正确的处理。忘记内容和讲错话是比较典型的变故，培训师要灵活运用“掌控三宝”——沉默、停顿、重复，运用各种专业技术和实效方法。如果临时忘记了讲稿内容，可以现编（现场再编辑），因为“没有人知道你要讲什么”；而讲错话，则可以顺水推舟，一一化解。

曾经有个案例：某培训师在某上市公司培训时，由于讲台比较乱，摆放讲义时不小心碰翻了水杯，讲义都浸在水里，他赶紧去收拾，导致现场混乱。培训师切记一定不能失去对整个课堂的控制！

镇己压场，不管做什么事情，都要有场意识。场要压住、拢住、把控好、hold 住，决不能散。假如遇到上述案例类似情况，可以让一个学员上前来收拾，培训师则继续施训，这样一来，台风、气度、师范不言自明。当然，这就要求培训师在课堂上能够记住哪些学员是积极的、是可以信赖的、是有助人精神的。

拥有场意识，心中有学员，方能处变不惊，顺水推舟！

2. 即兴发挥：育成与习惯

内训师要提高临场发挥、即兴演讲的能力，即兴发挥最根本的诀窍就是“平时育习惯，训时显风范”！

育成是过程，习惯是结果。

即兴发挥、即席演讲很简单，就是平时的点点滴滴，培训师要以正式的态度、充足的准备来对待，而且要经常设身处地、换位思考：“如此场景，换作是我，该如何表现呢？”

培训师每一次交流都要育成良好习惯，同时多模拟、多设想，在各种场景代入自己。比如看《艺术人生》栏目，节目组喜欢安排一些突如其来的场景，此时要马上设想：假如是我，我会有什么反应？比如《对话》栏目，还有各种街头随机访谈、综艺节目、脱口秀、吐槽等，都要去思考：我该怎样表现、该怎么回答？

“换作我是 TA、假如 TA 是我”，代入就进入。

“有人即为师，开口就上课”，育成习惯，临场发挥、即兴演讲才会无所畏惧！

3. 言为心声：在意与随意

好口才，不是口若悬河，而是口传心声。

好口才，不是自说自话，而是点破点化。

言为心声，不要因纠结普通话的发音，反而忽略要表达的内容和要传递的情感。

运用普通话施训，注意两点即可：不要太在意；不可太随意。

不要太在意。万一说得不是很好、不太标准，不要紧。要提高普通话水平，也不要太流利，否则容易进入方言的习惯表述中，普通话词汇夹杂其中反而显得很别扭；若是不追求所谓的流利，以普通话的表述规则要求自己，方言只是其中的一小部分，普通话会有明显改观。比如某省当地的企业，外地人不多，讲本地话大家都可以听懂；在有些场合，偶尔冒出一两句方言，大家也不会太诧异。

不可太随意。要刻意修炼，不能任何场合都由着自己的性子来，顺着过去的习惯走。职业培训师的语言表达，虽不必太当回事，也决不能不当回事，普通话若不标准，还是会直接影响训练效果的。

心声是神，言语是形，形神兼备，相得益彰！

4. 修形凝神：技巧与细节

职业风范，要配合肢体语言，达到以姿助势。平时说话时，培训师要多注意眼睛、脚步和手势的配合，尽量少做无意义的动作。

刻意设计的动作，可以很随意地表现，动作不要太硬，要优美、自然，关键在于把学员抓住，充分而又灵活地运用“眼勾、手抓、话打、声拉”的掌控技术。

提问是最好的互动，互动还在于老师的促动，要想让学员跟着走，培训师要设计提问，要从外在的技巧深化至内在的技巧。“讲得好不如问得巧，问得巧不如答得妙。”

巧妙提问，一定要避免无意识的、条件反射式的连续提问，如问：“我们现在应该怎么办？”“我们应该几点下课？”“我的意思就是我们现在应不应该下课……”自己明明没想好这个问题，却一下子提好几个问题，搞得大家不知道怎么回答，也不敢回答。所以，每次提问就问一个问题，避免连续提问。

设计提问，要以终为始、依答设问、明知故问，要掌握与问题相关的一系列技术和技巧，如于无问处发问、追问法、积极回应、终极发问等，用对方法，方有奇效。

提问细节，培训师要注意，结合内训企业公司现状，选好角度来提问；在引入公司现行案例和现状时，不要评价公司的政策，哪怕这个政策需要调整。

不冲突、不评判，培训师只有交流、传授的职责，没有评价、评判的权利。若有学员提出某点好像不太合理，可以回应“不合理或许存在，事物都是逐步完善的；若有制度规定，就要先按制度规定执行。若大家存在疑虑，我们在训后会向相关方面汇报”，或提出稳妥的处理建议。

（二）赢高效益

培训师要处处留心，留心听、留心看、留心记！留心了才能具有慧眼，方能识人识课，要具备正确的意识。“自主意识乃关键技巧，认真态度为最佳风范！”

1. 彰显人性：换位与感召

学会换位思考、感召他人，这样才能彰显人性！

彰显人性，需要全方位思考、全身心投入。

首先，上课的时候就要体现人性。内容要本乎人性，所谓天理人情；行为举止要彰显人格，有礼有节，张弛有度；品牌塑造要追求人品，“德高为师，身正为范”。

其次，做平常人，讲平常话，借用亚伯拉罕·马斯洛一个著名的论断“别忘了，我们都是人”，把自己当成普通人，和学员沟通交流。

如果能够将心比心，换位成学员来思考、来行动，培训师就能成为明师。

能够感动自己的，就肯定可以感动别人；能够让自己有感觉的，别人肯定也有感悟；能够感召自己，就一定可以感召他人。

2. 遵守规则：有数与有术

刚进入培训行业或处于职业发展初期的培训师，总期待课程互动起来、热热闹闹，这是个伪命题！课程不可能自始至终总是互动，培训有其客观规律和行为规则。

施训时，先要明了规律：学习的规律、成长的规律、行动的规律、感悟的规律等。

实训时，还要尊重训练禁则，有所为有所不为；谨记“培训是最新的领导方式”。

互动应视效果而存在，涉及内容与形式的结合。

一个课程若仅仅讲述主题内容，这样的课程大概率是填鸭式的、是枯燥乏味的；但一个课程如果完全是互动形式的展开，相当于一直处于互动之中，这样的课程大概率也会是一地鸡毛，课上虽开心，课后却不知所云！

尊重规律、依循规则，既要对内容了如指掌，融知化行，这就是心中有数；又要合理规划促动互动，在适当的时机引入形式、资源，支撑内容的讲解，活跃气氛，这就是手上有术！

唯有内容心中有数，形式手上有术，才能做到有的放矢、板散结合！

3. 正大光明：有礼与有度

很多老师上课时，态度上、言谈中表现得似乎都很谦虚，甚至有时还会自贬、自黑。“歪招笑，正拢人”，培训师要注意：心态要谦和，态度要大气！

正大光明存心间，狂妄菲薄权衡之。关键概念是“气度”。

既不妄自尊大，又不妄自菲薄。好老师是平和的、不张扬的、不狂妄的。

重视正面引导，更要心系学员！培训师不要太谦虚、假谦虚、假客气，比如说，“大家好。我也没什么准备，讲得也不好，大家多多原谅，随便讲几句”。这样的话是在负面导入，学员可能会想：“既然你讲不好，那来干吗呢，我还不如不听呢！”

正大光明，培训师要在心态和态度上做到有礼与有度，注意以下几种表述。

（1）**不说“我没什么准备”**，毕竟有人会想“没准备也敢来，胆够大的”。

（2）**不说“讲得不好”**，讲得不好是准备得不够好，准备得好就能讲好，这样说就意味着你没准备，还想给人打预防针？或者为讲不好做铺垫、找托词？

（3）**不说“随便讲讲，大家凑合听听”**，培训师来到课堂就要正式讲，学员就要认真听。

（4）**谦虚本身是必要的**，不讲“你们必须怎么样”，倡导“我建议你们怎么样”。

（5）**不要动不动就说“你这个乱七八糟的”“你错了”**，而是“你有你的道理，我想办法理解你”。

（6）**斟酌用词**，尽量注意“同时不但是”“相信不要求”“祝福不希望”等。

4. 有心正确：留心与慧眼

要想赢取高效益，以下两句话要注意。

第一句话：处处留心皆学问。

有学员要我推荐适合阅读的书籍，但我很少推荐，为什么呢？

阅读就能够助力培训师讲好课吗？难道不阅读就不会讲课吗？你读过的书，学员就没有读过吗？企业请你上课，就只是想听你对书本的解读吗？训练到底要给予学员什么？组织期待和学员需要的真正价值何在？

“世事洞明皆学问，人情练达即文章。”培训师要处处留心随手记，把握世事人情的蕴藏、实践经验的精粹，记录工作实践的总结，真性情、平常话、身边事，体察日常、感悟平常、萃取生活、提炼感悟。“这条很好，拿笔记下来吧”“那点不错，做一张夹片吧，以后可以夹到讲义上”，随处留心，随时准备。

第二句话：养成察觉，注重细节。

要观察各种现象，注重细节，要见人所未见、察人所不察、听人所不听，比别人多个心眼，独具慧眼，用心、用眼、用心眼，多琢磨琢磨，自然能有深刻的感悟。

举个例子，我女儿小时候总喜欢吃麦当劳的儿童套餐，因为当时买一套儿童套餐可以得到宇航员人偶模型的一部分，要买十几套才能拼成一个宇航员人偶。陪着孩子多跑几趟，我就开始思考了：麦当劳最赚钱的是什么？这也是终极发问："什么东西最赚钱？"这本身就是察觉！

麦当劳的拳头产品是什么？汉堡包。最赚钱的是什么产品？可口可乐！但，这饮料不是他们自己的产品，而是合作的产品。我思索良久、斟酌再三，进而得出结论：拳头产品不赚钱；非拳头产品，甚至不是自有的产品才是最赚钱的。

后附的《评估规范：培训现场观察报告》为培训师、企业和机构提供了现场评估训练效果的实效工具，可以用于培训师自我评估，也可用于课程审核、培训师甄选，以利于训练不断改进、优化，达成实效。

评估规范：培训现场观察报告

呈报：　　　　　　　　　　观察人：　　　　　填报时间：

<table>
<tr><td colspan="4">培训现场观察报告</td></tr>
<tr><td colspan="4">说明：本观察报告供培训组织者（主管）使用，主要用于评估培训过程受训者的反应和培训师的表现</td></tr>
<tr><td colspan="4">第一部分：培训课程基本信息</td></tr>
<tr><td>培训项目名称</td><td colspan="3"></td></tr>
<tr><td>培训时间</td><td></td><td>培训地点</td><td></td></tr>
<tr><td>培训师</td><td colspan="3"></td></tr>
<tr><td>受训部门及对象</td><td></td><td></td><td></td></tr>
<tr><td colspan="4">第二部分：受训者反应</td></tr>
<tr><td colspan="4">1. 哪些内容吸引了受训者的注意力？
2. 哪些内容对受训者而言最没有吸引力？
3. 受训者是否积极配合了讲师的工作，以确保培训项目的正常开展？
4. 哪些受训者表现比较突出？
5. 哪些受训者比较沉默？
6. 受训者对培训进度的反应如何？</td></tr>
<tr><td colspan="4">第三部分：培训师表现</td></tr>
<tr><td colspan="4">1. 是否有效抓住了受训者的注意力？是如何影响他们的？
2. 是否表现得大方？
3. 是否清晰、清楚解释了培训的内容？
4. 是否重复（或回顾）了重点的内容？
5. 是否使用了恰当的培训方法（如游戏、角色扮演等）以增强培训效果？
6. 是否充分调动了受训者的情绪以充分参与其中？</td></tr>
</table>

第四节　促能增效

携使命出发，依责任行事

和国际先进企业相比，国内的组织学习发展和知识管理水平还有差距；不同行业、不同法人治理结构、不同发展阶段的企业，知识管理水平表现参差不齐；很多企业的培训管理和组织学习发展部门的建设，还不能满足企业快速成长的要求。可以说，梦想还在，初心不变，但任务和途径必须做出调整。

任务和途径要做什么调整呢？

任务，过去以“个人职业素质提升”为中心，必须转化为以“组织系统学习发展”为中心；思路，过去单纯通过“队伍建设”解决问题，必须转化为系统兼顾“队伍建设”“体系建设”“资源建设”和“制度建设”。

简单地说，就是变“个人成长”为“组织发展”，变“靠人救火”为“系统消防”。

这个梦想不再只是个人的“职业梦”，也不只是帮助更多的个人实现自己的“职业梦”，而是要帮助企业更有效地提炼个人心得、总结部门经验、沉淀组织智慧的“企业梦”，更是通过智慧整理、复制和传承，创造民族企业振兴的“智业梦”！

根本上来说，培训是为改善组织生存、促进组织发展服务的，所以企业组织的培训工作自始至终都要围绕战略、任务和绩效来进行。培训师要提升专业能力，把一堂课讲好，把每堂课讲好；对于一个企业组织而言，则没有这么简单。培训工作所属的组织学习和人才发展是一项系统工程，是一项组织智慧整理工程，称作“理智工程”。

（一）价值定位：商业利基

如何成为有价值的讲师？如何在职业化上茁壮成长？如何明确自己的价值定位？如何形成良好的市场影响？如何实现真正的职业发展？这些问题总是萦绕在培训师的脑海挥之不去！这些问题也是不得不面对、必须去解决的，当然，答案也会直接影响培训师的初期起步和长期发展。关键何在？！

“我们到底赚什么钱？靠什么赚钱？”这两个终极问题直击灵魂，让人们反思职业培训师商业价值的根本，要求人们正本清源，树立元认知，去除伪命题。

历经实践、反复思考，上述两个终极命题的答案是“**靠尊重赚钱，赚的是时间的钱**”。

培训师要明了：我的价值定位在哪里？若我的课程形成系统、成熟顺畅，市场反响会如何呢？

“**讲缺不讲全，买独不买泛**”，从服务对象出发，效果是最好的名片。

价值定位，就是要站在服务客户的角度，真的给、真的值！若是假的价值、假的给予，则是大忌。有一句口诀叫“极认可、高效益、好口碑、大影响”。极认可，客户高度认可，同行亦如是；高效益，现场的效果好，后续的综合效应佳；好口碑，靠众人传颂，有被动转介绍，更多是主动转介绍；大影响，有话语、有反应、有感觉、有印象。

培训师在职业化起步阶段，是不是课酬越便宜就越好推广、市场越大、课量越多、发展越好呢？答案是“No”，应该从企业选、机构聘、领域排这三个角度体现商业价值。

针对未来如何更好地发展，培训师还要掌握两个趋势：两极分化和精准卡位。

要真正提升商业价值，有两个关键词：**不可替代和可持续发展**。“有所为，有所不为。”

从长远的价值考虑，培训师还要创造品类、塑造品牌，形成独占价值、拥有版权的精品课程；要有全局视野、行业思维，更要有发展思维。

这样一来，即使很多老师在讲同一个课程，自己也拥有了一份独占价值和核心竞争力。

1. 因势利导：侧重与关照

培训师要提高自身能力，还要善于在课程上有所侧重、关照。学员对象的层次、水平的差异都会影响培训效果，要如何因势利导呢？

（1）课前准备时，要心中有学员。

课前先要问组织方或者企业的相关领导，有没有哪一个层面需要重点照顾，以适度调整课程内容的难易程度，讲法和素材、内容和形式均有所侧重，适度考虑重点照顾。

众口难调，人人都照顾是做不到的。培训师可以向需重点照顾的学员或需着重讲解的内容倾斜：在设计上适度考虑加减乘除，给程度高的学员加一点点，给程度低的减一点点；同时在内容结构、形式、方法、工具等方面加一点点设计。正所谓“**定活两便留几手，独具慧眼信息球**”。

（2）课程讲解中，要针对性贴合。

讲解时培训师要注意照顾重点对象，在讲授时往往会在同一个点对应参训的主要对象进行针对性讲解。这种见人说话的方法，不仅仅适合于参训学员水平差异较大的场合，如高、中、基层的管理人员混在一起训练时，各层级、各年龄段都有针对性的说法给予；同时也适合调动偶然参训的、旁听的人员，可以在讲授时加上一句“作为老板、作为经营者……”

培训师既要会讲“大话”（主要的内容），又要会讲“小话”（关照性解说），点点都有贴合度。比如，看到某学员是高层的、程度高的，就说：“像你们，其实应该注意什么……”看到某学员是基层的、程度低的，则说：“我们这样，还要稍微注意一下……”

（3）课程满意度，要配置巧设计。

培训师要用心去发现员工对课程满意不满意、感兴趣与否，关键在于针对性、趣味性和价值性，在于讲得好不好、设计得巧不巧，能不能帮学员解决问题，能不能让他产生改变，能不能满足他的需求（通过解决实际问题）等。整个课程中，培训师要事先设计、巧妙配置，哪里增加何种形式、哪里需要点破点化等，这样学员就会有兴趣，喜闻乐见；内容上有侧重，演绎中有关照，参训者人人有收获、随处有感悟。

（4）学员参与度，要用心妙提问。

问题设计要灵活，要做到可收可放、收放自如。提问是最好的互动，不是所有的提问学员都会回答、都能回答、都敢回答。所以，凡是在训练中提出的问题，培训师自己先要有答案，有人答就请他答，没人答就自己答。如果一个问题没有人回答，提问两三次也没有学员回应的，那么这个问题可能属于难题，要么再讲清楚一点，要么就先不要再问了，否则就是钻牛角尖。

问题设计要合理，要重过程、有程序、有层次。不要一开始就提很宏观、很宽泛的问题，甚至问常识性的问题，上来就问：“我们来谈谈目标管理，什么是目标管理？”大家也许就会沉默以对。所以，问题设计要一点点、由浅入深（可以先提问感受、状况等），要设计过程，要先提些比较浅的问题，比如问：“目标管理在我们企业什么时间开始启动的？”大家都会回答某年某月，因为这是状况。也可以提出让学员谈亲身感受的问题，比如问：“学过目标管理的课程吗？学完后，感受怎样？”这样才能调动学员参与的积极性。

提问互动忌评价，要注意建立关系，不评判，给学员留面子。无论学员是如何回答，培训师都要乐从；如果点名提问，则要请有参与意愿、表现积极的学员，培训师在训前通过电话、接触打过招呼，这样提问就不会觉得突然，不容易难堪。

提问促动多感度，要体现出一份关照，有着一份侧重。提问时要确切表达需要学员留意的观点，运用表述习惯句式“来”“让我们思考一下”“琢磨琢磨”“试一试”“我们有没有发现”等促动，可以刻意提高声调，就是要多感度促动，要把学员所有的感觉都调度起来。

（5）互动效应性，要话术加设计。

培训师要得到好的互动效果，就要注重话术的应用，比如类似夸奖外貌、肯定表现、促进课堂上相互之间交流、活跃气氛等话术：“比较好，气氛比较活跃，大家都很积极、很投入”等。互动是促动出来的，培训师与学员建立关系就是促动，用各种方法来推动、带动、煽动、调动、感动甚至轰动。

互动是通过设计行动产生效应，比如设计一个讨论、一个游戏、一个场景、一种模拟、一个笑话、一次演示、一次测试等，通过设计去促动。可以说，若训练中所有的安排都设计得好，就能达到互动效果。

培训师要做到因势利导，须谨记“与其多讲几句，不如让学员多想几次、多看几眼、多听几耳、多说几回、多做几遍、多走几步、多悟几层”。

职业培训师不是周知通晓，也没必要做百科全书。在不同专业领域里，比自己专业的、擅长的大有人在。在课堂上、在自己熟知的专业领域，也会有比自己能讲的人，培训师一定要正确地看待这个问题，不要害怕、不要紧张，记住一句话："我知道我知道的。"

2. 做足本分：认真与真认

今日我认真，明日真认我！

受制于某些原因，相当多的员工也许不知道培训的重要性，所以总有员工学习起来不是很主动，培训有时只有几个人到场。面对诸如此类的情况，有些培训师可能就会自觉轻松或产生轻视。"不要用轻视来轻松，不要以放纵来放松。"尊重学员、关注学员、在乎学员，是培训师应该认认真真去做的！

记得我刚从国外回来，那是 1991 年，国内职业咨询、职业训练处于萌芽阶段，我办个讲座，主题是《管理者为什么会失败？》，围绕如何成为管理专家、如何避免经营风险、管理中遇到陷阱怎么办等话题展开。我想扩大影响，赠送了 3000 张参训门票，当时的想法是"得来多少人啊，3000 张票啊，而且是免费的啊"。于是，我们特意到位于厂桥的北京市电教馆租了一个阶梯教室和舞台。

结果呢？只来了十六个人。公司的员工劝说："不要搞了，十六个人上什么课呀？怎么讲啊？"放弃吗？不，来多少人不重要，越是这样越要认真，越要对得起来的朋友，越要让来的人满载而归。基于这样朴实的想法，我把讲台从台上搬到台下，认认真真地讲了半天，讲完之后，我的第一个单成交了，一下子签了 9 个月的训练和辅导专案。

做事情，认真就好，做足本分，不以物喜，不以己悲。不要因为来的人多就高兴，来的人少就悲伤；同时，还得分析自己，在还没达到效果突出、口碑极佳、品牌显赫，还缺乏影响力的时候，开公开课、做分享等，无论收费还是免费，来多少人都是可以理解的。

所以，秉持认真，做足本分！

3. 去伪存真：关键与核心

培训很贵，不培训更昂贵，无效的训练最昂贵！不仅劳民伤财，甚至有可能谬种流传、产生负面效果。我们曾经编了一首打油诗来形容："培训很贵其实便宜，不培训没成长更累，无效训练既贵更费，注重效果不累不费。"

要想训练真正有效，培训师、学员和课堂都应该抓住关键成功要素（KSF）：悟、化、应。职业训练中，学员要有悟、培训师要善化、课堂要响应，这样培训师就可以实现价值提升，从点拨学员到催化效果，进而启迪思想。

职业价值提升三步：**点拨、催化、启迪**。

以学员为主还是以培训师为主？这个问题一直困扰着职业教育和职业培训界。

主张以培训师为主的，是传统的说法，因为"师道尊严"嘛。儒家的"天地君亲师"，天地君亲皆为师！师之大、师之尊，不言而明。仔细思量一下，传道者必然就有"道"吗？也许确切地说，其不过是知"道"而已。韩愈的《师说》云："道之所存，师之所存也。"人们之所以尊师，源于其重"道"！

主张以学员为主的，似乎更关注学员需求。但是，学员是带着问题来学习、训练的，个体差异和共性问题交织在一起，培训师要透过个体差异来发掘、剖析和解决共性问题；同时，更要运用训练专门心法、手法和专业技术、技巧给予个体切实交流，让学员产生针对性感受，获得自身的真切收获。若是单纯强调以学员为主，恐怕会众口难调了！

课堂在传统的训练理念中是被忽略的。其实，课堂的重要性丝毫不亚于培训师和学员。一个职业培训师如果没有强烈的"场"意识、不懂得"场"反应、没有"场"效应，不可能真正做到控场、拢场、压场、静场，也不会暖场、热场、开场、收场，更不可能在课堂上真正做到镇定自若、收放自如。

因此，在职业训练中，培训师要明了以下三点。

（1）要以学员为主体，因为无论内容设计还是形式规划，均取决于学员问题和需求。

（2）**要以培训师为主导**，因为培训师是培训的实施者，要掌控课堂全局、把握训练全过程、预测学员反应和设计训练效果，并承担最终责任，所以“我的地盘，我做主”。

（3）**要以课堂为主场**，无论什么人，只要进入这个课堂就要尊重真理、尊重课堂、尊师重教，只能有一个身份：学习者。同时，对培训师而言，每次课程都应该是“主场”作战，要克服怯场、破除紧张、轻松又谨慎地面对。

4. 有用无用：关联与取舍

培训师一定要让学员意识到培训的重要性。培训的重要性对学员来说，也许是一个自我认知和心理感受的问题。学员若觉得自己应该培训了，培训就既重要又必要；若学员疑惑为什么要培训，培训可能就是“鸡肋”。

我在某上市公司上课时，参训的中层管理干部大多四十多岁，我在主题内容之外添加了些教育子女的内容，还举了案例，同时把子女教育心法和下属管理之道联系起来，他们听了以后特别高兴，对我说：“刘老师好啊，听你的课，爽！”有位女士课后还不走，跑过来问我：“我正好有个儿子要参加高考了，你说我应该怎么做才能既不影响他又能帮到他，既督促他又关心他呢？”很简单，对学员有用，他就觉得重要。如果培训中所讲的都是书本上现成的，或教材以及设定好的东西，对学员而言还不如买本书来看，想翻就翻、想看就看，何时阅读随心所欲。听培训师的课，两个小时、半天、一天或几天，若只是照抄、照搬书本，学员肯定不答应。

要满足学员需求，内容设计上就要有所舍取，有以下三个标准。

（1）**学科导向，不偏离。**学科内容理论正确，保证不会讲错，不要超出这个范围。

（2）**学习导向，更针对。**要满足组织机构的期待，要问他“到底需要达到什么效果”。

（3）**学员导向，最实效。**要符合学员需求，这是最核心的，对组织和学员有用的才是最佳的。收获的多寡决定训练效果的好坏。

培训师要明晰期待与需求，做好取舍，不偏离、更针对、最实效，努力做到培训有用、效果有用！在训练中，培训师还要引导体验、促进实践，学员只有将所学真正应用并获得成长、实效训练真正助推企业发展，训练才是最有用的。

（二）理智工程：系统完善

从企业组织学习发展部门建设的角度，如何实现“智业梦”？关键在于做好以下四件事。

（1）**改善人，**指企业内部培训师队伍建设工作，包括：如何选拔，如何培养，如何评定能级后因材适用，如何任用和评估，如何支持队伍的代谢更新和持续成长。

（2）**优化课，**指培训课程体系建设工作，包括：如何规划岗位学习蓝图，如何酝酿个人心得、总结部门经验、沉淀组织智慧、促进知识更新，如何运用含最佳实践萃取、标准课程开发在内的组织知识管理方法推动课程体系建设，如何运用 V-TEC 四化理念优化和创造丰富的培训所需资源，如何利用 IT 技术、移动互联网和大数据技术、OMO 创新模式支持和促进组织学习活动。

（3）**创新物，**指培训资源和技术工具建设。

（4）**成就事，**指培训相关的标准流程制度机制建设，包括如何从实施方法、操作流程、计划规划、制度标准、学习文化等层面系统地为建立学习型组织提供动力和保障。

1. 改善人："上马"到"策马"

不同企业的情况差异颇大，培训师要从更加务实的角度来帮助企业学习发展部门更好地履行职责。

"人"，是指企业的师资队伍建设。目前，国内不少企业的师资分为专职讲师、兼职内训师和外聘特约讲师三种。先不谈人力资源配置和预算的问题，仅从专业能力的适应性、针对性角度来看，内训师是另外两种师资无法替代的，他们不仅是企业师资力量的基础，还是核心和主力。

本色做人，角色做事！内训师队伍建设要从选对人开始，再从胜任角色要求的角度进行持续性改善训练，达到"改善人"的目的。

一般来说，除了组织"高管级"在组织学习发展部门挂职的领导，内训师的来源一般是中、基层管理者和岗位标兵、业务骨干，这些人并不全是内训师的恰当人选。

我们在和很多组织学习发展部门合作内训师培养项目时，积累了一些内训师选拔的经验。我们总结成以下的"四看"。

一看个人意愿，"我愿意"是前提。

二看业务水平，"我够格"是基础。

三看职业素养，"我适合"是条件。

四看组织规划，"我发展"是目标。

按照这"四看"依次"看"下来,队伍建设在"选人"环节就不会出大问题。

现在看来，很多企业内部的培训中心或组织学习发展部门在选人环节普遍存在两大误区：一是忽视自主意愿前提，多用行政命令和指标摊派的方式；二是过分强调讲台职业素养，在选人伊始就用候选人的讲台试讲呈现作为选拔依据。

当下，国内企业组织普遍引入了 TTT 的课程，但冠之以"内训师培养计划"，可能并不属实。为什么这么说？因为"培"了，却没有"养"。我们曾经应邀多次“被迫救场”，为一些内训师培养项目做效果落地的服务。我们发现，绝大多数企业和相当多的企业学习发展部门重在引入 TTT 课程，却往往忽视课程效果的转化；重技能训练，轻素质养成；重课堂学习，轻讲台实践；重现场培训，轻持续改进。不过近年来在一些有规划的企业和有见地的组织学习发展部门中，已经出现了与时俱进的变化和弥足珍贵的创新。

多年来，我们为诸多国内著名企业提供了相关专业服务。这些企业涵盖不同的所有制性质、不同的法人治理结构、不同的行业类型、不同的规模和发展阶段。既有国有企业，又有民营企业；既有央企，又有地方企业；既有大型上市公司，也有快速发展的中小型企业。

总结为这些客户提供服务的经验，我们找到了一套相对成熟有效、在相当大范围内普遍适用又具有很好操作性的系统方法来解决上述问题，简单地说就是“扶上马，送一程”。

“扶上马”为内训师提供一套行之有效的理念系统、理论体系、方法技巧和行为规范，也就是培训师的“道、法、术、器”。我们的品牌课程《TTT 国际职业培训师标准教程》经过近 30 年的磨砺和蜕变、沉淀和创新，被很多学员誉为“万课之王”，就是因为创造和积累了大量的话语概念、心法理念、手法技巧、语感口诀、流程步骤、理论模型、工具表单等。我们进行过 8 次重要的版本升级，而局部的调整和改进多年来从未间断，我们的研发改进建立在海量实践反馈的基础上。我本人和我的授权导师所培训的认证班学员已累计超过 10 万名，企业面授学员则更多，这虽然不是一个小数目，但和企业界的旺盛需求比起来，还远远不够。令人欣慰的是，近年来，越来越多的咨询培训机构和职业培训师加入 TTT 训练行列中来。他们当中，有相当一部分是本着负责的态度、专业的精神，并有较系统的课程体系支撑的。尽管在训练风格、话语系统、功力效果等方面各有不同，存在着差异，但殊途同归，在支持企业内训师技能提升方面，做出了各自的贡献。

“送一程”针对内训师面临的单次学习深度不够、训后成长动力不足、个体瓶颈难以突破三个关键问题，找到了针对性的解决办法。我们的策略是“一课四训”、四讲评估和讲评改善。

在这个过程中，获得我们《PAF专业讲评标准教程认证导师》资格证书、经过系统培训和认证的“讲评顾问”到现场讲评，所有参与试讲和观摩的内训师近距离体验课堂所学和工作实践的有机结合，并且观人识己、触类旁通、高效精进。

2. 优化课："菜单"到"菜谱"

“课”，是指“标准化教案”，不局限于课件和教材。区分概念，不是为了玩文字游戏，而是要强调一套可以最大限度标准化、降低人为影响的课程文案有丰富的组成内涵，包括要点培训目标、授课计划、课程纲要、演示文稿、培训行为配置表、讲师手册、“一课四训”学员手册、资源素材库、试题库等，共同组成了“标准化教案”。在受过基本技能训练的内训师手中，它们的效能可以充分发挥，它们的有机结合运用才是有效训练的根本保障。

如果训练效果达成的程度完全取决于内训师的个人能力水平，那这样的“保证”其实是没有保证的。

保证有效训练，可以有两条路径：一是“提升人的能力”，二是“降低人为影响”。即使内训师队伍的专业能力、职业素养、状态呈现有较大差异，训练依然能够达成预期的“基准效果”，这样的“教学质量”才是有保障的。

“降低人为影响”，关键在组成课程体系的课程标准化教案的建设。请注意，我们用了“标准化教案”这个词，有别于“清单”“课件”和“教材”。近年来，很多组织学习发展部门从组织的人力资源战略出发，提出或设计岗位的“素质能力模型”和“学习路径图”，并依此来设计课程清单。也有相当多的企业开始从学习项目设计的角度展开工作，这是一种理念的进步。课程开发的目的不再只是培养“技能”，而是培养“岗位”；不再只是静态着眼“当下胜任”，而是动态考虑“职业发展”。但仅有这些是不够的，好比一家饭店，仅有菜单是不能开张的，菜单上的每一道“菜名”的背后，必须有标准化的“菜谱”，这样端上桌的“菜品”才有质量和口碑的保证。“标准化教案”就是这样的“菜谱”，而每次训练实施的讲义就是宴客点菜的“水单”。

很多组织学习发展部门或培训管理部门在课程开发项目的实施过程中，普遍存在三个误区：一是开发立项盲目，二是开发思路僵化，三是开发成果单一。

（1）开发立项盲目，造成了资源浪费。这就需要对组织发展战略、人力资源战略、岗位要求和企业人力资本现状有系统的分析和清醒的认识。通过“定标找差”，确定首要开发目标，最大限度整合利用资源，加强内部开发力量的有效协作。

有的组织学习管理者对实施开发课题的重要性和紧迫性的判断有偏差，想要一下子把“菜单”上的每一道菜都变成“菜谱”，不仅不经济，还不现实。有的企业开发人员缺乏有效的组织和协作，低效率重复开发的现象也很普遍。

（2）开发思路僵化，弱化了课程效果。很多开发人员秉持“按图索骥”的“写作模式”，忽略了对关键问题的把握。要知道，只有“以终为始”才能“用以致学”，保证开发成果的实效性。

（3）开发成果单一，限制了成果应用。大多数课程开发成果表现为一个课件加一套讲法的套路式设计，对不同对象、不同课时、不同阶段、不同内容侧重点的需求缺乏对策。只有实现“一课多套”“一套多效”的设计，才能充分发挥开发成果的效能。

3. 创新物："基本功"到"撒手锏"

"物"，就是指资源工具建设。"创新物"，也就是用创新理念来进行组织学习发展部门的资源工具建设。为什么要创新？因为大多数企业在这一点上还存在画地为牢、自我设限的问题。

过去人们谈到课程以外的资源工具建设，多指书籍、音像制品、E-learning这些知识内容载体，或最佳实践式的典型案例。其实，组织学习发展部门的资源工具建设有非常丰富的内涵。

我们的研究团队根据资源的特点和作用，把资源建设细致地分为七大类：交互工具类资源、案例素材类资源、微课简训类资源、精华呈现类资源、教学工具类资源、教辅工具类资源和资讯整合类资源。

（1）**交互工具类资源**，指 E-learning 平台、移动客户端以及最近兴起的基于微信基础服务平台的深度开发应用。

（2）**案例素材类资源**，指基于标准格式的最佳实践案例、用作课堂教学资源的素材案例、组织学习发展部门自主制作的音视频素材等，以案例形式呈现。

（3）**微课简训类资源**，包括口袋书微课、微视频片段微课、动画演示微课等自学资源，也包括用于互动训练的"简训"课件包，比如我们开发的《壹图易训》系列简训产品，以课程套装形式呈现。

（4）**精华呈现类资源**，是指把组织知识管理的精华成果，比如理论模型、口诀口号等内容，用海报、贴纸、文具印刷等形式呈现出来，以挂图、模型图形式呈现。

（5）**教学工具类资源**，是指在课堂正训和课后自训环节都用得上的工具表单、玩具式教具、仪式化工具、辅助复习记忆工具等，比如我们开发的《壹图易训简训课程套装》（有 28 个套装），每套都有"元智方""明言牌""践诺环""忆知笔"等，都属于这类资源，以工具类型呈现。

（6）**教辅工具类资源**，是指从培训管理的角度，用于课堂氛围营造的工具资源，包括个性化的桌牌名签、课堂展架、条幅挂旗、竞赛展板等。比如我们开发的“易名牌”系统，可以在一个桌牌名签上自定义企业 Logo、核心理论模型、课堂纪律约定等内容。只要按照相应的格式要求指定存储有学员名单的电子表格或数据库文件，就可以通过激光打印机在预制的桌牌专用纸上批量输出整班学员的桌牌名签，以工具类型呈现。

（7）**资讯整合类资源**，包括组织学习发展部门的专刊、学报、学术资料汇编、网站和自媒体等内容，需要强调的是建立大数据观念，借助通过标签信息储存在云端的数据流实现海量资讯为我所用，以纸媒和电子媒体形式呈现。

资源建设的最终目的，一定是巩固组织学习发展部门建设成果，沉淀和传承组织智慧。但短期目的，更多是帮助训练、深化效果、扩大影响、提振信心，要想达到这个目的，其实并不难。

培训师可以“借巧力，戒蛮力”。中国功夫强调“四两拨千斤”，战略博弈有时可以利用“撒手锏”技术形成不对称的优势。资源建设也是如此，在扎实做好基本功的同时，如果能集中人力物力，重点落实突出本组织学习发展部门建设成果的特色资源，形成吸引眼球的效果，追求一定范围内的轰动效应，就可以达到事半功倍的效果。比如，设计精华呈现的海报和价值性呈现的挂图、推广玩具式教具、利用微信公众号联络组织成员等，都可以成为彰显组织学习发展部门资源建设成果的“撒手锏”。

4. 成就事：“救火”到“消防”

“事”，就是指制度机制建设，这是“成事”的关键。关于这一点，要结合企业的发展阶段、人力资源管理水平、制度标准体系、企业文化和领导风格等因素因地制宜，难有普遍适用的标准。

推动组织学习发展是为了解决企业在绩效、行为、认知层面存在的问题，但在解决问题的过程中，不能扮演“救火队”的角色，而要成为“消防队”。

救火是消防，但消防不只是救火。“预防为主，防消结合”是我国消防工作的总方针。救火只是“消”，等问题出现后再解决往往陷入被动。关键在于“防”，靠一整套严格的制度机制防患于未然，则掌握主动。

回到组织学习发展部门的制度机制建设，应当拿出战略思维，运用“首善”理念，对涉及组织学习发展的制度机制进行系统、全面、细致的考虑，形成制度闭环，这样“人、课、物”的建设才能有保障和依托。

很多组织学习发展部门的管理者认为“先做事，再定规”。其实，规矩可以先建立起来，可以随着“做事”的发展加以改善。

刚刚建立的组织学习发展部门要先订立哪些制度？与队伍建设、体系建设相关的制度要先建起来，比如：内部兼职培训师的选拔标准和选拔流程；内部培训师能力素质分级评估认证标准；培训工作的效果评估标准和方法；培训、辅导、课程开发工作的工作量计算方法和奖励、补助机制；导师制基本原则和内部荣誉体系；学分制基本原则与岗位学分标准等。

成熟的组织学习发展部门一定要搞清楚：培训是否有效、是否高效的依据是什么？如何让培训效果能够从定量评估的角度看得见？如何量化评估培训现场的反应效果？如何量化评估课后的学员识记掌握效果？如何定性和定量地考察培训带来的行为表现的改变？如何科学准确地判断培训给绩效带来的影响？

运用有效训练理念提升职业素养、做好课堂掌控、规划进程单元、设计视觉呈现，有效运用资源理性话题感性演绎、感性话题理性升华，是不是就一定可以实现培训目标、达成组织期待、满足学员需求呢？培训究竟怎么样，不看“广告”看“疗效”。

对于培训组织者来说，科学有效地进行培训项目的效果评估是培训质量管理工作的重要环节。对于执行培训项目的讲师来说，深入理解组织者的评估标准和评估方法是胜任岗位必不可少的关键认识。

凡事预则立，不预则废。做足首善，方能有备无患。

后附的《TTT 启示：标杆课程的六大特征》是我和陈晓剑老师一起总结我们的 TTT 版权课程后提炼出的几个比较主要且重要的特征，也可以作为培训师打造自我课程品牌及企业、结构推荐课程品牌的参考。

TTT 启示：标杆课程的六大特征

刘子熙　陈晓剑

★★★★★

自 1993 年，笔者基于一套舶来的培训者职业规范，融合根植于国人血液，影响着国人学习活动、组织行为和人际交往模式的传统文化基因，研发出首个“TTT 中文版”课程以来，已经过去快 30 个年头了。承蒙广大客户、学员、同业精英和笔者众多门徒弟子的厚爱、认可和支持，这个课程早已成为引领中国职业训练领域的标杆品牌课程。

到此已穷千里目，须知才上一层楼。

TTT 课程体系的“成功”，是建立在近 30 年来不断自我革命、推陈出新、创新领异的基础上的。能够成为“经典”并能续写“传奇”的课程就是“标杆课程”。设计一门有价值的课程不难，讲好一堂有效果的课程也不太难，但要打造出一个经得起实践检验、推得动口碑相传、立得住品牌影响的“标杆课程”，不那么简单，需要有科学理念的指引和高效方法的支撑。

老话说得好，难者不会，会者不难。我们提出了一个“标杆课程”应当具备的六个关键特征：全息系统、话语重塑、多维架构、嵌套进程、即时给予、概念表述。这既是 TTT 近 30 年来自身课程体系发展经验的总结，又和 TTT 全程重建的理念和有效训练的方法一脉相承。这六大特征既反映优秀标杆课程的共性，又是对各领域培训专家打造自身个性化标杆课程的启示。

特征一：全息系统

标杆课程要有“全息系统”，这是衡量课程是否卓著的重要标志。

远在公元前 5 世纪至公元前 4 世纪，现代医学的鼻祖希波克拉底就提出了“最小部分本身具有一切部分”的全息思想；张颖清教授于 1981 年提出“生物全息律”，认为每个生物体的每一个具有生命功能又相对独立的局部（又称“全息元”）包括了整体的全部信息。

课程要有自己的“全息系统”，“滴水藏海”“一叶知秋”。这个系统至少要包括内容价值系统、概念说法系统、观点结论系统，每个分子系统都包含这个课程的价值信息。基于全息系统的理念，我们提出了“信息球技术”和 P.G. 技术，每一个信息球、每一个 P.G.（也就是课程的全息元）都能够反映课程的全部信息，包括培训师的功力、蕴含课程主题的思想和智慧。

有的课程，内容来源于领域内的经典论著、市场上的热门课程、自身的经验沉淀，以及流行出版物和网络媒体资讯。这些庞杂的材料往往不成体系或自成体系，概念说法有不同的定义，观点结论有不同的前提，内容价值甚至存在不同的取向，依此开发的课程甚至会出现自相矛盾之处。如果这些割裂的、碎片化的、部分重叠甚至矛盾的材料不能被有效地整合重建，就会存在讲不透、想不通、连不上、答不出的弊端。

标杆课程，内容不能“散碎”，要有自己的“全息系统”，要把握并精进课程的每一个 P.G.，整合课程的全息元。

标杆课程拥有“全息系统”的条件是要做到“以概念说明概念，以内容解释内容，以说法印证说法，以结论延伸结论”。

举个例子，TTT 课程中有一个概念，叫作“异声拢场”，这是一类手法技巧，它的内容价值是通过声音的变化吸引学员的关注、调整学习的状态，实现场控的目的，为信息的有效传达做好准备；再如，培训师讲课的声音可以通过停顿、重复和一段刻意的沉默带来变化，这些技术对于课堂掌控非常有效，被称为“掌控三宝”。TTT 另外一个相关的概念是“重建关注”，认为学员是训练的主体，能否调动训练主体对课程内容的足够关注是影响训练效果达成的关键。所以，运用全息理论可以把上述三个 P.G. 即全息元整合起来说：沉默、重复和停顿的“掌控三宝”，其实就是运用培训师的“异声拢场”来“重建关注”，因为学员是训练的主体。这就是以概念说明概念，展开讲就是以内容解释内容。

TTT 主张“有限时间，有效训练”，所以讲课一定要讲出效果，否则不如不讲。当课程时间不够或内容相对较多时，要秉持“宁失一村，不落一户”的理念，也就是“宁少内容，不损配置”，宁可取舍，不做压缩。那么如何取舍呢？要“以问题为线索”，做到“增益不扫盲”，避免“求全必责备”。这一段，就反映了“以说法印证说法，以结论延伸结论”。

标杆课程的概念、观点、说法都是可以彼此印证、相互支撑的，培训师的“博闻强记”要转化为学员的“融会贯通”，关键就是要在课程设计阶段有意识地形成“全息系统”。

特征二：话语重塑

标杆课程要能“话语重塑”，这是课程具有独占价值、彰显版权的关键要素。

大多数课程都有自己的概念说法、观点结论、价值主张、行动指引，这些内容的语言呈现无外乎行话、白话、特色话。

“行话”，就是指课程内容所依托的经典理论和背景学科常用的术语，培训师授课和学员学习的过程必然绕不开这些术语，但训练全程不能仅仅停留在对这些术语的表达或转述。如果这样，课程就仅仅是经典理论和背景学科相关知识的传声筒、复读机，不仅佶屈聱牙、晦涩难懂，还容易落入模仿复制、人云亦云的陷阱。

“白话”，指的是用生活化的语言对课程内容进行通俗化、直白化的解读。白话表达降低了认知的门槛，有助于学员对内容的理解，但不免流于俗套、陷于平庸，故效果平平，难以留存印象或产生课外影响，更无法建立个性化区隔，无助于培训师和课程的品牌影响塑造。

标杆课程的语言呈现不能“平庸”、不讲“普通话”，一定要进行“话语重塑”。

我们提倡“话语重塑”，就是建立标杆课程自己的话语系统，形成属于自己的独一无二的“特色话”，也就是个性化的“话语”。

这些重塑的话语不是个性化的“术语”，因为任何一个课程的经典理论和背景学科的术语都具有标准化的内涵，被同行乃至整个学界广泛认同，课程的开发者和讲授者不应也不能改变这些术语的定义，否则就是囫囵吞枣、不求甚解、胡编乱造、冒天下之大不韪。

所以，“话语重塑”是“白话”的改造和变化，是“行话”的再加工和新定义，是针对课程的受众用似曾相识、耳熟能详的通俗话语赋予全新内涵，形成独特意义，让标杆课程的独特价值能够以卓尔不群的语言范式呈现、留存和传播，产生深刻印象，造成广泛影响。

具体地说，话语系统可以表现为独特的标题目录、概念说法、语感结论、行动口诀等。所有的标杆课程无一例外都会有一个独一无二的“好名字”，而不是仅仅反映专业领域和内容范围的通用标题，这就是课程主标题的话语重塑。在 TTT 的话语系统中，我们设计了大量独特的概念说法，比如“心法、手法”“主辅明暗线”“职业‘装’”“三五成群”等。说到语感结论和行动口诀，让人过目不忘、念念回响的“单字诀”“三字经”“四成语”“五律七绝”“顺口溜”等更是数不胜数。

这些方法不仅带来了 TTT 课程体系的成功，还极大地彰显了 TTT 课程的版权，同样可以有效地复制到几乎所有课题领域的标杆课程。比如，在“情境领导”课程中，针对某一种领导者和被领导者的成熟度关系，使用“授权”的领导方式。有的此类课程提出了上级授权时应当遵循三个原则：一是要具备仪式感，让相关利害干系人正式感知到授权的发生；二是要限定授权的边界，指明行动的原则和方向；三是在必要时提供指导和支持，进行资源和工具的保障。这样的表述，就是上文中提到的“白话”，虽然看得懂，但太“平”、没特色。“文似看山不喜平”，如果进行“话语重塑”，那么可以总结为授权三原则：给面子、定调子、指路子。这样的话语，易学易记，便于传播，又独树一帜，形成独占性。

有反应才会有影响，有印象才会有影响，话语重塑让标杆课程现场反应好、课后印象深，产生高水平的话语影响力。

特征三：多维架构

标杆课程要建“多维架构”，这是课程做到内容充实、层次丰富、多维度、广视角的利器。

毫无疑问，一个好课程的内容一定是体系化的，它的组织和呈现一定是结构化的，但相当多的课程只是通过内容纲要的结构梳理一定程度上解决了没系统、少套路的“弱结构”问题，却还依然存在有内容没形式的“干结构”问题和重整体轻局部的“空结构”问题。

所谓“干结构”，就像是北方冬天的落叶乔木，只有干巴巴的枝丫，看不到树叶、花朵和果实，满目凋敝，欠缺生机。所谓“空结构”，就像是一间硕大的空荡厂房，乍看上去规模宏大，但进到内里才发现没有分层分隔，缺少细节的安排，利用率有限。

这样的课程，没有解决好从抽象的“一门课”到具体的“一堂课”的问题,也没有解决好从宏观的“一堂课”到微观的“一节课”的问题。

标杆课程不仅有漂亮的内容纲要架构，还解决了怎么开头、怎么结尾、先讲什么、再讲什么、价值点之间如何衔接、每一个价值点如何讲得深入透彻、用什么形式资源来讲等问题。

这就要求培训师对课程的结构进行“降维”设计，不仅要有二维的内容架构，还要基于时间线设计一维的训练进程，在每一个时间段设计零维的单元模块。课程结构不能“单一”,要设计“多维架构”。“一门课”包含“多堂课”,“一堂课”包含“多节课”,“一节课”包含“多个 P.G. 点”。

首先，要通过“训练进程”的规划，在一门课的基础上编排好具体的每一堂课的内容，针对特定的培训对象、培训任务、培训目标规划一个定制的训练进程。在这个进程中，特定内容价值点被筛选出来，并基于时间线排列为单线顺序。每个内容价值点作为一个讲授单元，事先通过铺垫设计建立权威认可，事后通过过渡安排实现承上启下，在这个时间线的两端，开场先声夺人，收场见好才收，“一堂课”的进程结构就完整了。

其次，要通过“讲授单元”（独立的 P.G. 或全息元）的设计，配置好一堂课中的每一个局部小节，对进程中反映每一个内容价值点的讲授单元都要进行模块化的设计。麻雀虽小，五脏俱全。对于每“一节课”，也就是每一个具体的讲授单元，都有相对独立的培训目标，所以应当对每一节课进行相对独立的结构化安排。我们提倡用“导入、纲要、演绎、资源、收结”的设计，把有效训练细化落实到每一个微观局部。

把握一门、一堂、一节、一点的关联，布局“架构关系树”、规划“进程时间线”、配置“单元价值点”，标杆课程就具备了“多维架构”。

特征四：嵌套进程

标杆课程要循“嵌套进程”，这是课程能够做到定活两便以及能够实现对象的广泛涵盖、内容的灵活开合、时间的高度弹性的关键技术。

“嵌套进程”主要体现在训练进程的规划上，是进程中的进程。课程结构好比大树，课段层点有如干支条叶，纵横交错。课程从开发、设计到实讲，存在一门、一堂、一节、一点的呈现，层层包容。培训师在备课时，一定要有教材、讲义、短时分享、微课的清醒认知，明了相互之间的关联。

培训师要认真规划不同层面的“嵌套进程”。

可是，有的课程却是“一套大纲走天下”，不太重视针对性和个性化的进程规划设计。是不是结合对象和任务目标进行顺序化编排就算是合格的进程规划了呢？不是，因为进程也可以进行“嵌套”规划。

何为“嵌套”呢？是指在顺序化呈现的进程中，反映出不同层级内容架构之间的包含性和关联度。课程内容是有结构层次之分的，纲要目录可以清楚地反映这些层次，比如一级目录反映课程包含的主题段落，二级目录反映每一个段落中包含的话题层次，三级目录则反映每一个话题层次中包含的问题要点。而训练进程要多条线地规划，这就是一个方面的嵌套，其中的时间线排序则是反映这些问题价值要点的讲授单元的链条。毕竟，千言万语要一句句讲，再多的问题也要一个个解决。在课后，希望学员能够在这递次展开的训练进程中还原课程的多层次结构，形成对内容单元的系统化认识。

“嵌套进程”是大中有小、你中有我、层层包容的。培训师在进程中设计“嵌套”结构时，要让进程不仅反映顺序，还要反映层次，更要揭示关联。训练进程是基于时间线的“单线”进程，但这“单线”并非“直线”，而是“曲线”。培训师可以在呈现每一个结构层次的开头和结尾时进行铺垫和回顾，如此循环往复，帮助学员建立多层次的结构化印象。进程顺序不能“直给”，要循“嵌套进程”推进。

“N+2”是一个重要的课程开发的“嵌套进程”模型。具体地说，就是要在课段层点的每一个结构层次上都遵循“N+2”的进程结构，增加多层次的“头尾”“开收”设计。

一堂课的内容，有 N 个一级段落（**有时会表现为一节课**），课程的开场、收场和这 N 个段落的进程，就是“N+2”的进程。

每一个一级段落的内容，有 N 个二级层次（**有时会表现为一节课或一个微课**），段落的开头、结尾和这 N 个层次的进程，也是“N+2”的进程。

每一个二级层次的内容，又有 N 个三级要点（**有时会表现为一个微课**），层次的开头、结尾和这 N 个要点的进程，依然是“N+2”的进程。

训练进程，作为“嵌套进程”来设计，若看细节，就是要点的进程；

看客观一点，就是层次的进程；再看宏观一点，就是段落的进程；纵观的话，当然就是一堂课的进程。如果立足标准的课程开发，那么这是一门课的进程。

把握好“N+2”的进程结构，条分缕析、层次推进，就遵循了“嵌套进程”。

培训师不断地通过各级大小“头尾”的设计和各种“开场、收场”的规划，进行预告、总结、回顾、复习、强调，不仅可以加深理解、强化印象、夯实记忆，还可以帮助学员在一维训练时间线中形成对内容架构的二维多层次认识，真正设计和规划好自己课程的“嵌套进程”，成就标杆、拥有版权。

特征五：即时给予

标杆课程要敢于“即时给予”，这是课程具有深度效果、绝佳口碑、立竿见影的关键心法和重要手段。

一个培训课程的内容价值是相对固定的，但这些价值在课堂上的呈现形式、顺序、时机、深度等是相对灵活的。有的课程内容有价值、呈现有设计、资源有准备、活动有安排，但从学员的角度看，总感觉哪里不对劲。比如：有的地方大家早就明白了，但培训师还在喋喋不休；有的地方明明不太懂，培训师却一带而过、语焉不详；明明有互动环节，但培训师不关注、不在意、不留意学员的表现和反馈；课堂上学员提出问题，总是得不到针对性的回复等。凡此种种，都源于讲授者不懂得“即时给予”，忽略课程的针对性和灵活性、忽视主体对象学员。这样就算培训师事先精心设计、有意互动，学员同样食之无味，难以达成预期的效果。

“即时给予”就是真正关注学员、关注期待、关注需求、关注问题，是十分在乎学员的现场表现、一言一行、一举一动的，不仅以问题为线索，还以反应为依据，不拘泥于预设的计划内安排，一定会为计划外的情境准备灵活的应对，预留出现场自由裁量的训练时间。“宁可备而不用，不能用而不备。”有需求就讲，没有就不讲；有问题就讲，没有就不讲；有机会就讲，没有就不讲。

训练活动不能“死板”，要能“即时给予”“你想我讲，我说你要”。

标杆课程在准备时少不了“暗线”，也就是计划外的内容、形式和资源准备。讲授者在教学设计的过程中要懂得预测课堂效果、假定学员可能的反应，做到充分而又精准的假定。假定学员的“已知”“未知”“状态”“行动”“回答”等，并对典型的计划外反应做足准备，包括但不限于对内容的延伸、挖掘、调整顺序，准备备用的资源素材和灵活机动的训练演绎形式等；遵循“做厚讲薄，定活两便”的原则，不仅为意外准备足够的应对策略和资源，还为这些应对留出足够的交流时间。

“即时给予”的挑战，在于意外。

“即时给予”，是对计划的积极干扰，以反应为依据。

要想做好“即时给予”，就要避免训练讲授的过程被割裂，不能影响或打断多维架构和嵌套进程在学员心中正在形成的结构化认知过程。

培训师作为标杆课程的讲授者，一定要强化内记忆并深化对内容单元之间内在联系的认识，做到融会贯通，处理好固定和灵活的关系，把握刻板和分散之间的平衡。

“即时给予”的核心价值在于最大限度地把握训练契机，当学员关注度最高、现场出现典型例证或知识理解记忆门槛最低的时候，“即时给予”就是最优的学习选择，“即时点化”就是绝佳的感悟门径。

特征六：概念表述

标杆课程要用“概念表述”，这是让内容精彩呈现、学员精准理解、留存精深印象的必由之路。

概念表述，就是围绕核心概念、关键词进行的尽可能简练的表述。概念表述的对立面是“句式表述”，也就是冗长的、书面的、字斟句酌的表述。有时少即多，标杆课程的训练不贪多，而要追求达成效果。不讲则已，讲了就要形成印象、产生影响，就要追求现场效果、课后结果和行动成果。简洁的内容易于记忆和传播，在有限的训练时间里，简练的表述可以节省训练时间，让课程有机会安排更多的总结、复习、测试环节，深化学习效果。

“概念表述”言简意赅，让表达呈现不“啰唆”，精练必出彩，即精彩。

具体来说，培训师至少要在以下三个方面实现简化。

观点结论简化：课程的观点结论也是课程的核心价值，反映价值主张和行动指引。很多课程就是欠缺了概念表述的精练，不论是晦涩还是明快，都因冗长而提升了记忆门槛、降低了印象分、影响了满意度。一目了然的观点结论直白利理解、好记易传播，再配合话语重塑的技巧，就可以造就标杆课程话语系统的核心价值。

视觉呈现简化：课程的视觉呈现主要表现在课件演示文稿上，这是课程显性价值的载体。很多课程的课件定位不准，有的培训师把课件当作讲稿，充斥事无巨细、东拉西扯的口水话；有的把课件当作读本，追求具备自学教材的功能，把学员能不能自己看得懂当作衡量标准等。其实，课件只是课程体系中辅助训练和学习的视觉线索而已。把握不准这个定位，就会出现“Word 搬家”式的大段文字，而遵循“概念表述”，就是只出现最核心、最重要的精练文字，并在“表述概念化”的基础上，实现图形化、层次化、动态化的呈现。

课堂表述简化："概念表述"基于口语思维，表达易用停顿，断在当断处往往语断意连，引领学员的关注和思维，不仅反映讲授者的职业素养、讲台功力，还持续、深入地影响着学员的学习行为和学习效果。很多培训师授课时容易出现赘语、乱语、同语重复等看起来不职业的表现，其中一个重要的原因就是偏离了"概念表述"。

"概念表述"不仅简约、精准、有效，还容易产生话语魅力、形成训练张力、彰显个性魅力、扩大品牌影响，而且把握核心概念，也有助于找准角度，理解观点。

概念，就是标杆课程向学员传递价值的"按钮"。

培训师职业化成长路径

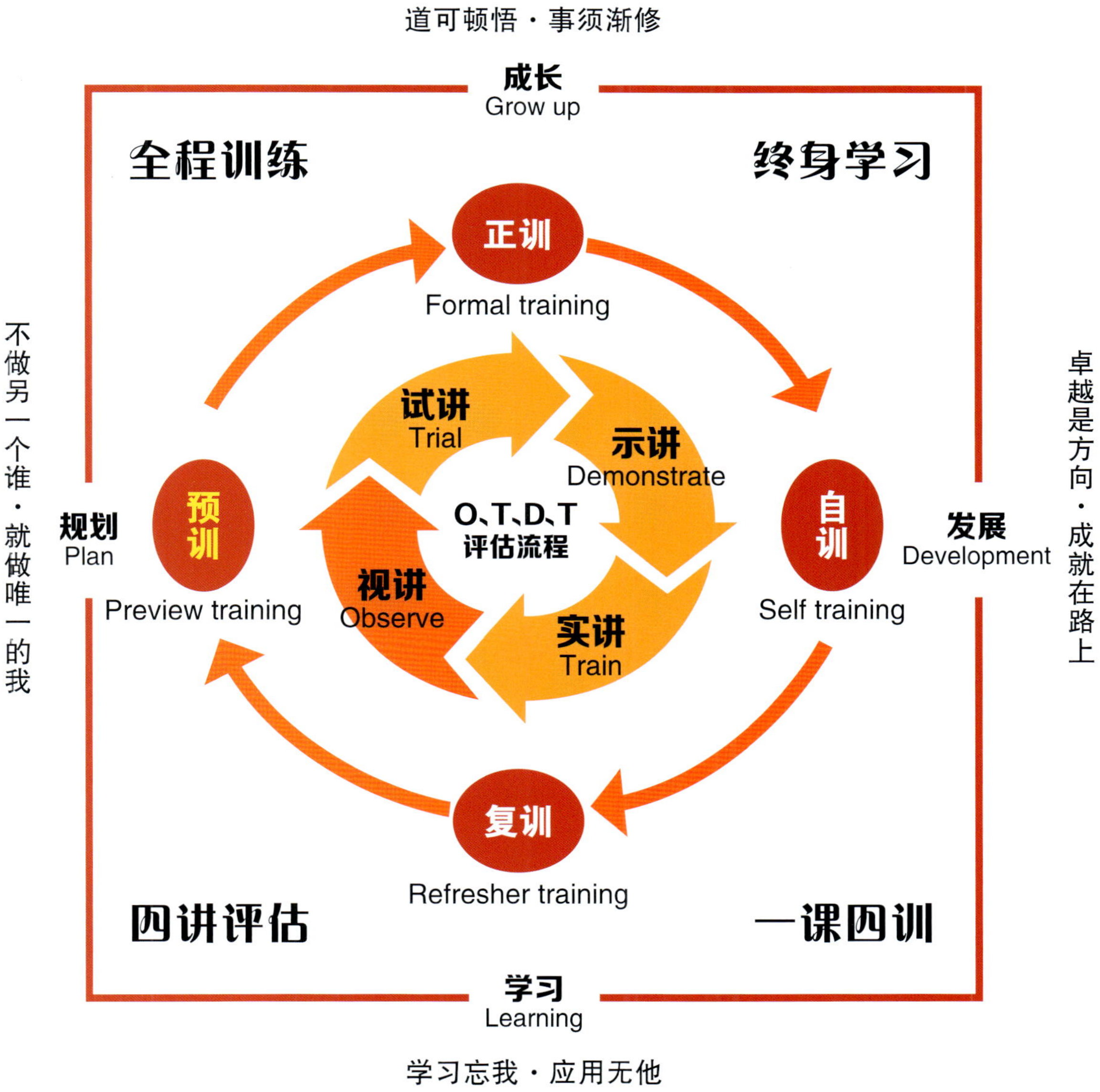

道可顿悟·事须渐修
成长
Grow up
全程训练
终身学习
正训
Formal training
试讲
Trial
示讲
Demonstrate
O、T、D、T
评估流程
视讲
Observe
实讲
Train
预训
Preview training
规划
Plan
自训
Self training
发展
Development
复训
Refresher training
四讲评估
一课四训
学习
Learning
学习忘我·应用无他
不做另一个谁·就做唯一的我
卓越是方向·成就在路上

推荐语

TTT

训的就是你

培训师职业成长手册

1983

1. 陈强（《培训》杂志原副主编）

欣闻子熙兄又出新著了，希望能缀言几句，无奈非专业无法从技术的角度予以点评，只能作为老友深表祝贺！

与子熙兄结缘已有 39 个年头了，想当初青葱少年，意气风发，刘老师是北京大学演讲团的成员，1983 年夏天来大连考察，在我校逗留，我作为大连理工大学演讲团的成员参与接待，有幸相识。

毕业后各奔东西，加之当时的通信没有今天那么发达，彼此失联许久，没成想，2005 年我参与《培训》杂志创办之际，竟然与子熙兄得以重逢，作为 1982 年高考江西萍乡市文科状元的他，其时已经是桃李满天下的 TTT 名师，引领着中国培训师培训事业。

重逢之后，刘老师对《培训》杂志的成长提供了无私的帮助，对我也大力提携，帮助我快速融入了企业培训行业，2018 年我创办企业培训产业园的时候，子熙兄毫不犹豫地率先入驻，并向其他老师积极推荐。

他作为北京大学法学专业的学生，毕业后进入了国家部委工作，五年后竟然放弃公务员岗位而投身于企业培训行业，开创了国内 TTT 培训的先河，并将此事业坚持了 30 年之久，刘老师的专注、专业让我由衷地敬佩。

曾经的少年如今已经年逾花甲，我们的友谊却与日俱增，愿我们一路同行，继续为企业培训奉献微薄之力。

1993

1. 石科杰（中信置业有限公司法律合规部副总经理、中信置业北京胜古房地产开发有限责任公司副总经理）

1993 年，有缘进入刘子熙老师的工作团队，开始跟随刘老师为企业提供职业训练和管理咨询服务，如北京赛特集团、好邻居连锁、希福集团、格威特集团等，还有配合中国市长协会等有关部门开展项目。

还记得那时候刘老师刚刚归国不久，我们借北京市电教馆阶梯教室开办《管理者为什么会失败》的免费讲座，发出去 3000 张邀请券，结果只来了 16 人，公司里的伙伴都想打退堂鼓，刘老师则坚持说一定要对得起已经来参加的客户，要更加认真地对待，结果讲完后好评如潮，当场签下一个长达 9 个月的系列训练合作协议。无论训练还是咨询案，刘老师始终认真、投入、精细、周全，刘老师的工作作风和为人处世堪称典范。

后来刘老师因为事业发展需要，在全国各地服务更多的行业和企业，我们一直保持联系、相互关注。我在工作中会经常回忆起他讲过的“过程复杂结果简单，过程简单结果复杂”“有所不为方能有所为”“天下大事成之于细，天下难事成之于易”等，这些富含哲理、有破局实效的隽永话语，至今还一直影响着我。

听闻刘老师倾注 28 年心血、一直精雕细刻、吹叶嚼蕊的 TTT 训战心法、理念、手法、技术、话语等将结集成书，由衷喜悦、诚挚祝贺，相信《TTT 训的就是你》这本书，一定能够为所有职场精英、各类培训者点化困顿、指明航向，助力大家一飞冲天！

祝福刘派 TTT 开枝散叶、誉满华夏，祝福刘老师成为学习发展领域的不老神话和常青树！

1994

1. 杨光（中外管理传媒社长、总编，“中国造隐形冠军评选”发起人）

《中外管理》与刘子熙老师，算是很有缘的。

1994 年，刘老师在北京一家企业集团担任顾问，非常敬佩家父，也就是《中外管理》创始人杨沛霆教授，曾数次邀约家父给企业高管上课，从此与《中外管理》结下了不解之缘。

2018 年，受“中外管理赤峰书院”之邀，刘老师前往讲授《领袖领导力塑造》的公开课，与我相识，彼此都留下深刻印象。2022 年 2 月，他再次受邀前往中外管理威海书院举办的《企业家公共表达》公开课，做了精彩的演讲和细致的演示，受到与会学员高度认可，也由此，与 31 年的“中外管理传媒”形成战略合作，共同开创为广大优秀企业培养内训师的服务蓝海。

刘老师的新书《TTT 训的就是你》，凝聚了他 28 年的心血，汇集训战心法手法，融实践与感悟于一炉，深入浅出，值得推荐。期待这本书能够帮助更多的中国企业。

1995

1. 朱岩（蔚来资本管理合伙人）

祝贺刘子熙导师把多年的思考和实践凝结于一本书。这是他的一份礼物，送给培训行业以及被培训师们影响和帮助的人们。

与健谈的子熙兄于 1995 年相识以来，他一直致力于职业培训与管理咨询，他总是能够把道理和方法总结成容易理解的金句，比如“本色做人，角色做事”“准备比资历更重要，资历是长期的准备”。这本书里的许多话，都会对你有些触动；用在合适的场合，会点醒困惑的灵魂。而这些朗朗上口的金句背后，是他三十一年来在职业培训和管理咨询行业的深厚积累。只有一个有思想、擅表达，又乐于助人的人，才会创造出这么多好用的工具，分享给大家。

师从刘子熙的授权导师已经有近二百人了，我为他高兴，这些导师在不断为行业培养人才。相信这本书的出版，是另一种传承，将会让更多的人受益。

1996

1. 唐际根（国家社会科学基金重大课题首席专家、南方科技大学人文社会科学学院讲席教授、中国社会科学院考古研究所原首席研究员）

当年混燕园的时候，我喜欢拉着法律系的子熙和地质系的建南聚餐。每到那时，便有两位美女从小西天降临……都是些幸福日子。两张美丽脸庞已让人如沐春风，毫无拘束的闲聊更使人陶醉。大家总是在不知不觉间被子熙的宏论吸引。他说出来的话，即使是插科打诨，也那么幽默风趣和富有逻辑。后来子熙成了北京大学学生演讲团的团长，我们都不觉得意外。

毕业后的子熙先在北京为官，后在上海安家。2006 年毕业十年老友聚会，知道子熙在从事职业训练和管理咨询，深感其事业追求之热切。有一天子熙从上海返京，突然说起在央视节目中听过我的演讲，点评之后他建议我今后多用短句，我自是不服，于是憋着要听一次他的演讲，看看他的现场表现。机会来得晚但终于来了，2002 年北京神州数码邀请子熙培训员工，得知消息后我立马搬条凳子坐在教室后面。当天的题目是如何与人握手，于是，我平生头一遭有机会看到受训学员因为子熙教她握手而激动并流泪……

在大学执教，演讲频繁。我曾向子熙谈起授课的不易，子熙给我的建议是“关键词先行、图文并茂、一针见血、声入人心”。我按他的“心法”授课，果然大有裨益。我的课程在南方科技大学永远是刚一发布即名额爆满。南方科技大学教评活动，我的课程经常被评为全校第一名。若不说，子熙一定不知道他的积极心法传授还顺便为中国考古学界培训了一名“讲师”。

获悉他新书《TTT 训的就是你》付梓，受益良多的我由衷欣喜，这是业界福音，也是成长的宝典。相信这本书一定能够帮到更多的人优化表达、锐化思想、冶炼智慧、塑造影响。

1997

1. 刘喜才（资深培训人，厦门市人力资源管理师协会秘书长）

我跟子熙老师结缘于 20 世纪 90 年代，至今已是 25 个年头。记得当时我在厦门一个大型企业集团负责培训工作，正在筹建内训师队伍，重点就是如何提升 40 多名内训师的授课技能。经过评估，我们引进了刘老师的 TTT 课程，三天下来，效果相当好。刘老师在课堂上展现出的专业、敬业、格局以及对培训事业的执着追求，让所有学员印象深刻。

在我的职业生涯中，经常与子熙老师互动请教，每每他都毫不保留地与我交流、沟通，给予指点和帮助，相信很多培训界同行也有一样的感受和经历。

《TTT 训的就是你》这本专著即将问世，我认为这是一本非常值得阅读的好书，它是刘老师多年 TTT 培训经验的总结、精华的提炼、感悟的升华。这本书的问世，将对培训事业发展起到积极作用和建设性贡献。

1998

1. 林惠珍（厦门臻醇酒业总经理、上海森睿咨询有限公司原市场总监、惠尔康集团培训处原处长）

还记得 1998 年 10 月 8 日，经朋友的介绍，第一次听刘老师的公开课就被“北大才子”的口才给折服了，于是一拍即合，同年 12 月 10 日，我和子熙老师一起在厦门合作成立以 TTT 为主打课程的咨询训练机构，时间过得真快，转眼已经过去二十多年了。还记得当时我们一起去拜访客户，研究培训方案，做公开课、内训及长期辅导案等，深度服务厦门及福建全省的学习型组织，如建发集团、太古可口可乐、NEC、富士通、群鑫机械、瑞声达等。记得在给厦门惠尔康集团做 TTT 中层管理素质能力提升课程时，刘老师创造性地设计了独特的开场，他用惠尔康公司当时的一句口号——“自然鲜主张、天天惠尔康”中的“鲜”找同音字，然后造句、串珠，引经据典，妙语连珠，培训现场效果炸裂了。还有一次 TTT 的内训课程，回想起来至今难忘。当时刘老师根据学员反馈及企业要求，连夜调整训练内容及配置素材等，备课到午夜，刚准备休息时，突然断电，辛苦做好的 PPT 课件由于没有及时保存就找不到了，刘老师二话不说，当即重新制作 PPT，直至早晨 7 点，简单洗漱就到企业去上课，一点都没有影响到第二天的培训课程的效果。当时我们都被刘老师的敬业精神和高度的责任感深深地感动着，正是对 TTT 课程发自内心的热爱和对专业执着的信念，让他二十多年如一日全身心地投入对 TTT 课程的研究和探索，哪怕面对市场上各种各样的诱惑，他仍孜孜不倦，无怨无悔地坚持着……我后来遇到很多当时参训的学员，提起来，都会说自己踏入职场的第一堂课就是听刘老师的，TTT 为自己的职业生涯筑基、定向、影响深远。

有一位名人曾经说过，什么叫作不简单？能够把一件简单的事重复不断坚持做到极致就是不简单。刘老师就是这样一个二十八年磨一剑的人，他不仅是一个令人敬重的职业导师，同时也是一个愿意将毕生的心血毫无保留地分享的人，相信此书的问世，定能让所有的讲师们醍醐灌顶，在走向优秀培训师的道路上更上一层楼！

2. 曾捷（罗课【厦门】网络科技 CEO、创始人）

2022 年年初对于居住在上海的人们来说注定是一个不普通的春天，正是这样一个特殊的日子，想着有必要打个电话关心一下久居上海的老朋友刘老师，本来有些担心的心情被电话中刘老师熟悉爽朗的笑声驱散了。话锋一转，刘老师热聊起了他正在修订《TTT 训的就是你》的第五稿，“隔离这些日子来，难得没有活动和聚会了，我有一整段的空余时间，可以更加专注完成这个书稿！TTT 是我一辈子的事业，到了这个年龄是时候沉淀这么多年的经验和教训了，能够给读者带来一点点的启发我就很欣慰了！” 真好！无论是怎么样的外部环境，老师总能看到道路尽头的那束光，即便是微弱的光，也能点燃自己照亮他人。

和刘老师的这段对话，不禁勾起我回忆与刘老师相识 20 多年的缘分来。现在回忆起来，20 世纪 90 年代真可算是中国现代企业的开元年，到处是如火如荼的创业和生机勃勃的高速发展。企业管理的萌芽才刚刚开始，而三十岁出头、头发茂密的刘老师也正是在这个历史的风口，开始他波澜壮阔的职业讲师生涯。在四个改革开放特区之一——厦门，认识刘老师是在一个公开课上，“北大才子”的标签、温文尔雅的外表、激情洋溢的教学，刘老师的清新风格一下就征服了我这个甲方。随后的事情是自然而然的，刘老师为当时我服务的世界 500 强外企和中国 500 强民企提供了高质量的企业内训课程。

后面的故事有些出乎我的意料，第一个意外是刘老师居然只愿意讲一门课了，那就是 TTT。那个时代专注讲一门课的老师很少，比较市场野蛮生长，到手钱不赚的事情好像没有那么合理。第二个意外是 2000 年年初刘老师离开厦门去了深圳，2003 年又从深圳到上海。能够看清楚一个市场的未来，在未来到来之前就毅然决然改变路径的老师，刘老师也是我遇见的第一人。

那时候的 TTT 刚刚兴起，从国外引进的版本多少有些水土不服，刘老师根据市场需求改造他自己 1.0 版本的课程，到今天出版的《TTT 训的就是你》已经是 8.0 版本了。如果说有什么是可以在时光飞逝过后仍然能够承载的，或许就是老师数十年、交付上千场的培训中沉淀的经验和认知。对于那些有志于从事职业培训师生涯的读者，我想这本书是不应该错过的，因为它的作者是一个智慧、温暖又专注的前辈。

1999

1. 杨培源（富力集团常务副总经理）

廿年相识、相遇，一生的导师、教练。1999 年的厦门，最早的经济特区之一，外资企业风起云涌。当年，初入职场的我，通过刚刚注册的 QQ，收到了一个内训讲师公开课的报名邀请，在多方争取下，我有幸让公司申请了学费，报名参加，同时认识了 TTT 老师刘子熙。可能就是相信的力量，老师台上博大精深的知识和技巧令人折服。日本企业本身就有着重视对人的教育训练的优良传统。有了这次公开课的结缘，随之有了我们后来的企业内训、组团上公开系列课等，这也让我每周能从容面对上百名新员工入职培训。现在回想起来，确实是培训学习让大家聚到一起，共同探讨提升、启迪了未来。

NEC 东京电子当时是世界 500 强之一，日籍高管在华是遥不可及的，只有他们认为有最重要的事情才会出面。记得刘老师每次给我们做内训，日本高管千叶昌雄都会亲自接待，每次都会订当地最好的酒店给老师，吃饭、住宿和授课，必须妥妥地高规格对待老师和培训。当时，每天的讲课费都是两三万元以上，不可谓不高，这也似乎体现了企业管理者对员工教育培训的重视，也只有这样，这个价值才能带动起来，否则，就成了谈起来重要、做起来次要、忙起来不要的管理通病了。

这样美好的故事持续了两年，很多点滴还历历在目，很难忘。通过培训者的培训（TTT），我一个职场小白迅速成长，自信了起来，可以自觉觉他、自度度人了。给更多的人培训提升之后，一批内部讲师成长起来，又可以做全公司更多的人才培养工作，企业达到了一个良性循环的文化氛围，训练有素又忠诚能干的员工队伍对任何企业来讲都是最宝贵的资产，用现在的语言来讲就是：他不香吗？！

我们眼中的刘老师，工作起来格外专业、职业、敬业，能把一项伟大的育人的事业坚持做下去。生活中的他，很诚恳，可亲又可敬，带我们认识了成就人的快乐和真谛。目前，我是富力集团的常务副总，一路感恩刘老师的提携与帮助，受益终身，也希望有更多的人能有这样的结缘，同时，启发智慧、赋能未来。

2. 张华（中国平安高级营业部经理、禅修达人、最负盛名的心灵导师、古典瑜伽传人、杨氏太极拳第八代传人、寿险业最高荣誉 MDRT）

认识刘老师是在 1999 年吧！那时候我很年轻。之所以后来走上培训师的道路，与当年刘老师对我的肯定与期许是分不开的。那个年代的我，对自己有很多的不自信，绝对想象不到后来精彩的人生。

刘老师来厦门的时候，总有关于 TTT 课程的新知识，尤其是其中的贯口，让人期待，很羡慕，总是嫌时间过得太快，没办法记住新鲜的东西。

所以，每年教师节，我会一大早准备好，给刘老师发个微信，感谢一下！

终于等到你——《TTT 训的就是你》。

2000

1. 彭荣模（东方大成咨询公司总经理、《慧眼识才》作者）

我跟子熙老师相识于2000年，那时我刚进入咨询培训行业，作为他的职业培训师（TTT）课程在国内早期的学员，我第一次领略了真正职业培训师的风采，认知到成为职业培训师需要精深、持久地修炼。他是我真正的培训启蒙老师之一。后因各自奔忙，我们见面不多，2007年我与子熙老师同时获评“中国十佳职业培训师”，在中国人民大学领奖，他立志献身中国职业培训师成长的使命感、对培训师职业的深刻洞见、卓绝群伦的口才博得满堂喝彩，我至今记忆犹新。

大约十年前，TTT课程开始大火，一些刚进入培训行业的人也“敢”为人师讲授TTT，以致业内“名师”云集、乱花迷眼。每有同行或企业中人问及TTT的课程与师资选择，我必推荐子熙老师。其实也无须推荐，因为他早已桃李满天下，以至“但言TTT，莫不知子熙”。

子熙老师令我尊敬之处，不仅在于他是国内TTT课程真正的开创者，他对事业的热爱与专注亦令我敬仰：近30年心无旁骛、持续精进，切实做到“尽精微而致广大”——从课程的点滴运化、精华提炼的细节，到职业与行业发展的远见，都努力精研到极致，堪称培训业“行为世范”的标杆。20年间，我前后三次聆听子熙老师的TTT课程，次次都有全新的收获，也能深切体会到他对课程的不断雕琢和升华。

坊间有很多很多同行跟我一样长久以来有个疑问：子熙老师的弟子、弟子的弟子……很多人都在TTT方面著书立说了，为什么子熙老师不写书？我想，他在这本书中会告诉你：什么是对职业的敬畏、什么是极致的专业追求。所有有志于培训工作的朋友，今天终于有幸能够品读、学习到子熙老师凝结其长期训战心得、话语系统、技术技巧等写成的这本TTT的佳作，而当我一看到那些经典的“刘言扉语”，子熙老师的授课风采便跃然眼前……

2. 张温荣（无疆）（亚朵集团政委）

用匠人精神打造TTT：偶然性的背后隐藏着必然性，必然性通过无数偶然事件为自己开辟道路并得以实现。22年前，我大学实习的时候，机缘巧合遇到刘子熙老师，开始接触TTT，这是偶然中的缘分，这个偶然性指引我走上培训的职业道路。

2000年，初识刘老师，一路追随，从厦门开始出发，拓展深圳、南京市场，最后到上海。回顾我们一起走过的道路，回忆起那一道道闯过的难关，我的内心充满了感慨和对刘老师的感激。在培训公司最好的福利就是免费学习大咖课程。作为一个职场小白，对未来充满未知和期待，是刘老师给了我方向和学习TTT的机会，刘老师不仅教会我TTT的技能，毫无保留解析TTT背后的心法，更重要的是教导我为人处世，帮我找到人生的使命：成就他人，修行自我。配合老师，我主持了《TTT标准课程》3.0版的修订及英译工作。老师的谆谆教导——“准备比资历更重要”“平常话，真性情，身边事”“首善”，这些理念一直成为我20年来工作的习惯。刘子熙老师就是我职业人生的导航者，开启了我的职业之路。

2005年，有几个问题开始困扰着我：如何才能够成为像刘老师一样受人尊敬的培训师？除了TTT的技巧外，我还需要什么样的积累和沉淀？如何才能够帮助别人成长？带着这样的思考，我进入连锁酒店行业，加入了刚刚成立不久的汉庭酒店，现在的华住集团。连锁酒店要快速发展，一线管理者（**店长**）如何才能将公司的标准、制度、文化理念传达到终端每一位一线的伙伴，以保证标准不走样、动作不变形、文化不稀释？这就要求每一个酒店的店长必须具备培训和言传身教的能力。在连锁酒店行业的16年里，从早期参与搭建的汉庭学院，到自己从0到1创立的亚朵几木学堂（**亚朵集团管理学院**），TTT都是管理学院最重要的核心课程之一。数千名的连锁酒店负责人受益于这门课程，这群优秀的管理者应用TTT的技巧，在各自企业里传道、授业、解惑，成为组织经验和文化的布道者。

培训市场是一个浮躁的市场，众多培训师就如当下网红一样，哪个热就讲哪门课程，我记得20年前，TTT有诸多流派，而到如今，当年的那些培训师，还专注在这个领域的也只有刘老师一人，而在TTT这个细分市场里，刘老师以匠人之心，行专注之事，用20年追求职业技能的完美和极致。《TTT训的就是你》这本书将帮助你创造和拓展终身成功的技能！

2001

1. 廖信琳（《TTT培训师精进三部曲》《别让你的执着毁了孩子》《培训师事业长青之道》作者、信三益家庭教育发起人、TTT授权导师）

20多年前，有幸跟随刘子熙老师学习TTT，他循循善诱的引导、一针见血的点评，无论怒目金刚还是慈眉善目，都温润如玉、慈悲有爱，温暖着我20多年职业生涯的每一个日子。

感恩老师启蒙，感恩老师引领！

现刘老师将一生心血整理成书《TTT训的就是你》，相信老师智慧的光芒，必将照亮更多前行者的路；高山仰止、景行行止，虽不能至，心向往之！

祝愿老师安康喜乐！

2. 倪萍（意乐人生喜悦内观学苑创始人、《意乐觉察》内观体系创始人、TTT 授权导师）

与恩师结缘是在 2001 年参加“TTT”的训练课上。20 多年来，见证了恩师在“TTT”这一学科体系上持续的迭代，亲身感受到恩师精益求精的匠心和道心。

回顾这 20 年，在恩师的提携和助力下，我在人生之路上飞速成长。2003 年成为职业培训师的第一堂课，是恩师亲自做的助教；2009 年恩师把我推上公开课的讲台，成为第一位讲授《TTT 国际职业培训师标准教程》认证课的授权导师；在确定心理学应用研究方向之后的第一堂《情绪管理》内训课，也是恩师参与构建和打磨。至于今日，能在心灵成长领域形成自己的研究体系和实践成果，也离不开“TTT”的长期浸泡和实修所形成的思维背景和恩师的训导思想指引。

今天，看到恩师的学问终于成册出书了，因着一颗慈悲的心将普利世间。

我祝愿所有有志于用教导和训练的方式服务世间的有缘人，都可以在“TTT”的系统中找到落地实修的技法和心法，让这闪耀着光辉的“训导”思想照亮前行的路！

感恩子熙师父为大众做出的贡献。

3. 杨济铭（创赋商学创始人、卓航教育董事长、终身学习者，两年时间将竹妃纸巾从零做到 10 亿）

人们常说，一生当中要找到三种人，第一种是你所崇拜的人，第二种是你所敬畏的人，第三种是你所感恩的人。而刘老师是我生命中这三种都同时具备的生命中的贵人。

我和刘老师相识于 2001 年，那一年我正跟着另外一个老师去一个企业做内训，那场培训我是以主持人和助教的身份做支持，而刚好刘老师是那家企业的顾问，就这样缘分让我们相识了。刘老师见证了我的舞台风范，等到我有机会跟刘老师坐下来深入地聊一聊培训以及他对培训的一些看法时，我感受到了强烈的震撼。刘老师对培训的理解、对培训师在讲台风范的专业表达，以及刘老师沟通中展现出来的博学的知识底蕴、收放自如的沟通风格、极具亲和力的人格魅力，让我特别震撼，我觉得这就是我生命中要追随的老师，于是我毅然决然地决定跟随着刘老师。

跟随刘老师过程当中，让我感受到了什么叫作“比你成功的人比你还要努力”。刘老师是一个非常非常爱学习的人，无论是去哪个城市，随身携带的行李当中一定有很多书籍，每一次出差也会带很多的书籍回来；无论在哪个酒店，通常都要学习整理课件到深夜；无论在哪个企业，都极其敬业，把每一堂课讲好。这也让我看到了客户百分百的满意度，而刘老师几乎所有客户都是通过口碑介绍而来的。

2002 年，跟随刘老师，我们一起走进了很多大型的企业，如中国移动、建设银行、青岛海信、粤海集团、深圳华侨城等，见证刘老师用专业的功底和精湛的演说技巧，让一个又一个的客户超预期满意。全年下来估计有近 200 天都是在授课，这个过程中刘老师也给了我很多的机会登台，于是我有了大量练习的机会。每一次刘老师都会细心地给予我指导和总结，使得我的演说能力打下了坚实的基础，以至于到现在我能够多次轻松自如地驾驭几千人的演讲场面。

当然，跟随刘老师的两年多时间里面，我学到的不仅仅是在台上演说的技巧，更多的是刘老师的为人处世。刘老师对人的谦卑以及与任何人相处的亲和力，让人倍感亲切。每次上课，刘老师都是不厌其烦地为学员和客户解答各种疑问，是我此生见过最敬业的老师；而工作之余，刘老师的全部时间都花在了读书学习上，学习力比很多老师都要卓越；还有，刘老师对知识观点总结提炼的高超能力，对自己所讲课程精益求精、追求完美的理念，绝对聚焦此生把 TTT 一个课程讲到极致的匠人精神……刘老师身上有太多太多的品质，给了我巨大的影响。

2006 年，我和 BOB 兄弟创办卓航教育，刘老师在这个过程中也给予了大量的支持和无条件的帮助，几乎做到有求必应，不计回报，这种关爱就像父亲对孩子的关爱一样。每一次卓航有重大纪念活动，都有刘老师付出的身影，他一次又一次用自己精彩的演说，影响着卓航的学员。后来我做了天然工坊，在推广竹妃纸巾的过程中，刘老师也非常用心地给予了很多助力。

刘老师是我一生都崇拜、敬畏和要感恩的人。

4. 杨思卓（联合国可持续发展奖获得者、中商国际管理研究院院长、列日大学博士生导师）

师者，该这样上下而求索。

屈原的《离骚》有一句名言——“路漫漫其修远兮，吾将上下而求索”，2500 年来流传不绝，但若问一句：向上求索怎么做，向下求索又做什么？未必都能答得上来。

刘子熙老师的践行，给我们提供了参考答案，那就是：学习前人自我精进、传授真知成就后人。20 多年的岁月里，他在 TTT 领域里深耕不辍，于是求出了花，那就是他的学生；于是求出了果，那就是他的理论。

这本《TTT 训的就是你》，有道有料，干货满满，说是一部培训师成长的实用手册，确实不枉言。作为一名同样拥有师者情怀的过来人，我愿意推荐这书，入空门者，能脚踏实地；行大道者，可精进技艺。

5. 张炜娟（娟子频道、杨澜天下女人研习社优脑企业分社社长，梧桐树读行荟、优脑教育咨询、松果实战学院创始人）

刘子熙老师于我，首先是恩师，其次是合作伙伴，现在是忘年挚友、战略合伙人。2001 年我邀请他作为内训师为公司培训，2003 年在解放日报大厦一起合作共事，2004 年一起在江苏开设分部。后面因种种原因虽然不在一起紧密工作，然一直保持良好的联系，并且在战略上一直有合作。现在可谓亦师亦友、亦兄亦妹！关于 TTT 课程，很多人仅认为是一个培训师的培训，然而上过刘老师课的人都能深刻体会，这不是一门简单的技术课程，更不是一个操作流程，它可以说是培训师职业之路的道与术的结合，甚至可以说是一个人说话、沟通、演讲、谈判等综合性的一门哲学实操大全！并且多年以来，在刘老师的打造之下，动态地不断升级换代，一直保持经典的坚守，同时跟时代同频！无论是企业经营与管理、职场打拼，还是为人处世、生活智慧，都有相当高度的指导与落地作用！

TTT，是人生不可或缺的一门课程，不要错过！

2002

1. 丁晖（改进咨询联合创始人、CEO，《管理的逻辑：高绩效组织的改进语言》《改进：高成长组织的系统原则》作者）

刘子熙老师出书了，这是我们期盼已久的行业盛事。

中国管理培训行业短短三十年左右，为中国经济的腾飞提供了人才支撑，从理念引入到工具落地，从国外模仿到国内创造，从线下授课到线上直播，作为从业二十多年的培训“老兵”，我见证了这个行业成长的过程。

讲师、课程和学员构成了培训行业的核心三要素，而对中国市场来说，“讲师”更是其中最重要的要素，早期的讲师都难谈专业，依靠勇气和机会走上讲台的大有人在，有人笑言培训行业就是那个“最需要培训的行业”。

刘子熙老师成为推动行业专业化的中坚力量，“刘子熙 ≈ TTT”几乎成为行业共识。

转眼认识子熙老师已近二十年，生活中他仍然保持躬身浅笑、彬彬有礼的模样，一旦站上讲台则目光如炬、声如洪钟、金句不断、威震全场，为师如修行，知行须合一，正是三十年如一日地保持这种状态，才成就了如今子熙老师的大师风范。

我也要借此机会感谢子熙老师对我的支持，从大道博一到改进咨询，从机构的运营者到方法论的研发者，在我成长的关键时刻中，总有子熙老师的陪伴和鼓励。相信随着《TTT 训的就是你》的出版，会有更多的培训人受益于子熙老师这套集心法、身法和手法为一体的授课体系。

2. 杜杰（资深 TTT 培训导师）

无论你是公司的内训师还是企业的专职讲师，或是职业的培训师，TTT 绝对是大家的一门必修课。现在学习的渠道有很多，但因为新冠肺炎疫情的缘故，线下活动组织困难，线上培训虽然红火，但效果不理想，我觉得还是传统的阅读学习更能够深入人心，而且性价比高，此时正好听到刘子熙老师出书了。从 2002 年起跟子熙老师认识也有小 20 年了，他对 TTT 的投入、执着、专业，更是我们有目共睹的。这本《TTT 训的就是你》，我觉得是值得推荐、值得学习、值得收藏的一本好书。

3. 金峰（舒心老师、资深职业培训导师、TTT 授权导师）

我是原上海广电集团旗下中外合资企业培训负责人。我与 TTT 第一次结缘是在 2002 年的春天，偶然的机会，拿到了“TTT 公开课”的传真资料，当时我司正在组建企业讲师团队，我本着了解市场、了解老师的想法，参加了刘子熙先生亲授的“三天两晚集训营”。那次集训，颠覆了我对培训的认知，更是重新定义了“好培训”的模式。回到企业我与同事们分享了训练内容、教学方式、课堂气氛以及训练老师刘子熙先生的精彩演绎，句句扎心、触动很大，大家期盼经常见到刘老师。

好课程一定要让更多人受益。我和 TTT 进一步结缘时，当时我司有 80 多位内训师需要训练。子熙老师通过与我司深度交流沟通，策划了两期精品课程，三天两晚的封闭式训练，赢得公司领导及内训师的高度认可和赞扬，更是在我司举办的 N 场培训中评价最高的。

由我知晓成为助推更多人学习、受用，这是我第三次和 TTT 结缘。在 2006 年我与子熙老师深度合作，成为助推 TTT 发展壮大的一名“战士”！连续七年在推广 TTT 系列产品中，贡献自己绵薄之力！其间也不断受到刘子熙老师的熏陶，成为老师的授权导师，成为客户喜欢的“舒心老师”。

“本身做人、角色做事”“不做另一个谁，成就唯一的我”等经典话语伴随我，让我受用一辈子。

今天喜闻老师又出书的消息，有感而发。TTT 不仅教会我们授课、做事，更让我懂得感恩、做人。

4. 姜宏锋（优链学堂创始人、中国最具影响力培训师，著有《采购 4.0》《决胜供应链》《供应链质量防线》《数智化采购》）

20 年流光岁月，难忘师恩。不觉间，与刘子熙老师相识已 20 年。

20 年前，我在福州的一家日本企业负责打印机的生产技术与质量管理。

怀着对培训事业的一份好奇心与职业转型的一份渴望，克服重重困难，我走进刘子熙老师的TTT课堂，成为师父的一名弟子，开启了职业培训师之路。过了很多年，我会和我的弟子说起这个故事：我向当时的日本部长佐藤先生请假去学TTT。佐藤先生说，这样的学习没什么用，日本有很多这样的骗子，你现在的水平够了，不要去学。部长建议语重心长，但我是B型血，从来不听领导的，组织不让去，我请病假，自费参加。我感谢当年的自己，做了这个明智的决定。

师父是我职业开启的引路人。这是一次开刃、开心、开眼的学习。直至今天，我仍秉承着当年师父亲授的核心理念——首善、乐从，学员没有不好，只有不同；仍践行着师父的讲授技法与身法。这让我在几年后成为一名供应链的导师与顾问，每年有200多天的课程，课程满意度95分以上，创造了供应链领域知名企业重复邀请内训的记录（**有5家企业重复邀请超过20期**），成为南孚电池、五菱汽车、沪上阿姨等30多家企业的常年顾问。如果说我有一点成就，那么归功于师父的明师开刃、心法加持。要学就和明师学、挑学费贵的学。

师父是我职业发展的“灯塔”。在我职业发展的道路上，师父一路扶持。每当遇到困惑，向师父请教，师父无论多晚，总是毫无保留，倾囊相授、谆谆教导。这是他职业的工匠精神，也是大爱师德。2018年，我起心动念，想做供应链领域的培训师传承工作，起名为“灯塔计划”，向师父请教，结果师父飞来福州，公益支持我开了首期灯塔讲师班。这期班的弟子，很多已经正式转为职业培训师，现在供应链灯塔讲师班已开到第五期，已超百人，我们举办的灯塔之光——供应链千人峰会，已成为中国供应链管理领域行业风向标。薪火相传，灯塔照亮，感恩在职业路上，何等幸运，能遇到这样的明师、贵人。过去、现在及未来，我都将心怀感恩，执弟子礼。

师父是TTT的泰斗，他的多年心血、多年精钻细研，凝结成《TTT训的就是你》一书，将培训师职业转型、专业技能、训战心法开宗明义、直指人心。读这本书，让你少走弯路，树立元认知，开启金职业；也必将推动中国培训行业的职业化、专业化，助力企业腾飞，功德无量。

我是姜宏锋，我向您推荐刘子熙老师大著《TTT训的就是你》，让我们相伴成长一起飞。

5. 李楚城（深圳海岸集团前人力总监）

与刘子熙老师结缘于2002年，彼时，在国企称人事部，我所在公司已时髦改称人力资源部，老板尤其重视培训工作，以引进外训课为由，听过上百位讲师的课，课程内容早已忘却，记忆深刻的讲师有两大类。

一是以陈安之为代表的成功学派，营销到位，现场气氛激扬。

二是以刘子熙、杨思卓为代表的培训较真派，学院出身，理论扎实，结构严谨。程蝶衣用生命在演戏，刘老师则用生命在讲授，眼神举止都让学员沉浸其中，时隔二十年，仍牢记一二。

干一件事坚持三五年很正常，像刘老师专攻 TTT 二十多年，终不改其业其乐，凤毛麟角，大师就是大师。

6. 刘庭福（深圳市星银医药有限公司董事长）

在与刘子熙老师 20 年的合作中，我们深刻地感受到子熙老师深厚的学识底蕴、在企业管理维度独到的见解以及在职业培训领域精深的造诣。在子熙老师的顾问咨询和金牌课程的帮助下，星银公司在员工职业能力塑造、团队管理提升等方面受益良多，借此机会向子熙老师表示衷心的感谢。相知多年，助力成长。借由新作《TTT 训的就是你》，让子熙老师的卓越能力惠及更多企业，祝愿子熙老师和启能师院在未来收获更大的成功。

7. 汤彪（和君咨询合伙人、上海交通大学企业大学导师、ISPI 国际绩效改进协会亚太中心创始会员）

与子熙老师的缘分，始于 2002 年正泰学院内训师队伍建设。当时的正泰集团以打造“学习型正泰”为愿景，按照 ISO10015 国际培训管理体系的要求建立了覆盖全集团、全职业序列、全员的三级培训体系，通过“师父带徒＋团队组训＋行动学习＋对标学习”的形式推动知识的萃取、分享、整合、传承和创新，陆续建立了网络化的 KM 知识管理系统与 EL 学习管理系统，促进内外部的知识共享和学习交流。

我们多次邀请刘老师为内部讲师队伍讲授 TTT 相关的课程，深刻地感受到刘老师的专业、真诚和热情，以及内容的实在、实用和实效。他提出的“训练学习能力是企业的原始生存能力”“准备比资历更重要，资历也是一种长期的准备”“学习体验 TTT，相伴成长一起飞”等观点，以及首善、乐从、区分、对接等概念，至今使我印象深刻、持续获益。

其后，我们在培训学习、人才发展、企业大学等领域的专业论坛、高峰会议等不同场合多次交流、同台演讲，持续得到刘老师的言传身教，在很多理念、工具和趋势方面深度交流、达成共识。诚如刘老师所言“携使命出发、依责任行事”，组织学习是一场没有终点的修行，自我学习和训练他人，都将伴随终身。

欣闻刘老师新书即将付梓，不胜欢欣之至！《TTT 训的就是你》对培训业的伙伴们而言，堪称一场春天的及时雨、夏日的清凉风。相信《TTT 训的就是你》这本书，一定可以帮助更多的“好学者”夯实基本“攻”、更上一层楼！

8. 朱文远（中共上海市萍乡商会支部委员会书记、上海萍煌实业有限公司董事长）

我与刘子熙先生相识再成为朋友有二十多年了。记得那是他刚从北京来上海发展，有一天由萍乡市人民政府驻上海联络处领导邀请我，一起参加迎接刘子熙先生的接风活动，地址就在南京西路的铂尔曼酒店。按照当时的习惯，接待规格非常之高，我在内心感受子熙先生的魅力和内涵，后来知道他曾在北京某部委秘书处工作，也是以我市文科状元的身份进入北大的才子，聆听他的说话、分享他的思维、感受他的逻辑以及格局、视野，与他一起探讨企业管理和经济发展，都让人茅塞顿开、受益匪浅！

在上海，萍乡人当时有上海市振兴萍乡促进会这个民间组织，把萍乡籍在上海发展的各界精英聚集一起，有党政军的萍籍在沪领导，有社会各界精英代表。我和子熙先生都是促进会的理事成员，子熙先生还担任秘书长，这样增加了我们之间深入的沟通交流。我们在一起时能够感受到他对家乡的热爱，我们一起研判形势、解读分析相关政策。子熙先生经常为家乡在上海的招商引资项目出谋划策，我们一起返回家乡促进项目的落地，我也曾与其他老乡企业家一起回家乡投资，当时我们是市委市政府招商引资的重点客商。

子熙先生为家乡在沪的影响默默贡献，包括参与家乡政府与上海市几个区县结成友好城市的工作中，在两届上海市萍乡商会的组建和运行中，全力以赴，在百忙之中参与相关活动，并分别担任商会执行会长、商会理事长等职。

回顾多年的时光，感谢子熙先生一路关爱，我的良师益友！我发自内心地祝福子熙先生，在自己的事业上更上一层楼！

2003

1. 黄升财（Samuel Ng）（国际演讲会俱乐部 85 大区杰出中区长、John Maxwell 的专业教练和导师、资深培训技术专家）

我 1999 年到 2020 年一直工作在上海，在 2003 年参加了刘子熙先生的 TTT 培训，从此开启了我职业训练的“蝶变升级”。在此之前我虽然已经在新加坡参加过其他的 TTT 培训，也接受过罗伯特·清崎（《富爸爸穷爸爸》作者）的亲授，但在子熙先生的课程上，我依然为先生精湛的讲授呈现、对细节的关注、对学员的拿捏和引导等感到震惊；先生的专业、口才及声音的多样性、肢体语言的驾驭感、示范与职业精神，都令我折服。参训后不久，我就获颁新加坡培训和评估高级证书（ACTA）、澳大利亚国际学院（AIWT）培训与考核 IV 证书等国际证书，

先生的课程非常有趣，有料，我很受启发。我深深记得他教授的演讲技巧，

如“宁断不乱”“捷思漫讲”“职业‘装’”“三五成群”等，尤其是先生的板书，线索清晰、一目了然，而且主辅布局、图案颜色搭配合理、赏心悦目，特别是他关于知识点单元讲授的模型“导入—龙首、纲要—猪肚、演绎—虎背、资源—豹腰、收结—凤尾”，理解简便、阐述到位、易于操作。这一模型我也广泛应用在了自己的演讲及培训更多演讲者、讲师的课程中。

在过去的10年中，我辅导和培养了无数个在国际演讲会85、88和89大区获得普通话比赛或英语演讲比赛的冠军、亚军和季军，我也成为2011—2012年度头马人；我在上海创办了三个国际演讲会俱乐部；在2018荣获Recipient of Toastmasters Citation Award（Chicago USA），该奖项一般颁发给那些对Toastmasters组织持续支持和做出奉献的会员，每年从360000名成员中选择10至15名。

我自认是先生的学生，因为受益，于是多次推荐我的弟子去参加子熙先生的TTT课程。训的就是你，我们培训人都需要接受训练。

2. 霍振先（上海大学经济学博士、清华北大等总裁班特聘讲师、资深财务培训师）

听到刘子熙老师新书付梓，我陷入了沉思，十几年的往事让我历历在目。

那是2003年，那一年是“非典”，不过“非典”几个月就过去了，下半年就一切正常了。那年的八月，刘老师手下的员工李强（**刘老师的员工都是“大将”**）电话邀我参加TTT培训，我那些年一直把成为一名财务培训师作为我的专业目标，于是我就报名了，这次课程的主办人及授课人正是刘子熙老师，这是我俩缘分的开始。

台上的刘老师年轻帅气、出口成章，对中国培训市场的广阔前景侃侃而谈，对中国未来企业管理培训的需求娓娓道来，对中国未来培训师的段位做出量化的预测，台下的我被吸引住了，我认真记笔记，可谓全神贯注。接下来，刘老师形象地比喻优秀的培训师要集“编导演”于一身，并全程对“编导演”进行示范，至今我仍对汉口路汇金大厦五楼启能公司的培训教室记忆犹新，刘老师那句“真性情、平常话、身边事”至今我仍在运用，可以说这次培训课程对我后来成为职业培训师的帮助非常大。

我们的缘分说到这里还比较普通，但不普通的是我俩2009年及2018年的两次飞机上邂逅。2009年，我从上海虹桥飞往北京，上飞机刚落座，刘老师喊一声“霍老师”让我很震惊！2018年10月，我从广州飞回上海虹桥，在登机口，我一眼就认出刘老师，一路上我俩谈笑风生、谈天说地。

如果说有一次邂逅，在偌大的中国，概率都很小，我俩居然有两次。除了用缘分解释，没有其他。

时光如梭，十几年相识弹指一挥间，刘老师的事业非常成功，28年专注研究TTT、传播TTT，这点实在是难能可贵，刘老师把多年的研究成果著成《TTT训的就是你》，这无疑会给中国培训师带来巨大的价值，作为老朋友的我真替他高兴，恭喜刘老师。

3. 刘百功（普智管理咨询创始人）

在刘子熙老师告诉我他的大作《TTT 训的就是你》即将出版时，我的脑海中有很多事浮现。

记忆中，我认识刘子熙老师应该是 2003 年，当时我准备进入自己喜欢的行业——咨询培训行业，想找相关的入门课程学习。原本是要参加北京一位老师的“职业讲师训练营”，但是因其招生人数不够，未能成班。于是，在网上找到了刘子熙老师的上海启能管理咨询有限公司在举办“职业讲师训练班”，然后报名、参训、取证，准备尝试先做职业讲师，再进入企业管理咨询。

后来，刘子熙老师希望我在成都举办几期“职业讲师训练营”，在我原单位贝森集团领导的支持下，我举办了几期，也让几位朋友走上了职业讲师的道路。再后来，刘子熙老师邀请我出任上海启能企业管理咨询有限公司的总经理，我负责了一年多的日常经营管理工作，直至 2006 年离开。

而今，我虽然已经多年不再讲授“培训师培训（**简称** TTT）”的相关课程，但是当年锻炼的授课能力会伴我一生。刘子熙老师几十年如一日在 TTT 领域躬身研究、实践、传授，早已堪称大师，今日能够将其所思所行与大家毫无保留地分享，实乃行业幸事！

4. 刘宏亮（面朝大海创始人）

2002 年，我毕业后做了一名拓展培训师，作为一个职场菜鸟，一直在寻找机会提升自己。次年我有幸聆听到了刘子熙老师的 TTT 课程，极富感染的声音、引人入胜的话语、实用实效的技法，我彻底被老师的魅力征服，按捺不住内心的冲动，走到后台试探询问老师我有没有机会追随老师深入学习，没想到得到老师的同意，自此开启了新的人生。

接下来的时间，我作为助理跟着老师到全国各地授课，几乎每天都在出差，从台前，到幕后，纵然辛苦却也乐此不疲，看到老师对课程、对学员、对客户都是极度负责、极度认真，我也被深深感染，最初觉得学习的是讲课技巧，后来发现学习的是为人处世，给初入职场的自己奠定了良好的职业习惯。

后来我在老师的支持下创办培训公司，开始独立授课，也培养了一些人，他们做得非常棒，这种传承也算是对老师最好的回报吧。再后来，我没再从事培训行业，创办了自己的企业，但老师带给我的方方面面一直受用，在工作、管理、带人、生活等领域一直影响着我，这让我受益终身。

5. 殷歌（上海中曼好医健康管理有限公司总经理）

祝贺子熙老师《TTT 训的就是你》新书问世。记得早在 2003 年，我通过行业内的朋友，与刘子熙老师结缘。后来子熙老师在上海开课，我带着我们公司的中高层领导一起走进了 TTT 的课堂。虽然早就知道刘老师的优秀，但三天的课程还是让我和我的中高管们感受到思想的震撼！就像刹那间打开了任督二脉，不仅仅是公司的团队建设迅速开悟，日常的管理运营也得到了精准的梳理与提高。

此后的近二十年间，我们经常欢聚畅叙，谈生活、工作、经营、管理等方方面面，纵论形势、抚今追昔。我也把子熙老师推荐给其他的优秀企业，公司的客户联谊活动及公司年会上我也多次邀请刘老师来做主题演讲。

子熙老师在文化方面的高深造诣，也让我们获益匪浅。古今中外、信手拈来，让我们在很短的时间内，深刻领悟到商业背后丰富的文化内涵！

2004

1. 陈猛（上海交通大学终身教育学院 / 全球创新研究院副院长）

聊一聊我与子熙老师的“师生缘”和与“TTT”课程的“半生情”。

身为高校教师，我深知一个人讲课的水平，是决定他能否站稳讲台的关键。一个人可以讲得兴趣盎然也可以淡然无味，但能讲好课是作为一个教师或者职业培训师的一个基本要求和标准。

在我的人生旅途中，有几次重要的人和事影响深远，与刘子熙老师相识并且学习“TTT”课程便是在我职业生涯中最重要和有意义的一件事情。

2004 年 10 月，上海交通大学学生工作系统组织了一次历时半年的培训，其中一个拓展训练环节给了现场所有人深深的震撼以及未来研究生思想政治工作的思路与灵感，上海交通大学“UTJS”体验式教育也就拉开了序幕。在 2005 年 12 月底，学校选派了 13 位青年教师作为种子培训师，集结到松江小昆山的一个拓展训练基地，我便是其中之一。在这里我与子熙老师相遇，三天三夜的“TTT”魔鬼训练使我们既震撼又感动，既欣喜又兴奋。当时我就想，这个“TTT”课程非常适合每位上讲台教师基本功的训练。时至今日，每每想起 16 年前那三天三晚的培训，所有的画面还依然历历在目，子熙老师倾情的奉献、全身心的演绎使我终生难忘。

我随着教学实践的锻炼和积累，越来越感受到自己对于“TTT”课程实用和掌握得不够好。我在 2009 年又参加了刘子熙老师的《IPTA 国际职业培训师专题课程》。随后，我陆续邀请子熙老师及他的弟子来学校与师生交流授课，广受好评。现在由我创建的“UTJS”体验式教育的“四大计划”课程以及“UTJS”

体验式教育演讲与沟通训练课程在学校师生中形成了一定知名度和影响力。其中，子熙老师传授的“心、眼、听、说、步、身、手”的七字法则作为很多课程的核心内容和理念。

我一直希望子熙老师能够把“TTT”课程结集出版，能够有更多教师和职业培训师朋友受益。当我看到书目内容感到十分亲切，这本书是子熙老师经过多年的实战并结合自身深厚的国学底蕴，将大量的纷繁复杂的理论通过图表工具、文字演绎等方式深入浅出地展示出来，可以告诉大家，这是一本好书，是一本所有教师和职业培训师能讲好课所需要的“教科书”。

我作为一名工作20余年的高校教师，非常幸运有名师子熙老师作为我“TTT”课程的引路人，为我指路，使我少走弯路，相信其他的朋友和读者看到这本书后会和我一样受用终身。希望用这篇文字，表达我对“TTT”课程泰斗刘子熙老师在“TTT”课程中所做杰出贡献的钦佩之情，也在此一并表达我诚挚的感谢与深深的祝福。

2. 刁金辉（上海令和健康管理咨询有限公司董事长）

有幸结缘子熙老师是在2004年11月份的《TTT国际职业培训师标准教程》，和老师一起学习职业演讲和表达，时光冉冉一晃十八年了，多年来职业演讲与表达一直陪伴着我和公司的发展、员工的成长，我多次邀请老师到公司进行企业内训，可以说企业的成长与发展和老师的指导与职业训练是分不开的。

喜闻子熙老师的新作《TTT训的就是你》一书即将发行，让我想到“一万小时定律”的工匠精神。英国作家马尔科姆·格拉德威尔提出了一个风靡全球的“一万小时定律”，这条定律的核心内容是：只要经过一万小时的努力，就可以从庸才变为某个领域的专家甚至大师。这是马尔科姆搜集了大量各界成功人士的素材后统计出来的结果，即用子熙老师的新作《TTT训的就是你》作为有效辅导工具，我们都可以成为职业表达的专业人才。

鲁迅先生也提出过类似的方法。他曾经说过：“无论什么事，如果连续搜集材料，积之十年，都可以成为一个领域的专家。”这短短一句话包含了四层意思：办法，连续搜集材料；周期，十年；成就，成为专业学者；适用范围，包括职业表达的任何方面。

最后，希望子熙老师的著作《TTT训的就是你》能够帮助更多的职业表达者，愿相伴成长一起飞，让它成为您成功路上的伙伴。

3. 冯昉（贵阳麦锡思达企业管理咨询有限公司董事长、TTT授权认证导师）

缘起TTT，半生紧相随。

2004年，为了给公司寻找合作项目，我来到上海启能。第一次接触TTT，就被TTT丰富的内容和刘子熙先生精彩的课堂呈现所折服。从公开课、教练班到导师班，一路相随！得益于先生的大力支持，在贵阳成功举办了48期！回头看，竟已有18年。先生常感怀过往的点点滴滴，可我更感恩先生的付出与坚守。今天，终于等到《TTT训的就是你》的出版，这是先生近30年的智慧沉淀，也是全国5万多学员的思想碰撞，更是中国培训师的一本职业指南。每一个字的反复推敲，每一句“刘言扉语”的精心打磨，相信无论你是培训小白还是专业导师，都能从中获益！

4. 蓝洪（动物自然健康第一人、四川农业大学硕士生导师、成都古原生物科技有限公司总经理）

自2004年遇刘子熙老师TTT，“首善、树立元认知、破除伪命题、要随形附影、不要捕风捉影、从身边事说起，以术载道、深入浅出”，给人以醍醐灌顶之感悟，不仅使我这十八年来企业经营和人生领悟获益良多，TTT“打破常规、反思常识”还对我在生物技术领域创新研究出新成果有重大启迪。

感谢TTT，感谢与刘子熙老师十八年的善缘，感谢刘老师TTT正念善行，你好我好大家好。

5. 李建成（青岛澳柯玛控股集团有限公司副总经理）

静水流深，无声惊雷。下面聊一聊我TTT参训18年的感悟。

2004年在上海参加了刘子熙老师的《TTT国际职业培训师标准教程》的训练，弹指间，已是18年前的事情。当时的毛头小伙，如今已人到中年。

一个人的职业生涯虽然漫长，但是关键处往往只有几步。回顾大学毕业以后的职场20年，TTT三天的训练对自己做人处世影响至今。子熙老师国学功底深厚，人生经历丰富，课程已是千锤百炼，态度却仍是极其严谨认真。三天里言传身教，字字珠玑，从“道、法、术”三重境界，将TTT与职场人生贯通融合，既是春风化雨、静水流深，又是醍醐灌顶、无声惊雷。听课过程中，常有酣畅淋漓、心旷神怡之意。“首善”“乐从”“分享”“准备比资历更重要”“学生是坐着的老师，老师是站着的学生”“若想给别人一碗水，自己先有一井水”，课程中的名言警句至今仍余音绕梁、振聋发聩，每每想起，仍让人忍不住拍手称快、击节而歌！

我常想，一门课程能够包罗万象、纵横古今、穷究事理、通达人生，打磨到如此臻于化境，如何做到？细细体会，核心是一个“真”字：做人要真性情，做事要真功夫。讲课是如此，职场也是如此，人生亦是如此。感谢子熙老师！感恩子熙老师！

6. 李渝鄂（天合光能领导力中心负责人）

2004年起踏入企业培训领域已近二十年，刘子熙老师是我培训专业上的启蒙老师，我刚入行时是从员工在职学历认定及报销审批开始的，是十八年前刘老师的 TTT 国际职业培训课程把我领进了企业培训的大门。“道可顿悟，事须渐修”“准备比什么都重要”“预先框定”“没有不好，只有不同”“老师是站着的学员，学员是坐着的老师”“不在老师讲多少，而在于学员接收多少”“真性情，身边事，寻常话”……不仅仅这些理念深深扎根在了我的脑海，历久弥新，更重要的是刘老师身体力行和言传身教，亲和有力如春风化雨。刘老师深耕 TTT 领域三十载，早已是臻于化境的大师，新书《TTT 训的就是你》是他这三十多年培训功法和心法的凝练、实践和智慧的结晶。期待更多的伙伴能读到刘老师的这本“秘籍”，能得到刘老师的指导，在培训的道路上持续修炼，相伴成长一起飞！

7. 卢轶欧（慧赢通互联科技有限公司总经理、施兰达（上海）健康管理有限公司联合创始人、九型人格国际认证讲师、TTT 授权导师）

初识刘子熙老师是在 2004 年，当时我在日本第一制药做销售总监，因为有培训下属的需求，在于红梅老师的推荐下和她一起参加了子熙老师的 TTT 公开课，三天听下来如逢甘露，醍醐灌顶；本来以为会很枯燥的 TTT 被老师讲得深入浅出、畅快淋漓。意犹未尽之余我决定正式拜师，参加了老师的教练班，从此开始了和师父亦师亦友的近 20 年追随和相伴。

师从子熙老师之后，师父对 TTT 学问的精进钻研和匠心精神深深地影响了我，可以说在此后我的人生道路上，无论是职位的升迁还是后来的创业，一直都深深获益于 TTT 的学习，师父教的“首善”“乐从”“对接”等心法我一直运用在企业培训和管理之中，收效颇丰。

师父讲的 TTT 技法简单高效，可以快速改善我们的演讲和培训水平，师父讲的 TTT 心法更是让我们获益终身。恭喜师父新书《TTT 训的就是你》出版，本书将让更多如我这样的弟子获益终身，恭祝师父身体健康、TTT 事业繁荣昌盛。

8. 任思宇（国家二级心理咨询师、职业培训师、《教练式管理者三项核能》课程版权所有人）

欣闻刘老师的新书《TTT 训的就是你》即将出版，随喜赞叹！从事培训近 20 年，每每有学员问我，在你的职业生涯中有哪些人对你的影响最大呢？我的回答里必定有子熙先生。回顾当年，从心理咨询师跨入公众培训，专业知识以外一切都是凭感觉，培训效果并不稳定，直到反复走进刘老师的课堂，从表达风范到课程架构等，在刘老师的悉心指导雕琢之下从业余走向职业化，每当课程结束收获鲜花、掌声以及学员的感谢时，我明白，这一切的背后离不开刘老师课程为我打下的坚实基础。

NLP 神经语言程式学有一个重要的前提假设，即“人类一切的卓越都可以被解构然后重组”，作为职业培训师的教头，刘老师的课程无疑完美地达到了这个效果。无论舌绽莲花的表达、直指人心的穿透力，还是言下大悟的培训效果，这背后的操作逻辑和内在规律，都揭示得酣畅淋漓而又深入浅出，无数人经此从小白走向成熟的培训师。作为TTT的学员，毕业后往往都有一个遗憾，课程里丰富的理论知识和实操细节，很难一下全部掌握，如果手里有一本相关的著作，可以时时翻阅，对巩固所学、深化课程效果则会大有裨益。而今这本集结刘老师数十年经验总结的著作的出版，正好填补了这一遗憾，实乃培训人之福，我想任何一个想在讲台上绽放人生光芒的人，这本“宝典”你不可或缺。

9. 魏丹（深圳市好讲师网络科技有限公司CEO）

子熙老师专注TTT三十年，是管理培训行业当仁不让的前辈。至今方将积年训战心血结集成书，可见子熙老师之谦虚，是我等后生学习的榜样。

第一次知道子熙老师大名，还是在2004年12月25日《深圳商报》的一则新闻中：“被誉为‘华人社会职业训练先行者’‘国际职业训练协会杰出导师’的刘子熙先生将于2005年1月7日来深圳进行TTT国际职业培训师认证课程的讲学”。彼时我刚刚知道TTT是什么意思，新闻中介绍子熙老师自香港、新加坡归来后，已为5000多家知名企业提供教学训练，给我留下了深刻的印象。

TTT两位大师“北刘南杨”，我一直期待有机会向子熙老师当面讨教。2014年我们同为第二届好讲师大赛总决赛评委，我被子熙老师专业的点评所折服。2015年1月好讲师网上线仪式，子熙老师亲自携弟子到场支持，并发表精彩演讲，我万分感激。子熙老师肯为后辈站台、提携新人，风范十足，从此我便在心中将子熙老师尊为大哥。

后来与子熙大哥交往多了，见到了专业范儿以外的热情、有趣、童真的一面，更对子熙大哥充满了尊敬和热爱。能获得子熙大哥的关爱和指教，建立起深厚的友谊，本人三生有幸！子熙大哥作品结集，乃培训界一大盛事，为中国培训历史书写了重重的一笔，特此恭贺。

10. 文林（上海师悦企业管理咨询有限公司高级合伙人，资深职业培训师、TTT授权认证导师）

2004年，有多个朋友同时向我推荐了《TTT国际职业培训师标准教程》，授课的是TTT创始版权人刘子熙老师，朋友们对该课程评价极高，并大力推荐我去学习。此时，我早已按捺不住学习的冲动。

2005年，初上外企讲台的我，走进了《TTT国际职业培训师标准教程》的课堂。刘老师讲课时逻辑性非常强，旁征博引、谈古论今、侃侃而言；化技巧于无形，授课内容炉火纯青；对课程的知识点随手拈来，随现场学员状态灵活而变，不拘泥于教材。整个课程学完，教材中的每个知识点不仅都讲到了，还拓展了很多内容。此时，初识子熙老师的我，完全被他的专业魅力所折服。经过学习和考核，我取得了“TTT 国际职业培训师”的认证证书。

2009 年，成为培训经理的我，再一次走进了《TTT 国际职业培训师标准教程》授权导师的课堂。此时，该课程已经成为中国培训师职业训练的标杆课程。刘老师拟招募首批授权导师，共同参与这一品牌课程的推广。刘老师在课堂上庖丁解牛、入木三分，让我对标准课程的底层设计和演绎方法有了更深的理解和感悟。他以大量通俗易懂的案例，阐述首善、乐从、对接、区分等理念；通过反省、体验、感悟、现场讲评，深入浅出，醍醐灌顶，振聋发聩，易于复制和应用。经过系统学习、实践与考核，我成为首批《TTT 国际职业培训师标准教程》授权导师。

2018 年，承蒙子熙师父的厚爱与信任，我成为《TTT 国际职业培训师标准教程》授权认证导师，接过了课程传承的接力棒，陆续与超过数千名企业培训师结缘，用 TTT 课程助推职业化成长。28 年以来，TTT 标准教程已为数千家企业的组织学习发展和上万名认证职业培训师和数十万名企业内训师的职业发展助力。

2022 年，子熙师父多年的愿望实现了，他把 TTT 的训战心得、话语系统、技术技巧等结集成书，《TTT 训的就是你》已经问世，是培训师在职业化道路上不断精进、深度修炼的“秘籍”。本书浓缩了子熙师父三十多年的思想精华和 TTT 实践结晶，从本色到角色，从心法到技法；从台前到幕后，从理念到实操；从自控到控场，从激发到引导……循序渐进，层层推进；时时有提炼，处处有金句；醍醐灌顶，茅塞顿开。本书值得我们每一位培训从业者精读细品、用心实践，相信一定会让您如获至宝。我诚挚地邀请您和我共读，共享，共成长！

11. 张金山（陕西汽车控股集团有限公司董事、党委副书记）

真诚祝贺刘老师的新作《TTT 训的就是你》出版。

认识刘老师十八年，依然清楚地记得刘老师在贵阳培训现场的经典名句，“TTT，T 出肢体语言，T 出话语表达，T 出内容系统”，初听茫然，多年亲临会议、培训现场，细细品来，方知授人先修己，精心准备方能“首善”始终。

十四年前，刘老师来西安培训，看到一幅字“功成身退”，刘老师讲应为“身退功成”，只要不退，一定会再创佳绩，何来功成。思考至深，常常激励自己。

八年前，我带着孩子陪刘老师吃饭，刘老师现场演示描述一个菜品，从远看、从左看、从右看、像什么、想什么、感觉是什么，描述之丰富、体验之直观，让我叹服文章竟然可以如此。受此启发，我极力邀请刘老师为公司培训一批现场技能辅导师，两天的训练，一批有技能、有绝活的工匠自信地走上培训讲台，引导新人技能传承，有时遇到一些技能辅导师，聊起刘老师的专注、投入、演绎、亲和，深深感受到刘老师的职业感召力。

刘老师专致 TTT，精雕细琢，专著再出力作，大爱奉献专注于培训事业的人士，祝愿刘老师带领众弟子再创专业新高度。

12. 张秋岚（海信学院管理研究中心原主任、训战项目部副主任）

走向培训师这条职业化的道路中，我遇到过坎坷、挫折，有过灰心丧气、止步不前，而真正坚持下去并努力向好，还是得益于刘子熙老师的教导。第一次接触刘老师的 TTT 是在 2004 年，只觉得那时课程太过短暂，纵使笔记记到手软，仍然觉得还有太多太好的内容要学、想学。现在终于看到师父出书啦，可以持续学习下去，练好“内功”。也为那些刚步入培训师门槛的同仁感到庆幸，希望在未来的成长道路上可以相伴相依，一起高飞！

祝贺刘子熙老师新书面世，这是一本内容简单、明了、实用的工具书，是难得一见的系统化职业成长宝典，对培训师和即将走向培训道路的同仁都将是有料、有深度的好书。如果你对培训师感兴趣，如果你也曾在培训师成长的道路上遭遇沟坎，不如和我一起拿起这本书，开始我们向好的起点吧！

13. 赵熙（武汉大学贵州校友青年分会会长、大唐保险经纪高级合伙人、理财师）

我是 2004 年贵州首期 TTT 课程的学员，读刘子熙老师《TTT 训的就是你》培训师职业成长宝典，学习如何从“设计、讲授、掌控”上，把一门普通课程打造成精品，不但提升培训能力，还能很好地塑造感召力、人格魅力。

刘老师的 TTT 是职场人士不可多得的经典培训课程！

2005

1. 惠小阳（贵阳麦锡思达企业管理咨询公司资深顾问、TTT 最大受益者、TTT 贵州 17 年推广者）

2005 年刚走出校门不久，幸运与机会就给了我这个职场小白，我以助教身份接触了刘子熙老师的 TTT 课程。多次助教历练后，我以正式学员身份参加了 TTT 的系统学习。从那时开始，我就成了 TTT 的践行者与推广者。

TTT 在贵州已推广 17 年，认证学员达 2000 多人。曾经我以为 TTT 只是职场人士的一门学习课程，如今我坚信 TTT 已成为我生活的一部分。刘老师所追求的 TTT，更是一种精神、一种力量、一种信仰，把一件事做到极致，用自己的力量普度有缘人，让信仰坚守一辈子。期待刘老师《TTT 训的就是你》这本新书尽快出版发行。您用一生去追求，我们在一生中受益！

2. 刘明源（全能讲师成长模式首倡者和践行者、TTT 授权传承导师）

与师父刘子熙先生结识于 2005 年，彼时的我，尚处于初闯职场混沌期，当时所在的组织正在物色优秀的 TTT 老师，一次偶然的试听，让我刷新了对 TTT 的认知，后来顺理成章引入企业内训，我自己也在多次耳濡目染之后，厘清了职业发展之路。

再后来追随师父经历了明师开刃、授权传承导师、明师讲习所以及开设弟子班再传弟子，直至成为“全能讲师成长模式”的倡导和和践行者等，这一路走来，即我的成长经历，也同时见证了刘派 TTT 的筚路蓝缕，如果您也有类似的混沌，相信这本书一定能够帮到您。

3. 孙国雄（兴业证券股份公司办公室主任）

俗话说，文无第一，武无第二，但在 TTT 领域，刘子熙老师则是当之无愧的第一人。要成为第一人，肯定是有条件的，不仅需要天资聪颖而又系出名门，还要有丰富的理论修养和长期的实战经验，更要有成人达己、向善而行的心态和精益求精的工匠精神。我想这三者都具备的放眼中国企业培训领域，可能找不出第二人了。

认识刘老师十几年了，从第一次聆听他的课程，到与其成为亦师亦友的关系，尽管最后仅熟悉刘老师知识体系之一二，却也终身受益。

对于中国企业培训界来说，有刘子熙老师这样的大神扛鼎已是幸事。而刘老师将其多年 TTT 训战心得、话语体系、实战技巧结案成书悉数传授给大家，则是全体培训人的幸事，相信刘老师的著作一定可以惠及乃至改变更多的人！

4. 王永军（樊登读书联合创始人）

听闻刘子熙老师的新书《TTT 训的就是你》付梓，往事如烟、涌上心头。初识子熙老师大约是在 2005 年，那时候我还是个刚参加工作两三年的毛头小伙子，公司从上海把刘老师请到西安举办大型讲座（**行业内称之为“公开课”**），我坐在会场最后一排的角落里，一边听课一边要配合做些会务的工作，那时候最羡慕的就是能够以缴费学员的身份坐在会场中央的座位全神贯注地完整听一堂课。

大约在 2013 年，我创办的“明德大讲堂”在西安持续开课，邀请了很多国内名师一起合作，每个月都有开课，忙得不亦乐乎。记得某个周末，在西安交大学术交流中心同时举办了两场讲座，相邻的两个报告厅一边是樊登老师在讲“明德领导力训练营”，一边是刘子熙老师在讲“TTT 培训师训练营”，中午下课我邀请两位老师共进午餐，转眼这已经是十年前的事了。

后来因为樊登读书业务越来越忙，慢慢就把老本行（**培训公司**）业务放下了，这些年和刘老师联系不太多，但曾经一起合作的美好点滴依然常挂心间，祝福刘老师幸福安康，越来越好！

5. 徐东（雪榕生物组织发展副总监）

2005 年，机缘巧合，有幸成为刘子熙老师团队的一员，与同事一起组织《TTT 国际职业培训师标准教程》的公开课和企业内训，这一次与刘老师和 TTT 结缘，正是我职业生涯的启蒙阶段，直接决定了我未来的工作方向和事业基础，也给自己的人生开启了一扇心门。

感恩相遇、相伴成长。刘老师的大师风范和谆谆教诲至今还历历在目。老师在课堂上分享的精彩内容都对我产生了深远的影响，“首善、乐从、分享、对接、探究本源、反思常识、养成察觉、注重细节、眼勾、手抓、话打、声音拉……”“真性情、平常话、身边事”，更是饱含师者的智慧与真谛。这些 TTT 的心法和手法、理念与感悟，都在我的很多工作和生活场景中广泛应用，一直指引我前行，真是受用无穷。

喜闻刘老师又出新作《TTT 训的就是你》，真心为刘老师点赞。相信这本凝聚了刘老师智慧和心血的宝典，必将是 TTT 培训师成长领域的标杆之作，值得所有培训师精读。

6. 阎凯（某股份制银行分行业务负责人）

初识刘子熙先生那已是 17 年前的事了，2005 年有朋友介绍认识了先生，那时的我是一个即将走上社会的毕业生，面临着迷茫不定。第一次见到先生，就被先生和善的笑容和那份儒雅气质所吸引。跟先生交流时，先生说我有做培训师的潜质，让我走出来、尝试行动。记得没过多久，我第一次专程去合肥参加了他的公开课，认知为之一新，从此打开了一扇新的职业大门。此后我就来到了上海，正式加入了先生的工作团队。

记得那几年追随先生去了很多地方，作为先生的助教，我主要负责先生课程的配合工作，帮先生录像、调试音乐，有时也会做做主持、开场，引导学员做些小小的互动，甚至有时先生也让我作为学员听课体验。我看着、学着、悟着、做着，我能感觉到先生很爱自己的课程，而且每堂课在内容、形式、资源等方面都会有着很多不同的设计和创新，给我印象最深的还是先生提倡的两个字“首善”，那就是什么事都要一开始就做好、发现问题马上改善。2007 年先生出版了《首善》一书，当时就有很多企业或机构的粉丝期待先生把 TTT 的价值内容著成书，也有出版社与先生联系。先生曾和我说过：“中国传统士人有三不朽——立功、立德、立言。我要写 TTT 的书还是等一等再说吧。”

每次课程结束，我都会把两到三天的课程录像和先生课上所讲的内容全部整理成文字。现在，先生出新书了，我当年整理的那些干货，应该会在书中体现吧。

出于自身的原因，我没能在培训师的道路上走下去，我回到了家乡，从事了金融工作，但先生对我的栽培我深怀感激，做好首善、懂得对接、注重乐从、适度区分及视野前面的视野、战略背后的战略等心法和手法，对我的影响延续至今。

《TTT 训的就是你》付梓，先生的心血也将可以通过书籍的形式得到传播并发扬光大，我也是由衷地开心。在此，祝福先生的作品为更多人带去最实在的大道，助力众生的职业化成长！

7. 张海滨（觅优信息技术（上海）有限公司创始人兼 CEO、复旦大学旅游管理硕士）

作为刘老师的学生，我曾经凭借学到 TTT 的皮毛，就在企业胜任培训经理的角色，可见这门课的魅力与实力。

2005 年，作为刘老师的助理，半年近距离的追随使我感受到了刘老师的智慧与包容，以及他对 TTT 的投入与热爱。

虽然我已从培训先转业务再创业，但于我而言，TTT 已经内化为铭刻于心的方法论、思维方式与行为准则。

得知刘老师终于决定把 TTT 付梓发行，我由衷地替所有职场人士高兴，也期待这本书的发行让更多人受益。

8. 张仁伟（上海交通大学体育系党总支副书记）

与刘子熙老师初识于 2005 年冬。当时我与同事在松江小昆山接受 TTT 体验式培训师培训，子熙老师是我们的培训导师。“首善”“乐从”“触、罩、贴”……从一开始，他新颖的培训形式和话语体系就牢牢地抓住了我，整整三天，满满的都是干货，既有认知观念的启发，又有知识体系的梳理，还有实践技能的演练，子熙老师带给我们的改变是高效而深刻的。自此，以 TTT 为核的体验式培训教育成为我们工作中的创新领域，在国内高校中产生了极大的影响。

后来，我曾多次邀请子熙老师来校为体验式培训师团队和“舵手计划”博士生训练营上课，他都是欣然应允，在百忙之中抽出时间来校为老师和同学们进行公益培训。再后来，我在云南省洱源县挂职扶贫期间，子熙老师主动联系我，希望能为教育扶贫贡献力量。我为有子熙老师这样的良师益友感到非常荣幸。

虽然近年来我的工作岗位多有变动，但是子熙老师所教授的 TTT 理念和技法仍然在影响、指导着我。我与子熙老师时有联系，知道他多年来一直坚持在 TTT 领域深耕细作，孜孜不倦地丰富和完善着 TTT 培训体系。现在，欣闻子熙老师 TTT 鼎力大作《TTT 训的就是你》即将出版，我真的从心底里为他感到高兴和骄傲，这是他 20 多年苦心钻研和勤于实践的心血结晶，也是他对相伴成长一起飞的长久承诺！

9. 朱彦泽（哲学博士、领悟工坊沙盘学院创始人、TOC（突破理论）中国秘书长、畅销书《让你的公司奔跑起来》《图解 TOC》《引导工具箱》《领导气场修炼》作者）

我最早是在 2005 年《培训》杂志的论坛上认识刘子熙老师的，相较于我们这些培训行业的新手,那时刘子熙老师已经是在培训行业呼风唤雨的人物了。只要见识过刘子熙老师在台上风采的人，一定会被深深地折服，光芒四射、气场强大，一个眼神、一个手势都能牵动你的注意力。

刘子熙老师开发了一套容易学习、可以快速上手的“TTT 培训培训师系统”，很多老师因此受益而走向职业培训师这个高薪行业。刘子熙老师训练了培训行业大量的职业讲师，我不知道怎么形容刘子熙老师在培训行业的地位，因为他原本的一个课程的名称“TTT（Training the Trainer）培训培训师”，已经是培训行业的一个专业培训门类了，刘老师徒弟的徒弟也已经是拿着培训行业的最高课酬了。

很多人知道我在 TOC（突破理论）和沙盘培训领域做出了一些成绩，但恐怕很少人知道我的 2015 年第一次公开认证课程是在刘子熙老师的鼓励下才推出的。那时的我担任以色列 TOC 中国的秘书长，刘子熙老师和我说：“我十多年前要是不干 TTT，就干 TOC 了。”然后在刘子熙老师的鼓励下，我才开启了第一次公开认证课程。我记得某位大教育家说过：“教育就是迷恋让他人成长的学问。”刘子熙老师就是这样一位“你有成绩他比你还要高兴”的大师。

刘子熙老师这次推出的大作《TTT 训的就是你》是刘老师 28 年 TTT 生涯的大总结，写作历时 2 年，从最初 70 多万字删减到 50 多万字再到 30 多万字，最后定稿 25 万字左右，可谓惜字如金、字字珠玑，定是 TTT 届的扛鼎拔山之作。欣闻此书即将出版，内心激动难以言表，只希望第一时间拿到熬肝拜读。同时，希望每位培训行业老师都能拥有一本，因为刘老师的书永远是“讲师职业技能提升书单”的第一名。

10. 周涛（心理学博士后、韬钰咨询创始人、华为公司学习设计顾问、《四元八步脑友型课程设计》《能师高徒导师制项目设计语运营》作者）

和刘子熙老师结缘已经十七载！

刘老师和他的“TTT”像一座灯塔，指引我职业的方向。2005 年，有幸结识刘老师，并成为他的学生。当时我还在一家外资企业从事人力资源管理工作，第一次接触正式的“TTT”训练。当时的我就被刘老师授课的状态所感染，原来“讲课”是这样的！从那时起，我在内心里种下了一颗种子：我一定要成为一名像刘老师那样的培训师。

刘老师和他的"TTT"像一面镜子，我辈可以明镜鉴形。若干年后，我也开始成为一名职业讲师。每当我站在讲台上，站姿、手势和表达等下意识地开始"记起"刘老师讲授的TTT方法和技巧，从而不断地修正自己。这种发自内心的改变，是源于早年的TTT训练技巧，就是这种专业的力量，在不断地指引着我前进的方向。

刘老师和他的"TTT"告诉我们什么是"言为士则，行为世范"。刘子熙老师在"TTT"领域专注几十载，他的训练方法几乎成为每一位想成为或已经成为培训师的必修课，更重要的是，刘老师对每个人都毫无保留，倾囊相授，是我辈学习的楷模。

功崇惟志，业广惟勤。祝福刘老师和他的"TTT"！

2006

1. 范国玉（MT模型思维学院创始人、《模型思维：像芒格一样思考》系列书籍作者）

2006年，我工作于北京。有一客户要做TTT培训，非刘子熙老师不用。培训地点在秦皇岛，我以助教的身份参与了课程交付。

在课程中，刘老师的深邃思想、概念表述、多维视角犹如醍醐灌顶，让我终生难忘，尤其是游刃有余的控场技术，让人、课、场三元素有机融合，三位一体。在课堂之外，我也被刘老师的为人处世所折服，还记得客户开车送我们到酒店，下车后，车子已去，刘老师挥手告别，笑视远方，直到客户的车子消失在朦胧的黄昏里。此事虽小，但可见大。

刘老师在工作上的精益求精与为人处世上的谦卑低调，让我甘愿拜倒辕门，于是在2007年追随刘老师来到上海，开启了我的培训师之路。

可以说没有刘老师，我很难走上职业培训师之路，他是我的领路人，也是我终身学习的楷模。至此，在新书《TTT训的就是你》出版之际，谨献上我最诚挚的祝福，愿好书大卖、润泽你我。

2. 齐乃波（中国文化软实力实战讲师、《激活总裁领导力》作者）

TTT让培训师有了职业风范，《TTT训的就是你》让培训师有了专业标准。我是2006年10月开始学习TTT，自此复训十六年达40余期，本书我期盼已久，从道到法、从法到术、从术到器，无一不包，真正是培训师的全能宝典。当然，"绝知此事要躬行"，有了宝典，关键还要自己刻苦"练功"，方能得真经真传。

3. 钱丽华（曾任某大型国企培训部长、某大型上市公司人力资源部长）

众里寻他千百度，那人却在灯火阑珊处——这就是我导师刘子熙的《TTT训的就是你》。明道，优术，取势，一套真正让我学会公众表达的方法论；传道，授业，解惑，一本伴随我终身成长的工具书。一次受训，终身受益。

4. 鄢淼（未来酱酒业联合创始人、众心公益基金副秘书长、TTT 授权导师）

今日收到恩师刘子熙《TTT 训的就是你》培训师职业成长宝典即将问世之喜讯，感到十分高兴。

与子熙老师相识十五年有余，受其思想的影响以及引领，渐也走上讲台，怎奈个人天赋不够、努力不足，未见大成，想来十分惭愧。

为人师表，“刘”派一流。TTT 作为职业培训师的必修课，子熙老师无论研发课程、教学实施都是行业最值得尊重的导师。且老师的课程，不仅仅在教学及职业范畴可以提升及运用，工作及生活也能以“TTT”范式实现全方位的改变。

“相伴成长一起飞”，期待早日读到子熙老师大作。

2007

1. 陈晓剑（上海如向企业管理咨询有限公司总裁、首席合伙人，TTT 首席授权传承导师、TTT 授权导师认证资格审查委员会主任委员、T^3 靶向赋能—任务导向的组织学习转化行动版权所有人）

我与子熙师父结缘始于 15 年前，那一年我 34 岁，刚刚走上培训师的职业讲台。对于这条路，心中无限渴望，脑中却充满困惑。我像无数培训师职业道路的起步者一样，期待明师指路，化解迷津。于是我无比幸运地第一次走进TTT 的课堂，结识了刘子熙老师。

我永远也忘不了那神奇的三天，对于博大精深的 TTT 智慧海洋，我的初次浅尝得知有限，但足以让我信心百倍地走上讲台。TTT 就是这么厉害，它可以为新手破局赋能，更能够助老将突破跃升。我就像武侠小说中走了大运的男主角，落入神秘山谷结识世外高人，服用灵丹妙药、得传真气秘籍绝世武功，从此名动江湖。

2009 年，我正式拜师，子熙老师变成了子熙师父，在 12 年前第一次担任TTT 认证班主训导师时，子熙师父对惴惴不安的我表现出极大的信任和鼓励，似乎对课程的成功和学员的满意非常笃定。后来我日复一日、年复一年地主持企业内训、公开课等学习项目，一次次地经历鲜花与掌声、赞美与肯定，我知道，真正带来成功的，是 TTT 无与伦比的魅力。

带着 TTT 的加持，一路走来，我也从 TTT 的受益者变成了 TTT 的传播者和贡献者。

追随师父，经历了 TTT 的版本迭代升级。TTT 的 28 年，无时无刻不伴随着创新、突破与自我革新。子熙师父研精竭虑的品格、行思坐忆的习惯深深地感染带动着身为弟子的我们，这也是“刘子熙 TTT”这个标杆课程不断标新领异、独领风骚的根本保证。自 2010 年起至今，我先后不同程度地参与和主持了从 5.0 到 8.0 的 TTT 课程体系版本升级。

追随师父，经历了 TTT 大系周边课程和学习产品的学习、研发、制作和推广。“刘子熙 TTT”已不只是一个品牌课程，而是代表围绕 TTT 核心理念和知识理论体系的一系列培训课程和组织学习产品。《SCD 国际通用标准课程开发教程》《PAF 专业讲评标准技术认证教程》《壹图易训—系列简训课程学习套装》等是其中的代表，参与这些好课程、好产品的发展是我的幸运。

追随师父，经历了弘扬 TTT 品牌影响的一个个重要活动。在“TTT 精英提升班”与各路名企培训大咖学习交流；在“TTT 明师讲习所”助力一众明星讲师从名师到明师；在线上学习社群“向刘逼问”“TTT 炼功坊”掀起“炼炼不舍”的学习新气象；在好讲师大赛、知实堂论坛、授权导师年会上，支持越来越多的同业、同门、同修的精英“与先行者同行，并前驱者齐驱！”

追随师父，一路走来，成功习以为常、成长持续不断、成熟历久弥新、成就硕果累累。

我从 TTT 授权导师成长为授权认证导师、授权传承导师，今天已经有 14 位再传弟子通过拜师于我加入了刘子熙 TTT 的授权传承体系。作为 TTT 授权导师认证资格审查委员会主任委员，我也毫无保留地支持所有的同门师友携手前行。承蒙师父的信任和厚爱，我也荣幸地参与了本书的文字工作。

往事历历在目，点点入心，有苦有乐，有泪有笑，无论如何，我都甘之如饴。可以说，向子熙师父学习 TTT 是改变我生命的一次重要的决定，子熙师父也是我生命中最重要的人之一。

TTT 学习最忌急功近利，也勿小富即安。子熙师父常常说：“到此已穷千里目，须知才上一层楼。”学无止境，实践和创新也是如此。憧憬未来的同时一定要脚踏实地，满怀对讲台的敬畏，先传承后创新。

《TTT 训的就是你》这本著作不仅是 TTT 知识理论体系的精华，还是子熙师父 36 年职业智慧的沉淀。我无比期待无数致力于中国企业组织学习和职业训练的“师者”，透过此书获取方向和动力，就像暗夜中的灯塔，照亮前行的航路。这条路上还有我，追随师父的脚步，一直走下去。

2. 戴涛（兴业证券人力资源部副总经理、前兴证财富管理学院副院长）

第一次请刘老师讲授 TTT 是 2007 年，之后又多次邀请刘老师讲授 TTT 进阶和课程开发。转眼十五年过去了，可以说兴业证券的内训师队伍深深地打上了刘老师的烙印，至今受益匪浅！

刘老师专心于 TTT 的研究和讲授实践已有二十八载，正是有了这份坚持和执着，令无数的培训师在刘老师的精心培育下成长，刘老师早已是桃李满天下！

如今，刘老师将毕生的修炼和心血汇聚成书，为更多的培训师照亮前行的道路！

3. 戴玮（德国米技电子电器公司副总裁、家乐福中国区前副总裁）

喜闻子熙又出新作，可谓新冠肺炎疫情下的一个大好消息！

正当居家办公近一个月，憋在家里，足不出户，整日为核酸检测、抗原自测、段子谣言等信息所困扰不堪之时，我接到了挚友子熙的电话，要我为其新书《TTT 训的就是你》写几句，我欣然接受了邀约。

2007 年的暑假，青岛的同学来沪游玩，我们相聚时有幸结识了刘子熙先生，一见如故，当时叙谈深入而又趣味盎然。我们有着相同却又不同的求学背景，我们有着许多共同语言，对时局、对趋势、对经营、对管理，我们有太多共识；谈及生活、家庭等也是诸多一致，可谓相见恨晚、如获珍宝。在日后的交流沟通中，我们也是相互提示、共同进步。在团队建设、危机管理等方面，子熙都给了我很大的帮助，受益匪浅。我也借友情相聚之机，与子熙多有探讨，后来我们也非常荣幸能够邀请子熙对家乐福（**中国**）总部公共事务经理团队展开危机预防和管理的培训。

2010 年，家乐福品牌在中国亟待重塑的关键时刻，子熙应邀参与并指导了我司品牌的重新定位工作，经过多轮头脑风暴，终于推出了“家乐福、福到家”的全新口号，由此延伸的“服务到家”“品质到家”“送货到家”“省到家”等营销理念，一时间脍炙人口，引领了零售业的营销创新。

企业的发展离不开人，家乐福非常重视人才的培养。2011 年在沈阳我司的“晋升日”活动中，子熙做了一场有意义的讲座，分享了其在人力资源和领导力领域的真知灼见，还客串了“晋升日”的主持，获得了我司国内外高管的一致赞扬！

子熙学识渊博、为人谦和，子熙务实传授、乐于助人，与家乐福合作经年，得到了跨国公司高管的高度认可，也得到了众多年轻创业者的普遍赞扬！一路走来，感谢有您！

虽然子熙新书名《TTT 训的就是你》，实乃“寻的就是你”。让我们一起边读边学，体悟“训的就是你”，不断自我提升，寻找到真正的自己。

4. 冯丹龙（全国政协委员，大连理工大学、南京大学商学院、上海大学兼职教授，辉瑞投资有限公司企业资深顾问）

祝贺刘子熙老师新作《TTT 训的就是你》出版！

记得2007年我刚刚博士毕业，正在为重返讲台做准备，恰巧经朋友推荐在北京参加了刘老师主训为期三天的《TTT国际职业培训师标准教程》课程，独到、精彩、实用！

在我的第一次课前、课中和课后，刘老师都给予了辅导、提醒和点拨。十五年来刘老师课程中所讲述的“上台方式、表达技巧、开场、收场、场控、领袖风范、感召力”等要点一直指导着我的教学工作，使我屡屡被评为最佳老师。

期待《TTT训的就是你》成为我们培训和教学路上的最佳典范，让我们相伴成长一起飞！

5. 卿永BOB（番茄资本创始人、TTT授权导师）

如果我告诉那些听过我年度演讲、听过我讲课的人：我从小一直到现在，都有严重的上台恐惧症，浑身发抖、声音颤抖、语无伦次、忘记内容……我想除了看见过我那一幕的极少数人之外，没有人会相信。但，这是事实，现在也是。

读书时代，我渴望台上的那个人是我，但我从来没有一次鼓足勇气上台……上班之后，我无数次想成为那个台上慷慨演讲的人，但同事的嘲笑让我一次次退却……上台发言，对于有着事业野心的我而言，几乎就是噩梦。

2007年，有幸成为刘子熙先生的学生，是他第一次给了我上台的勇气。“准备比资历更重要，资历也是一种长期的准备”“会道者，一线藕丝牵大象；盲修者，千斤铁锤砸苍蝇”“不做另一个他，但做唯一的我”“刻意练习，从常态随意到常态刻意，再到职业态刻意，最后是职业态随意”“平常话，身边事，真性情”……一个又一个信息球，打破了我的重重心理障碍，也让我以一个真实而独特的自己给台下听众呈现了一次又一次的精彩演讲，虽然依然恐惧，手脚依然发抖，声音依然颤抖，语无伦次也时常发生……但那些都并不影响再一次的卓越演讲的发生！

“携使命出发、依责任行事”“成就唯一的我”，追随刘子熙先生学习，你也可以。

真诚地感谢TTT课程，感谢刘老师的启发！

6. 宋德亮（上海财经大学会计学博士、上海国家会计学院教授、上海审计协会常务理事、上海市审计专业高级职称评定委员会委员、中国珠心算协会常务理事、中国苏轼研究学会会员、2008年度英国牛津大学访问学者）

刘老师是我在职业生涯中遇到的一位既特殊又珍贵的良师。作为国家会计学院审计专业的老师，我和刘老师在专业方面似乎没有交集，但是正如秦观词中所云：“金风玉露一相逢，便胜却人间无数。”结识刘老师对国家会计学院和我个人都产生了深刻而深远的影响。

国家会计学院是1998年发起的，专注于高端会计人才培训。专职教师都是既具有名校博士学位又具有著名企业工作经验的，但是有些老师上课时经常出现学员昏昏欲睡的情况，教学效果总是不见起色。2007年我负责学院教研部的工作，决定扭转这种局面，筹划组织一次高效实用的教学方法培训。隔行如隔山，当时我并不了解TTT，网上的信息浩如烟海、真伪难辨。我运用我多年的审计工作经验抽丝剥茧、细致勘察，最终确定刘老师应该是这个领域最优秀的老师。为了保险起见，我电话约刘老师到学院面谈，刘老师很爽快地答应了。

第一次见面我就被刘老师的专业水准征服了。刘老师带来了一个团队，不仅深入了解我们的现状和目标，还认真调查了教学场地和设备；不仅提出了非常具有针对性的教学方案，还提出了许多个性化的教学保障方面的要求。由于准备充分，再加之刘老师卓越的课堂掌控能力，那次培训取得了超出预期的效果，甚至颠覆了我们对于高端培训的认识，有许多金句至今仍被我们奉为经典。

刘老师说，“会道者，一线藕丝牵大象；盲修者，千斤铁锤砸苍蝇。”课后，所有参训的老师都据此修订了自己的教案。无论是高深的金融估值模型，还是琐碎的会计审计准则，我们都重新规划讲解方案，一线贯穿，“信息球”滚动自如。

刘老师说，“互动是促动出来的。”参训老师认真体会刘老师的促动技巧，马上应用到了自己的教学中，立刻改变了课堂的沉闷气氛，老师体会到了教学的乐趣，信心也极大提升了。

刘老师说，“不做另一个谁，成就唯一的我。”参训老师们都用心结合自己的特点策划课程风格，短短几个月就打造出一批业界著名的老师和精品课程。国家会计学院在财金领域高端培训的知名度也迅速提升了。

那次培训以后，刘老师经常被学院教务部门邀请，为注册会计师、财务总监等高端人才班授课，提升了整个会计审计行业的公共表达水准。15年过去了，刘老师已经成为会计审计行业最著名的TTT老师。近水楼台先得月，我也经常有机会听到刘老师的课，每次都有新的收获，也能深刻体会到刘老师一直在TTT领域不懈耕耘。

他山之石，可以攻玉。任何专业和学科的知识传播都需要老师具备出色的公共表达能力，这是过去的专业训练中所忽略的。选择TTT课程，选择刘老师，立竿见影提高教学效果，是最明智的选择。

7. 王官诚（四川师范大学教授、继续教育学院院长）

倾盖如故，情谊永续。欣闻刘子熙老师要将他近30年的职业感悟、实训心得及其职业训练的心法、手法结集出版成《TTT训的就是你》，最忆其时遂记之，以兹念怀！

2007 年的最美 4 月，四川一家上市公司委托四川师范大学经济与管理学院组织其系列中层干部培训，需邀国内一位名师做“领导力与执行力”专题讲座，经人鼎力引荐而与刘老师相识，倾盖如故，不觉已至束发及笄之年，但刘老师讲学时的一言一行、一招一式及作为朋友的炽热真诚、坦荡关怀都历历在目。

其时，刘老师主讲《高效执行力》中提出“执行力是上执下行”“人们不会做你希望的，只会做你检查的”等观点，以及首善、对接等观念一直深深影响受训学员并使他们在工作中获益。其后，刘老师利用宝贵的休息时间，为学院教师举行了培训授课及表达沟通技巧的讲座，提出了“好的课程是设计出来的”理念及授课中眼神、手势使用的实操技巧，同事们都觉得大开眼界，直呼过瘾。

相逢一醉是前缘。我与刘老师因事成友，无论在沪亦是在蓉，有空或彼此品一杯香茗，聊事业、谈人生、叙家庭，或驱车观神秘三星堆、览华通博物馆、品农家川菜味；我与刘老师也因事而惠及下辈，刘老师用其渊博的学识、超人的沟通、平易的待人善导我儿子，使其在做人、为学、从事等受益匪浅，目前虽身处异国，还一直心心相念。

桃李不言，下自成蹊。服务企业、训育学员、帮助客户提升绩效，就是要在课程开发、讲授演绎等方面下功夫，正如刘老师所言：“心中有数、手上有数。”相信刘老师《TTT 训的就是你》这部著作，一定可以帮助更多的从业者取得更好工作成绩，在事业上获得长足发展。

8. 吴志文（福建中烟公司副总经理）

结缘“首善”：结识刘子熙老师已有十多年了，我心目中的他是一位“开门大师”，能开启我们的嘴门、脑门、心门。更形象点说，经他的点拨，墙也会变成门，尤其他当年提出的“首善”这个感悟，至今对我来说依然十分受用。当然，这个首善与我们常识中的慈善家意思不同，它是一种先有自我反思、自我改变的升华，后才有醒悟自己、影响他人的感化。俗话说，要给别人一碗水，自己得有一桶水。在我看来，刘老师就是一直这么做的，正如这二十年如一日坚持做 TTT 的首善，真可谓“倾注匠心必不凡，环顾桃李好芬芳”。

9. 熊俊彬（CSTD 中国人才发展平台创始人）

从 2007 年开始，十五年的相知相伴，刘子熙老师不仅启蒙了我对专业讲师的认知，更是我成长路上的人生导师。早年一句“有所不为方能有所为”的教诲，成为我从事培训行业平台建设的信条。孜孜耕耘满桃李，薪火相传续初心。如今，刘老师著书立说，不只是将其几十年的智慧和心血倾囊而出，更是对中国 TTT 事业的致敬。

10. 杨松儒（扬州市人力资源信息服务业协会副会长兼秘书长、TTT 授权导师）

2007 年的春天，我创办的扬州外语培训机构当期招收的成人学员成功突破了 1000 人。在高兴的同时，如何让老师们的授课既有趣又有效，成了我每天最大的苦恼。5 月的一天，一个朋友兴冲冲地跑来，说帮我找到了解决苦恼的好办法——他带我到牧羊集团参加了刘子熙老师主讲的《TTT 国际职业培训师标准课程》（我的认证证书登记号为 :T021000071222），至此我与刘老师和 TTT 结缘，后来拜师成为授权导师，并获赠新书《首善》，在首善中浸泡式学习，一路相伴成长至今。

首善让我在职业生涯中受益匪浅。在企业经营管理中，我们常会说，客户是上帝，品质是生命。我对此的理解是工作中力求做到首善，要有“零缺陷质量意识”，第一次就把正确的事情做正确，以“缺陷等于零”为最终目标，坚持三不原则：不害怕不良品、不接受不良品、不放过不良品。秉持着“首善”意识，我在刘老师的指导支持下，十余年来在扬州举办了一百多场各类企业经营管理公益培训活动，服务了近千家企业共数万人，成为很受大家欢迎的行业协会负责人。

相信《TTT 训的就是你》会让朋友们更加受益匪浅、于职业化成长大有裨益!

11. 徐雪松（同济大学管理学博士、宁波银行上海分行行长）

时光荏苒，一转眼十五年过去了。从网上一篇专业文章与刘老师相识，到十五年不间断合作的相知，到亲密无间传道解惑的相敬，这一路走来，收获满满、感动颇多。

企业发展，人才先行。宁波银行一直把组织发展和员工训练作为达成战略的关键支撑。从学习地图的绘制、内部讲师队伍的搭建、内部专业课程的开发、学习积分的量化管理，到学习效果的落地评估，都进行了体系化的探索实践。在这个过程中，专业机构和行业大咖的专业输入给了我们很大支持。刘子熙老师作为我们合作时间最长、落地效果最好、员工评价最高的合作伙伴，在 TTT 进阶训练、杏坛比武、榜样巡讲等品牌项目打造上，都提供了点、线、面立体多维的专业建议和具体指导。

内部讲师队伍的打造，是员工训练体系的“牛鼻子”。我们请了很多专业机构和老师，帮助我们打造一支愿讲、会讲、能讲的专业讲师队伍。我们在过程中发现，不同机构的老师之间，观点不一致、理念不一致，具体手法也不一致。我们为了统一理念、体系和标准，锚定了刘子熙老师的 TTT 进阶课程，主要是基于三个方面的考虑：一是自成一体的概念话语体系，刘老师的这套课程是自主研发的，里面很多提法直接形象，如“职业‘装’”“首善”“乐从”“宁断不乱”“当下改善”等观点，深入人心；二是积极热烈的课堂互动效果，丰富的促动技巧，在刘老师的课堂得以生动体现。积极热烈的课堂气氛，能使培训效果悄无声息地得到升华；三是专业贴心的课后延伸辅导，刘老师的启能团队经过多年的专业熏陶，能针对学员训后遇到的问题做针对性的点评指导，这也是课程效果落地的重要保障。

桃李不言，下自成蹊。跟刘老师相识、相处的这十五年，也是不断讨教学习、不断汲取营养、不断进步提升的十五年。刘老师的“专注、乐业、谦和、通达”潜移默化地影响着我。很多次跟刘老师提及，作为深耕中国培训业30余年的资深大咖，一定要把潜心研发的这一套课程贡献出来，形成标准，受益更多的人。今欣闻刘老师的大作《TTT 训的就是你》已经付梓，这是一名培训界的“老兵”给所有同行呈现的甘言厚礼，也是一位锐意创新的“行者”给职场精英奉献的拳拳之心。衷心祝福业界伙伴们透过此书，能够寻幽探胜、更上一层楼！

12. 张文豪（维图工业创始人、西门子前数字化咨询战略顾问、工信部智能制造成熟度评测专家、美国质量协会 Lean 6-Sigma 黑带、华盛顿大学认证商业分析师、《工业创新网络》第一作者）

时光荏苒，回首 TTT 受训，已是 15 年前的事了……

那是 2007 年的夏天，家妹在贵阳接受刘老师的训练，我受邀旁听，被极富哲理禅韵的教学方式所动，遂于是年秋天在北京正式参加训练，后又于 2008 年在贵阳参加复训。此间与刘老师两次聚餐、多次通话，颇蒙点拨，始悟演讲之道。

记得我第一次参训后，为训练演讲，对着镜子练习、躲在花园里录像、找小兄弟试讲，在一次次的练习中不断融入参训时学到的要领，终于在 2008 年的一次演讲中找到了自信！这份自信对于当时处于谷底的我，无疑是一剂强心针，此后才有了美质协 L6S BB 的考试，才有了成为一名数字化咨询顾问的成长之路。

时至今日，面对数百听众，犹记当年棒喝：眼光不要只盯着一个方向，要大动作不要小动作，千万不要盯着 PPT 而背对着你的听众，我的讲台我做主……

在数字化咨询工作中，仍得益于当年之训：破冰之道、启动注意、乐从之道、说似一物即不中、收集反馈并给予评论……乃至作为“专精特新”小巨人讲师讲授各种课程、作为评委出席各种会议，那些曾经接受的训练和劝告、深入浅出的启发、收获自信前曾经下的苦功，仍然是我工作得到认可的核心底蕴！

13. 赵颖（正威国际集团正威国际商研院副校长）

刘子熙老师是中国培训界的泰斗级人物，为中国培训界培养了一大批优秀培训师！

与子熙老师相识已有 7 年，结缘于 2015 年第三届“我是好讲师”大赛，我担任评委，子熙老师是导师团团长，那时候印象最为深刻的是子熙老师毫无保留地为参赛选手辅导，直到凌晨还在继续，这种敬业精神让人钦佩，更是树立了导师表率！

每次与子熙老师交流，都能感受到他的专业、谦逊、好奇、善良、无私与分享的高尚品德。如今子熙老师历经 28 年沉淀，《TTT 训的就是你》一书面世，该书从原始稿的 70 多万字修稿提炼到 24.9 万字，章章精华、节节入心、句句箴言、字字珠玑，是一本培训人和希望从事培训工作的人值得深读、反复读的必读之书！

2008

1. 黄大伟（蹊成领导力品牌创始人、5G 领导力学习地图创建者、《好经理：经理人的九项修炼》作者）

缘起于学，相伴成长。“要学 TTT，就找刘子熙。”2008 年左右我刚加入企业咨询培训行业不久，就听人说到了刘老师，朋友说听过最好的讲 TTT 课程的老师便是上海的刘子熙。

2010 年我加入苏宁集团，开始参与苏宁大学的建设和运营工作，在组织开展内训师培训项目时，才有幸听到了刘老师的课程。我还记得当时刘老师上课，一边在讲，一边在演，一边在促动，一边在启发，一边在思考。他常常有个动作，就是把课程的内容用板书的方式写下来，然后再用一个卡片相机把它拍下来。那个时候的刘老师讲课基本上是边讲边创作、边讲边创新。他在专业上的精进精神让人感佩。后来，他成了我的良师益友。

2018 年我决定创业做“蹊成领导力”品牌的时候，刘老师给了我很多中肯的指导和建议。2021 年我在写《好经理：经理人的九项修炼》这本书时，邀请了刘老师指导并撰写推荐语。他也是欣然答应，并即兴成篇，字里行间情真意切。

辗转 10 余年过去了，如今刘老师早已桃李满天下、弟子遍神州了。他是中国职业培训师教育领域的先行者，是企业培训“江湖”的泰山北斗级元老。同时，他德艺双馨，治学做人都堪称“师范”。

最近，听闻刘老师要出一本关于 TTT 集大成的书，我特别欣慰。因为，在这么多年的教书育人的过程当中，他很难抽出时间来成就这本力作。近期恰逢上海疫情管控，他才得闲做了整理。据说书稿从近百万字一再精简，最后割爱凝练成此书。

我特别期待此书能尽快面世，可一睹芳容，同时也建议培训界的朋友们一起来研学品鉴。

2. 刘义林（安信证券安信研修院执行院长、中国证券业协会高级讲师、2018年国资委“央企十佳培训师”）

无论是企业发展，还是个人成长，得遇名师指点、益友相伴，都是莫大的幸运。2008 年，合并之初的安信证券，百事待兴：文化整合、人才培养、业务推动、品牌提升，都迫切，这些工作需一个关键角色——培训师。我们制定了一个 22 天的高密集训练计划，邀请刘子熙老师辅导。这批培训师结业总结上出现频率最多的词是“脱胎换骨”“浴火重生”“蜕变”“涅槃”“刻骨铭心”“改变一生”。十四年来，我们请刘老师九次襄助，受教人数逾千，他们由培训师演化为企业教练，不断探索业务创新方法，继而沉淀为组织智慧。我本人和刘老师交往，处处感受到他的智慧之见与慈悲情怀，他帮助无数人明正理、得正见、说正语、操正行。他真是一位“菩萨”啊。

3. 刘智（江西大智建筑装饰工程有限公司董事长、江西省装协副会长、中国建筑装饰协会理事，荣获全国优秀企业家称号）

子熙，1982 年江西萍乡的高考文科状元。我儿时的玩伴，亦是我心目中一直敬重的偶像。虽现不常见，却意气相投。

相知逾几十载，佩服其在纷扰躁动的世俗中，坚持做学问的从容与认真。其潜心钻研之精神，若自己能习得一二，企业或许有另一番天地。行文著书，子熙做来如行云流水、赏心悦目。

2008 年，值我集团成立分公司之际，觅得两位合伙人。子熙耐心帮我与两位深入交流面谈，名曰“首善”。如今，此分公司已在本地业界小有成就。2017 年，公司十五周年庆，邀请子熙作《飞得更高》演讲，子熙现场吟诗《沁园春·雪》，员工们听后热血沸腾，激情澎湃。子熙，乃我人生的导师也。

子熙作为萍乡人，工作之余，亦关心家乡的发展。积极参与萍乡品牌联盟、企业家协会的企业走访，关心民营企业家的成长与提升，甚至不遗余力组织大家学习并免费授课。昔日的学霸，今萍乡之骄傲也。

行文如此，做人如此，简洁明白，真实。

TTT，是子熙一生的追求，亦是其 28 年来的心血与成果。期待已久，此书精华必将令我辈受益。

4. 孙力（世界经合组织（OECD）访问学者、原麦肯锡（中国）特约研究顾问、北京大学组织社会学博士、超级大乐透设计者、《领导智慧思维》《智行领导力》《企业家觉醒领导力》课程版权所有人）

“一线藕丝”牵出的缘分。我和刘老师还挺投缘的。没见刘老师前，我被“一线藕丝牵大象”这句话勾住了魂。可见了面，被他另一句话戳中！那是2008年6月份，我去上海听他的课。刚见面，他跟我说：“其实说得好，不如问得好！”这么多年了，我也奇怪，为啥这句话印象就这么深呢？想想该是缘分的事吧！

第二回见是在合肥。2009年9月，我为家乡安徽体彩邀请刘老师亲授TTT。尽管，我那会儿在彩票界是财政部彩票专家和体彩顾问、超级大乐透设计者，是全球首款体彩奥运即开票爆品的策划者，可说实在的，在培训圈，我是个新兵蛋子。没想到，我请老师来，还成全了刘老师和中国体彩合作的缘分！

第三次见，是2014年，是因为我想吃讲师这碗“饭”。我可是认真的，不仅开发了《和合智慧思维》版权课，还决定抱刘老师“大腿”给我做媒。刘老师二话没说，这样我便第一次和培训圈的安徽海轩商学院有了合作，开始吃上“开口饭”。是刘老师帮我端稳了“饭碗”，圆了这份缘。

记得后面还见了刘老师好多次。刘老师很爱说，每次只要用心听，我都会有种偷师学艺的快感。而这些，都源自“一线藕丝牵大象”带来的缘分。

无论我们自己的专业领域做得多好，想要去训练他人，自己就要先接受培训。训己助人、训己化人！

5. 王丹茂（贵州武岳实业集团公司总经理助理、人力资源部部长、高级企业人力资源管理师）

从2008年第一次听刘老师的课，转眼已过了14个春秋。刘老师在课上讲的话语早已刻于心中。“内化于心、外化于形”“老师是站着的学员，学员是坐着的老师”“不做另一个谁，成就唯一的我”……这些常运用于日常的工作及生活里。

听到刘老师即将出新书了，书中汇集了在课堂上讲授的知识精华，用心品读，将受用一生。

谢谢您，刘子熙老师，感谢生命中的遇见。

6. 袁广全（江苏培联专家委员会主任、TTT授权导师）

与刘子熙老师第一次结缘是在2008年，那时我还在培训机构工作，一个客户指名需要刘子熙老师来讲授TTT，通过几层关系找到刘老师来南京讲课，那是我第一次接触 TTT，看着刘老师在台上口若悬河又精彩绝伦地讲授，虽然我听得有点云里雾里，但还是被深深折服。

当时我在培训机构工作，接触了很多老师，觉得大部分的钱都被老师赚走了，就萌生了自己去学一门课来讲讲的念头。2009 年，正好得知刘老师在招授权弟子，虽然学费挺贵的，但还是义无反顾地奔向了上海。2009 年 6 月 22 日，正式拜师成为第一期 TTT 标准教程授权导师，和十三位同门成了师兄弟，拉开了学习刘氏 TTT 的序幕。由于我是零基础，以前从来没有讲过课，所以连续几次授权导师集训营，我学得都很费劲，听得是一知半解，感觉要把这个课学好再讲好，那是不太可能的事，就自己慢慢放松了学习的兴致。

时间到了 2012 年，我参与了江苏培联的创立，认识了更多的老师，听说我是刘子熙的徒弟，好多老师都通过我报名参训《TTT 国际职业培训师标准教程》（**这个班现在已开了三百六十多期了**），圈里的很多老师都拿过 IPTA 的认证证书。2013 年，我又带着几位老师去上海复训，看到昔时的同门已成了认证班的授课老师，而我自己还在原地踏步，我的心被深深刺痛，正好加上有一位朋友要拜刘老师为师学艺，我也重新投入 TTT 的学习之中。虽然感觉学习真的还很难，但是为了真正掌握这门课，我痛下决心，2013 年放弃南京的一切，只身来到上海，跟随师父学习，从师父的跟班助教开始，一点一点学习 TTT 的每个知识点，参与多个 TTT 项目的辅训工作。记得在上海与晓剑老师参与红星美凯龙的项目就有好几个月，也就在这时，我终于能把每个知识点都融会贯通起来，才有了上台授课的底气。从 2009 年拜师学习开始，其间师父认为我已掌握得差不离了，多次鼓励我站上讲台，但我没有太多的底气，直到 2014 年年底才终于下定决心登台授课，整整经历了 5 年多时间。虽说时间有点长，但对我来说，却是不可或缺的一段学习经历，正因为长时间的打磨，才有了我现在授课的那种从容和淡定，也更感谢师父在这段时间对我的教诲。

2017 年，我也有了自己的徒弟，小曹比我学习更用心刻苦，2019 年代表江苏培联参加全国培联推优大赛，拿了全国冠军，作为师父，我感觉他不仅为我赢了面子，更为我们 TTT 争了光，后来，我也推荐曹老师成为师父的授权弟子。其间我也引荐了多位老师学习传承 TTT，现在在培训界活跃的授权弟子徐云松、赵海河等同门都是在我的引荐下拜刘老师为师，加入 TTT 这个大家庭的，感觉自己为了 TTT 的传承也尽了一份力。

最后还是要感恩师父，让我有缘学会了一门既能助人成长发展又使自己衣食无忧的课程，更感恩一路走来的同行人，我的生命里有了你们而更加精彩。

2009

1. 韩宝川（京点咨询创始人、酒店行业投资人、TTT 授权导师）

缘起：第一次接触 TTT 是在 2009 年参加值班经理培训班，讲授 TTT 的是汉庭学院（**现在的华住研学中心**）的张温荣老师和郑艳老师，当时就有种相知恨晚的感觉。

后来我被调到了北方分公司做运营工作，大约是 2010 年，汉庭学院安排我参加《培训》杂志举办的活动，活动中每个嘉宾有 30 分钟的演讲，其中就有刘子熙老师。刘老师的演讲，震惊了全场，掌声雷鸣，虽时隔多年，却依然记忆犹新。活动结束，我向张温荣老师打听，对刘老师有了些许的了解。

2013 年，公司在成都举办季会，同时想请一位培训师给店长做一个领导力方面的培训，我就想起了学识渊博的刘子熙老师，遂向公司提出了建议。终于，我在美丽的成都见到了仰慕已久的刘子熙老师。

拜师：我一直想做培训师，倒不是好为人师，只是喜欢分享、传播知识。与刘老师结缘后，刘老师无论是日常工作上还是职业生涯上都给予了我大力的帮助，受益匪浅。2017 年，我有幸参与“刘子熙导师经典文抄《从 20 万到 100 万，优秀讲师的质变和突破》助印”活动，也算是对刘老师无私教诲的回报。

再后来，得知刘老师有 TTT 弟子班，我毫不犹豫地报了名，刘老师就成了师父。当然，如同师父所说，我只有在 TTT 的传承上是师徒关系，其他场合，仍是兄弟朋友。就这样，我跟众多师兄弟亦师亦友、教学相长、相伴成长。遗憾的是，“人在江湖，身不由己”，除了偶尔上上讲台，目前，仍不能算是真正的商业讲师，有点愧对师父的教诲……

应用：有时同门师兄弟开玩笑地说，刘派 TTT 是一杯“高纯度的酒”，需要慢慢地品、认真地尝。

虽然我还没有成为专职讲师，但对我来讲，TTT 完全可以应用在实际工作中。例如，表达能力、沟通能力、总结能力、概念的提炼，甚至对自己的形象塑造、管理。

相信，TTT 终将与更多的有缘人相伴成长一起飞。

2. 韩晓宾（北大纵横商学院副院长、中国市场信息调查业协会管理产业专委会执行会长、中管院培训部副主任、管训一体培训模式创始人）

初识子熙老师，是在《培训》杂志 2009 年全国百佳培训师的颁奖盛典，他作为颁奖嘉宾为我颁发奖牌；再识子熙老师是在中国管理培训联盟，我是发起机构之一，他是联盟的总导师，指导联盟培训师讲课技巧；后来相识相交在培训界各类活动中：“我是好讲师”大赛、北大纵横的五环管理峰会、纵横活力营年会（160 **多位合伙人学习培训技巧**）、改进咨询的研讨现场、上海启能明师讲习所等。他对我的职业生涯产生过很重要的影响。我最钦佩他的地方在于：他几十年只做一件事——研究 TTT 理论、传授 TTT 技术，硬是在 TTT 这个小“赛道”里做出了一片广阔天地！

3. 李卫芳（上海硙峰实业有限公司董事长）

十几年前，一次偶然的机会，我去一个朋友的酒店办事，在走廊上看见会议室有一个企业家培训活动，听到会议室里演讲人语调激昂、抑扬顿挫，会议室气氛热烈，一下吸引了我，后经朋友引荐，有幸认识了刘子熙先生。

他作为一个北大法律系的高才生，曾在国家劳动人事部门工作，后去新加坡打拼；三十多年的企业策划、管理培训成就了他丰富的阅历、渊博的学识、坦荡的情怀、行云流水的表达，他对政策的精准拿捏和发现、挖掘问题的敏锐能力，都给我留下了深刻的印象。

在亦师亦友的十几年中，我经常参加子熙先生的企业家培训、演讲及私董会，受益匪浅，学习了子熙先生对企业管理的真知灼见和实效方法，借鉴到培养企业团队意识的巧妙措施，也运用了他对于一个常人立足于社会的沟通技巧及处事方式，收获颇多。

企业家经常带团队、育中层、培训继任者、教导接班人，《TTT 训的就是你》太及时了，读后一下子心里豁亮了。

4. 任戈（仁脉教育董事长）

和子熙老师认识十几年了，那时候还没有做仁脉，子熙老师已经是 TTT 职业培训师课程的代表人物。我觉得未来的培训方向一定是基于行业或者岗位做专业服务，想找优秀的标杆交流，就认识了子熙老师，他是行业里最早专注培训师研究、走专业路线的老师。

2011 年，我提出想了解他的做法，没想到他主动邀请我免费听他完整版的课程，按照今天的话说我们是“友商”，他丝毫没有担心友商是否偷学，说明老师的大格局，无私地分享专业上的研究成果。

那时他在制作《壹图易训》课程套装，提出“培训革命、始于一图”，还投入大量人力物力和精力设计拍摄视频课程如 5S、mini course、训练歌曲（**视频版**）等，把企业培训系列课程标准化、通用化成标准模型和动作，培训技术的先进性和创新性对我触动很大。子熙老师不断地创新，一直走在专业研究的最前沿。

《TTT 训的就是你》是子熙老师作为大师级老师 20 多年专注研究的成果；是无数学员、弟子成为职业讲师成长的精华结晶；每一个模块，每一个工具都是经过精心的设计和打磨，是这些年培训师专著中不可多得的精品。

对于最早专注于 TTT 培训师职业化研究、无私分享、不断创新、桃李满天下的大师的专著，是每一位感兴趣的读者的宝书。

5. 时旸（中国农业银行香港研修中心处长）

合作之缘。2009 年，为加强内训师队伍建设，我陪同处长赴上海调研，第一次见到专注于 TTT 领域的刘子熙老师。刘老师畅谈培训师职业化培养的理念、方法与路径，契合了我们关于全面提升内训师能力、素质的需要。经部门领导批准后，我们与刘老师开展了多年合作，对总行级内训师进行了包含三个阶段的系统化培养，取得了良好效果。

价值所在。刘老师深耕于 TTT 领域 28 年，独具匠心，精益求精，将一般为师几十年才能拥有的经验感悟（**无形知识**）总结提炼为一套系统方法论（**有形知识**），高效帮助培训师树立职业理念、塑造职业形象、增强职业技能、提升职业素养，有效助力企业知识的传播和传承。

未来之愿。近日，欣闻刘老师即将推出新书《TTT 训的就是你》，将从业几十年的经验成果分享给广大培训同仁，实为培训界的一大幸事，可喜可贺！衷心祝愿刘老师的 TTT 事业更上层楼，培养出更多优秀的职业培训师！

6. 肖虹（中兴通讯供应商审核资深专家、高级讲师）

2009 年我开发并讲授质量课程，被评为公司十佳优秀讲师，给我们的奖励是刘老师的 TTT 课程，这期间发生的事情及当时的感受我现在仍然记忆清晰。这个课程令我大为惊讶，原来培训授课还有这么深的学问。在这之前，我接受过著名大学讲师讲授的 TTT 课程，当然有很多收获，但没觉得培训很深奥。刘老师的课程给我开了一扇门，从全新的角度理解课程开发和授课，即“精益培训”。对比之下，我有点难以面对自己的课程与讲授。

在这之后，每年我都会重新听一遍刘老师的授课录音，不断改进自己的课程开发和授课技术，但一时还无法深度理解及准确应用。一直听了大约十遍，我终于在哲学和技术层面上理解了刘老师的课程，更体会到他对课程开发和授课技巧的总结功力深厚而精确。

听到刘老师将他大半生的总结奉献给各位热爱教师岗位的同行，我深有感触。如果十年前有这本书，我大概不需要听十年的录音，马上就能理解并应用这些有效的技巧，等于为自己争取了十年的时间，这是我对刘老师的唯一“意见”。

7. 王军（某大型国有金融机构省级单位审计负责人）

我最初接触 TTT 大约是在 2009 年，当时我所在单位邀请刘子熙老师在长春做 TTT 培训，那时我才知道居然还有一门针对培训师进行专业培训的课程。

基于良好的培训效果，2010 年单位再次邀请刘老师在武汉进行系统的 TTT 深度培训，我也有幸参加。刘老师的 TTT 培训具有鲜明特点，虽时至今日，已过十余年，依然记忆深刻：一是刘老师的培训内容很实用，干货满满，他系统传授了“如何开展教学活动”的方法，并使学员了解到一个完整的教学课程体系结构，包括开篇、过渡、小结等要素；“教学活动”是有规律和章法可循的行为，并不是随心所欲、想怎么讲就怎么讲的无序行为。自身求学经历告诉我，很多中小学老师，乃至大学讲师、教授都应系统学一学 TTT。二是刘老师的板书堪称一绝，通过逻辑树，把课程内容提纲挈领地展现在白板上，清晰记录了课程主要内容，有效地配合了 PPT 的使用；同时，板书突出课程内容的关键词，明确教学重点，有利于学生的理解和记忆。此外，板书中有效运用了黑红两色笔，进行字体颜色的区分，突出了讲师重点强调事项。三是课程资料完整，除讲师讲义外，一个完整的教学资料还包括学员手册、资料库等内容。四是突出了 PPT 制作基础技能培训，尤其对 PPT 模板文字色彩的选择与运用，明确了配色图中选择对角线色彩的标准，解决了观众看不清 PPT 上文字的问题，避免了 PPT 文字色彩选择随意性。

刘老师课程中很多金句使我获益匪浅，其中关于“所有精彩都是准备出来”的观点，对我从事内部培训工作以及其他本职工作都产生了深远影响。触类旁通，做所有的事情都要做好充分的准备，不打无准备之战。正如刘老师所说，“准备比资历更重要，资历也是长期的准备”，充分的准备有利于建立自信，取得预期效果；可以说我在专业领域的培训实践，很多来自刘老师 TTT 教学实践的成功引导，甚至于潜移默化影响到多年来我对待工作一丝不苟、认真细致做好每一件事情的要求。

影响学生学习好与坏的因素，除了学生自身的努力和认真程度外，我认为老师是主要因素，尤其能讲明白这门课程的老师或能激发学生学习该课程积极性的老师更重要。TTT 课程正是这样一门提高老师教学水平和能力的基础课程，它值得每一位职业培训师、中小学及大学教师、企业内训师，甚至是有公众表达机会的人士要认真学习的一门基本技能和课程。欣闻子熙老师在 2022 年上海百年不遇疫情肆虐期间闭户著书立说，把他多年 TTT 教学实践的经验系统总结，呈现给读者。这是一种难得的传承和无私分享，也是一件功德无量的事情。期待子熙老师的著作早日问世，以飨读者。

8. 王克兰（品聪智能科技的董事长、上海市萍乡商会监事长）

子熙先生于我，可谓良师益友，我和他的缘分源于当时他是商会的专家顾问，而我是当时商会为数不多的女性执行会长，我们还曾一起筹划组建萍商大学。从 2015 年开始，他是商会的高参，也曾出任商会秘书长，现在是商会的理事长，每逢大小会议、各类活动，几乎所有策划和对外的撰稿，都有子熙兄的思想和灵魂，当年向萍乡市政府提交的“萍商宣言”以及“天下萍商”“萍商天下”的豪言壮语，在全国萍商乃至全球商会中掀起了一股热爱家乡、回报桑梓的澎湃热潮。他还在长三角萍商发展论坛上向时任市委书记刘和平提出区域品牌发展战略的基本构想。

愚以为，这一切当然依赖于他的学识，更重要的是一份担当、使命和本真的品质，浅读《TTT 训的就是你》，所有的框架和脉络其实就是子熙先生为人处世的模型，我感觉 TTT 整个的源动力，基于元认知、寻道定位、建模立范，整本书都可以感受得到，这本书所有的内容，精彩绝伦、富有操作性。创新、跨界、破局，让天下没有人不能成为名师的行业导师，只要想透就能讲透，你甚至坚信自己也可以成就那个唯一的我！

当然因为熟知，我从书里面能感受到他那种坚定坚毅、不容置疑的个性，也不乏俏皮可爱和幽默的特性。“TTT”这三个字母充满力量、充满智慧，同时也能感受到似乎随时都能看到子熙兄拍案而起的气魄，让人非常期待。祝愿这样的好作品能传播得更快更广，也祝愿所有的 TTT 名师早日人才引育、成就非凡。

9. 闫笃军（中国成人教育协会礼仪专委会常务副理事长兼秘书长、海纳川教育副总经理）

2022 年 5 月 7 日，师父刘子熙老师打电话告诉我他出了一本新书，借此机会大家一起回忆师徒情，也是从另外一个角度，让读者能够感受 TTT 的“众生缘”。说实话，我也是一直很感激师父在早期给予的支持和帮助，一直想找个时间回味下，接到电话，我欣然答应，平时很忙，这正好是一个不错的契机。

笔者闫笃军，2009 年创业，海纳川教育联合创始人，主做演讲口才和礼仪师资认证培训，因业务发展需要，2010 年计划学习 TTT，考察完市面上的培训机构，我毅然决然地选择启能公司——一家只做 TTT 培训的公司。它给我的第一感觉就是专业，事实也没有让我失望，本来想去学习一门技术，没想到这一门课让我从“道法术器”各个维度感受 TTT。不，这门课程已经超出 TTT 而存在。道可道，非常道，记得当时子熙老师说过一句话：“无论你学习哪个版本的 TTT，也许启能的 TTT 才是你最后一站。”我也相信师父的自信不是盲目，而是来源于他 10 多年的专注沉淀。这一期 TTT 的学习，也算是跟师父的第一次邂逅吧。这个时期师父给我的印象，是一位非常爱研究 TTT 技术的人，喜欢把 TTT 的技术做文字提炼，精益求精；他把授课技术上升到心法口诀，学习者可记忆深刻，现在依然记忆深刻，比如“道可顿悟，事须渐修”“万物皆着我之色彩”“资源就像多面体，总有一点贴合你”“老师是站着的学员，学员是坐着的老师”等，知其然知其所以然，学会心法，以不变应万变，说实话，10 年过去了，这些口诀心法，现在还会时不时影响着我。

时间来到 2013 年 3 月，师父开了一期《明师开刃》课程，10 位师兄弟，每周两天的集中学习，一起学习，一起交流，一起吃饭，一起聊天，培训路上让我度过一段难忘的时光，现在想想还是挺怀念的，当时上课照片和视频我也一直保留至今，时不时还拿出来回忆下当时的场景。其实这期课程，师父付出很大，整个学习历时 8 个月，每周两天，一共 60 余天，如果从商业的角度，是绝对亏本的生意，但师父从来不会计较得失，甚至为了两天课程，还专门从其他城市飞回上海，师父一直秉承“你相信我，我要对你负责到底”。也正是因为师父的这份敬业，2014 年 1 月，我拜师学习了 TTT 授权导师班，师父是一位值得“托付终身”的人。

2015 年 9 月，我结婚了，悄悄告诉你们，师父不仅是我的人生导师、生命中的贵人，还是我的证婚人，再次感恩、感恩！字短情长，期待疫情解封，我们再聚首。

师父新书《TTT 训的就是你》，满满的都是干货，25 万字，208 个知识点，可谓是 TTT 的百科全书，培训人必备。最后预祝新书大卖，好书就应该去度更多有缘人。

2010

1. 蔡裕龙（上海起航云天科技股份有限公司董事长）

2010 年公司向银行业客户交付培训项目时，请到刘子熙老师讲授 TTT 培训师训练的课程，当时合作很愉快，后面有多次交流与合作。刘老师讲授的课程追求实效，心法手法实在、操作性强，刘老师非常重视启发学员的感悟，“当下改善”“原地提升”；他提出的“不做另一个谁，成就唯一的我”“学习忘我、应用无他”等方法，以及“职业‘装’”“三五成群”“登堂入室”等概念，以及一课四训、全程训练、讲评提升等新颖的训练技术和方法，令我印象深刻，客户的满意度反馈几乎超过其他所有 TTT 的老师。从此，起航和刘老师友谊的小船开始扬帆起航。

公司还多次特地邀请刘老师及其团队来交流培训行业发展的现状及长期趋势，我们之间有很多默契和共同的判断；其后，刘老师举办明师讲习所等项目，我们也一直关注并积极支持。

刘老师推出新书《TTT 训的就是你》，非常及时，一定可以帮助更多的经理人和培训师在职业化的道路上厚积薄发、快速成长。

如果方向大致正确，在某一个领域坚持努力十年，不成功几乎不可能。刘老师在 TTT 领域坚持耕耘将近三十年，是非常值得我钦佩的，期待未来能够有更多深入合作。

2. 褚莉莉（《完美呈现——PPT 报告制作技巧》©《蝶变成师——讲师授课技巧大揭秘》© 版权课程开发者、TTT 授权导师）

记得在 2010 年我在上海参加中国管理培训联盟组织的活动，组织方为了让我们这些来自五湖四海的新手老师增强授课功力，特别邀请了子熙老师来帮我们打通“任督二脉”，我第一次见到师父就惊为天人，我从来没有见过一个老师如此的知识渊博、出口成章、旁征博引、指点江山。

他的台风简直酷毙了，云淡风轻间透露着气宇轩昂，抑扬顿挫间拿捏着轻重缓急，无论用多优美的词去描述子熙老师都无法说明他的风采，举手投足都是满满的架势、气场和魅力。

他是北大法律系的高才生，是国内 TTT 领域的翘楚和泰斗级的人物。我当时立刻决定要拜师学艺，这也是我人生中最明智的一个选择。师父经常跟我们说：“培训啊，道可顿悟，事须渐修，培训是有限时间的有效训练，所以培训师需要立足讲授、面向效果，所以我们上课要梳理逻辑，横生妙趣、粗枝大叶、情理并茂……”这些关于 TTT 的至理名言，深深影响着我，也让我在授课上不断精进和蜕变。

我们刘氏门派有一个非常显著的特点，特别强调培训师的职业化，我们叫作“职业‘装’”、敬畏感、上台之前“作一把”。我还深深地记得师父手把手教我们话筒的拿法：一折二移三翻四展，虎口贴裤线，要避免小动作。你可以想象师父在职业风范方面研究得多么仔细，结果就是我们这些学生出来，往台上一站就是不一样的气场，区别于其他老师的精气神，职业化特别明显，以至于熟悉子熙老师的一些朋友一看到我们师兄弟们往台上一站，不用开口就能猜出是子熙老师的徒弟，你说神奇不？有了师父深厚培训功底的加持，我在培训的道路上可谓好运连连，惊喜不断。2011 年我受到了深圳卓越经理人赵总的青睐，加入这家业界知名的培训机构，成为专职培训师，给全国各地的银行客户讲授 TTT 内训师成长项目。当时我们承接的 TTT 项目都是多批次、长周期的，所以经常都是项目经理带着我们好几个老师、助教、顾问去往客户的城市去交付项目，白天分不同班级同时授课，晚上聚在酒店讨论优化第二天的培训细节。项目是最辛苦也是最锻炼人的，在卓越经理人的 5 年时光中，我在授课功力上不断地实践沉淀，把师父教导的 TTT 的技术分享给更多的内训师朋友，成长为一名成熟的 TTT 职业培训师，羽翼渐丰、成人达已。

我逢人夸我师父说得最多的一个比喻就是：我师父就是一瓶“酱油”，我们这些做弟子的每次上课只要放一滴，课堂就足够“鲜美”了！看似拍马屁的俏皮的比喻，其实最能表达我内心真挚的感受。在 2015 年我怀二宝，培训师怀宝宝等于是什么都干不了，在家安胎三个月的时候，我心里这颗热爱培训的“小火苗”又窜上来了，有个计划在我脑袋里酝酿，我打算把我自己的一门课程——PPT 报告制作技巧开发成讲师授证课，帮助更多的培训师讲授这门课程，说干就干。我把师父关于 PPT 的一个口诀——表述概念化、概念图形化、图形层次化、层次动态化作为课程的整体脉络和核心干货，再结合师父教导的培训技术，把我原来的 PPT 课程升级迭代，脱胎换骨打造成两天版本的精品课程，运用一课四训的思路开发了包含授课 PPT、课程大纲、讲师手册、学员手册、案例库、练习集、授课脑图等在内的课程包等，完整的培训资料，就为原汁原味传承课程奠定了坚实的基础。我在怀孕 8 个月的时候，挺着肚子举办了第一期的《完美呈现——PPT 报告制作技巧》的讲师授证班，大获好评，由此一发不可收拾，从 2015 年到 2019 年一共举办了 13 期讲师授证班，培养了 150 名优秀的 PPT 认证讲师，这些经过系统培训出来的培训师走进了企业，帮助职场人士提升 PPT 制作能力。办公技能属于口袋技能，也就是学员的能力成长是立竿见影出成效的，PPT 制作的效率在现场就能快速提升，当时又正值 PPT 的风口，可谓天时地利人和，所以授证班大获好评。很多学员因此走上了职业培训师的道路，也有一些学员在企业内部成为明星讲师，或者 PPT 技能提升后成为领导的左膀右臂，授证班成功后带来的一系列荣誉、师生友谊、客户满意、行业口碑、事业伙伴、版权课程……都让我深深感恩师父的教导。在师父的智慧宝库中只取这么一滴，竟然能够成就如此辉煌的一段经历，我感恩一切都源于师父。

初出茅庐的时候还不觉得，在培训道路上越走得长久，就越发感觉到师父的好，也许是心诚则灵，有个天大的好消息是师父的淀山湖培训基地建成，离我家才 5 公里，开车 40 分钟就到了，真是太开心了。正是近水楼台先得月，这次师父出书我就得到了帮助绘制思维导图的机会。绘制一本书的思维导图是一个脑力活，因为需要准确透彻地领悟这本书的内容，需要提炼萃取出书的框架、精华、金句，还需要保证脑图颗粒度的均衡和内容的详略取舍。所以，这份工作的珍贵之处，除了可以在出版之前先睹为快以外，最关键的是师父 TTT 精华内容的再次智慧洗礼和深度学习。

说说我绘制思维导图时候的一些感悟：第一个是如数家珍。师父的 TTT 中有太多的智慧了——关键字、语感结论、顺口溜、心法口诀、手法话术……授课技巧、职业风范、课程开发、互动掌控、拿捏引导、非常掌控，它们彼此之间又是融会贯通、相互印证。原来就知道师父的 TTT 博大精深，而真正当我用脑图把这些智慧都呈现和展示出来，琳琅满目地出现在眼前的时候，还是难以掩饰激动无比的心情，就像你走进洞穴看满洞穴的奇珍异宝时血脉喷发的感受一样。第二个是拍案叫绝。其实最早跟着师父学习的时候，我就有这种感受，也就是当你看到师父的某个金句，比如克服口头禅的心法和手法“宁断不乱”，就会发出“啊哈”一声，全身有触电的感觉，惊讶于师父总结得是如此透彻，用最简洁的语言道出了最深的秘诀，既是心法，道明“口头禅”的本质问题是表达太连续而增加的语气助词，同时也给出了手法，宁可断开，想好了再说就能有效减少并最终杜绝“口头禅”。关键是确实有效，你会从原来的无意识到有觉察、到减少，最后真的能够控制住“口头禅”，达到语言简洁表达没有赘语。你能感受到自己的显性变化，真的如师父所说“有时点破一句话，胜过低头忙一年”。所以，每每到这种时刻，你通常都会有两种情绪，一种是后悔——“我怎么不早点学，白瞎了这么多年”；一种是好为人师，按捺不住想要和朋友分享，如果朋友也是一点就通的话，那场景就是两个人捶胸顿足、手舞足蹈、拍案叫绝，拥抱在一起大喊“哎呀，真是绝绝子”。

我在绘制师父新书《TTT 训的就是你》思维导图的那些日日夜夜真的就是这样，一会儿血脉喷发，一会儿拍案叫绝，苦于晚上夜深人静，四周无人可分享的遗憾心塞。师父新书就要出版了，我作为弟子真的感到非常开心，也为全国的广大培训师们开心。翻开这本书，满满一本都是 TTT 培训师的口诀心法，都是道破天机的诀窍套路，都是师父多年潜心研究的智慧法门。相信你也会和我一样，猛然间狂拍大腿，大呼过瘾!

3. 梁耀同（安信研修院项目总监）

命中遇贵人，人生之幸运。贵人不仅可助职业生涯一臂之力，甚至可以改变命运。刘子熙老师就是这样的贵人。

刘老师培养我成了金牌讲师。2010 年，我在安信证券任一线理财经理，有幸参加公司组织的“TTT 训练营”。三天两夜的课程，刘老师将培训师的道、法、术、器毫无保留地传授给我们。其中，“首善”“乐从”“分享”等理念，以及素材收集等绝招，如醍醐灌顶。训练营结束后，我与刘老师保持联系。当武汉营业部的负责人邀请我去授课时，我按捺不住心中的喜悦和激动，像孩子考了 100 分向家长报告一样，向刘老师写了报喜邮件，并请刘老师指导。刘老师喜爱成就他人，很快回我电话，悉心地指导我如何安排内容、如何修改 PPT，还叮嘱我出差到外地授课应该注意什么。得刘老师的真传后，我迅速成长为公司金牌讲师。之后，我受全国各地超过 50 家分公司或营业部负责人邀请授课。一名普通理财经理在业务一线一边做基础工作，一边到全国各地分享经验，累计超过 2000 课时，这成了我的特色和优势，为后来被调到公司总部从事培训工作夯实了基础。我现在是中国证券业协会特邀讲师，经常为全国证券公司分支机构负责人授课。

刘老师指导我培训了一批讲师，打造了学习型组织。2016 年我从业务岗位转到领导岗位，开始筹建营业部。当时摆在眼前的问题有很多，最关键的是将队伍组建起来。我又请教刘老师。他说，新生代的管理与传统的差别很大，简单的布置任务、跟踪 KPI、纪律管理已经无法把队伍带好。要带好队伍，一定要成就员工，而打造学习型组织，可让员工快速成长，这是成就员工的好方法。在刘老师的指导下，我们通过头脑风暴、工作坊的形式，共创了十几项业务场景的标准化流程，包括营业部讲师队伍培养标准。我们怀着“打造理财型营业部”的愿景，通过“人人成为讲师”的方式，最后打造了有十一名讲师的高绩效队伍，举办了一百多期投资者教育课堂，到数十家企业分享金融知识。2017 年，我们成为公司明星营业部，同事们也多次受邀到全国各地分享经验。

刘老师启发我教育孩子。育儿上，刘老师也是专家。之前我总认为儿子专注力不好。直到儿子接触到刘老师后，我才改变了看法。2021 年，公司组织零售 TTT 训练营，邀请了刘老师辅导。儿子来到培训现场后，很快与刘老师熟悉了。突然，儿子发现天花吊灯上有一只虫子，惊喜地问我：“爸爸，你看那是什么？”我立马回答：“应该是蟑螂吧。”儿子追问：“不是蟑螂吧？”我有些不耐烦说道：“不要管它了。”刘老师见状，接话过来，不断地指导孩子并回答问题:“哎哟,是有只虫子哦,你观察真仔细,是什么形状？什么颜色？有几条腿？有几个翅膀？如何进去的？为什么不飞走？……”就这样，刘老师不断地换着不同角度去引导孩子观察、猜测,孩子每回答一个问题,不管怎么样，都给予肯定和表扬。“你好细心”“你观察力好强”“你联想能力真丰富”“你好会想办法”……孩子看不清楚细节，就用手机放大倍数拍照观察，刘老师又大力表扬：“你真棒，我是高度近视，你教会了我这个好办法。”一只小虫子，他们一起专注交流了将近 20 分钟。

午休时，儿子兴奋地向刘老师展示捡来的石头，并说每一个石头看起来像什么,不停地拿一个说一个。刘老师引导:“不要拿这么多，找一块你最喜欢的，从这个角度看像什么？从这个角度呢？”刘老师不断地引导孩子从不同角度观察一块石头，然后引导聚焦观察，就像照相机，从大到小，最后孩子观察到石头里的一点点泥土是黄色的。观察完石头，刘老师说：“我们能不能摆石头来讲一个故事呢？”结果孩子兴奋地摆着石头，讲着故事：“从前有两座大山，山里有一个玉石，玉石头下面有一个平整的大石头，有一个人叫愚公，他准备将山移开，后来天庭派来三名大将，将山劈开了，面前有一条河，愚公搭了一座桥，到河对岸找到了很多玉石，最后愚公赚了很多钱，过上了幸福的生活。”

这两件事，我默默观察着，发现孩子都特别兴奋、特别满足、特别享受。似乎儿子一下子变得特别有专注力了。反思自我，教育孩子目标不清晰、自己不够专注，还总说孩子这不好那不好。我终于明白，没有不好的孩子，只有不懂方法的爸爸。

人生中，有很多人帮助我成长，而同时在职业和育儿中都帮助的不多，刘老师是其一，他是我的贵人，我对他感激不尽。

附：刘老师教导的育儿经

（1）不要与孩子讲概念，讲出来的词语要定义清楚，并用案例说明白，否则孩子根本不理解。讲道理和概念，不如引导孩子动手做。

（2）允许孩子半途而废，我们成人都不可能每件事做完、做好，更别说孩子了。

（3）激发孩子的内驱动力，关键是找到他感兴趣的、好奇的，一旦发现就要把握机会，不断从多角度、深度去引导。

（4）善于发现孩子的好与不好，不好的，不要提。每个人都有旧习惯。如果10个习惯有9个不好的，1个好的，就要不断激励、表扬、放大这个好习惯，从而建立新的习惯，新习惯有了，旧习惯就改变了。不要太关注问题，重在关注目标。

（5）像驯兽师一样培养孩子，所有事情不能强拧，应正面刺激。驯兽师如果硬来，估计早被野兽吃了。孩子也一样，要慢慢来，不管什么事，不要急、不强迫。

4. 吕奎（秀实投资副总裁、中国传媒大学传播学硕士）

我与TTT结缘，要追溯到2010年。当年，我所在的机构引入了子熙老师的TTT课程，看到同事们忙前忙后，我一直盘算着我什么时候能参与到项目中来。一晃三年过去了，我经历了基层锻炼、业务实践和处室分工调整，2015年前后，我如愿以偿地接过了师资项目的接力棒，开始负责具体工作。

既然说是“缘分”，那注定是源于和自身特质的精准契合。我是愿意从倾听和表达中寻求某种意义的人。可想而知，当我第一次听到子熙老师的授课时，那种始于“架势感”的震撼，行于“专业感”的慕求和归于“价值感”的认同，让我在工作多年之后，找到了类似“真北”的心动与方向。一般而言，职业价值观与工作模式大概几年便固化定型，这既和个人经历有关，也会受到身边同事和周遭环境的影响。这种“固化”无法用好坏去判定，但能否在正确的方向上获得持续跃升是一个值得回归探索的话题。我与TTT的结缘，让我从“以终为始”的视角去重新审视业务的方向和未来。

谈及收获，底层的结构性思维与精准的职业化表达，是子熙老师和TTT版权课给予我的最大助益。我认为，高水准的职业化呈现，是一次始于“装腔又作势”，立于“讲授入佳境”，成于“调度入人心”的悟道之旅；之于学员，这是一次从“听得懂”到“记得住”，最终能“做得到”的求知历程。而能够有效支撑上述内容的，我认为是由内而外的结构化思维，它如同茫茫碧波中的定海神针，贯穿内容生产与沟通表达的始终。对我而言，结构化思维是一次难能可贵的自我检视和系统梳理，让我在异常复杂和困难的课题面前，做到“不让自己带累我，用心助你超越您”。

缘起缘续，感恩子熙老师将TTT带入我的职业生涯，感念与子熙老师和同门一道学习奋战的日日夜夜，更加感动的是《TTT训的就是你》这部凝结了子熙老师学术心血的专注即将福祉更多同仁，愿大家在学习之后，能获得智识的跃升和内心的从容。

2022 年，我们因疫情而暂别，但终将因热爱而团聚！

5. 邵志东（海底捞人力资源总监、学习发展中心校长）

认识刘老师是在 10 多年前，当时我刚刚加盟海底捞不久，正在着手创建海底捞大学（**现在更名为“海底捞学习发展中心”**）。当时面临的困境是从无到有，去创建一个企业的培训机构，师资的培养成为一个非常困惑的问题。这个问题困扰了我好久，众里寻他千百度，在一个偶然的机会我了解到在 TTT 方面非常有经验的刘子熙老师。于是，我带着几个骨干去参加了刘老师在上海的培训班。在这个培训上我初识刘老师，也开启了我们长达十多年的友谊。

那三天的培训，给我影响深刻。妙语连珠、极强的总结能力、漂亮的板书、精美的挂图，作为一个培训界的“老人”，我对刘老师的专业功底也是叹为观止、敬佩不已。

后来随着企业的发展，内部培训师的增多，我也时常自己上台讲课，也讲授过 TTT，但是总觉得讲得不到位，有隔靴搔痒的感觉。后来，我下定决心，请真正的“祖师爷”出马。我是怀着忐忑的心情去请刘老师的，但令人意外的是，他很爽快地答应了，在他本身已经排得非常满的行程中，挤出了两天，给我们的内部讲师做培训。这一次，虽然他的白发见多，但功底越发显得深厚了，总结提炼得也更加到位。一些经典话语不断，“效果是准备出来的，精彩是设计出来的”“编筐编篓重在收口”……我的感觉还是一如既往的好。

刘老师说他要出书了，我觉得这本书出得好像有点晚，其实我已经期待了十几年了，他所讲的东西自成体系、经典之极、朗朗上口，我个人认为作为一个培训师是必须要学的。相信读了，你不会后悔。

祝愿刘老师的事业蒸蒸日上，我相信这本书能给大家带来不一样的收获。

6. 翟皖蓉（西门子汽车电子事业部亚太区原人力资源总监 、美的制冷家电集团原副总裁、奥克斯集团原副总裁）

子熙老师于我，亦师亦友。认识子熙老师还是 10 多年前在奥克斯集团管理人力资源的时候，集团想进一步推动学习型组织的打造，并将内部的知识和经验做好有效的传承，从而达到企业文化的升级建设，我们开始在集团内部积极地掀起内训师的培养计划。启动时也开始对内部讲师进行 TTT 的培训，部门负责学习与发展职能的同事向我推荐了几位可以做 TTT 培训的大咖，其中就有子熙老师。我一直对培训讲师的要求很高，因为我一向认为，为师者，要胸有“海洋”，并且身经百战，才可能融会贯通地组织好“一桶水”，倾注在学员身上，能做到这样的讲师才是优秀的老师。我最后选择了子熙老师，因为他满足了我当初“挑剔”的标准。培训的效果超过了我的预期，因为我在子熙老师身上看到了什么是精心打磨、什么是收放自如、什么是匠人精神！

很多讲者，什么课都会讲，什么课都敢讲，而子熙老师却几十年如一日地打磨 TTT 的相关课程，像制造业的精益生产一样，永远不停止优化的脚步，不停止追求最优的步伐。看到子熙老师为培养培训师而作的话语表达术，会给没有做过培训的初级入门者，或者已经做过培训但是需要不断提升的培训师们提供方方面面的技巧提升的方法。当然这也让大家看到了真正的培训大咖可以做到怎样接近完美的精彩，而这些接近完美之精彩的背后，需要承受多少磨炼和坚持！

感谢子熙老师对 TTT 倾注的心血，以及对培训界的讲师培养做出的贡献！也祝良师益友的子熙老师带出更多的弟子、泽惠更多的培训师！

2011

1. 巴伦一（资深职业培训师、全国 280 多家培训机构特聘金融实战专家）

我从事金融工作 40 余年，担任金融高管 34 年，担任金融培训师 38 年，培训场次 1000 多场，培训员工 140 多万人，曾获得中国农业银行“优秀总行级内训师”（**连续三届**）、“十大杰出客户经理”、首届“知识型员工标兵”、全国首届金融图书“金羊奖”获奖作家、中国金融服务行业九鼎奖、湖北省有突出贡献中青年专家等荣誉，出版了 16 部金融专著。

我与刘子熙导师结缘于 2011 年 6 月在长春举办的农总行级内训师课程开发普及培训班，我全面掌握了 TTT 课程开发知识体系，包括以下几点。

一个核心：智慧传承。两个方面：立足讲授、面向效果，全程设计、内容重建。三个阶段：训前、训中、训后。 四个流程：开场、铺垫、讲解、过渡。五个模型：导入、纲要、演绎、资源、收结。六个接受：让学员启动注意、激发兴趣、产生欲望、深刻印象、引导体验、关注感受。七个步骤：定、规、预、审、准、训、成。八个模板：教学计划、演示文稿、讲解稿本、随堂讲义、资源手册、学员讲义、练习手册、培训行为配置表。九字真言：设计好，控制住，演示足。

这次结缘，让我在新的起点上做好课程开发工作，使农行培训工作进入培训管理的最新阶段——精细发展阶段。2012 年 12 月我在长春再次与刘子熙导师结缘，负责开发中国农业银行首批标准化课程，我担任《中国农业银行个人贵宾客户标准课程》项目组组长，这个教材被评为“中国农业银行精品课程”，也使农行的培训课程开发进入标准化阶段。

评选一本好书，应该具备四个特征：一是点化、入脑，让读者印象深刻，颇受启发；二是消化、入心，让读者乐意接受，真心认同；三是转化、入行，让读者转化行动，学后能用；四是升化、入效，让读者内化于心，外化于行，增知识，长本领。刘子熙导师的《TTT 训的就是你》无疑就是这样一本好书，通过这本书，你将直接学习接受刘子熙导师持续 28 年 TTT 方面的理论与实战知识经验，借智、借力、借势，看刘子熙导师的书，走自己 TTT 的路；坐刘子熙导师的“车”，走自己 TTT 的路，成为无人替代、无法替代、无时替代的稀缺老师和“紧俏商品”。

2. 顾立民（改进咨询联合创始人、GPS-IE 管理改进系统联合发明人、《国际培训大咖 50 谈》（英语）总策划及主持人、国际绩效改进协会（ISPI）候任主席、前国际培训标准理事会（IBSTPI）理事、前 IBM 全球服务执行中心学习与知识总监）

2011 年我离开 IBM 之后，第一个遇到的中国培训界大咖就是刘子熙老师。在离开 IBM 之前，我对国内的培训圈子接触得并不多，因为从 2005 年回国以后，就一直沉浸在欧美的方法论以及外企的圈子里。有限接触过的国内机构都是我的供应商，也见过很多。但对于刘子熙老师，我是早有耳闻，2011 年在上海，通过培训杂志副主编常亚红老师的介绍与刘老师见了面，之后我们有缘在一起发起了中国管理培训联盟。

中国管理培训联盟是由全国各地 100 多家咨询和培训机构组成的专业培训联盟，成员几乎都是各地培训及咨询等领域的佼佼者，在当地市场都有很强的覆盖。我受邀担任总教练，刘老师担任总导师，丁晖老师担任秘书长。在这期间我们创造了中国管理培训者的 16 门标准课程，目的就是让企业能够有合格的管理者来进行管理。为了实现这样的初衷，我们投入了大量的精力，分别在北京、上海等地召开研讨会和工作坊，来分析中国企业管理者的应备素质能力，然后转化成若干个学习目标，最后转化成 16 门非常受欢迎的经典课程。我给它起了个英文名叫 MMDP（Mid-level Manager Development Program），即《卓越中层管理能力发展项目》。

在中国管理培训联盟期间，我和刘老师有机会多次交流，常常惊叹他讲课中的出口成章、自成一体、金句不断、精彩绝伦！我们还一起多次探讨关于课程设计的事情，因为课程设计和 TTT 太近了。在交流过程当中，我对刘老师又有了进一步的了解，所以我把他的微信名也改成了“刘子熙 =TTT”，因为我非常认同刘老师长期以来一直专一做一件事情的精神和决心！

2017 年，改进咨询发起在黄山打造中国培训之都项目，为此专门召开研讨会，请国内比较知名的培训和咨询公司的掌舵人到黄山共商大计！刘老师是首期嘉宾之一。虽然通知时间比较晚，但他立刻调整行程，赶到黄山。在会上他慷慨陈词，让我们看到了他对中国培训事业的一颗赤诚之心。

刘老师在专业上孜孜不倦地探求，总结出一整套 TTT 的规律和方法，而且自成体系，这在国内是不多见的。多年来他在不断地总结、提炼、沉淀、传承，可以说独树一帜。2019 年，改进咨询请刘老师来分享。刘老师免费为公司 40 多人进行了两天的演讲和授课技巧的培训！刘老师对于朋友是非常在乎的！

刘老师重情重义，我们两家公司也成了很好的朋友。我不仅仰望他在培训专业上孜孜不倦的精神和成就，更敬重他的真友情。

祝贺《TTT 训的就是你》出版，我们作为训练从业者，的确需要被训一训！砥砺必大成！

3. 李秋娥（广州娇莉芙投资管理有限公司管理咨询事业部总经理、组织传承计划学习项目版权人、组织传承计划之《萃出价值·取智成课——经验萃取与课程开发》课程版权人、TTT 授权认证导师）

读万卷书，不如行万里路，行万里路，不如明师指路！

2011 年，我在羊城有缘聆听子熙先生“别开生面”的 TTT 课程后，因缘际会有幸拜在子熙先生门下，成为他的亲传弟子。在子熙师父的引领下，我开始深度系统地学习 TTT 三大体系（**课程开发、训练讲授、讲评反馈**）内容，更常于苏州昆山淀山湖知实堂或是上海和师父及一众同门导师欢聚一堂，乐而忘返地“谈 T 论道”“华山论剑”。这些，都使我对 TTT 三大体系的专业、技术、实践应用有了更多的融合与升华，也促使自己形成 TTT 独有的“道·路”与破边界多维应用。

此外，秉承知行合一的精神，对 TTT 多年的应用实践，我深刻领悟到 TTT 体系“专业精湛、技术领先、智慧响亮、话语影响”的独特魅力！我更发现 TTT 体系的智慧绝不仅仅只是一门培训师必学的技术课程，更是一门蕴含中西方文化智慧的综合应用学科、一门充满哲学思考的课程！

作为有幸参与本书原始稿件整理的授权认证导师之一，我内心充满对专业的敬畏、对培训师职业的敬畏！本书承载 TTT 品牌课程近 30 年训战实践及沉淀的专业智慧，是培训师必不可少的“百宝书”、是培训师专业技术理论和实践的“焊接剂”、是职业化成长不可多得的无言之“师”！衷心祝愿有缘此书的师者“成就明师，智慧响亮”“携使命出发，依责任行事”！

4. 滕超臣（博思人才创始人）

2011 年秋，我作为负责公司培训的经理参加了《TTT 国际职业培训师标准教程》后，公司的培训业务上了一个台阶，负责培训的老师是刘子熙老师的弟子陈晓剑，当时就很好奇，刘子熙老师是什么样的高人呢？

六年后，刘子熙老师的弟子刘明源老师来郑州开班授课《TTT 国际职业培训师标准教程授权导师》，地址就在博思人才会议室，我旁听了三天的课程，讲的是 TTT 背后的逻辑、心法、手法。这次活动，让我更加深了对 TTT 的印象与好感，也更加对刘子熙老师充满了好奇。

2018 年，公司在举办品牌活动“秋季大课”时，有幸邀请到了刘老师在郑州给参加“秋季大课”的 300 位学员上了 3 天的课，这是我第一次聆听刘老师的课程，领略了大师风采，感受了 TTT 的魅力。刘老师有着深厚的东方文化功底，遣词造句，字字珠玑，多一字则长，少一字则短，独特的“刘式”语风语调透着儒雅与哲理，如行云流水，如天籁之音，像一场语言艺术盛宴。刘老师台上光彩四射，台下谦逊有加，后来公司在“千企万人中国行”的客户服务中，每每需要刘老师支持时，他都给予了无私的援助。

5. 吴彦雨（广州赛莱拉干细胞科技股份有限公司培训经理、IPTA 国际职业培训师）

2011 年第一次参加 TTT 培训，就被刘子熙老师的课程征服，通过 TTT 培训学习，懂得从刻意到自然，去修正不足，让我的培训能力得到大幅度提升！2019 年我在新的岗位上要做培训师的培训，虽然从事培训已 10 余年却不知如何入手，最终有幸参加刘子熙老师亲传弟子赵海河老师的 TTT 课程，通过赵海河老师的专业培训和指导，让我在工作中得到领导的高度认可，同时也让公司培训部门的老师都投来敬佩的眼光！有句话说得好，自己开悟也要有“明师”指路，感恩第一次刘子熙老师的点拨，感恩第二次赵海河老师的精心培训指导！特别期待刘子熙老师《TTT 训的就是你》这本书，到此已穷千里目，须知更上一层楼，愿自己和每一个想不断进步的人，都能在这本书的指引下越来越优秀！

2012

1. 陈琦（江苏培训行业联谊会名誉会长、《非人力资源经理的人力资源管理》作者、U 型领导力 © 版权所有人、成势 ® 工坊创始人）

我和刘子熙老师认识十年有余，曾多次聆听、受教于刘老师的教诲，得到过其多方位的帮助，也从其他同行那边听到了很多对他的赞誉。今天终于拜读了业内人向往许久的大作《TTT 训的就是你》，此书既适用于职业培训师的成长，又适用于企业内训师的转型。书中包含各种附图、导图、案例、实用模型等，尤其亮点部分是此书的语言文字魅力，即“口诀化”的提炼语录，能真正帮助学习者看得懂、行得通、落得实。《TTT 训的就是你》毫无保留地向大家展示了 TTT 的精髓，是献给培训界的一本佳作。

2. 邱源（邱源瑜伽理疗学院创始人、云南大学瑜伽专业硕士生导师、加拿大政府心血管基金赞助项目研究人）

子熙兄与我可谓亦师亦友，回想最初与其结缘，虽说有很多相识朋友的关系，但更多是因为刘老师 TTC 的课程。第一次听他讲 TTC 的时候，可以说惊为天人。原来讲师可以这样讲课啊！精彩都是准备出来的啊！再接下来，有幸请到刘老师亲自操刀，帮我们带瑜伽讲师认证培训。虽说我从未见过子熙兄练瑜伽，但是他在瑜伽理疗圈也有很多瑜伽学生，算下来白驹过隙，也已有十年光景了。

这一次因为新冠肺炎疫情，能让他的步子慢下来，让他把多年 TTC 的精华汇聚浓缩成今天的这本书，不仅是整个培训师界，也是我们所有和培训相关的这些瑜伽老师的福音。我翘首以待，一定要买来送给我的这些瑜伽学生。想来他的书一定会大卖的！

3. 施莹莹（云南航产投集团专职外部董事）

千里之行，始于足下。要想成为一名优秀培训师，学习并拥有扎实的基本功是必要的基础，这才是能够在引导的“道”和“术”的系统里建立稳固的根基。刘子熙老师在十年前带领我们云南机场集团百余名企业内部培训师学习 TTT 课程，让培训师们可以依据有序、简易的方式逐步掌握技巧，不断促使他们的进步和成长。

2021 年，我有幸被邀请参加刘老师国际职业培训师标准教程的训练营，三天两夜，他的培训不止于课堂，激发了我的思考，真可谓“余音袅袅、回味无穷”。

时至今日，我依然感觉到轻松和释然：轻松是因为体会到集体创造的智慧和奇迹，释然是因为《TTT 训的就是你》这样一本 TTT 宝典，终于要闪亮登场了。相信这本汇聚了刘老师智慧精华的书必将对培训师们传道、授业、解惑，起到引导、训育和助力的作用。

4. 宋振超（上海国家会计学院金融培训中心主任）

第一次见到刘老师是十多年前的事了。十年前刘老师应邀来学院给全体老师做了一次 TTT 方面的讲座，当时刘老师的精彩语录和激情演讲至今仍历历在目。

由于工作的关系，我和同事们先后在银行后备人才轮训班、中注协继续教育师资研修班、广西十百千领军人才培训班等各类培训项目中，邀请刘老师讲授《演讲艺术与技巧》《塑话语、创影响》等课程。刘老师深厚的理论功底和精湛的授课技巧给我和学员们都留下了深刻的印象。

十年来，对刘老师的了解越来越多。作为 TTT 领域里的领路人，刘老师独树一帜，创立出了自己的品牌。经过数十年的打磨，最终形成了这样一个既有一定理论水准，又有较高实践价值的成果。作为培训行业的亲历者和见证人，我被刘老师的精神和热情所感染，被他的执着与坚持所感动，自然乐见其成，并欣然向各位读者进行推荐。

生命贵在进取，学习重在坚持，研究需要创新。从这本书的字里行间，我可以充分体会到刘老师的责任感和执着求索的意识，也可以充分感受到他的使命感和开拓进取的精神。

总体来看，这本书既注重理论基础，又注重实际操作，是 TTT 领域有益的参考书。相信这本书的出版，能够为相关人员掌握 TTT 的精髓，进一步提高自身的专业水平与能力，提供有益的帮助！

5. 王京刚（剑桥大学博士后、北大纵横高级合伙人）

最早听闻刘老师的大名，是在十年前北大纵横内部的一次咨询师授课能力提升培训上。遗憾的是我当时在外地的项目上，没有参加。再到后来，老师到青岛授课，于是我们也结下不解之缘，这么多年的授课方式和学习进化，都是在用老师授予的方法。再到后来我在北大总裁班上的学员想学 TTT，我都是第一时间告诉他们：找刘老师，这是我最敬重的老师，没有之一。

6. 王贤福（华师经纪董事长）

TTT 是成为一名合格讲师的必修课，而子熙老师是中国 TTT 课程的泰斗，我也是结缘于子熙老师的 TTT 课程，也感召了华师经纪很多老师去学习，每次在商业讲师班中，我都会感召老师们去学习子熙老师的 TTT。很多老师学习后都是妙赞一片，成为子熙老师的铁粉。而我一次又一次坚定不移地邀请子熙老师为公司内部、行业中的讲师们、同业朋友们分享，受到一致好评。其中有一句话成了我们公司的文化，即“在职、在岗、在状态”，也深深地影响了华师经纪。

基于这些，我们的交流越来越多，深受子熙老师影响，我们也成为忘年交。有一次我们喝了点小酒，自拍了一张我们的照片发朋友圈，问谁的年龄大，结果大部分人说我大，而实际上刘老师与我父亲相仿。子熙老师的心境、谦和的为人、学习的状态、行业的大爱情怀是我非常敬仰的，也是我长期要学习的。一位老师坚持一个行业 28 年不少，但是坚持一个行业、一门课程是多么不容易。如果没有使命情怀、没有爱、没有热爱、没有很棒的学习力，肯定不能够坚持到今天。从为人处世、从专业的执着、从行业的使命情怀，子熙老师都是值得受人尊敬和学习的好老师。

子熙老师所著作的新书《TTT 训的就是你》，你绝对值得拥有。28 年的沉淀积累、迭代升华了 N 个版本，训练出来的百万年薪讲师上千人，这本书的问世一定能够为行业树立新的智慧明灯。感恩刘子熙老师。

7. 吴联银（特步集团副总裁、特步大学创始校长）

时间过得真快，转眼间和子熙老师已经认识十年了。

第一次见到子熙老师是在2012年“我是好讲师”大奖赛上，我有幸和子熙老师一起作为评委和颁奖嘉宾，子熙老师是导师团团长。几天点评下来，我被子熙老师谦逊儒雅的品格、专业肃正的台风、独到犀利的视角、恰到好处的指点和行如流水的表达深深折服。

当时我正在筹建特步大学，力邀子熙老师帮我组建和训练讲师团队，没想到子熙老师爽快地答应了，而且在讲课时间上，给了我们非常多的“友情赞助”。每一次课我都和学员一起认真学习，几阶段课程训练下来，让我受益匪浅。我发现自己也能“口吐莲花”了，各种演讲游刃有余，回想起来那真是我人生的高光时刻。而参加训练的讲师，都提升极大，我们现在见面都会说起曾经受过的训练和给自己带来的帮助和提升，那届讲师中的很多人后来都成为职业讲师，子熙老师的TTT课程改变了他们的人生轨迹。在这个过程中，也让我完全改变了对TTT的认知，别人是培训和训练，子熙老师是培养和训教，让我深刻感受到“道”和“术”的差别。子熙老师把TTT和讲课变成了艺术，上升到了人生修炼的境界，造诣之深，让我叹为观止！

后来因为工作的关系，和子熙老师的交集少了，但我们都关注着彼此的动态，每次见面和联络，我都建议子熙老师应该出书和经营社交媒体，子熙老师总是谦虚地说还不到火候，让我体会到宗师级大神对自己要求之高。欣慰的是，《TTT训的就是你》终于出版了！这个名字霸气，也只有子熙老师能担得起这个书名！子熙老师给我大致描述了这本书的撰写过程，让我再次感受到什么是敬畏之心和精益求精，迫不及待地想要拜读！同时，我也非常期待和渴望子熙老师能开通社交媒体账号，做做网上直播，给我们说说这本书，说说这么多年的心得体会，我想这将是百万粉丝非常期待的盛况！

千言万语一句话：《TTT训的就是你》！我们很想一直被你训，子熙老师！

8. 杨峰（深圳行智互动科技有限公司CEO、OCQ云智能管理平台创始人、内账外包模式开创者、10年品牌营销策划人、2016中国移动办公人物候选人）

有句话说，小成功靠努力，大成功靠贵人，刘子熙老师就是我生命中的贵人。不知不觉和刘老师从师徒到朋友已经快10年了，我深刻记得是在2012年第二届培博会上，听到了刘老师的演讲，刘老师的精彩分享深深打动了我。跟着报名参加了由刘老师与华师经纪联合举办的免费分享课，在课上刘老师从身法、手法、讲法等逐一解读，思维缜密、妙语连珠。我知道这样的老师是我想要的，于是第一个选择报名了“商业导师班”并现场支付全款。经过四天两晚的学习，我从一个讲师小白成长为成熟的商业导师，让我在自己主讲的《总裁经营管控系统》系列课程中游刃有余，这一切都离不开刘老师对我的影响。在此深深地感谢刘老师，祝刘老师的TTT培训越办越好，桃李满天下，春晖遍四方！

9. **张建新（益海嘉里金龙鱼粮油食品股份有限公司监事会主席）**

TTT 是一个授人以渔的领域，在这个领域之中耕耘，实践的体悟、个人的内涵、授课的技巧，这几方面缺一不可。刘子熙老师在国家公职部门、世界知名企业和管理咨询领域有着丰富阅历，使他的课程有扎实的干货打底。在我个人看来，更使人神往的是他精彩的授课现场，他在传统文化方面的修为与现代管理实践的交融，激发出众多充满张力的洞见。尤其是他独到的训练特色，既能够使学员深入地内省感悟又能使现场激情澎湃，既充满了丰富的实用方法又使每位参训者于无形中体验到这些方法的巨大魅力。很多人以为，才华和心法是难以传授的，但子熙却偏要金针度人，将他数十年磨一剑的可贵经验精心淬炼，呈现为这本培训师职业成长宝典。相信这本宝典将帮助更多的培训从业者早日成就职业成功之路，也为中国企业的发展带来更大的助力。

2013

1. **陶里（铁粉学生）**

2013 年，贵州省几位女企业家伙伴受邀参加了子熙老师三天的 TTT 课程，振聋发聩、受益良多，得知老师又出新书，寄语以赞《TTT 训的就是你》：春已晓，熙出书，吾感师也明语教，刘言扉语俏。览众山，千里眺，阅训捷思循有道，子熙叶繁茂。

2. **赵海河（浙江厚信德誉教育科技有限公司董事长、浙江省安徽商会副会长、TTT 授权传承导师）**

欣闻师父又一部力作《TTT 训的就是你》即将出版，特别高兴，尤其是看到书名，就特别亲切：如果没有师父当年的“训”，就不会有我在 TTT 领域的快速成长。

这个“训”不仅仅是基于专业领域中的训，更重要的是，我能够从师父身上学到更多做人做事的道理，可以说是受用终身。其中有这么几件事印象特别深刻。

我是 2013 年正式拜师学习 TTT 的，师父教学的方式是“因材施教”。学习 TTT 的第一天，刘老师就送给我一句话“莫道是空门，要进来须脚踏实地；谨防有岔道，走错了便坠入深渊”，以示警醒。在学习期间，我稍有自满时，子熙老师就送给我两个字“寸斫”，旨在通过一点点修改调整，把一招学透。我在小有所成时，子熙老师送给我一句话：“不做另一个谁，成就唯一的我。”正是基于师父的精心指导，我对 TTT 的认知更加透彻。

在 2013 年 6 月份，我接到了师父从上海打来的电话：北京某银行有一个三天的 TTT 专项培训，学员都是来自全国的副行长。以前一直是师父授课，但那次刚好他当时还担任全国好讲师大赛的导师团团长，无法抽身。于是师父就向对方推荐了我，并且和对方打了保票：我推荐的老师，品质一定有保证！对方也答应由我来授课。

这是我系统学习 TTT 后的第一场培训，心里还是有一些忐忑。师父在授课前一天，几次打来电话，给我做了指导和鼓励，我的心也定了下来。三天的课程结束，效果非常好，客户非常认同，当时就确定了下一期的 TTT 培训，从此打开了金融行业 TTT 培训的大门。

专业技能提高之后，师父就带我参加全国好讲师大赛作为梦想导师，辅导讲评促训的同时，进一步扩大自己在培训领域中的认可度。师父还教我“随手拍”“随时记”“随处悟”，又是在师父的指导下，我获得了全国十佳诚信品牌讲师的荣誉称号，为自己打开全国市场，奠定了扎实基础。在此，衷心感谢师父的提携！

对刘子熙师父的敬重，不仅仅局限于对专业技能方面的精雕细琢、精益求精，更重要的是，他推动了培训行业新的风尚：培训师之间的“备胎”计划。所谓备胎计划，就是万一某位老师因故不能履约授课，由相同领域的其他专家老师及时补位。

2014 年 7 月 13 日，TTT 名师杜杰老师上海有课程安排，由于天气恶劣，12 日晚航班备降福州，此时已是深夜，13 日上午无法及时赶到上海上课。他心急如焚时，突然想到在上海的老朋友、在业内久负盛名的刘子熙老师。接到电话、恰好空档的刘子熙老师二话没说，一口应允代上半天课，并立即就课程内容、客户需求等细节详谈对接，敲定代课方案。第二天，整场的培训效果之好，出乎主办方和那位老师的意料！中午杜杰老师到达后，刘子熙老师还把上午课程的板书拍摄发给他，以便衔接。之后，刘子熙老师在微信中发出：“我承诺：以后所有误机上海的 TTT、课程开发类课程的老师，在时间允许的情况下，本人将分文不取，乐做备胎！” 备胎承诺行动迅速传开来，由最初的几十位老师参与，到后来的几百位乃至更多老师参与其中！“备胎”一时间成为中国培训界一道美丽的风景线。

师父从事教育培训 30 多年来。像这样言传身教、率先垂范的例子，不胜枚举。如今，师父把 30 多年的实战培训经验总结升级成了这本新书《TTT 训的就是你》，一定能够帮助到更多从事教育培训的伙伴。无论是培训界小白，还是业内已经有一定影响力的培训老师，相信都能够从书中汲取到自己所需的营养！祝新书大卖，在全国再次掀起学习 TTT 的新高潮！

3. 赵红波（广东省企业培训研究会秘书长、羊城培训师俱乐部创始人之一、精进班·培训师培养项目创始人、《职业培训师成长之道》版权课程所有人）

悠悠岁月，峥嵘十载，一路走来，有幸结缘子熙老师！

2013 年子熙老师来广州，我代表羊城培训师俱乐部接待并组织培训师一起交流，彼时俱乐部刚成立，子熙老师是我们会员公认的大咖，专业魅力与平易近人两相映照，让我钦佩！

2015 年起，俱乐部持续多年邀请子熙老师来羊城开特训营，期期爆满，广州的数百培训师得以加速成长，子熙老师不计回报，助力俱乐部公益事业，让我感激！

2020 年，广东省企业培训研究会荣获 5A 社团，这个以俱乐部为基础成立的社会组织，汇聚培训精英，正蓬勃发展，背后是多位前辈共有情怀、鼎力扶持，子熙老师便是其中之一，虽相隔千里，但遥相呼应，不断精神鼓舞，令我敬仰！

如今看到子熙老师不减骁勇，著书立说，将所有专业倾囊相授，引领培训师成长，实是培训行业的精神代表，应是所有中国培训从业者的典范！

2014

1. 陈瑜（培训师阳光驿站创建者、国内银行界外拓营销模式创建者）

“云山苍苍，珠水茫茫。先生之德，山高水长。”阳光驿站共组织 45 期南粤大讲坛课程，成百上千培训师获益，子熙老师分享的两期可谓扛鼎之作。

缘结：云山苍苍。2014 年偶然之机，由其弟子力邀；云山下，三星商学院，323 开场，布道风格令几百人耳目一新，犹在昨日。

缘起：珠水茫茫。2015 年先生来粤，我辈雁过拔毛；珠水边，太古仓培友咖啡大厅，众大呼过瘾，醍醐灌顶。

缘续：先生之德，山高水长。此后，深圳阳光驿站、全国各地的培友，线上线下，持续受益。师者，传道授业解惑也，全力推荐刘老师大作。

2. 关冬梅（尚泽“一五得悟”企业家陪炼项目创始人、利多宝知识产权运营公司商学院院长、河南函谷文化艺术研究院、商学院院长，TTT 授权导师、PAF 专业讲评认证导师）

有人说参悟《易经》，便可掌控“乾坤”人生，顺势而为；我说玩转“TTT”，便可笑对人生，自然而然。

2014 年春，辞职转行培训师，爱人曾任伊利集团内训师和区域总监时听过此课，便推荐结识培训行业泰斗刘子熙先生和万课之宗“TTT”。一个月的电话连线交流，让我深信在职业培训师的职业化道路上，有先生这样的明师辅导、指导、引导，定会让我功成名就。

四月万紫千红时，我如约到了上海的 TTT 认证课堂，见到仰慕已久的刘子熙先生，初见时儒雅博学的气息如沐春风，风趣幽默、峰回路转的谈吐，更是让我坚定了要拜师的决心，一个字“值”。

接下来三天两晚的学习，感慨万千，大量的概念话语，让我灵动的脑子瞬间进入外星空，面对“预先框定”“观照”“职业装”……熟悉而陌生的词汇，脑洞大开，奇妙万变。回想自己讲课也有十几载，充其量也就是一名小讲师，课程内容的呈现就是平铺直叙完任务，正如 TTT 语录中说到的“到此已穷千里目，须知才上一层楼”。

五月，经过先生的综合评审后，批准进入“TTT 授权导师班”，五次的考评之后，荣幸成为先生的亲传弟子，牢记先生教诲谨记《培训师宣言》，携使命出发，依责任行事。

2015 年，我创办了尚泽学社，开始把 TTT 的技术转化到企业咨询管理中，辅导中小微企业家，搭体系、建标准，在我的弟子团队建设中，师父多次线上指导与辅导。10 月也应邀到三门峡农商行亲自赋能《卓越领导力》的课程，还和我的弟子们逐一做了详细的解惑答疑和下一步的企业规划。

2016 年有幸参与了线上 100 天的明师堂“向刘逼问”炼友群的导师团，为我职业生涯的实战奠定了厚重的基础，也开创了行业内在线上“为知识买单，为价值打赏”知识变现的先河，大胆创新讲、评、述在一定时间内综合完成，成为一大批职业培训师实现职业梦想的阶梯。

2017 年线下明师讲师所，连续 6 期跟随师父的导师团，每期 7 天 7 晚的师父讲授、导师团辅导和讲评、学员讲述和自评互评、课程设计与呈现的 PK，每期结束，每一位学员都会带走一个成熟的课程落地转化。正如讲习所的口号“炼炼不舍你，我在成就我”。

我也在千锤百炼中成为一块好钢，在师父的关注下成就“智帅明师”的一颗明星。

缘起培训，缘定 TTT，相伴成长，价值成就。“会道者，一线藕丝牵大象；盲修者，千斤铁锤砸苍蝇”“莫道是空门，要进来须脚踏实地；谨防有岔道，走错了便坠入深渊”。

与同行者共勉，与同修者同成就。如果你想在这个时代活得自如，建议你一定要拥有《TTT 训的就是你》这本智慧宝典。

3. 李青蔓（天坤集团培训事业群运营总监、优蓝商学院前副院长、TTT 授权导师）

第一次有缘结识刘子熙老师是 2014 年 10 月在上海的一次人力资源峰会论坛上，当时他在一个会场发表演讲，整个会场人气爆棚，大家都被他的表达魅力吸引了，尤其是我深深地被折服。会后我知道了刘老师是国内 TTT 方面的最具权威的专家之一，因为刘老师我选择了学习 TTT，并在 2015 年 4 月参与了授权导师班，成为其弟子中的一员。

通过系统专业的训练，我的授课能力也大大提高，还受邀去给一些类似联想的世界500强企业授课TTT,这大大加强了我授课的热情和信心。感谢刘老师带领我走进TTT，他是我在培训方面的启蒙导师。同时也感恩刘老师大力支持我在企业大学的工作，曾几次受邀到我们企业为内训师们授课，深受学员们好评，也得到了集团董事长的高度认可。刘老师的课程专业、系统、有深度，是国内首屈一指培训方面的专家，非常期待刘老师的书籍问世，可以让更多朋友受益。

4. 李忠秋（《结构思考力》版权课程创始人、30万畅销书《结构思考力》作者）

刘子熙老师是TTT领域泰斗级的前辈。我与刘老师结缘于2014年的一次企业培训行业论坛，我们是前后发言的演讲嘉宾。刘老师把我30分钟的演讲内容，概括为“论、证、类、比”4个字，并写在一张餐巾纸上送给我。如今，这4个字已经成为《结构思考力》系列版权课最内核的理论模型，并培训给了3000多家企业、200多万学员。这么短的时间内，就能够直指课程的核心，并给出非凡建议，足见刘老师的功底深厚。

《TTT训的就是你》这本书，是刘老师过往28年TTT领域研究成果的精华，推荐给每一位想走上讲台、成为名师的朋友。

5. 李忠阳（禾思才景河南公司总经理、TTT授权导师）

2014年初试TTT，三天两夜课程下来，对授课老师，对课程版权所有人充满好奇；2017年得知刘子熙老师在上海举办“明师讲习所”，果断报名，得见真人，不胜荣幸；2018年创业初期，邀请刘子熙老师莅临河南为河南86家头部企业、237位人力资源工作者讲授TTT，满堂喝彩，为专业，为敬业，为讲授技术深耕。回首职业生涯2010年进入咨询公司到如今，历经咨询公司从业、甲方人才管理负责人、咨询公司创业，TTT成为我职业生涯影响至深的一套技术。刘老师更是良师、前辈，众多人生问题交流的长者。近日得闻刘子熙老师即将出版《TTT训的就是你》，深深为天下培训人贺，一大幸事，技术得以传承，思想得以流传，助力大家少走弯路，职业尽是坦途，我们共同期待！

6. 梁萍（湖北经济学院退休教师）

写在刘子熙导师《TTT训的就是你》即将面市之时。

欣闻刘子熙导师的《TTT训的就是你》即将面世，甚是高兴，特向刘老师表示衷心的祝贺。

《TTT训的就是你》，不仅仅是一本可读之书，更是一本可以拿来就用的书。该书涵盖了TTT的训战心得、话语系统、技术技巧等内容，诸如影响训练效果的关键因素、认识职业训练的核心理念、了解并掌握感召听众全息输入的基本技能和技巧、学习编导演技法、掌握职业训练三大利器的运用、了解“五点五线”编撰技巧、锤炼“明暗辅”现场演绎思路、探询“悟化应”的职业改善路径等。全书语言简练生动，处处体现了丰富的培训哲理，闪烁着智慧的光芒，是成就你培训大师梦想不可多得的经典与工具。

7. 刘强（国家高级企业培训师、深圳行智互动科技有限公司创始合伙人、TTT 授权导师、PAF 专业讲评认证导师）

2014 年 3 月 23 日，我有幸在广州与师父结缘，以 323 数字为线索、用培训创新为理念，做到同中讲不同。师父以一次别开生面的开场，震撼了全场，时隔多年，现仍历历在目。

相见注定是一生的缘分。我深深地被师父的博学、专业与风范所吸引，后面陆续走进《TTT 国际职业培训师标准教程》《SCD 国际通用标准课程开发教程》“PAF 专业讲评标准技术认证导师班”“TTT 授权导师班”，在师父的悉心教导下，我也走上讲台，深深领悟到：“莫道是空门，要进来须脚踏实地；谨防有岔道，走错了便坠入深渊”“携使命出发，依责任行事”“不做另一个谁，成就唯一的我”。

用一段《头头是道》致敬感恩刘老师。

在 2014 年头，奔着您的名头，有幸相见，不算太高的个头，浑厚的喉头，爱拍砖头。言词中带点滑头，谈笑悦在眉头，也让我尝到了甜头，果然很有来头。有幸，再来 TTT 山头，依然您是教头，更是我们的火车头。

弹指间，化入心头；PG 功在手头，内容才会有行头。授课方式要对头，结构要“凤尾、猪肚、虎背、豹腰”配“龙头”。定活两便由意头，字斟句酌查源头。一版一面拍镜头，碎片处理用在“三头”。

用技巧搞定刺头，偶尔整点无厘头；提问，让他不知点头、摇头，紧跟无懈可击的由头，搞定他丈二和尚摸不着头；身形，从脚稳到头；达意，言简有嚼头。尽情中，不看表头，有风范；独占鳌头；感恩在心头，为您竖起大拇指头！

再看看我们这头，开弓没有回头，使牛喝水不强按头。鼓足劲头，还需埋头；踏着浪头，摔着跟头，即使，弄得狗血淋头，也不能向失败低头。仍需攥紧拳头，勒紧裤头，啃着馒头，尝尽苦头，再借您百丈竿头，我相信，好戏，就在后头！

再次感恩师父一路引领和指导，祝福 TTT 传九州，桃李满天下！

8. 庞连生（杭州老板电器股份有限公司服务物流部部长、老板大学原校长）

欣闻刘子熙导师又一新书力作面世，倍感兴奋，我相信又一锤炼精华的产品即将与您相约，对于我们来说真的是福音。

与刘子熙导师相遇是在 2014 年，记得是邀请导师给我们中层干部讲授 TTT。我们公司的中层干部培训班叫“常青藤计划”，当时针对公司的企业文化我们开发了《文化地图》课程，需要训练中层讲师具备讲授文化课程技巧和能力，所以那时就四处打听有咖位的名师，于是就很幸运地认识了刘子熙导师。刘子熙导师对咨询培训行业来说，他是耀眼的行业明星；对企业培训管理者来说，他是值得一辈子信赖的专家顾问；对于他的学员来说，他是让人终生难忘的职业导师；对于活跃在讲台上的职业培训师来说，他就是楷模和榜样。这些是我跟同事对导师最一致、最诚恳的评价。

另外，由导师创造性研发的《TTT 国际职业培训师标准教程》中文版认证课程经过近 30 年的传承与发展，已成为业界独树一帜的品牌课程，2016 年我也非常有幸参加《TTT 国际职业培训师标准教程》导师认证班系统学习培训，更加融会贯通理解授课逻辑以及“一课四训”核心精髓。导师浓缩语言精练、归纳总结提炼能力、上台方式及表达技巧、开场控场感召力、入木三分的精彩演绎与教学思想等都深深影响着我这几年的职业习惯，哪怕是简单的如握话筒的手势、做手抄报的版式等现在仍然于各种场合使我形成了良好的习惯。同时，跟导师不仅学习到 TTT，更重要的是导师那份专业专注、不断追求卓越、儒雅大方性格的国际大师风范深深改变着我的心智模式。

读万卷书不如行万里路，行万里路不如阅人无数，阅人无数不如名师指路。非常幸运的是在老板大学成长期，在我职业生涯转型期时遇到这么具有人格魅力的导师，是我人生标杆和榜样，未来要像导师一样，干一行爱一行，爱一行钻一行，成为行业佼佼者，声名誉海内，桃李满天下！

9. 万颖俊（创新教练、《翻转创新——系统创新者的工具箱》版权所有人）

我是 2014 年和 TTT 结缘，当时报名参加了刘老师的明师开刃项目，开始学习 TTT，优课精训，目标是打造自己的版权课程；几次集训、反复演练、不断雕琢，终有小成，我开始走向职业讲师；并在 2015 年成为 TTT 授权导师。TTT 的内容和系统经千锤百炼、历尽洗礼，确实非常强大，尤其是话语系统，更是脍炙人口。经过一段时期学习和精修，我第一次去讲 TTT 的课程，就获得学员一致好评，建立了我作为职业讲师的信心，促使我更加深入地学习和应用 TTT。之后我以创新为品牌定位，服务了大量的优质客户，TTT 的思想、话语、技术和技巧也一直伴我前行。目前我专注创新领域 7 年，自己也建立了创新版权课程《翻转创新思维》。翻转创新思维是直觉和逻辑翻转、人和物的翻转、形式和功能的翻转、发散和聚焦的翻转，帮助企业在产品、营销、商业、管理、组织方面建立创新的体系，整合了市场上最实用的方法论，建立了独特的话语系统。

祝贺《TTT 训的就是你》付梓出版，这是培训界的福音！“携使命出发，依责任行事”，祝福期待成就自我、塑造品牌的伙伴们，跟随刘老师，砥砺前行创未来！

10. 吴庆东（中山市品盛企业管理咨询服务有限公司创始人）

记得是 2014 年，因为职业发展需要，我走进刘老师的《SCD 国际通用标准课程开发教程》，聆听到“主辅明暗”“定活两便”“顺理成章何须你，独占价值开生面”……开启了我人生的重要转折点；我心中智慧之光被引燃，品牌之门被打开。过去十几年丰富的市场经验，因为不会总结和沉淀，无法形成标准的课程，也就不能创造更多的独有价值。

通过刘老师的课程学习，在老师鞭辟入里、简捷明快、直指人心的指导下，我快速完成自己的销讲课程开发，同时在商务谈判和管理团队中，也给我很大的指引，实现了从打工到创业的转型，深深的悟到：“会道者，一线藕丝牵大象；盲修者，千斤铁锤砸苍蝇。”刘老师的点化、引领一直帮助和启发我在职场中稳步向前，并不断地突破创新。

再次感谢刘老师春风化雨般的指导，相信《TTT 训的就是你》这本职业化成长的宝典，将帮助所有的有缘人！让我们以 TTT、SCD 为品牌立世的源泉，从优秀走向卓越、以闪亮创造辉煌！

11. 夏琳（中国演讲表达推动者，清华北大总裁班特聘导师，抖音、小红书、视频号“夏琳夏一讲”主理人，“让你最有结果”的演讲沟通教练）

“北有子熙，南有思卓”——久仰先生，如雷贯耳：培训前辈，TTT 泰斗，开山立派，大名鼎鼎。

“道可顿悟，事须渐修”——初见先生，将逾十载：传道解惑，神形兼备，智慧响亮，受益匪浅。

“卓越是方向，成就在路上”——再聚先生，相约北京：觥筹交错，谈笑风生，指点迷津，流连忘返。

“优课得法，成就明师”——喜闻先生，新书发行：毕生心血，匠心独具，鼎力推荐，精进必读。《TTT 训的就是你》，相伴成长一起飞！敬祝：洛阳纸贵、新书大卖。

12. 肖利华（花名肖博、肖马无疆，阿里巴巴集团副总裁、阿里云研究院院长，清华大学博士后、中科院管理学博士，多所著名大学特聘教授 / 客座教授，《数智驱动新增长》《数智化：数字政府、数字经济与数字社会大融合》等十多部畅销书作者）

热烈祝贺 TTT 泰斗刘子熙老师新著作《TTT 训的就是你》顺利出版！相信此书出版一定会让很多有志于做培训、提升领导力和影响力的人受益！

与刘子熙老师结缘于 2014 年特步大学（**企业大学**）成立，非常佩服刘子熙老师的长期专注、专业，也有幸拜读其著作《首善》，学习收获非常多！“变讲为问”“平时育习惯，用时显风范”“成功是有准备的精心策划”等观点让我终身受益，大有相见恨晚的感觉！

后面我来阿里巴巴集团工作，有机会邀请刘子熙老师给阿里云研究院小伙伴们分享 TTT 相关内容，刘老师倾囊相授，激发团队一起成功提炼出阿里云研究院的使命：“著书立说布道场，数智驱动新增长！”同学们都非常钦佩刘老师的专业、职业和强大深厚的功力！

28 年持续专注 TTT 一件事，相信以这份专注干任何事都可以有非常大的成就！在纷繁复杂浮躁的今天，刘子熙老师的定力、专注、匠心精神显得尤其难能可贵！也正因为这份持续的专注，让刘老师桃李满天下！为中国培养了大批优秀讲师！功德无量！

再次祝贺恭喜亦师亦友的刘子熙老师大作出版！让我们相伴成长一起飞！

13. 肖美龙（红仕堂集团创始人、畅销书《烧掉你的船》作者）

与 TTT 的缘分，要从和子熙师父的偶遇说起！还记得那年是 2014 年，我正处在职业的顶峰时期。一方面我刚接手公司，成为总经理，一切百废待兴；另一方面，我也是一个公益组织的核心人物，正是积极推进万人社群的发展。可谓春风得意！然而，从销售经理转变成一个职业经理人，却面临着一个亟待解决的问题，那就是：如何提升和发挥领导力？

那时，我还保持着一个很好的习惯——双语 Morning call，即每天早上发一段双语朗读录音。当时 Morning call 影响力非凡，甚至很多家庭的小朋友都深受影响！有一天下午，我在工厂巡厂的时候，无意中接到了一个电话，连对方的名字都没听清楚，围绕着 Morning call 寒暄几句，之后便针对我的 Morning call 做了全面的指导、包括：三五成群、吐字归音、弱气息……电话结束一看，整整 90 分钟！后来才知道，这个人就是鼎鼎有名的 TTT 泰山北斗刘子熙先生！

之后，我们在一次线下活动见了面。当时，作为受邀嘉宾的刘先生，他那儒雅的风范、言简意赅、节奏感十足的讲话，瞬间征服了全场！当时，我就暗自下定决心：一定要向刘先生学习！很快，我就直接进入 TTT 授权导师班学习，成为刘先生的徒弟，即便当时我连 TTT 都不知为何物。从此以后，TTT 却变成了我生活的重要一部分！

TTT，让我顺利突破了领导力瓶颈，圆满实现了职业的飞跃，成为上市公司副总！

TTT，让我顺利发展了个人成长，升级为畅销书《烧掉你的船》的作者！

TTT，让我顺利实现了职业转型，成为一名职业培训师！

TTT，让我顺利完成了赛道转换，打造了一个创新商业模式！

基于 TTT 的思维，我们构筑了红仕堂生态系统，左手“王妃优选”、右手“王妃星球”！赋能彼此，相信你能！让一亿中国人红起来！

如果这辈子非要学习一门技能，足以全方位改变你的人生，包括职业发展、赛道选择、创业创新……那一定就是 TTT！

终于，我们等来了这部 TTT 里程碑式的经典之作：《TTT 训的就是你》。这是 TTT 泰山北斗刘先生倾近 30 年 TTT 实战经验的智慧之作，功力深厚、妙笔生花、金句频出……这是一本值得你反复玩味、读上百遍的枕边经典！

缘来就是你，训的就是你，等的就是你！如若有缘，你早已深入其中，相伴成长一起红！

14. 徐升华（中国人民大学管理学博士、深圳出众管理咨询有限公司创始人、畅销书《接班人：领导系统与制度建设》作者）

结缘刘子熙老师已经有 8 年啦，说长不长，说短也不短。要概说我和刘子熙老师的缘起，时光之针必须回溯到 2014 年仲夏。

那时刚创立了自己的咨询公司，我恰好要去汇报一个项目，在经历过几次不太圆满的述标之后。我总想找找原因，探究一下究竟是怎么回事，一直以为自己口才还不错，但还是被无法述说的结果深深吊打。于是我在培训圈的专业群里表露了自己的困惑后，素不相识的刘老师竟然主动和我联系，并细致交流、倾心相授。

后来有幸去上海拜会刘老师，并互相赠书以示"惺惺相惜"之情，把酒话桑麻。快哉！刘老师对我的《解密 HRBP 发展与体系构建》的书极其认可，认为这是 HR 职业角色转变的一大趋势。

2016 年，我又去上海参加刘老师的 TTT 课程，在课上接触到刘氏 TTT 既成体系的理念话语、创新技术、实效方法等，收益良多。友情随着时间的推移，越来越浓厚。

我与刘老师的缘分，亦师亦友，每次电话交流总能听到他爽朗的声音，很具有感召力。愿我们的友情似陈年老酒，越陈越香；在事业发展的道路上，携手共进。

15. 徐云松（韬客学院创始人、"我是好讲师"大赛冠军导师、畅销书《讲故事》作者、TTT 授权认证导师）

2014 年春，一场桃花雪，下定决心转型做职业讲师的我，陷入一片迷茫，心中只有一个信念，去上海，找那个人，要他亲口告诉我，我适不适合吃这行饭。

上海漕河泾商务区 B 座启能师苑的会议室里，来自全国各地的讲师在紧张地准备试讲，我也见到了并不高大却亲和儒雅的培训界泰山北斗刘子熙老师，在试讲环节，抱着初生牛犊不怕虎的态度，我直接跳过了抽签，第一个站上了讲台。

"云松，你底子不错，而且很有天分，稍做打磨，便可成器，记住：不做另一个谁，只做唯一的我。”刘老师的一番点评，彻底改变了我，并且结下了师徒缘。随后，便开启了 TTT 的学习之旅，与师父一起飞重庆、奔武汉、走长春、下宁波，天南海北做助教、学技术。

2014 年夏，刚刚结束了连续几天的授课，凌晨时刻，老师与受训方的组织者，对接组织需求、了解学员状况。一番忙碌后，让我终生难忘，师父居然让我陪他一起备课，优化课件、制作夹片、设计说法、整理素材。成名已二十余年的师父在凌晨时间做这些基础的备课工作，令我惊诧不已，回到自己的房间，久久不能入睡……培训师职业便是：情有独钟，心无二念，精雕细琢，至善至美；使命与责任，坚守与传承，对职业尊重，对讲台敬畏。做好首善，精彩是准备出来的，效果是设计出来的。

2014 年秋，我人生中最重要的一件大事：结婚。师父推掉课约，不远千里，到婚礼现场做证婚人，令我兴奋不已。同时还在现场挥笔写下了一副对联——“彭城云松华夏名师播美誉，宿州佳倩灵璧龙眼化新知”，饱含关爱与勉励、期待与希望。师父从来不吝对弟子的关爱，无论是事业的支持，还是生活的关心。多年过去，这副对联一直悬挂在老家的墙上，“华夏名师播美誉”也一直成为我此生追求的目标。

2014 年冬，近一年的 TTT 导师学习，到了考评认证的关键时刻。师父日常虽然随和，但对于培训质量的要求却是近乎苛刻，50 张夹片随意抽取，且要做到“概念说明概念，内容解释内容，说法印证说法，结论延伸结论”。“融会贯通，顺好精活”，说起来轻松，真正做起来却是不易，数百个知识点，记忆起来已是不易，融通起来难上加难。不出所料，师兄弟多人考核失利。

我与大奎师兄心有不甘，当即在上海留了下来。每日如苦行僧一般，抄说法、背概念、练演绎、证观点、述结论、互点评，用大奎的说法，我在梦中都还在背着概念。直到现在，每每想起，依然有点不堪回首，但那个冬天为我的职业生涯打下了坚实的基础。师父那句“今天我认真，明天真认我”，在随后的日子里果真应验。

2015 年初夏，是我正式作为 TTT 授权导师出师的第一年，适逢国家电网首届内训师竞赛，面对众多前辈名宿的激烈竞争，我凭着 TTT 健全的体系优势、扎实的理论功底、独特的话语系统，7 个月时间拿下了 8 个省份、130 天的竞赛辅导，并且辅导成绩斐然，一举站稳了 TTT 市场。在 2015 年至 2017 年两年间，培训遍及了全国 31 个省市自治区（港澳台除外）。截至目前，近七年间已经累交付 TTT 课程 1000+ 天，有 40000+ 名学员获益，帮助企业开发课程 4000+ 门，其中还包括三届中电联内训师竞赛总决赛辅导、五届“我是好讲师”全国总决赛辅导、十余家银行内训师总决赛辅导。

时过境迁，我也成为 TTT 的授权认证导师，由于每年 200 余天课量，每日奔波在全国各地，开展培训交付工作，与师父相聚的时间也越来越少，当面请教的机会每年也是屈指可数，未免遗憾惆怅。近闻师父新书《TTT 训的就是你》即将问世，不禁精神振奋，不由又忆起与师父相处的点点滴滴。我相信，这本浓缩了师父近 30 年训战心得、处世智慧、话语系统、创新技术和实效技巧的新书，一定会帮助到众多佳朋，作为刘子熙老师的嫡传弟子，两个字：力荐！

16. 张朝强（全国百强讲师、高级企业培训师、营销管理教练）

几年不见，接到刘子熙老师的电话，我既惊喜又温馨。刘老师聊起当年课堂上双方独特的开场及衔接、交往的情景，还特别提到我逢年过节原创的藏头诗祝福短信，如数家珍，仿佛一切就在昨天。他依然是那么博学、亲切、谦虚、用心。

我和刘老师结缘在广州三星商学院会议室。2014 年 3 月 23 日，刘老师分享了一整天的 TTT 课程，他特别的开场“今天是什么日子？……今天到底是什么日子？ 3-2-3 是以终为始的日子……不忘初心方得始终的日子……大智若愚的日子……怀揣梦想……历尽坎坷……梦想成真的日子……福往者福来、爱出者爱返的日子……是培训师每个人自己的日子”令众人眼前一亮、醍醐灌顶。现场有 200 多位来自全国各地的听众，有驰骋讲坛多年的自由职业讲师，也有来自知名企业的内训师，还有企业家，甚至还有如来自云南培协的何会长等培协的领导，众人慕名而来济济一堂。

这次课程由公益组织广州培训师阳光驿站主办。我非常荣幸作为主要组织者之一，兼任主持人，还为刘老师赠送了“南粤大讲坛开坛嘉宾”的纪念奖牌。

附：我儿子至今都还记得，在广州一起吃饭时，我带他一起去，刘老师教他做了两个小动作，一个是两手手指头交替接触、绕来绕去的，他学了以后回来还经常用。另外一个动作就是虎口抓一支笔，两个手的虎口正向反向切换，他玩得比我还溜。

《TTT 训的就是你》，诚哉斯言，力荐刘老师大作！

17. 张海婷（支付宝培训专家、TTT 授权导师）

2014 年结缘 TTT，也有幸成为师父的弟子，我想说来 TTT 培训，我的人生已经不一样！

我们都希望读懂自己并且希望能够被记住，其实我们只需要一个好的自我介绍。

我们也许从来不知道别人眼中的自己，如果不是刻意去练习，我们肯定不会知道自己的声音，看到自己公众讲话的样子，也或许是没有勇气，而 TTT 给了我勇气直面真我，因为下一刻的我一定比前一秒做得更好。

心有千千言，出口难成篇，道可顿悟，事须渐修，来 TTT 培训，人生将会不一样！

18. 张善勇（电子工业出版社世纪畅优学习项目与版权课程研究院院长、中国成人教育协会企业教育专业委员会副理事长、《将培训转化为商业结果》系列图书审校人，6D版权课程国际认证导师与推广人）

《首善》是师父多年前写的一本书，理解师父是需要从这本书入手的，探本究源，方可求其道，得其妙，人人成为首善家。天下熙熙，人人只知当下，不想预见未来。要觉悟人生智慧，需要拥有视野背后的视野，透视问题背后的问题，超越显性知识，掌握意会知识，在这个过程中，有一个名师指路，远超读万卷书，行万里路。跟随师父多年，慢慢才能懂得这个道理。师父要再出新书，让弟子们分享一些往事和心得，按师父之嘱，在点滴往事中回望心路的成长。

与师父结缘的时候，我当时还是《现代企业教育》杂志的总编辑，2014年我突发奇想要办一场中国企业与教育发展大会，希望通过跨界的交流探询教育的未来。在活动期间，我了解了师父的理智工程，认为这是趋势，也很有价值，后来我让师父成为杂志的封面人物，系统介绍师父的工作和想法，我也萌发跟随师父学习的想法。

在之后，师父在上海、北京、西安、青岛、苏州等举办的论坛、工作坊、导师班，都有我的身影，学习话语体系，不断碰撞思想的火花，让我从台下走向台上，从编者成为讲者，通过输出倒逼输入，自己在这个过程中得到了成长，我也开始在否定之否定中重新定位。

时代让传统媒体衰落，我也加入云学堂、知学云这些具有互联网基因的公司，这期间与师父的交流更多了，我也看到师父也在拥抱这个数字新时代，用产品思维重构培训。这两年，师父的直播也做得风风火火，社群的活跃度越来越高，我也参与其中，通过跨越时空的交流，觉得心与心变得更近。

近几年，知识替代技术成为培训的新趋势，我又成了出版人，在电子工业出版社下面成立世纪畅优学习项目与版权课程研究院，师父当年所提的理智工程也成为我工作的重点，我不仅关注企业培训，更把精力放在职业教育上，因为产教融合推动知识系统化将是教育的基础工程。由于新冠肺炎疫情两年没有见面沟通，每次电话沟通，我都有很多启发，钦佩师父的与时俱进，每每想起师父的教诲和提醒，都会觉得有一股力量催人前行。师父说相伴成长一起飞，前行的路上不再孤单，沉下心来，与师父共同做有意义的事情，这是我们的心愿。

19. 张瑄（杭州老板电器股份有限公司集成厨电事业部总经理）

“因训结缘，缘起不灭。”认识子熙老师是从2014年的一堂高管TTT课程开始。当我看到刘老师流畅的板书、精致的对折手持稿，看到成熟清晰的课程体系，还有那首至今回响耳边的“面朝大海，春暖花开”。我深深感受到刘子熙老师是用生命为我们开创更适合中国人、中国企业的 TTT 课程。可以说 TTT 在一定程度上是我们个人的入世立身之本。

祝贺师父的《TTT 训的就是你》涅槃问世，感受生命精神，发掘生命潜能，就从训练自己开始！

2015

1. 陈苏娟（《思维导图高效工作法》作者）

2015 年跟随恩师刘子熙老师学习 TTT，在三天的课程中亲见刘老师的精彩课程演绎以及一个职业培训师应该掌握的系列标准，从此奠定了我的职业培训师之路。再后来，有幸和老师近距离接触，目睹老师的师德和大家风范。老师把他的毕生所得凝聚在《TTT 训的就是你》，值得每一个培训师学习！

2. 胡沨（大爱赢销教育创始人，《经赢人生》《经营团队》畅销书作者，《经赢人生》系列课程版权所有人，“精英 100”项目创始人）

第一次见到子熙老师是在 2015 年 9 月 15 日深圳的一次论坛上，老师 40 分钟的分享让我这个在教育培训行业摸爬滚打近 20 年、有点自以为是的老兵，瞬间被老师精辟的语言与精深的内涵醍醐灌顶了，我职业发展的疑虑也茅塞顿开了，并决定从此追随老师学习 TTT，也再次坚定了我司教育宗旨“只做教育不做生意·用教育赋能生意”。一路跟随老师学习成长，不断被老师“用深耕来扎根、用专注塑专业、用聚焦聚大成”的敬业精神所感染……

欣闻老师已将 28 年的经验专业智慧研创等汇集成《TTT 训的就是你》不久将出版面世，此乃教育培训界之幸事，天下培训师之幸福。这本书也必将成为更多即将迈向职业培训道路的伙伴和各位培训同仁成长成就的宝典。

《TTT 训的就是你》，成长的是自己，学到悟到必崛起！

3. 赖映新（丹姿研学院院长）

一段师生缘，一世师生情。我师从刘子熙老师，始于 2015 年度“我是好讲师大赛”全国总决赛，刘老师高屋建瓴悉心指导，解疑释惑启发未来，从此结下深厚的师生情谊。

师者，传道授业解惑也。2019 年，刘老师专门莅临丹姿研学院，倾囊相授毫无保留，研学院全体骨干收获满满，至今印象深刻。

收悉刘老师新作《TTT 训的就是你》，实乃 TTT 领域的真知灼见，有趣的灵魂给出了新鲜的观点、深度的思考和实用的方法，值得典藏！

4. 李程远（广州阿李企业管理咨询有限公司总经理，《师道》主编，粤医林（广东）医疗管理发展院院长、TTT 授权认证导师）

2015 年，我已经讲课 6 年，一年课量平均在 120 天左右。起初乐在其中，但逐渐感悟不得突破，不得践行，不得渐远。此时有幸结识刘子熙先生，并拜入师门，正式结缘 TTT。

学 TTT、讲 TTT 这是在当时的状态。不曾经历，不成经验。在不断地 TTT 教学下，对于培训的感知从起初关注课程与课量转换为关注品牌的传承。培训师怎么赚钱？靠什么赚钱？靠的是品牌，靠的是口碑。温故而知新，“故”在哪儿？“新”在哪儿？这个“故”除了自身内容，在日常讲评的“润切塑”中得以积累转化，这个“化”就是新。

“树理逻辑，横生妙趣”是作为一名培训师的逻辑结构。过往课程更多把课程逻辑当成课程的唯一逻辑，这样会使得课程缺乏思想，这是一种以问题为线索，是一种依反应为依据的思想，称之为无魂、无魄。当在讲授中加以讲授逻辑，自有“N+2、CASS 模型、串讲连珠、数理新解”等独特逻辑。能把控学员需求真正做到“你听、我讲，我讲、你听”。在以学员行为反馈的基础上，建立讲师品牌，实现用品牌来赚钱。

拜入师门至今，在子熙师父与 TTT 的加持下，有了自己的品牌，有了自己的市场。到此已穷千里目，须知再上一层楼。如今 TTT 的应用并非仅在过往的课程变现，更是在 TTT 道法中、规则下建立规律的强势文化。在必然文化属性的结果里创造规则。这是一种道，一种属于 TTT 自身的道，道法自然，如来。

5. 汪思伟（北京恒都上海律师事务所律师、TTT 授权导师）

我和师父缘起于 2015 年 9 月 20 日一次演讲课上，那堂课至今深刻印象，之后，我便成了师父的“铁忠粉”，逢课必听，有课必到。

两年前建成的淀山湖“知实堂”培训基地，有太多美好回忆，每次课后，师父和我们探讨交流，放歌纵酒，甚至自己烧菜做饭，都成了培训的一部分。欣慰的是，基地是固定的，更多的回忆可以延续下去。

在淀山湖，诞生了百师团、有了 T++ 直播、组建了智帅明师俱乐部，还有《TTT 训的就是你》的付梓。

我始终认为：本书是师父五十多年的心路历程，二十八载的智慧结晶，不仅仅是对 TTT 职业的培训，更是对人生成长的培训。

我曾受惠于 TTT，也将一直接受 TTT 的培训。

6. 吴沙（雅行教育、明光教育首席生涯导师、全国高校就业创业指导教师培训特聘专家、畅销书《遇见生涯大师》《大话生涯：自我发现之旅》《如烟女士去做生涯咨询》作者）

跟子熙老师结缘于2015年，这一年的我正遭遇着培训师生涯的困顿期。讲授一门生涯规划领域的TTT近三年、90余期的我，每每在循循善诱、声情并茂、滔滔不绝地自信展示之后，总会收到参训学员“你讲得很好，但是我们学不会，也讲不了”之类的回馈。这样的回馈多了，跟公司其他讲师交流之后，才发现其实大家得到的评价都一样。所以，我开始反思着我们讲授的TTT，为什么无法传播？公司在课程宣传的时候，不是打着听完三天的培训，就能上台讲授好生涯规划课程的旗号吗？直到我遇见了子熙老师，遇见了他拥有中文版版权的TTT，才找到了答案。原来我之前所讲授的TTT不是真正的TTT，它仅限于生涯规划知识性的传播，并没有融入了教学实操技能的训练。难怪学员听完课程，只收获了知识，却无法驾驭。因此，当我开始在课上加入教学技能的内容后，学员的评价变了，课堂氛围更加热烈了，学员们有了更多的获得感。我是TTT的受益者。

子熙老师是我在培训师技能提升的启蒙恩师。我想没有子熙老师和他的TTT，我早就无法坚持下去。他最令钦佩的是用28年时间专注做好一件事——培训师训练的精神，这也鼓舞着我在生涯规划领域的执着坚持。28年的坚持、28年的实践和沉淀，实属不易。喜闻子熙老师即将出版新书《TTT训的就是你》，当翻看目录，当年参训中的那种旧雨重逢的熟悉感突然回归，头脑中犹如放电影般，历历如绘。

毫不夸张地说，能将高深的教学原理转换成如此实操的诸多“心法”和“技法”，真是前无古人、后无来者，让人肃然起敬、心悦诚服。可以说，这本书是培训界的旷世之作，是每一位从事培训和教学工作的相关人士必读的经典好书。

最后，预祝每一位遇见这本书的读者，透过TTT的学习和转换，在成就他人的同时，也成就自我！

7. 解俊峰（深圳市某咨询公司总经理、广州某集团公司顾问、TTT授权认证导师）

曾为舞台梦想，到处学习奔走。直至2015年在深圳罗湖的TTT公开课上见到了刘子熙老师，心中豁然清晰，他就是我学习的榜样。从此，多次参加课程学习，认真复盘、不断精进，举手投足，彰显榜样风范。

2017年有幸和深圳燃气刘争鸣、内账宝刘强、北大博士汪允敏夫妇一起拜刘子熙老师为师，开始传承TTT、传播TTT。不忘恩师谆谆教诲，不忘同窗相互砥砺，携使命出发，依责任行事，力求做到“讲我所做，做我所讲”。因有一份投入，得来众多学员和机构认可，感谢师父刘子熙，助我走向更高层。

28年品牌课，化书惠及更多人。师父经常鼓励我们要乐于分享、不断创新，要明白流水不腐的道理。这次课程化书，不仅让更多的朋友一起学习TTT、认识TTT、传播TTT，也标志着我们TTT传道者又将再次扬帆，去迎接新的起点、新的希望、新的征程，谱写新的篇章！

8. 杨红霞（共进股份培训学院前高级讲师、培训项目经理，晶存科技人力资源行政经理，国家一级人力资源管理师，TTT授权导师）

2015年11月，我在一个培训界的交流大会上，首次聆听了刘子熙老师的精彩讲授，倍感震撼。他儒雅睿智、沉稳笃定，娓娓道来，如沐春风；见解独到、语言精辟；入木三分，印象深刻，讲、述、论俱佳，颇有大师风范。

2016年元旦期间，我赴上海向他正式拜师学习TTT。接下来的两年，我追随师父辗转在深圳和上海之间，深入学习TTT技术，同时也学习师父的为人处世。

师父学识渊博，学贯中西，国学底蕴深厚，不仅体现在他创立的TTT话语系统，也体现在他平时的为人处世，随时随地悉心教导弟子，真正做到了知行合一、为人师表。

记得深圳某企业的老总曾派其司机送师父到香蜜湖某饭店就餐。师父下车后，恭敬地站在路边，向司机道谢再道别，车子掉头转弯后，他仍伫立不动，面带微笑，挥手道别，直到车辆绝尘而去不见踪影时，师父才转头和我们几个弟子步入餐厅。

席间，我问师父为何要这般行礼？师父说这是中国古人的送别之礼，叫“绝尘而去”；无论是谁来访，无论对方多客气地不让送，都要送对方一段，并且要在客人的身影、乘坐的汽车完全消失以后才能返回，否则，当客人走完一段路再回头致意时，发现主人不在，心里会很不是滋味。

师父对待普通的司机都如此彬彬有礼，何况对待其他人？

师父堪称华人界TTT一代宗师、声名显赫，为人却谦逊有礼、胸怀若谷，让我的心灵很受触动：为师者，先为人。

他常常教导我们：不可与之言而言，谓之失言；可与之言而不言，谓之失人。作为培训师，应该潜心修“炼”，内观外照，成就职业化。要反复磨课，备厚讲薄，深入浅出。

如今，欣闻师父28年的心血之作《TTT训的就是你》即将问世，我深信：它将成为培训界一座高耸的灯塔，照亮无数后来者前行的道路。

亲爱的培训师友们，让我们在刘子熙导师的引领下：学习演练TTT，相伴成长一起飞！

9. 伊红军（曾任多家上市公司企业大学校长，“我是好讲师”大赛评委会副主席）

期盼已久的子熙老师专著《TTT 训的就是你》终于要出版了，我由衷地感到高兴！作为国内企业培训界的开拓者，子熙老师深耕 TTT 三十余载，培养了大批优秀弟子，更使众多企业受益，其影响力早已超出了培训界。十年磨一剑，子熙老师大作付梓，必将再次推动国内培训在特殊时期的新突破，可喜可贺！

我与子熙老师结缘多年，始终对他的专业钦佩有加。我们曾一同参加过多次论坛、好讲师大赛等活动，在北上广深都留下了美好的记忆。记得 2015 年第三届“我是好讲师”全国总决赛，我俩负责第五赛场，他任观察员，我任组长。子熙老师在进行赛场总结时，就宛如一场浓缩的 TTT 示范课，精妙绝伦，让选手和评委大呼过瘾。尤其让我佩服的是他与众不同的讲课方式，不管是培训大课，还是即兴分享，只见子熙老师将 A4 纸左右对折，唰唰列出纲要，就开始娓娓道来。不仅令听者如沐春风，更有引人深省的力量。每次听子熙老师的分享都是一种享受，那种直指本源、逻辑严谨的专业度，那般金句频出、引人入胜的穿透力，没有数十载的钻研断难达到。

子熙老师不仅专业功力深厚，他的热情与善良更是让我与他越走越近。记得每年的好讲师赛前评委会上，子熙老师都主动热情地为大家讲解与示范评审的要点，很多细节他都用心地提醒，让全国各地赶来的评委们倍感踏实，尤其令新评委们受益匪浅。在 2022 年上海发生疫情期间，得知我们在为老人们募集食品后，子熙老师尽管同样被封在家中，仍马上伸出援手捐助善款，还特意打电话来鼓励我们，尽显为兄风范，让人非常感动。

有师有友如熙，人生之幸也。

向刘逼问，与子偕行，师熙启能，更上层楼！

10. 郑斌（宅家产业发展集团 CLO、松松【杭州】科技产业发展有限公司董事）

那是 2015 年，公司邀请了一位据说行业骨灰级 TTT 大师来公司讲课，在江湖上，人人听闻如雷贯耳，原来是子熙老师。久闻老师大名，终于见到活的了，见面之后，却百味杂陈：有不舒服、有触动、有惊喜、有开心、有压力、有紧张。因为在见面的时候，老师能够一针见血地指出很多问题，而这些问题，以前自己从来没有面对过，也没有人跟我讲过，就像一面镜子一样照耀着自己，却那么平淡如水，没有评判，却又很具有智慧。至今回想起来，觉察过后，仍然回味无穷。

后来一路走来参加好讲师比赛得到老师亲自辅导，又多次在各种场合听到老师辅导点评各个讲师，在这个过程当中受益匪浅，无论是匠心独运还是别具一格的呈现，都让人记忆深刻！再后来我给子熙老师介绍了儿徒丁老师，改变了丁老师的生涯，每次丁父丁母见到我都很感谢我，说我是引路人，实则真应该感谢子熙老师改变和影响了很多人的一生！

每一次开口、每一次登台，我从老师身上看到的最大特点和最让我敬佩的是：每次都 200% 状态满满！ 30 年如一日！可不是很多讲课老油条有些倦怠或者明显激情减退的状态。每一次子熙老师都是激情满满、状态满满。你很难相信他的年龄，在我眼里他远远超过 20 岁、30 岁很多老师的活力。我们在 KTV 里唱歌到凌晨也是子熙老师最有劲。

我觉得一位老师所呈现的生命状态远比他的头衔、收入、学历等来得更重要，子熙老师是典范！愿我们的缘分三生三世十里桃花，桃李满天下。

11. 周红菱（贵阳南明区精灵果幼儿园园长）

留得良言绕梁栋，才尽回肠荡气中；子言德位铸良师，我悟大道生百术。昔，独行于上下求索而不得之途，似茫然行走于荒漠之上，无石无木，无草无水，更彷徨不知所措。今，听君一席话恍然而悟，如追随疾跑于康庄大道，有星有月，有礼有节，窃喜归林之鸟，逢水之鱼。

12. 朱晓波（“我是好讲师”系列大赛评委会副主席）

和子熙兄相识多年，缘分甚多。一则同为江西老乡，二则均在培训领域，刘兄于我多有支持。其中印象最深有两次，一次是 2015 年中国培训周集训的讲台上，刘老师作为“我是好讲师”大赛导师团团长，对进入全国总决赛的讲师选手做了非常精彩的课程演绎，举手投足如行云流水，旁征博引似信手拈来，好讲师们直呼听得过瘾。第二次是我在上海任好屋大学校长期间，邀请刘老师在教师节当天来给企业内训师做 TTT 分享，上午九点开始，为避开高峰时期堵车，刘老师自驾早上六点就到，并提前在教室做好准备，调试电脑，架好摄像机，全程录像，授课结束后回看、复盘、总结。我看到后很有触动，尽管刘兄在 TTT 这个领域已经是殿堂级人物，但对每一次课程依旧精心准备，让人钦佩。深感“明师有路勤为径，桃李天下需匠心”。

热烈祝贺《TTT 训的就是你》出版，相信二十八载 TTT 沉淀和深耕，会给各位培训师和有志于成为培训师的读者带来收获和启迪。

13. 邹成（深圳龙华周末市民素质大讲堂原负责人、深圳萤火虫文化活动中心负责人）

2015 年，一个偶然的机会，听到 TTT，给人一种全新的概念，完全超出了教科书式教学的认知，从此便喜欢上了 TTT，同时也一直主动协助在深圳组织 TTT 相关认证培训。

从 2015 年到 2019 年，TTT 在深圳训的不一样。从深圳地铁到益海嘉里，从大浪红茶时间到龙岗图书馆，从龙华街道党群到市民素质大讲堂，一路走来，开展 TTT 培训及 TTT 讲评培训众筹班十余期，包括举办刘老师亲传弟子陈晓剑老师的 TTT 认证公开课，直接受益对象近千人次，深圳处处弥漫着 TTT 培训与训练的气息。

刘老师的培训，深受各路讲师及培训同行的好评，并有超过 10 人拜师进一步深入学习 TTT，从了解到学习、到认证，再到 TTT 授权导师，我自己一路走来，无论是内容架构、讲授演绎、互动掌控，或是综合素质能力，以及业界人缘，都得到了大幅度提升，感谢刘子熙老师。

2016

1. 曹甄俊（同济大学博士，上海市科委、经信委专家组成员，2019 年全国培联培训师推优大赛总冠军，TTT 授权认证导师）

2016 年，我有幸聆听到 TTT 授权导师袁广全先生的授课，被 TTT 的博大精深和独占价值深深吸引。2017 年起跟随广全老师系统学习 TTT，并于 2018 年走上 TTT 职业培训的道路。2021 年在广全老师的引荐下，承蒙《TTT 国际职业培训师标准教程》版权人刘子熙老师的厚爱，我有幸跟随子熙师父在 TTT 领域不断学习精进。

子熙师父在 TTT 领域钻研数十载，率先提出“全程训练、终身学习”的模式，其版权课程《TTT 国际职业培训师标准教程》在国内培训界可谓独树一帜，备受推崇。《TTT 训的就是你》可以说囊括了子熙师父课程的核心精髓，无论是心法理念、思维模型还是方法工具，将会颠覆很多固化的认知，定会让你的授课实力“暴涨一寸”、课程效果“原地提升”。

2. 陈征（绩能教练高级员工管理师、TTT 授权认证导师、PAF 专业讲评技术认证导师）

从有缘拜入刘子熙老师门下至今已经 5 年了，回想初识 TTT 还是在 2016 年，那时的我在保险行业已经做了 5 年的企业内训师，自认为在授课训练方面有一些经验。那年 11 月 30 日，我荣幸地代表公司前往广州参加由陈晓剑老师（刘子熙老师亲传大弟子，TTT 首席传承导师）亲授的 TTT 内训课程，当时的我年少轻狂，确实是带着几分审视的眼光，想去看一下职业培训师是什么样子。当我看到陈晓剑老师站上讲台那一刻，我顿时感到自己和他的差距，陈老师的一招一式、一言一行、一字一句都让我感到什么才是专业的风范。那次培训虽然只有两天，但我的笔记记了 30 多页。课程结束后，我联系了陈晓剑老师，他告诉我 12 月 20 日至 22 日有刘子熙老师亲授的 214 期《TTT 国际职业培训师标准教程》认证培训班，这才有机会结识我的恩师刘子熙老师。对于保险行业来讲，每年的12月至来年3月都是最忙的时间，请假是非常困难的，但我还是排除万难请了假，前往上海找刘老师学习。通过3天标准版本的学习，让我再次加深对课程的理解和认知，更加幸运的是，在培训班上得知刘老师有意向招收弟子，我立刻就拜入刘老师门下，荣幸地成为刘老师的亲传弟子。跟随刘老师的这些年，通过不断深入的学习、分享、训练中，让我越来越深刻地体会到，TTT绝不是简单一门培训师训练课程，而是一门能够从底层逻辑、规律、思维、行为等全方位训练、综合提升的课程，无论您是否担任培训工作，都是一门必修课。2017年，在我公司的一次内训中，我运用TTT所学技巧“语感结论”为培训班做总结，取得了良好的效果，当时就被分公司领导选中，同年4月晋升为分公司培训经理。

接下来的几年，在刘老师的悉心教导下，我从“见习导师”晋升为“授权导师”，终于在2019年通过审核，晋升为“授权认证导师”。学以致用，用以致学，我将学到的技术首先用于自身的修炼当中，参照课程内容，整理了28万字的学习笔记，制作了100多张自训卡片，在不断完善自我的同时，也荣幸地成为一位TTT的传播者，开办企业内训和认证班，让更多的人了解、学习、实践TTT，以有效训练助推个人成长，助推企业成长。

而今，TTT发展与传播迎来新的里程碑，刘子熙老师将28年潜心研究的成果，汇聚成一本书《TTT训的就是你》，完整且详尽地记录TTT庞大知识体系，图文并茂地分享给大家，绝对值得反复阅读，不断实践。“到此已穷千里目，须知才上一层楼”，希望借此书能和更多的TTT家人，相伴成长一起飞！

3. 程蕾（吉利科技集团总裁助理）

刘子熙老师的《TTT专业能力提升训练课》一直非常吸引我，他通过讲授、演练、研讨、活动等丰富的手法教培训师如何从表达上突破，在内容上完美呈现，把一堂课讲顺、讲好、讲精。和子熙老师从2016年起开始合作，感受颇深，受益良多。如今子熙老师把自己多年的实践和心得提炼并沉淀下来，写成书籍，以便培训师们学习一些真正和实用的成功秘诀，从任何一个方面看，都是一件非常有意义的事！

4. 丁立鼎（抖音KOL：达人校长丁仙、《做课宝典》主讲人、TTT授权导师）

我一直是企业老板，直到遇到刘子熙老师。那是2016年的一次讲师大赛，没讲过课的我，对自己的要求就是要做就做最好，比赛从没怕过，所以抢到了刘子熙先生当我的指导老师，并获得全国百强，后来才发现TTT的博大精深，值得我沉下心来认真学习。

自此，子熙先生亦是我的子熙师父，学习TTT七年，让我体验到了当老板体验不到的，为人师者的乐趣。师父的新书《TTT训的就是你》，真是千呼万唤始出来，我相信能照亮更多像我这样热爱培训事业的伙伴的明师之路。

5. 胡广华（广华（佛山市）企业管理咨询有限公司总经理、《卓越经营管理系统》及《胡广华4维全面绩效管理课程》版权所有人）

我是一名企业管理咨询顾问，致力于为企业导入一套《卓越经营管理系统》。本人从20世纪80年代起进行企业经营管理的实践和系统研究企业经营管理。

经过30多年的修习，开发掌握了一套建立在现代管理学之父、著名世界管理大师彼得·德鲁克先生管理思想基础之上的《卓越经营管理系统》，并运用这套系统辅导企业，均当年就实现了业绩利润双增长1～3倍的成绩。

为了提升自己的咨询培训能力、更好地服务企业，2016年12月6日到2017年12月6日，在刘子熙先生的亲传弟子李程远导师门下修习TTT课程，经过一年的修习和几年的练习，显著提高了我企业培训的感染力，对企业管理咨询项目的落地帮助非常大，几年的体会让我感受到，TTT确实是管理咨询师推动项目落地很好的工具！

6. 胡留超（南通市聚仁人力资源有限公司苏州分公司执行总经理）

我与刘老师在2016年因TTT结缘于南通，后于苏州阳澄湖、金鸡湖畔多次合作《国际职业培训师培训》版权课程，课程一如既往获得了学员的广泛好评。合作多年，深深佩服刘老师不断精进的工匠精神，折服于刘老师对培训师培训的孜孜不倦和持续创新引领，每一次课程都能让大家耳目一新。

欣闻刘老师力作《TTT训的就是你》即将问世，昂首期盼，深知这是老师数十年对TTT实践与思考的结晶。对于培训界，这本著作无疑将是一部具有特殊意义的力作；对于培训师来说，这是一本能够成就职业化、快速提升课程开发能力的培训教材。

学智者智慧，借高手之力，靠明师指路，让你我培训生涯得到更快发展。在此郑重推荐给全国的培训界朋友，你真的值得拥有！

7. 罗瑞俊（金螳螂商学院执行院长）

喜闻子熙老师出版《TTT训的就是你》，一种“终于”的感觉瞬间在脑海中浮现，我想大多数熟知刘子熙老师的人都有这样的感觉吧。

师者，育人为先。培训师较技巧而言，品德为先，好人品优于好技巧。和子熙老师相知于他的名声，相识于2016年的苏州第一届好讲师大赛，我俩相邻而坐。点评中，子熙老师苦口婆心的提醒、出口成段的提点、结构化的提炼，处处体现出作为20多年TTT从业者的资深、老练以及卓越。更加令人赞叹的是，桌前的评委纸上，写满了每一位参赛者、每一个章节段落的陈述内容、好坏标注、改善建议，赛后依然兢兢业业地为后辈们辅导，春风一般柔和的声音，字字珠巩的循循善诱，更加体现了为师者的品德和骨子里对培训师这份职业的尊重。

《TTT 训的就是你》，寻的也是你。寻找一位好导师，寻找一本好书。作为培训这一条路的同行者，祝愿此路长远，行者喜乐！

8. 毛剑（视频号教育榜自媒体全国百强、《商务演讲©》版权人）

2016 年在刘子熙先生的明师讲习所首次接触了 TTT，2019 年走进了赵海河老师的课堂并拜师，通过学习让我明白了，培训师培训的重要性。就像“万课之元”一样，要想成为培训师，TTT 必学不可，“就像跑步，必须先学会走路，而走路就像 TTT，是培训的根本”。

听闻太师父刘子熙先生创作的《TTT 训的就是你》即将出版，我非常期待，同时我也祝愿《TTT 训的就是你》这本书能够给培训师以及培训行业的同仁们带来更多的培训的知识，让培训能够更加标准化，同时也坚信此书一定会大火！

9. 沈鹰（苏州高新区企业培训协会首任会长、苏州富士胶片映像机器有限公司原行政人事总监、苏州市摄影家协会会员、国际注册汉语教师）

首先祝贺刘子熙老师新作《TTT 训的就是你》隆重出版。我是子熙老师得意弟子的学生，却一直得到子熙老师“隔代”的特别关照。心存感激，时时不忘。

子熙老师的 TTT 课程作为一个品牌，造就了无数优秀讲师，惠及了海量授课学员，改变了众多人生命运。

我曾搭建过高新区培训协会，聚拢过数百位培训讲师，深知在知识与技能迅速更新迭代的今天，培训有多么重要，而培训结果取决于讲师的完美呈现。

子熙老师最难能可贵之处是：授予你一块“金字招牌”，附上整套“祖传秘方”，《TTT 训的就是你》用六章 25 万字，为希望成为 TTT 讲师的年轻人在成长道路上树立起了内修、外练、呈现、受用、赋能、结果六个路标，我觉得这是子熙老师用“心”写成的课程，只能用“心”去领会、用“心”去传承，才能真正得到“子熙 TTT”真谛。

10. 邢庆峰（采购供应链资深培训师顾问、中国物流采购联合会授权 CPSM 讲师、畅销书《品类管理方法论：世界 500 强企业战略采购实践》《供应链质量防线：供应商质量管理的策略、方法与实践》联合作者、TTT 授权导师）

2016 年，即六年前第一次走进 TTT 课堂，开始为职业讲师之路准备。而后，三年前正式拜师，成为 IPTA 授权导师，在大大小小的会场课堂践行《TTT 国际职业培训师标准课程》之理论与实务。正是师父所教导之“本色做人、角色做事”，使我平稳实现了从职业经理人向全职培训师的转变；也正是师父精心打造的职业培训师的进阶路线，引导我一步步从讲课到讲版权课再到著书的道路上不断成长；更是师父所传授之职业培训师常怀的敬畏之心，以及可牵大象之一线藕丝，助我赢得了中粮、中车、中铁、中国重汽、特步、艾默生等众多优秀客户的好评与信赖。

《TTT 训的就是你》，将为正向培训师转型的众多朋友树立一座塔，照亮一条路，成就一个梦！

11. 徐春嫣（东安格利亚大学企业管理硕士、中国企业培训师协会浙江分会副会长、“我是好讲师”及“我有好课程”大赛评委 & 导师、ICF 认证 4D 卓越领导力系统教练、TTT 授权认证导师）

登高山方知山高，临深溪乃知地厚。培训行业不缺高山深溪般的学者名家，但能称为“大家”的刘子熙老师当属其一。在 TTT 这块专业的领域，子熙老师就像一坛纯酿，闻香知其名声在外、品评知其精专独到、回甘知其深厚长远。

2016 年至今认识子熙老师快七年了，从“明师讲习所”到成为弟子，子熙师父是我培训师生涯的“鉴正者”，鉴我专业正我品行。很多人说他专业，如是！但让人印象深刻的还有他的金玉良言，红尘半百归来仍是“少年”——热情于你，坦然于己。

正如他的新书，多年精专热忱不减，字里行间除了专业还有处世之道。如您缘得此书，不妨学其专业的同时品其处世良言，相信您会与我一样，受益匪浅！

12. 杨巨华（西海基石教育副总经理）

翻阅书稿时，我感到非常亲切，仿佛回到了 2016 年 6 月 26 日在刘子熙老师 TTT 国际职业培训师标准课程的课堂上，正在聆听他生动智慧地讲课。

我是一位名副其实的 TTT 践行者，TTT 助力我从 HRD 成功转型为大学生职业素养培训导师、企业管理训练导师，让我在企业管理过程中对员工培育和梯队建设方面的思路更清晰、理性和自信。上大学的女儿跟我一起学习后，在表达、思维等各方面都有明显提升。

此书是刘子熙老师深耕数年而成的精华宝典，其中的 TTT 训战心得、话语系统、技术技巧等效用无穷；对管理者和需要提升个人影响力的人，这本书可以为你指点迷津；对职业培训师而言，先受训，再授人，这本书无疑是一位随身导师。只要深入阅读、反复练习、学以致用，我相信，你会和我一样收获颇丰。

13. 叶森林（贵州省工商联【总商会】副会长、贵州省浙江总商会创始会长）

作为商会负责人，总是有很多场合需要公众表达，这一直是我的一个痛点。2016 年，有幸在贵阳参加《TTT 国际职业培训师标准教程》的学习，刘子熙先生用他近 30 年的潜心钻研，为我打开一扇门，各种表达技巧套路观念，让我做到“心中有数，手上有术”，深刻体会到“会道者，一线藕丝牵大象；盲修者，千斤铁锤砸苍蝇”。公众表达不再是我的障碍，而是成为个人形象塑造的重要抓手。

我与刘老师在 2016 年因 TTT 结缘于南通，后于苏州阳澄湖、金鸡湖畔多次合作《国际职业培训师培训》版权课程，课程一如既往获得了学员的广泛好评。合作多年，深深佩服刘老师不断精进的工匠精神，折服于刘老师对培训师培训的孜孜不倦和持续创新引领，每一次课程都能让大家耳目一新。

欣闻刘老师力作《TTT 训的就是你》即将问世，昂首期盼，深知这是老师数十年对 TTT 实践与思考的结晶。对于培训界，这本著作无疑将是一部具有特殊意义的力作；对于培训师来说，这是一本能够成就职业化、快速提升课程开发能力的培训教材。

学智者智慧，借高手之力，靠明师指路，让你我培训生涯得到更快发展。在此郑重推荐给全国的培训界朋友，你真的值得拥有！

14. 于涛（普源精电科技股份有限公司、普源书院培训总监）

回想与刘子熙师父相识是在 2016 年酷热的夏天。当时我在山东潍坊歌尔股份有限公司担任培训经理，为了体系化地搭建内训师队伍，开发精品课程，集团公司遍访名师，最终选了刘子熙老师来进行 TTT 的课程培训。首场培训就得到了内训讲师和培训管理团队的一致好评，因此集团公司也是大手笔请刘老师给五大事业群各安排了一场培训。当时我所在的事业群的培训安排在了第四场，两件事给我留下了特别深刻的印象。

第一件是刘老师亲和，没有任何架子。那天潍坊正在下暴雨，潍坊局部地区已经淹了，因此等刘老师的飞机到青岛机场后公司无法派车去机场接机。我非常抱歉地跟刘老师协商请刘老师坐机场大巴到潍坊市区后再做安排，当时我以为像刘子熙老师这样的培训界泰斗会端架子摆谱，最低也要指责我们组织方安排不力，可没想到跟刘老师电话沟通时，刘老师没有任何不悦，非常配合地独自乘坐机场大巴到达潍坊。这也正印证一句话：越是地位高的人德行素养越好，越亲和有礼。

第二件是在授课过程中，我作为组织方希望刘老师能多给学员一些反馈和指导,因此在课前的串场互动我安排给现场上课的内训师学员来做小互动游戏。没想到刘老师能够现场接着给予指导，而这种指导是基于学员的互动游戏的基础上结合歌尔的实际情况做的改善优化，这种指导并不是像其他老师那样教学员一个新的游戏，而是在学员会用的游戏基础之上原地提升，还结合了公司的情况，这就很难得了。

在山东的时候一直都想报名参加刘子熙老师的 6 天 5 夜的 TTT 的项目——“明师讲习所”,无奈距离太远而且公司也不会给这么长的假期出外参加培训，就一直没有再跟刘老师现场学习 TTT，只是买过刘老师“红宝书”的线上课程进行学习。后来被苏州汇川技术有限公司从山东“挖”到苏州担任学习发展经理，在2020年发生疫情时，机缘巧合看到刘老师在线上做直播“非常学习T＋＋”，每天晚上带着一群志同道合的伙伴，一起用直播的方式训练课程开发与授课技巧，有幸我也加入其中，当时先报名了“臻钻明师”的课程，开发设计了系统化的《导师辅导技术》课程，后来又学习了“直播好课”训练营，有幸拿到了优秀学员的称号。经过短暂的学习和淬炼后，我运用刘老师教的理念、心法和技法，在公司内部培训组织和外部培训交流活动中经常口吐金句、妙语连珠，让周围的同事、领导顿觉士别三日，培训圈的朋友称赞果然不负资深培训人的盛名。

有了这些收获和肯定之后，全国疫情缓解，子熙先生在苏州淀山湖知实堂开课，我连续报名参加了“PAF专业讲评标准技术认证导师班”《TTT国际职业培训师标准教程》的学习。随着跟先生学习交流的不断深入，发现先生不仅学识渊博，待人亲和诚恳，最难得的是我作为一个资深的培训经理，见多了各类名师大咖，但是很少有像先生这样课程内容可以一直超出我的认知范围，在TTT的指导上也是唯一一个能让我心服口服的老师。

因此，我也经过多次考验终于拜师成功，有幸成为刘子熙先生的亲传弟子、TTT授权导师，获得师父的悉心指导，同时师父有机会也让我担任助教参加他的企业授课，用训战结合的方式对我进行培养教导。与此同时师父在为人处世上也是我一个很好的榜样，让我深刻体会到什么叫“师道尊严”。

还有一点让我感动的是，在2020年和2021年我参加全国“好讲师”大赛、“好培经”大赛、“好项目”大赛中，子熙先生对我帮助不计代价。当时不仅在深夜的时候对我的参赛作品提出修改建议，还坚持让我当天改完后无论多晚都等我跟他再通一次电话，把修改后的参赛作品跟他过一遍，再次给我反馈建议。此外，还帮我组织拉票让我拿到“好讲师”大赛最佳人气奖。这感觉才是亲徒弟的待遇，也让我拿到了全国“好培经”“好项目”两个比赛的全国总冠军。这些都得益于师从先生得到的辅导和培养。

今天师父终于出书了，这是一本经过系统集成、百般淬炼的TTT精华版，有大道至简的心法，有深入浅出的手法，有通俗易懂的话语系统，初读犹大梦初醒，深思如醍醐灌顶。这是每一位培训师案头上必备的宝典，它易用、管用、好用，作为培训师想要从优秀走向卓越，如果只需要看一本书的话，就是这一本《TTT训的就是你》。对于一个想成为资深培训经理或成为专业讲师的你，就请认真研习这本《TTT训的就是你》吧。

15. 周静（贵州贵福酒业有限责任公司董事长）

这是一本适合培训师和企业家读的书。企业兴在于人，我们常常面对无人可用，如果是自己企业有培训师或者老板变成培训师，你就拥有了一套持续成长的体系，何愁企业无人可用？我曾经上了三天子熙老师的课，受益匪浅，关于首善、关于提炼文字核心，宣传三大纪律八项注意，这本书不单是给培训师看的，也适合每一个需要做推广，需要持续成长的企业！

2017

1. 丁飞（金龙联合汽车工业（苏州）有限公司总装一部原副部长、TTT 授权导师）

与师父的结缘是在2017年苏州园区内训师大赛上，师父是总评，我是选手。几年过去，大赛上师父震撼人心的讲评、精妙绝伦的点化、叹为观止的点破、余音袅袅的话语，依旧刻化在我的脑海里，再也挥之不去！从那时开始，我踏进了 TTT 的大门。

TTT，万课之祖，每次的 TTT 跟课学习都能打破原有的认知，从而获得螺旋向上的进阶，每次在课堂上那一瞬间开悟，让我明事理、懂探究、抓关键、萃精华。与师父的每次相处，我都能感受到 TTT 的博大精深，浩瀚无穷。对 TTT 的领悟与研究也正是我一生的追求，立志追随师父，弘扬 TTT！

TTT 对我的影响内外俱善，我也以我学习 TTT 的经验告诉各位朋友，只问耕耘，不问收获，因为收获的价值，无法估量，我们只需修心养性，砥砺前行！

2. 李柯平（中铁一局集团有限公司培训中心培训管理部部长）

作为中铁一局集团有限公司的一名培训组织者，我和刘子熙老师相识五年。从在天津的相识，到北京的相知，再到上海的相惜，我和一局的项目经理、后备干部、处级领导仔细聆听了《影响力——由领导到领袖》等多部课程，反复探索课程中蕴含的理论体系，不断汲取智慧、增长才干；课程操作性极强，一局的学员们将所学知识运用到实际工作中，大大提高了自己的综合实力，不少学员在本单位获得了晋升。如今，这位培训界的泰斗将几十年的训战心得、话语系统、技术技巧凝聚成 6 章、21 节、61 个大项、208 个价值点，其中的每一个字符都沉淀了刘老师几十年潜行研究的成果，每一幅思维导图都能成为广大的培训师成功航路上的灯塔，每一个注脚都能在读者思考中引起一片深远的回音。我向广大的读者推荐刘老师的新作——《TTT 训的就是你》，相信它必将成为广大培训人的成长宝典、必备教材。

3. 梁晶晶（贵阳市爱娃精灵果幼儿园园长）

顺理成章，何需你！你的前半生是否都有一个模仿的对象？人出生没有说明书！幼、青、中、老年时期，我们都有不同执行标准。而什么才是我们自己呢？如果任何事情都顺应自然变化，那存在的价值又是什么？不过是一副华丽的皮囊罢了！怎样才能收获自己！

在我进入 TTT 的课程，遇见刘子熙先生后才知道原来生活也可以按照自己的意愿去改变。先生用了长达 28 年的时间，专研 TTT 培训师课程，并且出版了这本《TTT 训的就是你》，这不仅仅是一门课程，我更愿意称它为“工具书”。它不仅是培训师的训练手册，更多的是能通过此书寻找到自己的方向、生活的态度、工作的方法，还能教会你和家人、朋友、同事的相处之道最重要的能给自己找到舞台。让这短短的一生，不辜负每一天！成功不是错误的修正，而是正确的累积。让我们努力不单只拥有一副华丽的皮囊，更要有一个有趣的灵魂吧！

4. 刘争明（某大型上市国企内训师、TTT 授权导师）

过去相当长的一段时期内，我都在思考自己应该成为什么样的人，又该如何度过自己的一生，直至遇见了刘子熙老师和他的 TTT。与之结缘，受用一生。

刘子熙老师在我的心中有着崇高的地位，而与其结缘还要从一次公开课说起。大概七年前，我是初涉职场的小白，处于憧憬社会又惧怕未来的混沌状态。那年刘子熙老师亲临深圳，在南山区开了一场公开课，做演讲口才的卢春水老师邀请我一同参加。刘子熙老师谦逊和善、博学多才，授课精辟绝伦、入木三分，让我第一次感受到何谓业界泰斗、大师风范，高山仰止！缘分有开头没有结尾，后来我多次参加他的 TTT 标准版课程，并于 2017 年成为其授权弟子、改口“师父”，如今与师父的缘分在时光穿梭中如麻花般越拧越紧。

师父的 TTT 不单是一门课程，更是引导我卓越成长的一门哲学。当我急功近利时，会想到“道可顿悟，事须渐修”；当我妄自尊大时，会想到“说时似悟，对境生迷”；当我妄自菲薄时，会想到“本色做人，角色做事”……学习 TTT 像在研读一本鸿篇巨制的传统文化经典，像在听一位阅尽世间繁华、体悟人间坎坷的前辈谆谆教诲。多年以后，有些术语已不如从前般脱口而出、信手拈来，但实则 TTT 已进入自己做人做事的潜意识，在更深的层面引导我在人生之路上更好向前。

TTT 是师父的一生追求，28 年心之所属。千呼万唤之下，师父终于将之整理出版、付梓问世，对此集大成之作，业界喜大普奔，本人更是由衷祝贺、万分期待！希望 TTT 能在师父的高位领航、一众弟子薪火相传、业界朋友彼此加持下，传承发展、春意盎然；亦相信更多伙伴因 TTT 而受益，让我们走进 TTT、学习 TTT、拥抱 TTT，在新时代的春潮中与更多逐梦人一道相伴成长、造就卓越人生！

5. 任忠华（昆明任仕华良科技有限公司董事长）

我的文化程度不高，与人交往往往缺乏自信。学习 TTT 是我主动要求的，课程内容很多，但是刘子熙老师所说的表达需要“真性情，平常话，身边事”对我影响很大，让我意识到，只要你是用真心，不需要华丽的词语，一样可以感动他人。员工们也发现我的变化，更愿意与我交流了。在管理上，我也运用TTT的“首善、乐从、对接”等心法，发现很多解决问题的思路更清晰也更轻松了。

6. 王亚骏（东航研发中心领导力发展中心（东航党校教学部）总经理）

新冠肺炎疫情期间，欣闻子熙老师大作定稿，倍加期待。作为师之师者，他将多年功力凝于一册、布行天下，必使同道中人受益良多。

东航内训师培训，有幸多次得到子熙老师的悉心指点，并在2017年专门为第三届“东航好讲师”大赛暨首届“东航国际化英文课件大赛”选手进行赛前特训，线上与线下结合，突破传统、叠出精彩，学员们大呼过瘾、受益匪浅，并在当年全国“我是好讲师”大赛上争得了佳绩。

子熙老师授课有个习惯，自带机器全程录像，并在课后复盘，细细研究得失。身为TTT资深大咖，如此孜孜精进，让我油然敬佩。有次他在授课之余，参观东航乘务员训练基地，不断地提问，并主动体验舱门紧急撤离培训，留下了第一次拉开飞机紧急舱门的身影，更让我看到了他对新领域的充沛好奇心与旺盛学习力。

熙者，光明、喜乐、兴旺也。人如其名，子熙老师，谦谦君子，以明心传道，以欢喜授业，以情理解惑，举团队之力，借成书之美，定会让师者日兴月旺！

7. 汪允敏（北京大学博士、TTT授权导师）

人的相逢既是巧合，又是缘分。2017年第一次和刘老师见面的时候，得知他是北京大学的高才生，当时冒昧的称呼他为校友，搞得刘老师一个诧异，这或许是一个出乎意料的首善吧。

刘老师把课程讲得这么通透，把人生道理讲得如此简单；身边点滴小事信手拈来，即时给予点化，折射出整体全息系统；直白好记、舌灿莲花的话语系统，让人记忆深刻，终生难忘；要言不烦，谋定而动的概念表述，总能形成默契表达，在培训界真正做到了“是我就好”的境界。我们做人和授课培训一样，要如刘老师所倡导的真正践行“不让自己带累我，用心助你超越您”，区分人前人后，善于与人对接，乐从身边的人和事，这样才能团结周围的人，一起做一番事业。

8. 闫永峰（中铁国资资产管理有限公司办公室主任）

与TTT泰斗刘子熙先生结缘于2017年，几年来多次向其学习、交流和探讨TTT培训，深深被刘老师精湛的专业素养、风趣的课堂语言和严谨的治学态度所折服。此次，刘子熙先生匠心巨著《TTT训的就是你》正式问世，书中对 TTT 职业训练逻辑分析精辟绝伦、入木三分，对 TTT 职业训练内容讲授深入浅出，讲、述、论俱佳，是培训师培训从入门到精通不可多得的必备秘籍。

9. 张翠萍（深圳市喜年教育科技有限公司创始人、国家高级培训师、国家高级人力资源管理师、国家高级劳动关系协调师、TTT 授权导师）

拿到国家高级企业培训师证书以后，我心中一直有一个想法：一定要跟中国讲课最厉害的老师学习讲课。在中国培训界有两大体系：TTT 和 PTT。刘子熙老师是 TTT 版权人，周平老师是 PTT 版权人。我一直盼望着能够追随两位大师学习。

2017 年 11 月初，朋友告诉我 TTT 泰斗刘子熙老师计划在深圳举办标准班课程，我向朋友表达了想结识刘老师的想法。11 月 4 日、5 日，我参加了刘老师的标准班课程，我生怕漏掉老师讲的每一句话，全程录音。课间休息，朋友说刘老师有授权导师班收徒弟，我和刚认识的 4 位同学现场报了名。

那时候，我是一家上市教育集团公司的人力资源中心总经理。11 月 11 日开始，我在全国各地连续出差两个月，出差期间，只要有时间，我就把录音拿出来听，盼望着刘老师赶紧举办授权导师班。为了追随偶像专心学习，我决定辞职参加授权导师班。

2018 年 3 月 3 日，正式拜师刘子熙老师。导师班期间，刘老师帮我做了职业生涯规划，师父说："你是高级企业培训师、高级劳动关系协调师、高级人力资源管理师，可以在广东做这三门课程的职业技能等级认定，讲授培训师和劳动法律课程。"从那时候开始，我一直从事职业技能等级认定工作，并且在全国各地讲授培训师课程，从职场成功走向了讲台。

每当我在授课过程中遇到问题向刘老师请教，总能得到满意的答复。刘老师渊博的学识和丰富的培训经验，永远是我学习的榜样!

10. 张旭（某大型金融企业所属培训中心负责人）

与刘老师结缘是在 2017 年 6 月，为组织内训师参加系统内的大赛，我们邀请刘老师讲授《魅力表达和 PPT 制作技巧》课程并进行辅导。刘老师对课程的精妙设计和精彩演绎给大家留下了深刻的印象，其后的数次请教更是让我如沐春风，令我久久回味。"善歌者使人继其声，善教者使人继其志"，相信刘老师的这本 TTT 最新力作一定会与大家结缘，可以使人无师自通，因为刘老师就是这样一位"善教者"。

11. 张远（喜马拉雅新商业教育总经理）

因为热爱，28 年专注一件事陪伴培训师的成长与发展，这本身就值得敬佩。

记得 2017 年深圳举办行业论坛峰会上，作为论坛演讲嘉宾在休息室休息，突然一个人的出现让休息室里的其他嘉宾和工作人员都沸腾了，纷纷过去合影，我有点不知所措，不知道应该过去拍照还是假装不在意……这就是我和刘子熙老师的第一次相遇，也是我第一次感受到热爱和专注可以让 TTT 真的被注入了能量。最近两年一直建议刘老师要拥抱互联网，融合互联网的力量将 TTT 赋能给更多的企业和用户，能够将 TTT 的力量渗透到更多的场景，感染和影响更多的用户。

2018

1. 包建军（IPTA 国际职业培训师）

2018 年，接触 TTT，从子熙老师亲传弟子赵海河老师精彩的演绎中体会到这门学问，是个很有用、很受用、很管用的学问。无论是在台上或是台下，简单的几句箴言就能洞悉表达的本质，“刻意练习”中体会“一线藕丝牵大象”，也在“心中有数”中体会“手上有术”，从习惯使用“请注意”后，发现在很多重要的场合，停顿成为最美丽的语言，果然“水深则流缓，人贵则语迟”。

听闻刘子熙老师要出版新书，格外兴奋，一位大师在不断精进自己的学问，对我们学习 TTT 的学员也是无声的鞭策，需要更进一步，更明一步，更悟一步。

最后在 2022 年暮春初夏之际，感恩赵海河老师的倾囊相授，更祝愿刘子熙老师的书大卖，能够帮助更多志同道合的朋友们，我们对未来充满了期待。

2. 陈鹏飞（尚一汤创始人）

第一次见到刘老师的时候，是 2018 年秋季在中欧商学院的课堂上，老师非常有耐心、有亲和力地教大家演讲方式。一遍又一遍，对于我们嘴笨的学生不厌其烦。当时就留下了非常深刻的印象。

第二次见面，是 2020 年 6 月底，我们餐饮行业刚刚从新冠肺炎疫情中恢复过来，为了奖励管理层辛苦抗疫，特别邀请刘老师为我们公司管理层授课，培训演讲能力及沟通的艺术。刘老师提前两周做了大量调研工作，为我们量身定做了一套课程，课程轻松愉悦，感觉是在教幼儿走路、洗手一样，方式方法简单，通俗易懂。大家都进步很大，课程现场反应热烈，掌声笑声不断。

后来，我们公司年会也邀请老师出席，刘老师和我们团队的关系是亦师亦友，从老师身上学习到很多宝贵的特质。谦虚、儒雅、睿智、感性。希望能和老师成为终身的好朋友、好兄弟。

3. 董学安（某 500 强能源集团人力资源总监、地产公司组织变革顾问、分布式学习开创者之一）

时间轴回到 2018 年，仲夏，彼时我正苦于集团的一众管理者不善于分享、不善于授课，致使经验技能不能复制，眼睁睁看着经验技能断档。经企业界前辈引荐，我慕名联系到刘子熙老师，刘老师听到我的急切需求后，慨然推掉繁忙公务，从沪上来京。刘老师抵达后，即刻询问集团需求点、痛点、卡点，为集团量身定做了一套 TTT 精品课。两天一夜的课程，万达集团各层级学员大呼过瘾，颇有醍醐灌顶之感，不单单接收到和掌握了 TTT 要领，更是触类旁通，在公众演讲、团队影响力、领导力方面均有了不同程度的突破。此后，我多次邀请刘老师为万达集团各级干部授课，在北京、廊坊各地为学员传经送宝，众多干部授课、管理、领导力多方面的任督二脉得以打通。

刘子熙老师的课程形式新颖隽永，内容充实，课堂上妙趣横生，又发人深省，万达集团干部听得懂、记得住、带得走、用得上，课堂内容轻松迁移到实际工作场景，大家深度参与了两天的课程，课后回到工作中能够长期受益。

期待刘子熙老师的新书《TTT 训的就是你》出版！ TTT 再来，洛阳纸复贵。

4. 盛叶（浙江省培训师协会副会长、WFA 国际促动协会副会长、杭州慧火教育科技有限公司总经理）

很多人都很会分享，但是真正走上讲台却总是显得不那么专业，我也是这样。有幸认识刘子熙老师是巧于 2018 年 3 月报名了刘子熙老师体系的导师赵海河老师的 TTT 认证班，这些年鉴于赵老师的引荐，多次和刘子熙老师一起交流。在我心里，刘老师不仅仅是一位出色的 TTT 导师，更是前行路上的指路明灯，每一次都能感受到训的重要性。TTT 不仅仅需要有专业，更需要有心。把学习放在日常，把训练融入生活！祝太师父新书新气象！

5. 徐翠萍（《管理学》《营销策划》《倾听并深听》课程资深导师、TTT 授权导师）

我现在是一名大学老师，曾经是一名有十余年银行经验的职业人士。从事两个各自独立的职业，我却毫不费力甚至可以说较完美地完成了从职业经理人到专职老师的转型。怎么完美呢？我说一个事情你就明白了。作为一名新老师，学校派督导去听我的课，看看讲得怎么样。被听完课后，我请校督导给我反馈意见和指导，结果只给我说了一句话：我觉得你应该开设一门培训课程，去给大家讲讲怎样把课讲得更好。我说这个事情，不是夸耀，而是一种感恩，感谢恩师刘子熙，感恩子熙先生与他的 TTT 系列课程为我的两个职业间架起了一座梦想的虹桥。形神兼备、公共感召、角度思维、优课有法、智慧响亮、思想无声，这是我这几年系统地学习完 TTT 国际职业培训师标准教程、TTT 专业讲评标准技术课程、SCD 国际通用标准课程开发教程后，再回头看看，我给 TTT

系列的一个粗浅的总结。

缘起——初识 TTT，被感召

初识子熙先生，还要回到四年前的那个夏天，三天两晚的 TTT 课程，全程无睡点，手在不停地写，写到发酸，只因想把子熙先生讲的每一句话都记下来。他优雅的风范、富有感染力的表达、直击人心的发问、醍醐灌顶的启发，让我感受到 TTT 不仅仅是一门教你怎样做一名优秀职业培训师的课程，它还让我感受到子熙先生对人生深刻的感悟、对自我极高的要求、对卓越孜孜不倦的追求、对成长从不肯停歇的脚步。跟子熙先生交流，你会发现随时随地都是课堂，时时刻刻都在精进，你还会发现：有时点破一句话，胜过低头忙一年。

缘结——又见子熙，拜师学艺

学完三天两晚的课程后，没多久我就找到子熙先生想拜师学艺，要学就学最好的。也很荣幸，我如愿成为子熙先生的 TTT 授权导师。在这个阶段，我深刻地感受到了世界上最远的距离，是从"知道"到"做到"的距离。就拿简洁表达这个基础能力举例，子熙先生简简单单地随口几句话，让我们说起来却并不轻松，不是"这个""那个"太多，就是"嗯""啊""呢"不断。子熙先生曾用一个很现实、很扎心的问题问大家：如果你一分钟讲 200 个字，其中 50% 都是"这个、那个、嗯、啊"这类词，那你的价值就减去了 50%，企业还会愿意付你 100% 的钱吗？是的，要想提升自己的价值，让企业心甘情愿地付给你钱，就必须从基本功学起。只有基本功练扎实了，才能在这个行业做到基本"攻"，用你的基本功去攻克市场。

缘深——扩展 TTT，补全体系

我在大学里当老师，受到学生真心的尊重，这从大家的眼神里可以看出来。我想，除了我用心备课上课外，更多的得益于我的讲评能力帮助了他们，因为帮助赢得尊重。课堂上我经常组织学生做公共表达练习，在他们讲话时我除了用心听，还用笔记，做全程实录，同时在反馈时用先"润"、再"切"、最后"塑"的专业讲评方式去真正帮助学生提升。而我的讲评能力就来源于学习了子熙先生的 PAF 专业讲评标准技术课程，并有幸在各种环境下得到训练，同时也及时得到了子熙先生的专业反馈。

无论职业培训师也好，组织领导也好，都不可避免地要对学员或下属的成果或工作进行讲评反馈。怎样讲评才能切中要点？怎样说才能让对方接受并甘之如饴？这是两个亘古难题。如果你愿意学习，真的建议你去听听子熙先生的 PAF 专业讲评标准技术课程。

当然，想做一名无可替代的培训师，那拥有一门优质课程是必不可少的。怎样开发一门优课？我去学习了子熙先生的 SCD 国际通用标准课程开发教程，受益很深。虽然我现在暂时不用自己开发课程，但对于授课设计、教案制作等有非常大的帮助。

缘续——终身学习，TTT 加持

在工作和学习中，自己感受到了 TTT 源源不断的加持和助力。而每当自己觉得 TTT 学得差不多了，书应该被读薄了，可回头看时，每个字每句话仿佛又不一样了。除了苦笑外，很快又释然，一位北大才子，一个对自己要求高到极致的人，将自己三十年的培训经验与人生感悟凝结提炼为一门课程，怎么可能在短短时间里学透学精呢。

我愿终身学习，追随子熙先生的脚步，继续续写我与 TTT 的缘分，将 TTT 的理念与知识体系传播，帮助到更多的人，让更多的人得到 TTT 的加持。

卓越是方向，成就在路上。在缘分的天空下，在追梦的路上，让我们和 TTT 一起相伴成长。

6. 王亚洲（苏州新凌高强度紧固件有限公司物流部经理）

我是企业的物流负责人，2018 年 4 月有幸参加了 TTT 传承导师赵海河老师的培训课程。课程内容，经过华人培训界泰斗刘子熙先生的系统构建，加之海河老师的精彩呈现，时间虽已远去，却给我留下了深刻的印象。比如作为一名培训师，理论知识要“道可顿悟，事需渐修”，课程设计要“粗枝大叶，妙趣横生”，课堂内容要“你想我讲，我说你要”。给我留下印象最深刻的一句是：“有用有用，无用无用”。学以致用，只有用了才是最好的收获，只有用了才能获得知识的力量。

近期获悉赵海河老师的师父——刘子熙先生《TTT 训的就是你》一书即将出版，相信先生的新书即将成为培训界的又一视觉盛宴！

7. 谢剑军（商丘市发展投资集团人力资源总监）

在 TTT 的成长路上，刘老师是我的恩师，遇到任何 TTT 及企业培训的问题，我都会第一时间请教刘老师。原因很简单，TTT，是刘老师一生追求！近三十年，刘老师潜心钻研 TTT，精心传授 TTT，敬业、专业、精业、授业。刘老师新书《TTT 训的就是你》，从经历到经验，从经验到经典，从经典到精髓，系统总结了刘老师三十年来的授课精华，是一本可读性与价值极高的职业成长宝典，是每位 TTT 爱好者选择的不二法典，助力每一位读者牵手 TTT，发展 TTT，成就 TTT！

2019

1. 姜在泉（北京思越明远管理咨询有限公司总经理、智帅明师俱乐部联合创始人、TTT 授权导师）

欣闻师父刘子熙先生大作即将面世，作为弟子倍感荣光！祝师父大作《TTT

训的就是你》大卖！

仍记起2019年初识刘老师，被他身上所散发的学识与见解、丰富的阅历所折服。

后拜入师门，成为芸芸弟子之一，跟随师父潜心修炼。2020年盛夏，曾与师父同吃同住月余，深得师父真传。犹值得回味和深记于心的是每日的教导与传授，还有这些日子师兄弟姐妹们的情谊。每每记起，犹如眼前。一同游周庄古镇、一起啃“万三蹄”，跟随外出上课以及在淀山湖“知实堂”直播、智帅明师俱乐部的运营……

一生师徒十世情，万千叮咛耳畔萦；

三十春秋酿新作，春风化雨润衿青。

2. 快刀何（快刀定位公关创始人、畅销书《定位公关》作者）

作为一名品牌咨询顾问，讲课是我们必须掌握的核心技能。为此，我也曾经寻找、参加过专业讲师训练课程，但总觉得有些不够。2019年3月2日，经由高维学堂组织，和高维十余位老师一起，有幸参加了子熙老师的TTT培训课程。经过子熙老师两天训练，颇有恍然大悟、窥见TTT庐山真面目之感。

子熙老师作为国内TTT培训的鼻祖，学员遍布各个培训机构、各个行业。今天他的新书出版，将为更多职业讲师、专业培训师、内部培训师带来新视野、新收获，帮助我们发展职业培训技能、更好地服务我们的客户、企业、伙伴们。

时隔三年，回顾当年子熙老师所创造、传授的知识点，其中仍然颇多受益。比如“异声拢场”，用不同的声音、迅速拢场、聚拢注意力，我们不仅在培训中使用，在广告领域也得到发展——在电梯厅里做广告，用“叮”的一声电梯开门声，就能激发现场等梯人注意力，提高广告触达率500%以上。

其他知识点如“一言以决”，提炼关键词、形成交付价值点，不仅是培训技术，更是咨询方法、思想创造方法。把复杂的内容浓缩为关键词、短语，不仅便于学员理解，还能形成老师的专业方法论体系，是培训师必知、必须掌握和运用的知识。

除此之外，信息球、三五成群、收在结论、点化、串讲、N+2、夹片、盘活、搭结构、破系统、互动约定、导错归谬、答非所问、行为育成、学员定则……都是我们平时培训中或能感知到但没总结出来或没有感知到但强烈需要的实用方法。这些方法，经过子熙老师的总结、提炼、教授，给我们讲课带来了巨大帮助。

三年过去了，结合子熙老师传授的TTT方法，我已演讲、培训了超过一百场次，先后在北大光华、高维学堂、创业黑马、上海交大、长江商学院为学员们讲授品牌战略、定位公关等专业知识。在这个过程中，我感受到了专业培训师训练的重要性，也因此更热切期待，并向大家推荐子熙老师的新书。

最后，子熙老师新书必然精彩，但子熙老师的培训课程现场更加精彩，如果你有意发展培训能力，一定不容错过。

3. 李莽（浙江工商大学 MBA 学院导师）

三年前，有幸聆听了刘子熙老师的得意门生——赵海河老师的 TTT 课程，瞬间被其收放自如的控场、余音绕梁的表达、大方得体的手势所折服。几乎没有犹豫，就报名了刘子熙老师的《TTT 国际职业培训师标准课程》，从授课现场的呈现，到课件的展现，再到课程的设计，我都得到了很大的提升！也很荣幸，同时也得到了赵海河老师的一对一指导。最近，刘子熙老师将出版新书《TTT 训的就是你》，十分期待能再次被醍醐灌顶，也相信本书必将给您带来更大的价值！

4. 李智慧（四川蜀中药业集团安宜生连锁事业部 KA 经理兼湖南省内训师、高级心理咨询师、TTT 培训师、高级小儿推拿师、中医康复理疗师）

2019 年 8 月，非常庆幸参加赵海河老师主讲的 TTT 课程，更加幸运的是成为赵海河老师的徒弟，通过赵老师的精彩讲授，感觉自己离专业讲师还有很大的差距。例如：第一，讲台礼仪，精彩的开场白等；第二，控场，如何利用现场连词成句、排比句的应用、音乐、眼神等；第三，课件的设计，素材、视频的准备、案例的分享，多考虑培训对象的需求和培训的目的等；第四，讲课的技巧，五分钟小互动、十五分钟大互动，引导学员“说出讲师想说的话”，提高学员对课程的理解和掌握程度等。通过 TTT 的学习，让我更加深刻地理解了“讲师”的含义。

书中自有颜如玉，书中自有黄金屋，在此预祝太师父子熙先生《TTT 训的就是你》这本书发行圆满成功，让更多的人能在书中得到财富宝藏、学以致用。

5. 刘传乐（金智普惠创始人、“金智磨坊”总发起人、知识资产供应链（KASC）2.0 理论提出者、“聚焦关键岗位场景”系列课程版权人、全国中小银行微课大赛发起人、中国“一带一路”讲师大赛总决赛特邀评委）

向刘逼近：前两天晚上接到了一个熟悉的电话，那头刘子熙老师亲切的问候，并向我发来邀请，希望能够给他的新书写一点我们的故事。一时有点受宠若惊不知如何落笔，静下心来翻看了以前的照片，慢慢地带到了从初识到相知的回忆里。感恩刘老师，我的好大哥，引领了我的蜕变之路 。

一、看山是山。像大多数人一样，十多年前，我是在传说中得知刘老师，TTT 中国第一人、TTT 鼻祖。后来原单位邀请他给内训师授课，我想方设法挤进了教室，远远的，有点模糊，唯留一个感觉：TTT 挺牛的。

二、看山非山。或是被点燃，我踏入了培训行业，开启了人生新征程。2019 年，在一次银行业内训师大赛，我们作为承办方，有幸邀请刘老师过来授课。当时我在距离刘老师授课地点有将近 1000 里距离的项目上，会议结束我立刻启程，于半夜两点，到达授课现场。这一次，我听得格外认真，陶醉在他深入浅出的每一句话中，先是顿悟后是感叹，真是奥妙无穷，这才是 TTT。等我反复琢磨之后，渐渐地感觉又变得模糊了：这不仅仅是 TTT。

三、看山胜山。与刘老师再次合作时，一个夏天的傍晚，不冷不热，课程结束后，刘老师发来信息邀请我去镇上看一场电影，我们一起路边买了小吃喝饮料，边走边吃。巧不巧？电影院就我俩观众。我们路上聊了很多，关于 TTT 技术、关于师徒传承、关于生活。他用一举一动：训的就是你，无时无刻无处不在。

真正的 TTT，不仅在那三尺讲台。真正的师者，不仅在那 90 分钟的课堂。结束后，我送他回去，待我走了好远，透过汽车后视镜，穿梭的车辆后面，隐约发现一个模糊、即将看不到的身影还在向我挥手道别：TTT 的尽头是道别。

建议您细品此书，细品先生的思想、先生的人生。

6. 彭青云（世界文化遗产艺术研究会副会长）

师父领进门，修行在个人！我是 2019 年听说刘子熙先生的 TTT，2020 年 8 月 1 日听赵海河先生的 TTT，后拜赵海河先生为师父。“没有不好，只有不同”、定向调整，内观自己 …… 通过学习 TTT 启发改变了我很多为人处世的方法和态度，还有很多很多……正向、正能量的知识一点点地涌向我的心间，充实我的内心，修行着我的人生！我也要以此感化、感召、传授他人。

师父说太师父刘子熙先生要出版的《TTT 训的就是你》，我当下的反应就是“训的就是我”，我该挨训了，再内观自己，也许大众也会有这种想法，直指人心，祝福太师父的这本书大卖！期待和这本书早日相见！

7. 唐靖涵（湖南永州潇湘思学培训学校财务总监、思学家合恒业文化传播有限公司高级家庭教育指导师）

很荣幸我在 2019 年就学习了赵海河师父在永州举办的线下 TTT 课程，通过学习 TTT 课程，我说话不会再像以前语无伦次、没有逻辑了，更重要的是以前因不会说话而自卑不已的我，自从学习 TTT 课程后提升了自信，对生活也充满了希望！期待《TTT 训的就是你》这本书早日面世，更希望能第一时间抢购到太师父亲笔签名的首发版。衷心的祝愿太师父福星高照，永远幸福平安！

8. 向乃顺（联盈地产创始人、20 年地产营销专家，畅销书《破茧 · 房地产营销手记》作者）

三年前，2019 年我有幸在杭州接触到 TTT，更有幸成为赵海河老师的学生，我是一位公司的内训专员，除了在公司讲课之外，从没到外面去讲过课。虽然我有 20 多年的从业经验，但是课程如何开发、讲课中出现突发问题该如何解决都一无所知！

在课堂上，TTT 的课程系统地帮我解决了这些问题，乐师经纪不到一周就帮我安排了课程，让我当月就获得了收益。TTT 重实操，特别是磨课训练，对于初上讲台的我们非常有效。

恭喜《TTT 训的就是你》这本实操书成功出版，愿它系统地指导我们在培训界一帆风顺！

9. 薛双利（某跨国公司项目经理、智帅明师俱乐部联合创始人、TTT 授权导师）

生命是个奇妙的旅程，生命中遇到的人和事，看似无意，实则有心。而我与 TTT 的结缘就是在一次偶然的机会让我们相遇，进而相知，并且会终生相伴。

我永远记得那个日子，2019 年 8 月 31 日，对于一个在职场快 20 年的“老人”，对于一个领略过不同老师及课程的培训热爱者，抱着只要有收获就行的心态走进了刘子熙老师的 TTT。毫不夸张地说，一个开场就震惊了我，富有磁性的声音，娓娓道来的“刘派”独特的话语系统，看似无章实则有序的讲授，随手拈来的案例……那一刻，心里只有一个想法：相见恨晚，希望能终生相伴。

三天课程，从没那么投入过；三天时间，从没觉得如此短暂过；三天培训，从没如此兴奋过。改变一个人的认知，可能需要一辈子，也可以只是几天，甚至一瞬间。刘子熙老师的 TTT 在那一天改变了我对培训的认知，让我成为一个受益者和追随者。

此后的几个月，除了认真消化、认真回味 TTT 的心法、手法之外，又陆续参加了刘子熙老师另外的两门课《PAF 专业讲评标准技术认证导师》和《SCD 国际标准课程开发教程》，对 TTT 从设计、讲授到讲评有了全套的认识。

2020 年年初，一场疫情改变了大家的生活，很多人困在家里，不能出去工作，线下课也已停滞。那个档口，刘子熙老师提出了网上免费直播，免费为大家传播知识，让大家停工不停学。于是百师团成立了，不同行业的 TTT 人聚集在一起，分享行业知识。每一场分享都是按照 TTT 的套路精心地打磨，大到逻辑，小到一个概念的表述，都透着 TTT 的严谨。百师团“非常学习 T++”直播间一共进行了 100 多个主题的分享。在这个过程中，我看到了 TTT 的力量，感受到了 TTT 人无私奉献的精神，也感觉到了大家肉眼可见的成长，同时也坚定了走上更专业的 TTT 道路的信心。

2021 年，有幸拜师成为 TTT 授权导师，那一刻是激动的、兴奋的，同时也是紧张的。兴奋的是可以作为一个导师来传播 TTT，让更多的人受益；紧张的是那份责任和使命。记得子熙先生对“师道尊严”的解读，作为培训师要做到“师道尊严”，自重重人，一字之师，一步之先即为师；同时也要做到“师严道尊”，做个有底线、严谨的人，你讲的道理自然会受到尊重；“道严师尊”，讲的道理清晰，直击人心，做到有好新奇特，自然会受到别人的尊重。其实这些不仅仅是作为老师适用，作为一个管理者，甚至分享者，也一样是适用的。

今天是我接触 TTT 超 1000 天了，TTT 给我带来了很大变化，平时说话、做报告的逻辑性、条理性就不必说了。参加彩虹公益“晚安故事”录制时，用了 TTT 里学到的弱气息，声音听起来更加柔和、动听，公益机构一度认为我是专业做录播的，最后录了四篇故事，给偏远地区的孩子们带去了爱的声音；公开场合的分享更从容了，任何时候需要上台分享，都可以用到概念先行，快速找准概念，来一段精彩的分享。记得去参加一次线下培训，培训结束的时候让分享心得，快速地做一首打油诗对课程做了总结，得到了满堂彩，征得我的同意后，主办方把这首打油诗发在了她们的公众号上。TTT 带给我的除了这些外在的变化，还有内心的变化，更加自信了，这份自信让自己遇事不慌，更从容理性快速地解决遇到的问题。

TTT 追随者成立的“智帅明师”俱乐部，是一个公益的组织，目的是传播 TTT，受惠有追求、有需求的所有人，让大家共同进步、一起成长。用 TTT 的金句说就是：相伴成长一起飞。

期待《TTT 训的就是你》的问世，让更多的人能够领略 TTT 的风采，走进 TTT 的世界，学会 TTT 的套路，助推事业的更好发展。

10. 许覃（金山办公教育培训专家 KVP、微软办公软件专家 MOS）

与刘子熙老师结缘是通过我的老师褚老师引荐的，2019 年年底得知要去子熙老师知实堂基地学习，心中不免还是会有压力。毕竟有机会得到子熙老师的面授已经实属难得，更何况还是在家中。

但没想到的是，子熙老师对于像我这样的新人非常热情，对于我提出的比较初级的问题也都耐心仔细地回答，没有丝毫大师高高在上的架子，一下子让我放下了所有压力。

在学习的过程中，我一次又一次地感受到子熙老师专业功底的深厚，原来 TTT 课程有这么多技巧与方法；很多平时自己忽视的细节，在课堂呈现的时候竟然这么重要。那一次子熙老师的亲授课程让我印象十分深刻。

现在子熙老师的新作出版，我内心十分高兴，因为有更多的人可以从书中学习到 TTT 相关的知识与技巧。衷心祝愿大家都能从书中有所收获！

11. 袁春雪（悦融达直播双创基地运营总监、智帅明师俱乐部联合创始人、上海和贞投资管理有限公司合伙人、上海比逊教育科技有限公司创始合伙人、PAF 专业讲评认证导师）

携手：潜心研授 TTT，点燃梦想数第一

十年之前，我因缘开始职业方向，扎根在教育行业，培训师梦想的种子一直在我心里。直到2019年8月30日，参加刘子熙老师在苏州的304期TTT课程，老师不仅传授了技巧，更分享了理念，点燃了我的培训师之梦，开启了和刘子熙老师的缘分之旅。

2020年1月3日，加入了无数大咖齐聚“知实堂”基地的“PAF专业讲评认证导师班”，印象很深的是，当我鼓起勇气上台分享，紧张、彷徨、不自信溢于言表，刘子熙老师给我的点评：“小雪，终将变大雪，乃至暴雪”，要相信自己，可以虚怀若谷，但不要太自谦，既不妄自菲薄，也不妄自尊大！并送我一句话：“不做另一个谁，成就唯一的我”。这次培训彻底帮助我树立了人生自信。

聚势：有缘相聚T++，疫情无情人有情

隔离无阻“我”成长，非常学习T++，2020年2月20日，刘子熙老师发起T++百师团线上长达百多天的辅导，并携手来自全国各地的导师，通过讲、练、评、改、升的成长路径，暴涨一寸、原地提升，帮助大家从直播围观的听众，到主题分享，最后到主持、主播和讲评。我也是通过非常T＋＋直播间多次的线上直播训练，深深地爱上了直播，并孵化了“六出奇计：直播小白秒变大牛”，并在2020年6月蒲公英培训师计划中打入决赛，至此就开启了我直播的精进生涯。

共赢：相伴成长一起飞，携手共进永不弃

2020年成立的智帅明师俱乐部，助力企业家、经理人、内训师、商业讲师以及期待能够终身学习的各类职场人士，从而推动个人与组织的共同成长和发展。以“孵化明师，成就智帅”为使命，致力于打造成为中国最具影响力的职业明师及卓越领导人的摇篮。苏沪总会基地落户上海，辐射上海、江苏等地分会，并在2020年10月15日正式开启智帅明师苏沪俱乐部的活动，当天刘子熙老师还讲解了《一“名”惊人：塑造话语影响》，至此我一直致力于以“携手、聚势、共赢”为理念，推动俱乐部的发展。

同行先行者，齐驱并前行，感恩遇见恢宏格局、入微专研的刘子熙老师，感恩相伴成长。卓越是方向，成就在路上，我相信未来我也会在讲台上闪闪发光，助力众生带来积极改变，实现“孵化明师，成就智帅”的使命。

12. 易先元（莲花口才创始人、永州演讲与口才协会理事永州职业经理人协会发起人）

我是在2019年7月一个偶然的机遇慕名参加赵海河老师TTT培训的，在培训的过程中被TTT的魅力所感染。我第一次深刻地感受到，作为一名专业的讲师，必须掌握专业领域的高超技能。在以后一年多的TTT学习中，我继续深入研究并探讨TTT的奥秘，也很荣幸地拜了赵老师为师。为了规范本人学校的教学质量，学校所有的讲师都系统地参加了TTT的学习。讲师们反映以前教学都是凭自己的经验和感觉，经过 TTT 专业学习后，课程更具逻辑性和系统性，课程质量大大提高，受到了学员们的一致好评。学校很多讲师还参加行业内的讲师大赛，都取得了优异的成绩。

初识太师父刘子熙先生，是在参加师父赵海河老师组织的一个重要活动上。以前经常听闻师父提起太师父是如何了得，终于有幸听到子熙先生的现场分享后，我深深地被太师父的和蔼亲切、渊博学识所打动。今日听闻太师父新书《TTT 训的就是你》出版，非常期待，希望能在第一时间一饱眼福。相信太师父的新书能给学术界带来一股清风，能让更多爱学习的人士受益！

13. 张丽芬（粤金税【惠州】企业管理有限公司、惠州名博业会计服务有限公司、惠州金税祥会计服务有限公司、宝丽城企业投资【惠州】有限公司创始人）

我自己在创业这条道路上艰辛行走十余载，一直秉承努力成长才能开疆辟土，所以经常到处学习。在 2019 年，经朋友推荐，我与刘老师结缘在深圳，在刘老师绘声绘色的“PAF 专业讲评标准技术认证导师”课堂上，我深深地被老师的才学、专业与风范所吸引，老师引用了大量的古词名句，让我听得津津有味，老师还运用了大量的心理学要素，使我脑洞大开。记得，让我印象最深的一句话是“先润后切，润哪切哪”，意思是先表扬再说出评论，要想评论哪里就先表扬哪里，这样更能让别人接受自己的意见和建议。这句话让我非常受益，用在对孩子教育上，孩子听话了；用在夫妻关系中，对方接受了；用在公司管理沟通上，员工关系和谐了；用在客户上，客户信任了。在刘老师讲到讲评思维时，刘老师给了很多的实用模板，我一一试用了，发现很神奇，像玩游戏一样，玩着玩着，学会了很多讲评及说话的技巧，同时也学会了辨识别人话里的潜意识。当然还有许许多多的知识点无法在这里一一分享。

总之，非常感谢刘老师，我认为学习的目的，在于结识更多的良师益友，在于让自己打开更多的思想维度，哪怕一次只学到一个点或一句话，就可以解开自己的困惑，都很值得。期待刘老师能开更多的课、写更多的书，让更多的人受益。

14. 赵德杰（神火集团职业培训部豫西负责人）

2019 年在喜马拉雅偶然听到海河师父 TTT 的音频，被深深吸引，在百度上一查，海河老师是知名 TTT 培训导师，便抱着试试看的态度加了微信，没想到海河师父是那么亲切，并送电子书和勉励的话，触情生恋，使我恋上了这门学科。“宁可千日无机会，不可一日不准备”，“精彩是准备出来的”，TTT 从心法理念、素质模型，到学习忘我、应用无他，是层层推进、环环相扣，点的成功、线的成熟、面的成长，是一个完整的自训、他训，立足职场、自我升华的难得之课。

学习 TTT 以来，对讲课水平的提高是明显的，“表一层、里一层、扩展开去又一层”，举一反三、融会贯通，随着学习的深入和领悟，其中乐从、对接、感召，没有不好、只有不同，心中有数、手上有术，这不就是做人的真谛吗？祝《TTT 训的就是你》出版发行，训出实知、训出态度、训出精彩的自己。

15. 赵胜利（中国沙盘模拟研究设计院院长、国际注册职业沙盘模拟讲师 18 届导师、中国红色情境沙盘讲师认证导师）

今收到刘子熙老师的邀请书写寄语，转眼间回想到 2019 年第一次在苏州圆才培训期间：看到隔壁会议室内刘子熙老师正在传道、授业、解惑，我默默地站在会议室内旁听，激情的声音、抑扬顿挫，充满磁性，妙语连珠、词汇丰富，刘老师专业的肢体语言、丰富的讲师授课技巧，形成了一幅美丽的学习画面，而下面的学员时而目不转睛，时而开怀大笑，让我不由发自内心的敬佩。后来，我请刘老师来观摩一次我们的公开课，刘老师给了一些切实和独到的建议，至今令我印象深刻。

一名职业讲师几十年如一日，专业与聚焦 TTT 训战标准的演示，让更多的职场人士感受到 TTT 训战课程的魅力，TTT 训战课程更是一次人生的蜕变之旅、人生的进化之旅。今天有幸看到刘老师出版 TTT 的训战书籍，我要大力推荐给身边渴望在职业讲师道路发展的朋友，这不仅仅是一本书，更是 28 年实战经验、训战心得的沉淀，值得身边每一位渴望成为职业讲师的你，深入学习、研究、精进。当然，未来有机会一定要参加线下刘子熙老师的 TTT 训战课程，因为他可以让你在职业讲师的道路上如虎添翼，飞翔在市场与商业的天空。

16. 周君良（作家、诗人、媒体人，贵州省诗人协会常务副主席、贵州省作家协会理事、贵州民族大学客座教授、贵州省网络文化发展协会书记）

茫茫大千世界，匆匆中年人生，我和从北京大学走出来的，N 多年来一直是中国培训界光芒四射的培训师刘子熙，曾经两次握手 ，可谓是有缘分也！我们在朋友圈还时不时激情留言，说思想、说文化、说培训、说作品，当然也少不了说友谊。刘子熙是优秀培训师，更准确而不夸张地说，他是已经走在卓越征途上的中国培训界领袖人物！他的很有分量地论及三 T 培训新书即将出版，他邀约我留一篇文字，记载我俩的缘分。我以二篇微博实录以飨读者。

2019 年 11 月 25，我发的第一条微博：他是中国培训界一个响亮的名字。昨晚与他及他的弟子齐乃波们一起在贵阳共进晚餐。原以为如此有影响力人物，一定是一个老学究，结果一看还颇年轻，白白净净，很有亲和力。有学问不摆谱，有沉淀“不老道”，有大量弟子不好为人师。我们第一次见面，彼此认同，彼此欣赏，彼此喜欢。他谈职业培训，有板有眼，新理念如江河之水滚滚流淌，恍若一泻千里，亦真亦幻，能放能收，特别是听他对同桌弟子的指点，更是功夫了得，既高屋建瓴又针对性强，真乃良师益友也！我激情上来朗诵了我的一首几十行的抒情诗。他在我朗诵之后也一定要拿我的诗来再朗诵一遍，表示喜欢我的诗。性情中人！他不愧是职业培训大师，朗诵很有感染力，声情并茂。

2021 年 11 月 21，我发的第二条微博：下午安排出一个小时去拜见从上海来的中国培训界大师刘子熙，时间转眼就是两年。这一次我来到他在贵阳讲课现场，满满当当听他讲一个小时，感到有收获，人家大师就是大师。当然我们彼此欣赏是前提，首先是自己要学习，主动去听高人讲座是学习也是相会朋友，挺开心。捧场是美德，学习是看家本领。

17. 祝丽（中讯博尔智能技术（无锡）有限公司创业合伙人）

我 2019 年 12 月接触的 TTT，通过专业的学习与磨课，让我成长很多。我在日常工作会议、团队发言、客户对接等工作场景中，运用 TTT 的学习理念和技术方法，受益匪浅。以前一些公众表达的机会来临时，总是紧张，不知所措，当我了解到 TTT 课程并报名学习后，才知道，说话都是有方法和套路的。学习 TTT 对提升个人职场适应力帮助非常大。

得知太师父《TTT 训的就是你》出版，非常期待早日读到此书，无论是专业的职业讲师，还是职场人士，早日学习，离成功就近了一步。期待《TTT 训的就是你》大卖。

2020

1. 毕斌峰（上海财经大学国际从业资格教育学院证书部原主任、中南财经政法大学 MBA 上海教学中心原主任）

子熙师父，一直以来我习惯这样称呼他。“师父”一词，在中国几千年传统文化里是徒弟对授业恩师的敬称。过去的十六年时间里，我本人有幸在高校专门从事中高端教育培训课程的组织实施，因此我深知从事“教育培训”这一行业是多么的不易，竞争是异常残酷的。市场是一块试金石，拔尖的老师和普通的老师每一年开课的时长数是天差地别的，子熙师父的课非常受欢迎，我们总能看到师父忙碌的身影、聆听他的教诲。这几年我和子熙师父一起参与了“红仕堂王妃优选”项目，每次企业高管内训，子熙师父侃侃而谈、娓娓道来，兴起更是边说边写，一会儿便是满满的一黑板，板书优美，其中“势、道、术”逻辑严谨、条理清晰，执行操作路径明了，真是受益匪浅！

今日，听闻子熙师父酝酿了十余年的大作即将问世，满心期待欢喜。以我对师父的了解，对出书一事，他向来是非常严谨的，基于此，我坚信子熙师父的呕心沥血之作《TTT 训的就是你》一定精彩绝伦。

2. 郝永新（NLP 执行师、国家二级心理咨询师、IFC 世界教练组织认证 PCC 教练、永之新管理咨询创始人）

2020 年 10 月，我公司签约了一位年轻的 TTT 讲师陈征老师，他是 TTT 泰斗、《TTT 国际职业培训师标准教程》中文版权所有人刘子熙老师的亲传弟子，也让我有机会沉浸式体验到正统 TTT 的不同凡响之处。说来惭愧，我做了五年的培训公司，却没有完整地听过 TTT 标准版的课程，在我的印象中，TTT 是个小品类课程，意在培训讲师如何授课。但 2020 年 12 月的那场 TTT 公开课，颠覆了我对 TTT 的认知，也让我圆满完成课程学习并获得认证证书。

做了近十年的心理学研究与咨询工作的我，发现几乎人的任何行为都有其深层的心理因素来主导，培训亦是如此。大多数 TTT 课程将“术”作为训练的主要内容，而刘子熙老师所研究的 TTT 训练系列课程，是建立在社会心理学与组织行为学基础之上，符合人的内在心理需求的一种训练方式。当学员知其然并知其所以然的时候，才能更有意愿去运用，迸发出惊人的创新能力。刘老师倡导“首善、区分、对接、乐从、感召、分享”的六大心法，运用完全符合“人性”的方式，追求“有效训练助推企业成长”。《TTT 训的就是你》浓缩了刘老师 28 年的研究成果，是职业培训师、企业内训师、企业管理者的必读书目。

3. 黄高飞（河南高飞机械设备集团有限公司董事长、洛阳高飞桥隧机械有限公司董事长、洛阳市中小企业家协会副会长、洛阳市西工区第十五届人大代表、高飞商学院创始人）

2020 年，通过一位朋友介绍，让我有幸结识 TTT 泰斗、《TTT 国际职业培训师标准教程》中文版权所有人刘子熙老师的亲传弟子陈征老师，并完整参加了由陈老师主讲的《TTT 国际职业培训师标准教程》，三天下来感触颇深。培训师的突破成长是从思维革命开始的，正如陈征老师所说，如果思维深度不够、广度不足、角度不新，即便练习再多贯口，也无法实现表达突破，更妄论助推组织成长，而真正的改变是要建立意识改变思维，当我们能够看到现象背后的本质、行为变化的规律、事物发展的趋势，此时加上你清晰准确的表达，才能做到直指人心，让人醍醐灌顶。

更加荣幸的是，通过陈征老师的引荐，我在 2021 年有幸前往“知实堂”学习由刘子熙老师亲授的 TTT 课程，让我能够更加全面且深入地了解 TTT 的精髓。正所谓“读万卷书不如行万里路，行万里路不如名师指路”。在“知实堂”的三天，不仅学习了有效训练的思维与方法，而且和刘老师进行了深入的交流，让我明白作为“高飞商学院”应当遵循的道就是“有效训练助推企业成长”。

成为百万职业培训师，是无数人的梦想，如何快速实现这个目标呢？答案是“名师指路”。《TTT 训的就是你》即将面世，刘子熙老师在本书中不仅带你训练“术”，而且带你修炼“道”，规划了一个百万职业培训师的成长路径，将本人 28 年的智慧倾囊相授。跟着大师学 TTT，一定能助力你早日实现梦想。结识刘老师，这是我一生的宝贵财富，受益无穷。

4. 蒋文荣（IPTA 国际职业培训师）

在 2020 年非常有幸参加了赵海河老师的 TTT 讲师培训，通过两天一夜的培训学习，彻底刷新了我对培训师的认知，以前也参加过很多讲师培训，学到的只是某个点或某个面，TTT 讲师培训它是真正的讲师系统培训。海河老师两天一夜的培训，正如课程里所说的一样，点点精彩、环环相扣，不仅是内容上干货满满，态度上全情投入，而且形式上讲、训、练、评、不平淡，表达上生动精彩、不僵化。海河老师强大的人格魅力、广博的专业知识、深厚的实践经验，带领大家畅游在培训师训练的海洋，激发我们一起进步与成长，真的让大家学有所乐、更学有所获。

学了赵海河老师 TTT 讲师培训课程以后，不但自己演讲方面的能力和水平有所提高，更重要的是自己对待生活和事业上的态度也有所改变，我开始不断地去反思，不断地去正面思考。我发现 TTT 讲师培训不单单是一个讲师培训课程，更是可以提升自己人生境界和格局的一个课程。这个课程能够帮助我，我相信也能够帮助到更多人成长和提升！非常有幸成为海河老师的弟子，感恩师父两年以来的支持、指导和关心。最近听说师祖刘子熙老师出新书了，祝《TTT 训的就是你》大卖、特卖，同时希望更多人通过此书的学习不断提高生命品质，事业更上一层楼！

5. 李启伟（注册税务师、国家二级薪税师、AFP 金融理财师、高级经济师、银行寿险规划师）

我是在 2020 年 12 月份参加的刘子熙先生亲传弟子陈征老师的认证班，但我觉得这个故事应该从 2018 年的 10 月份说起。在那一年，我萌生了一个想法：沉下心来，潜心总结，把从业的经验和专业知识分享出去。

或许是无知要比知识更容易产生自信。在 2018 年 12 月份，我讲了第一场课。回想起来，可以用“惊世骇俗”来形容那一次的经历。我认真地准备了大约一周，制作了不太精美的 PPT，特意设计了一系列金句。那一场，有八名听众。那一场，毕生难忘；那一场，尴尬至极；站上讲台，眼前一片空白。为什么在一对一、面对面沟通时我可以滔滔不绝，面对听众时，却语无伦次。

至此，我开始关注于其他培训讲师的授课技巧，包括肢体动作、音调高低、语速快慢。甚至，我觉得要不要把我要讲的内容一字不差地写出来、背下来，再讲出去。可最终也没能实现！

虽执着于理想，但纯粹于当下。

在 2020 年 11 月份，无意中看到陈征老师在宣传 TTT 认证班。我好奇地询问什么是 TTT？我一直认为，这个问题问得好。由此，引出了与 TTT 的故事。

陈征老师讲 TTT 是训练培训讲师的课程，是一个完整的体系，TTT 是万课之母，并隆重介绍了创始人刘子熙先生。听后，深感相见恨晚，这正是我一直寻找的课程！当即我就决定要参加学习。那一场课，奋笔疾书，听得我热血沸腾。

课余，看着记录这半本子的技术箴言。我下决心，要融会贯通，学以致用。随即在首页写下“行程万里，不忘初心。信念如磐，一脉相承”。

我是幸运的，成为 TTT 大家庭的一员。在 2021 年 3 月份，我参加了刘子熙先生的课程。我被彻彻底底地折服！这是我平生第一次。真正地感受到什么是大师风采！一言一行，皆流露着慈爱。但又不失运筹帷幄之中，决胜千里之外的风范！TTT，不仅仅是授课的技巧，更是人生的智慧。每一个技术背后，都蕴含着对人性的把握。这哪里仅仅是万课之母，这是一部万物皆可用的“方法论”。

TTT，不单单需要学习，更需要沉淀。TTT 告诉我们，凡事都有正向动机。要让这个世界变得美好，先让自己变得更美好！

6. 李善燕（富海集团有限公司组织发展部主任）

“有时点破一句话胜过低头忙一年”，很荣幸与师父相识于济南培训年会。刚做培训的我，被子熙师父的表达和气场所吸引，干货满满、醍醐灌顶。2020 年邀请师父指导企业文化的宣贯，得到公司领导的一致好评；很荣幸参加“智帅明师”俱乐部的策划活动，参加“非常学习 T++”百师团的百天打磨，更难忘的是在俱乐部和师兄妹们一起学习 TTT，真正享受了相伴成长一起飞的感受。

师父的 TTT 内容，一点就透，很有章法，不仅助力于个人授课的提升，对人生、对职业生涯的助力也很有价值。希望更多的人可以了解这本书，希望这本书可以帮助更多的人。

7. 李威（企业级学习平台（爱上学习）CEO）

2022 年 5 月 4 日，是五四运动 103 周年，刘子熙老师的新书也将出版。陈独秀说过，青春如初春，如朝日，如百卉之萌动……刘老师用 28 年的青春加执着，就像“五四”一样，成为我们培训行业的一种精神，一个时代。

我与刘子熙老师的第一次见面是相约在一个小酒馆，刘老师酒量惊人，把我喝得迷迷糊糊，再后来每年都与刘老师相约，记得 2020 年 5 月 1 日他还来到公司，相谈好几个小时。后来我们派了一些同学去刘老师在昆山的培训基础，进行了几天的封闭式培训，同学们回来都大加赞赏，几天时间系统性地深度训练成就一个职业讲师。

一个知识追求的爱好者、一个孜孜不倦的 TTT 前辈，从刘老师身上，深深感觉到一辈子把一件事干透彻的愉悦。

培训这份职业，你要能给它什么意义，它就有什么意义。

一转眼又一个“五一”来了，刘子熙老师的新书要出版了。从刘子熙老师身上，我看到了一个人对一件事终身追求的执着与信念。

鲁迅说，我们自古以来，就有埋头苦干的人，有拼命硬干的人，有为民请命的人，有舍身求法的人。

李大钊说过，铁肩担道义，妙手著文章。

8. 李镇江（未来人力合伙人）

刘子熙老师是 IPTA-TTT 中文版权所有人，可以称他为“中国 TTT 之父”。刘老师一直致力于将 TTT 培训课程理论和实践有机地结合起来，并分享给更多的人。而在这种中国式 TTT 理论和实践推进及影响的背景下，让更多的人学习，为了自己的工作和生活，为了表达自己体系化的思想观点，并形成自己的逻辑体系，正是大音希声、大道至简。

《TTT 训的就是你》是刘老师在过去的 28 年里，TTT 课程进化的集成。

9. 刘波（贵州白酒商会副会长、贵州循美酱酒研究院创始人）

作为曾经的一名 TTT 学员，我受益匪浅。期待《TTT 训的就是你》，子熙老师数十年心血集大成。这是一本写给所有愿意学习成长的培训师实操大全，同时也是一套清晰、完备的管理思路和管理工具。不管是从管理以及自我修炼上都非常实用，适合每个渴望改变自己、渴望上进的职业人阅读。

10. 秦莉（上海艾益生实业发展有限公司副总经理）

2020 年 7 月份跟随赵海河师父学习 TTT，让我有几点收获：一是坚定了做好工作的信心。师父对我的培训课件进行了专程辅导，使我对课程与工作的相融性有了新了解，增添了做好工作的信心。二是对理论指导实践有新认识。使我能静下心来准备课程，多了底气。三是对上台从容不迫的给力。在演讲台上我敢说敢讲不怯场了，而且有表情，声音抑扬顿挫，演讲口才方面进步很大。

有效的培训能快速提高能力，有利更好服务企业，在此特别感谢师父的培育之恩。祝贺太师父出版《TTT 训的就是你》，写出了有用的书、能用的书，非常实用、极其接地气；来之于生活又高于生活，有艺术性，更具生命力。梅花香自苦寒来，宝剑锋从磨砺出，祝新书大卖，为太师父子熙先生的成功而骄傲！

11. 邱运乾（万声集团人力资源总监）

新冠肺炎疫情突袭之下，正值思考并困惑于职业沉淀、成长升级之际，2020年我有幸遇到了TTT世界级权威——刘子熙老师，并得到多次亲授指导，见识了TTT的魅力，不仅在于TTT，也指导人生和职业。

欣闻师父毕生心血精华凝聚成书，由衷敬佩！敬佩师父仁爱发心利众，祝贺师父赤诚新书付梓，感恩师父无私权威奉献。

无论你是培训师、专家学者、企业管理者，还是职场新人、老人、转型者，这本书都是你必读的。它不仅给框架、给方法、给工具，更是你人生加速成长的价值灯塔。

卓越是方向，成就在路上。期待刘子熙老师的权威宝典与您相伴成长一起飞。

12. 宋林颐（IPTA国际职业培训师）

企业内训师，之前在公司只能按照PPT课件内容给学员做直白、简单的培训。2020年8月份因偶然的机会，我听到了赵海河老师指导师姐李籽菲如何写PPT、如何上课、如何讲得更生动，我就觉得怎么会有这么好的老师，当时我就决定要跟老师学习TTT，让自己能成为职业培训讲师！2020年11月份在永州市参加了赵海河老师的TTT培训班，深深地被赵海河老师生动形象的授课风格和敬业精神所感染，经过三天两夜的培训课，我才真正知道，要想当好一名职业讲师需要具备很多的专业素质，从如何发声、上课技巧、打造个人IP到课程版权等，我被赵海河老师的授课风格深深地吸引，就在那次培训课后就直接拜师。一日为师，终身为父！赵海河老师就如我生命中的一盏明灯，给我指引方向。

2021年3月，我到杭州，见到了我师父的师父刘子熙太师父，他的亲和力、感染力、专业度更让我深深地感受到，我能走上TTT的学习之路，是我职业生涯中最正确的决定。2021年7月经过半年的TTT学习和赵海河老师的耐心、专业的辅导，我参加单位的演讲比赛和培训讲师比赛都获得了优异成绩，9月份我通过了TTT的审核，取得了TTT国际职业培训师证。2021年10月我又到杭州参加了一次复训。现在我不仅仅是我们单位省级二级内训师，还利用节假日或周末休息时间，担任了儿童教育机构的演讲口才任课老师。2021年11月我获得了演讲口才高级证和共创师证书。在这里，我非常非常感恩我的师父赵海河，在我工作中遇到迷茫的时候，给我指明方向；在我生活中遇到问题的时候，给我精神力量，让我一次次地鼓起勇气去面对所有的问题和困难。海河师父，谢谢您！太师父，感恩您！

13. 王思宇（中国联通黑龙江省分公司省级内训师）

2020年接触赵海河老师主讲的TTT，通过学习TTT我掌握了更多的培训方法、技巧及课程如何做才能精彩呈现，引导学员互动式掌握知识、专注思考，快速消化知识，并有效地二次转化，通过正反对比、加深知识点的应用。

恭贺刘子熙老师出版《TTT训的就是你》，在人生的各种挑战中，有效训练会带来新的体验、新的成长高度，让我们在新书中找到足够的勇气和智慧，面对职场的新环境快速找到自己的定位，强烈推荐这本《TTT训的就是你》，期待早日与新书见面。

14. 吴狂涛（深圳市吾皇网络科技有限公司董事长）

2020年3月23日，看到演讲班的安容师妹发的非常学习T++线上直播的朋友圈，出于好奇就扫码进去看了一下。记忆犹新的是19：00的课，我18：31分进入直播间，就看到子熙老师已经在直播间等候学员了，出于礼貌随意打了声招呼，没想到第一次网上见面，子熙老师把我当自家人一样，顿时倍感亲切。

在直播间里面，有主持人来整场主持，有嘉宾根据当天的主题来分享，讲完后还会有不同导师通过不同角度来讲评分享的内容，最后由子熙老师做一个深度分析和总结。最后，主持还会根据记录笔记，再带着大家一起回顾。整场下来有主题、有分享、有讲评、有分析、有总结、有回顾，让我产生很深的印象。我抱着看看再说的心态参加差不多有一百多场直播，看着每个同学的快速进步，被这样的上课模式征服，知行合一，学以致用。

最后我决定要跟着子熙老师好好学习一下，见见真人，由于疫情原因就先报了老师的线上课《臻钻明师特训营》学习着，后来又赶到淀山湖“知实堂”基地，学习TTT，三天两晚，解决了我遇到的一些问题，更深入系统地学习TTT，也见到了以前网课一直没有见到面的优秀同学们。几天的学习，大家像相亲相爱的一家人一样，相伴成长一起飞。

感谢安容师妹，是她的分享让我遇到这么一位和蔼可亲、知识渊博、负责任的好老师；也感恩子熙老师的谆谆教诲、传道解惑，帮我解决遇到的种种问题。

最后祝愿子熙的TTT课程越办越好，《TTT训的就是你》新书大卖，桃李满天下，美誉遍华夏。

15. 徐婷（海格客车培训中心副校长）

初识刘子熙老师是在TTT在线训练营上，刘老师给班上学员一对一辅导开发课件，记忆最深刻的是每次课程都持续到夜里11点多，但不见刘老师有丝毫疲惫感，辅导群内也是热火朝天。

2021 年 4 月份，我们公司组织中层继任者班学员参加刘老师四天两夜的人课合一课程，刘老师从形神兼备、专业表达、效果深化、演绎掌控四个方面详细讲解了内训师的内容。课程结束，学员们自创的打油诗与刘老师极具特色的板书令人耳目一新。在印象中，刘老师总是温文尔雅、慢条斯理，给人一种无人不知、无事不晓的感觉，就连作为内训师上课期间喝什么茶、分几步喝茶都说得头头是道。最值得感谢刘老师的是，班里的 28 位学员上完课程全部通过公司组织的内训师认证，顺利成为公司初级讲师。最后，祝贺刘老师新书出版。

16. 杨旭（中免（北京）商贸有限公司人力行政部副总监）

作为一名企业内训师，非常幸运在 2020 年 9 月份，第一次参加了公司组织的系统化 TTT 培训课程。当时主讲老师是赵海河老师，连续三天系统化的 TTT 课程及现场实地演练，让我受益良多。

作为一名师者，我从赵海河老师身上看到了师者专注、精进、专业的精神体现，对自己的严格要求和自律，对专业技能的精雕细琢和打磨，对学员的耐心教授和指导，正是这种长期的积累和坚持，才奉献给学员们一堂又一堂精彩的课程。让我感受到作为一名师者，技能要娴熟、知识要丰富、德和才要兼备，才能在未来的传道、授业、解惑的过程中，更好地把知识进行传播、传递、传承。这是一个师者应具备的能力和责任。也正是这种精神一直激励和鼓舞着我，在师者的道路上不忘初心，不断探索，坚持不懈，砥砺前行。

怀着无比敬仰之心，祝贺刘子熙先生《TTT 训的就是你》出版！愿这本书能帮助更多的学员提升专业技能，在培训的路上越走越宽广。读书足以怡情、足以傅彩、足以长才，愿我们都能在这本书中找到属于自己的宝藏！

17. 杨子纳（潇湘好家风副团长、数字文化公益课讲师、永州优秀主持人、TTT 国际职业培训师）

2020 年 8 月份李籽菲师姐带我听了刘子熙先生授权传承导师赵海河老师的一堂课，深深被海河老师渊博的知识、随时随地即兴发挥出口成章、生动形象、诙谐幽默的讲课风格和敬业精神所吸引，从而让我对海河老师有了崇敬之心，决心成为他众多弟子中的一员。2020 年 11 月份在永州市正式拜赵海河老师为师父。一日为师，终身为父！海河师父就如我生命中的一盏明灯，给我指引方向。

2021 年 9 月，经过半年的培训学习，我到杭州参加第九届“我是好讲师”大赛，比赛内容是把自己如何做到与婆婆 35 年来不红脸的经验分享出来，获得杭州赛区前十强。走上 TTT 的学习之路，是我退休生涯中最正确的决定。在此，非常感恩我的师父赵海河，在我工作遇到迷茫的时候，给我指明方向；在我生活中遇到问题的时候，给我精神力量，让我一次次地鼓起勇气去面对所有的问题和困难。师父，感恩有您，谢谢您！最后，祝福子熙先生的《TTT 训的就是你》大卖特卖，成就更多有缘有梦想的人！

18. 张春蕾（礼仪培训师）

我是 2020 年接触 TTT 的，我的导师是赵海河老师。通过学习 TTT，我感觉自己的控场能力提升了很多，还学会了很多技巧，希望有一天我也能像师父那样可以在任何场合都游刃有余。祝太师父刘子熙老师的《TTT 训的就是你》大卖！

19. 张义（红仕堂集团联合创始人、BP 训练营 – 商业教练）

结缘 TTT：与子熙老师的结识是在 2020 年王妃内部的一次战略会议上，经常听到创始人肖美龙提到自己有一位非常资深的 TTT 领域泰斗级的师父，让他在职场中完成了升华与蜕变，提升了自己多个维度的能力，从销售精英成长成为百亿市值的上市公司副总，这每一步的历练与成长都离不开子熙老师的支持与引领。我也是有幸与子熙老师结缘，对其博学的才识与儒雅的气质所钦佩。

在上海的这近 20 年时间，我一直在从事高校金融 EMBA 企业家俱乐部及金融领域咨询服务服务的相关工作，深知打造一个学习成长型组织及塑造品牌长期价值的重要性。通过一段时间对王妃品牌的了解、对红仕堂创始人肖美龙的了解，深深感受到一个职业经理人从 0 到 1 到企业上市的每一步的艰辛、坚定与执着，工匠精神的努力与收获，当时也有机会投资王妃这一品牌，希望大家能共同打造孵化酒水行业社交新零售的又一明星品牌。

通过与子熙老师的交流与学习，我们也更加明确了对自身品牌价值体系的理解与商业逻辑的定位，更加理解了在商业思维创新与企业 BP 深度赋能的必要性，并提出了打造生态科技系统与建立产业联盟的这一构思。

未来希望每一个创业者都能赋能彼此共同成长，更希望大家都能在子熙老师《TTT 训的就是你》这本书中获得更多的灵感与启发，期待结缘更优秀的你！

2021

1. 范笠军（广州娇莉芙投资管理有限公司总裁）

作为上海启能企业管理咨询有限公司及刘子熙老师 TTT 版权课程的战略合作伙伴，娇莉芙集团从刘子熙老师课程的受训对象到成为多年的战略合作伙伴，除了自身成长，我们也见证了在刘子熙老师的感召下，越来越多的培训师得以专业成长、更多的企业受惠于 TTT 系列的品牌课程、TTT 的导师团队越发壮大、TTT 系列品牌课程成为誉满行业的专业课程、刘老师带领的导师团队成为行业中的“口碑明师”。这过程，步步皆脚印、步步皆实效、步步皆口碑、步步皆智慧！

经年的合作，娇莉芙集团也立足自身行业，以“利他立企”的精神，娇莉芙除了以己身多年经营管理企业的经验赋能行业提供陪伴式的管理咨询服务外，我们在为行业的培训师资队伍的成长也采用刘子熙老师 TTT 三大体系的标准教程，效果喜人，深受企业的欢迎，也为行业培养了近千名优秀培训师。

现今，刘子熙老师以其多年的专业实践智慧结集出版。我们相信，此书一定可以帮助更多的培训师加速走向职业化道路、助力更多企业内训可以“有效训练助推企业成长”！同时，作为合作伙伴，我们更是与有荣焉！

2. 房海江（浙江知联税务师事务所有限公司总经理、知联集团精锐讲师班培养项目创始人）

对于一名专业的财税咨询服务人员来说，扎实的专业技能是基本功，优秀的表达能力是分水岭。对此，知联集团于 2021 年在上海国家会计学院的大力支持下开启了精锐讲师培养项目，并很荣幸聘请刘子熙老师作为项目导师。

本项目从十余家成员单位中遴选出四十余位优秀学员，旨在通过两年培育，使其在课程开发、设计、表达等方面有全面的提升，成为知联企业文化和专业品牌的代言人。

不经历风雨，怎么见彩虹。2021 年 7 月，知联集团精锐讲师项目在台风“莲花”和“新冠”疫情的共同见证下成功开班。虽然时间有推迟，地点有调整，但初心始终不变。截至目前，已成功实施三次线下培养，在刘老师的倾囊相授悉心教训下，学员有了肉眼可见的“场”的变化，朝着百万培训师大步前行。

卓越是方向，成就在路上。相信在大家共同努力下，本项目定会取得圆满的成功。

3. 黄嘉超（鼎日菜单咨询创始人）

作为一名咨询服务工作者，需要不断修为自身的职业化、行为标准、服务体系及演讲能力等，多年前就听番茄资本创始人 BOB 老师介绍他的师父刘子熙老师——TTT 国际职业培训师标准教程的开发者及版权所有人。BOB 老师说：你只要会说话，刘子熙就可以把你培养成演讲高手，先生的名字当时就入脑入心了。

恰在 2021 年 5 月通过朋友与先生取得了联系，虽未见面但先生非常认真地研究我的公司服务内容及相关课件，也非常耐心地给予指导与建议。当时就深感这年头还有如此热忱的老师，我由衷地认可，于是专程飞往上海拜见，通过三天时间，先生又为我量身定制课程内容，教我演讲的技巧、总结的模型工具等。

正式结缘是在2021年6月12日，专程上门拜刘子熙先生为师，正式学习TTT课程。师父的课程，方式方法简单且通俗易懂，通过这次学习我的演讲技巧又得到进一步提升；2021年10月28日，邀请师父与我们的团队亲授《现场提案、一击即中》，课程现场反映热烈，掌声笑声不断。

从师父身上学习到很多宝贵的特质，一日为师，终身为父，相信在专业化、职业化道路上一定会有更明确的方向！相信一定能够“同行先行者、齐驱并前驱”！

4. 季永平（金龙联合汽车工业（苏州）有限公司卡车事业部总经理）

这是一部有功力的培训经书，子熙老师以独具特色的“刘言扉语”直白浅显地揭示了深奥的培训要领；这是一部有匠心的培训指南，子熙老师用长期打磨的精言妙语把讲师的道法术娓娓道来；这是一部有精神的培训哲思，子熙老师别开生面地从心理建设的层面探究了讲师的根本修炼。我做了多年的管理干部管理学和战略学培训工作，浏览了这本书的章节要点后，感觉“训的就是我”，期待子熙老师这部新书尽快面世！

5. 金丹（深圳市润本清源餐饮投资有限公司董事长）

恰在2021年5月初，我带着妈妈的手工剁椒和15年茅台专程飞往上海请教子熙老师，先生尝到了家乡味道，当餐吃掉了大半瓶辣椒酱；初次见面，让我记忆深刻的是先生的书房，几万本书籍用移动密集架（有轨道）分门别类且方便查阅。在学习期间，先生为我量身定制了公司面向市场的推广课程大纲，教我们演讲、教我们朗读、教我们唱歌……三天收获良多，久违的快乐学习。

回到深圳后，子也一直与我打磨课件，沟通课程内容，十分关心落地效果，子熙老师如此诚心正意！

话说“投师如投胎”，我于2021年6月12日正式拜子熙老师为师父，正式开始系统学习TTT课程，同时我的同学泽文与我的妹妹了解后也加入师门，一起加入TTT学习，大家都觉得课程方式方法简单易懂，训练有效。

在多年经营生涯中，我越来越深刻意识到当众演讲的重要性，懂得一定要有自己的技巧、自己的工具、自己的方法，非常有幸能加入并系统地学习TTT。

未来我会一直践行师父所传授的“一课四训、全程学习”等系列心法和手法，将成果转化为职业成就，“相伴成长一起飞”。感恩师父！

6. 罗泽文（深圳市恭宁礼仪文化有限公司创始人、华夏盛德礼商书院香港分院院长）

听到师父又要出版新书啦，真替师父开心。自从2021年端午节的那期课堂上认识了刘老师，并拜师成为徒弟，我就对TTT这门课程有了更清晰的认识、更透彻的理解，同时也明白了师父对TTT这门课倾注的心血与期盼。刘老师风趣、幽默、平易近人，有幸能成为弟子，我深感幸福、无比自豪。在师父的课堂上，没有距离感，也没有紧张感和压迫感；刘老师无私奉献，我们想学的、不想学的都不惜代价地倾囊相授，实属我人生中难得的人生导师。

刘老师的理论知识丰富，实践经验扎实，是不可多得的理论与实践并重的授课导师、优秀的企业管理咨询顾问。刘老师独创的TTT职业培训师职业化成长的心得和手法一路高歌，深受大家喜爱，未来我将继续跟随师父在TTT的道路上相伴成长。祝愿TTT越飞越高、越飞越远。最后，祝贺师父桃李满天下，祝贺师父新书出版成功。

精品课程

课程名称	内容概要	时　长
《TTT 国际职业培训师标准教程》	一、知己明训：角色认知与训练理念 二、立场亮相：形象风范与掌控促动 三、表情述理：演绎升华与资源创新 四、融知化行：进程规划与单元配置 五、促能增效：职业养成与成果转化	课程时长 3 天 2 晚
《SCD 通用标准课程开发教程》	第一部分、知识管理与课程体系建设 第二部分、需求调查与课程目标设定 第三部分、课程内容与培训全程设计	课程时长 3 天
《PAF 专业讲评标准教程认证导师班》	一、理念篇 二、行动篇 三、话术篇	课程时长 3 天 2 晚